DOKUMENTE DER

GNOSIS

WOLFGANG SCHULTZ

DOKUMENTE DER GNOSIS

Mit Aufsätzen von

Georges Bataille,

Henri-Charles Puech und

Wolfgang Schultz

BECHTERMÜNZ

Genehmigte Lizenzausgabe für Weltbild Verlag GmbH, Augsburg 2000

Umschlaggestaltung: grafic-house Kuchenbauer, Donauwörth
Gesamtherstellung: Druckerei Ebner, Ulm

Printed in Germany

ISBN 3-8289-4839-1

INHALT

GEORGES BATAILLE

DER NIEDERE MATERIALISMUS UND DIE GNOSIS

Wenn man ein bestimmtes Objekt betrachtet, kann man leicht die Materie von der Form unterscheiden, und eine analoge Unterscheidung kann hinsichtlich der organischen Wesen gemacht werden, wobei die Form diesmal die Bedeutung der Einheit des Wesens und seiner individuellen Existenz annimmt. Betrachtet man jedoch die Gesamtheit der Dinge, so werden die übertragenen Unterscheidungen dieser Art willkürlich und sogar unverständlich. Es entstehen so zwei sprachliche Gebilde, die einzig durch ihre konstruktive Bedeutung auf sozialem Gebiet ihre Erklärung finden: der abstrakte Gott (oder einfach die Idee) und die abstrakte Materie, der Oberaufseher und die Gefängnismauern. Die Varianten dieses metaphysischen Gebäudes sind nicht interessanter als die verschiedenen architektonischen Stilrichtungen. Man hat die Frage erörtert, ob das Gefängnis dem Aufseher oder der Aufseher dem Gefängnis vorherging: Obwohl diese Erörterung historisch von entscheidender Bedeutung war, läuft sie heute Gefahr, ein verspätetes Erstaunen hervorzurufen, und sei es auch nur aufgrund des Mißverhältnisses zwischen den Konsequenzen der Debatte und ihrer gründlichen Bedeutungslosigkeit.

Jedenfalls ist es sehr bemerkenswert, daß die einzige Form eines konsequenten Materialismus, die bisher *in ihrer Entwicklung* der systematischen Abstraktion entging, nämlich der dialektische Materialismus, mindestens ebensosehr den absoluten Idealismus in seiner Hegelschen Form zum Ausgangspunkt hatte. (Wahrscheinlich wird man auf diese Methode nicht zurückkommen müssen: Wie groß auch immer seine Tragweite auf positivem Gebiet sein mag: der Materialismus ist zwangsläufig vor allem die unnachgiebige Verneinung des Idealismus, das bedeutet letzten Endes, der Grundlage *aller* Philosophie.) Der Hegelianismus aber hat ebensosehr in der klassischen Philosophie zu Hegels Zeit seinen Ursprung wie, so scheint es, in sehr alten metaphysischen Vorstellungen, die unter anderem von den Gnostikern in einer Epoche entwickelt wurden, in der die Metaphysik mit den monströsesten *dualistischen* Kosmogonien verbunden und eben dadurch seltsam erniedrigt werden konnte[1].

Ich gebe zu, daß ich an mystischen Philosophien nur ein unzweideutiges Interesse habe, praktisch analog dem, das ein vollkommen unvoreingenommener Psychiater seinem Patienten entgegenbringen würde: Es scheint mir nicht überzeugend zu sein, sich Instinkten anzuvertrauen, die die allererbärmlichsten Ablenkungen und Unzulänglichkeiten zum Ziel haben, ohne auf Widerstand zu stoßen. Aber es ist schwierig, heute selbst den teilweise falschen Lösungen gegenüber gleichgültig zu bleiben, die zu Beginn des christlichen Zeitalters auf Probleme angewandt wurden, die sich von den unsrigen nicht merklich zu unterscheiden scheinen (es sind die Probleme einer Gesellschaft, deren ursprüngliche Prinzipien im exakten Wortsinn *toter Buchstabe* geworden sind, einer Gesellschaft, die sich in Frage stellen und sich selbst umstürzen muß, um die Triebfedern der Kraft und des heftigen Aufruhrs wiederzufinden). So scheint mir die Anbetung eines Gottes mit Eselskopf (da der Esel das abscheulich-

---

[1] Da die Hegelsche Lehre vor allem ein außergewöhnliches und sehr perfektes System der Reduktion ist, leuchtet es ein, daß man die *niedrigen Elemente,* die in der Gnosis wesentlich sind, nur im reduzierten und entmannten Zustand wiederfindet.

Dennoch bleibt bei Hegel die Funktion dieser Elemente im Denken eine zerstörerische, während die Zerstörung zur Konstituierung des Denkens als notwendig ausgegeben wird. Deshalb war die Materie, als man den Hegelschen Idealismus durch den dialektischen Materialismus ersetzte (durch eine völlige Verkehrung der Werte ins Gegenteil, der Materie die Rolle verleihend, die das Denken spielte), keine Abstraktion, sondern eine Quelle des Widerspruchs; außerdem war nicht mehr vom unverhofften Charakter des Widerspruchs die Rede, der ganz einfach eine Eigenschaft der Entwicklung der materiellen Tatsachen wurde.

komischste, aber zugleich das menschlich-virilste Tier ist) noch heute imstande zu sein, eine ganz kapitale Bedeutung anzunehmen, und der abgeschnittene Eselskopf der azephalischen Verkörperung der Sonne stellt, so unvollkommen sie auch sei, gewiß eine der virulentesten Manifestationen des Materialismus dar.

Ich überlasse es Henri-Charles Puech, hier in den kommenden Artikeln[1] die Entwicklung solcher Mythen darzustellen, die in jener Epoche so suspekt, abscheulich wie Krebsgeschwüre waren und die die Keime einer bizarren, aber tödlichen Subversion der Ordnung und des Ideals in sich trugen, die heute mit dem Ausdruck klassische Antike bezeichnet werden. Dennoch glaube ich nicht, daß es weder unnütz noch unmöglich ist, zu Anfang der Dinge übertrieben zu vereinfachen und die Bedeutung, die man den philosophischen und mythischen Verwirrungen, die damals am Bild der Welt rüttelten, sehr wohl zuschreiben muß, anzugeben. Die Gnosis führte tatsächlich, sowohl vor wie nach der christlichen Predigt und auf nahezu bestialische Weise, was auch immer ihre metaphysischen Entwicklungen gewesen sein mögen, in die griechisch-römische Ideologie die unreinsten Fermente ein, übernahm von überall her – aus der jüdisch-orientalischen Heterodoxie – jene Elemente, die der herrschenden geistigen Ordnung am wenigsten konform waren; sie fügte dem ihre eigenen Träume hinzu, die rücksichtslos einigen monströsen Obsessionen Ausdruck graben; in der religiösen Praxis verschmähte sie nicht die niedrigsten (von da an beunruhigendsten) Formen der griechischen oder chaldäisch-assyrischen Magie und Astrologie; gleichzeitig benutzte sie, genauer vielleicht: kompromitierte sie die aufkommende christliche Theologie und die hellenistische Metaphysik.

---

[1] Puech veröffentlichte in *Documents* (Nr. 7, 1930) den Artikel *Le dieu Besa et la magie hellénistique.* (Anm. d. Übers.)

Es überrascht nicht, daß der proteische Charakter dieses Aufruhrs zu widersprüchlichen Interpretationen Anlaß gab. Es war sogar möglich, die Gnosis als eine stark hellenisierte intellektuelle Form des frühen, allzu populären und zu metaphysischen Entwicklungen wenig geneigten Christentums darzustellen: als eine Art höherstehendes Christentum, ausgearbeitet von Philosophen, die mit den hellenistischen Spekulationen vertraut waren und die von den ungebildeten christlichen Massen abgelehnt wurden[1]. So würden die wichtigsten Protagonisten der Gnosis: Basilides, Valentinian, Bardesanes, Marcion als große religiöse Humanisten und, vom traditionellen protestantischen Standpunkt aus, als große Christen gelten. Der schlechte Ruf, der mehr oder weniger suspekte Charakter ihrer Theorien würde sich aus der Tatsache erklären, daß sie nur durch die Polemik der Kirchenväter, ihren leidenschaftlichen Frieden und obligatorischen Verleumdern, bekannt sind.

Die Schriften der gnostischen Theologen wurden von den orthodoxen Christen systematisch zerstört (von einer beträchtlichen Literatur ist heute beinahe nichts übrig). Einzig die Steine, in die sie reliefartig die Gestalten eines provokanten und ausgesprochen schmutzigen Pantheons eingravierten, erlauben es, über etwas anderes als Diatriben zu diskutieren: Aber sie bestätigen genau die schlechte Meinung der Häresiologen. Die stichhaltigste moderne Auslegung räumt wenigstens ein, daß die abstrakten Formen der gnostischen Wesenheiten sich von derben Mythen ausgehend entwickelt haben, die mit der Derbheit der auf den Steinen dargestellten Bilder übereinstimmten[2].

---

[1] In Frankreich ist eine Interpretation von Eugène de Faye ausgeführt worden (cf. *Introduction à l'étude du gnosticisme,* Paris 1903, Auszug aus: *Revue de l'histoire des religions,* t. XLV u. XLVI, und *Gnostiques et gnosticisme. Étude critique des documents du gnosticisme chrétien aux IIe et IIIe siècles,* Paris 1913, in: *Bibliothèque de l'École des Hautes Études, Sciences religieuses, 27e* vol.).

[2] Wilhelm Bousset, *Hauptprobleme der Gnosis,* Göttingen 1907

Sie stellt vor allem fest, daß der Neuplatonismus oder das Christentum nicht am Ursprung der Gnosis gesucht werden dürfen, deren Grundlage der zoroastrische Dualismus ist[1]. Ein Dualismus, der manchmal – zweifellos infolge der christlichen oder philosophischen Einflüsse – entstellt ist, aber ein tiefer Dualismus, der zumindest in seiner spezifischen Entwicklung nicht durch Anpassung an soziale Notwendigkeit entmannt wurde, wie im Fall der iranischen Religion (diesbezüglich ist es wesentlich, darauf aufmerksam zu machen, daß die Gnosis und im gleichen Maße der Manichäismus, der in gewisser Weise auf sie zurückgeht, nie den sozialen Bindungen nützlich waren, nie die Rolle einer Staatsreligion übernommen haben).

Es ist praktisch möglich, als ein *Leitmotiv* der Gnosis den Begriff der Materie als ein *aktives* Prinzip anzugeben, einer Materie von ewiger autonomer Existenz, die die der Finsternis ist (die nicht die Abwesenheit von Licht wäre, sondern die durch diese Abwesenheit offenbarten monströsen Archonten), die des Bösen (das nicht die Abwesenheit des Guten, sondern ein schöpferisches Tun wäre). Dieser Begriff war mit dem Prinzip des hellenischen, zutiefst monistischen Geistes völlig unvereinbar, dessen herrschende Tendenz die Materie und das Böse als Erniedrigungen höherer Prinzipien ausgab. Die Schöpfung der Erde, auf der unser widerwärtiger und lächerlicher Aufruhr stattfindet, einem furchtbaren und *völlig illegitimen* Prinzip zuzuschreiben, implizierte offenbar aus der Perspektive der griechischen Denkweise einen abstoßenden, unzulässigen Pessimismus, das ganze Gegenteil dessen, was man geltend und universell manifest machen mußte. In der Tat, die entgegengesetzte Existenz einer vortrefflichen und von Seiten des menschlichen Geistes absoluten Vertrauens würdigen Gottheit wiegt wenig, wenn die unheilvolle und abscheuliche Gottheit dieses Dualismus

[1] Id., Kap. III: Der Dualismus der Gnosis

sich in keinem Fall auf jene reduzieren läßt, wenn es keine Möglichkeit der Hoffnung gibt. Freilich waren im Innern der Gnosis selbst die Dinge nicht immer so klar abgegrenzt. Die ziemlich verbreitete Lehre von der *Emanation,* der zufolge der üble Schöpfer-Gott, der *verfemte Gott* (manchmal mit dem biblischen Jehova identifiziert) von dem höchsten Gott herrührte, entsprach dem Bedürfnis nach einer Notlösung. Aber wenn man sich an die spezifische Bedeutung der Gnosis hält, wie sie zugleich durch die Kontroversen der Häresiologen und durch die bildlichen Darstellungen der Steine gegeben ist, so scheint die despotische und bestialische Obsession der bösen und außergesetzlichen Kräfte unwiderlegbar zu sein, sowohl in der metaphysischen Spekulation wie im mythologischen Alptraum.

Es ist kaum vorstellbar, daß die Gnosis alles in allem nicht in erster Linie von einer düsteren Liebe zur Finsternis zeugt, von einem monströsen Gefallen an den obszönen und gesetzlosen Archonten und an dem solaren Eselskopf (dessen komisches und verzweifeltes Geschrei das Signal einer dreisten Revolte gegen den Idealismus an der Macht wäre). Die Existenz einer Sekte *ausschweifender Gnostiker* und bestimmter sexueller Riten bürgt für diese obskure Voreingenommenheit für eine Niedrigkeit, die nicht reduzierbar wäre und der sich die schamlosesten Beziehungen verdankten: Die schwarze Magie hat diese Tradition bis in unsere Tage fortgesetzt.

Freilich war der höchste Gegenstand der geistigen Tätigkeit der Manichäer wie auch der Gnostiker ständig das Gute und die Vollkommenheit: dadurch erhalten ihre Begriffe an sich ihre pessimistische Bedeutung. Aber es ist nahezu nutzlos, diesen Erscheinungen Rechnung zu tragen, und einzig das verworrene, dem Bösen gemachten Zugeständnis kann letztlich den Sinn dieser Bestrebungen bestimmen. Wenn wir heute offen den idealistischen Standpunkt aufgeben, so wie ihn die Gnostiker und

Manichäer implizit aufgegeben hatten, dann erscheint die Haltung jener, die in ihrem eigenen Leben eine Wirkung der schöpferischen Tätigkeit des Bösen sahen, sogar radikal optimistisch. Es ist möglich, in aller Freiheit ein Spielball des Bösen zu sein, wenn das Böse sich nicht vor Gott verantworten muß. Obgleich man zu den *Archonten* Zuflucht nahm, scheint es jedoch nicht so, daß man die Unterwerfung der seienden Dinge unter eine höhere Autorität, unter eine Autorität, die die *Archonten* durch eine ewige Bestialität widerlegen, wirklich wollte.

So zeigt es sich, daß sich die Gnosis in ihrem psychologischen Verlauf - letzten Endes - nicht so sehr vom gegenwärtigen Materialismus unterscheidet; einem Materialismus, versteht sich, der keine Ontologie impliziert, nicht impliziert, daß die Materie das Ding an sich sei. Denn es geht vor allem darum, sich - und mit sich seine Vernunft - nicht irgend etwas Erhabenerem zu unterwerfen, etwas, das dem Wesen, das ich bin, und der Vernunft, die dieses Wesen wappnet, eine geliehene Autorität verleiht. Dieses Wesen und seine Vernunft können sich nämlich nur dem unterwerfen, was *niedriger* ist, was in keinem Fall dazu dienen kann, irgendeine Autorität nachzuäffen. Daher unterwerfe ich mich dem, was man wirklich Materie nennen muß - da *es* außerhalb von mir und der Idee existiert -, völlig; und in diesem Sinne lasse ich es nicht zu, daß meine Vernunft die Grenze dessen wird, was ich gesagt habe, denn ginge ich so vor, würde die durch meine Vernunft eingeschränkte Materie alsbald die Bedeutung eines höheren Prinzips annehmen (das über sich zu errichten diese *knechtische* Vernunft, um als autorisierter Beamter zu sprechen, entzückt wäre). Die niedrige Materie ist den idealen menschlichen Bestrebungen äußerlich und fremd und sperrt sich dagegen, sich auf die großen ontologischen Maschinen reduzieren zu lassen, die aus diesen Bestrebungen hervorgegangen sind. Nun, der in das

Gebiet der Gnosis fallende psychologische Verlauf hatte das gleiche Gewicht: Es ging bereits darum, den menschlichen Geist und den Idealismus in dem Maße vor etwas Niedrigerem in die Enge zu treiben, wie man erkannte, daß die höheren Prinzipien nichts dagegen vermochten.

Die Bedeutung dieses Vergleichs wird durch die Tatsache vergrößert, daß die spezifischen Reaktionen der Gnosis zur bildlichen Darstellung von Formen führten, die im radikalen Widerspruch zum antiken Akademismus standen: zur bildlichen Darstellung von Formen, in denen das Bild dieser niedrigen Materie zu erkennen möglich ist, einer Materie, die allein durch ihre Ungehörigkeit und eine erschütternde Rücksichtslosigkeit es dem Geist erlaubt, dem Zwang des Idealismus zu entkommen. Nun, im gleichen Sinne sind heute die Darstellungen der bildenden Kunst Ausdruck eines intransigenten Materialismus, eines Rückgriffs auf alles, was die herrschenden Mächte auf dem Gebiet der Form kompromittiert, indem sie die traditionellen Gebilde lächerlich machen, naiv mit Vogelscheuchen wetteifern und Bestürzung auslösen. Was insofern ebenso wichtig ist wie die allgemeine analytische Interpretation, als einzig jene Formen, die im gleichen Maße wie die Sprache spezifisch und bedeutungsvoll sind, einen konkreten, wahrnehmbaren Ausdruck von psychologischen, durch die Analyse determinierten Entwicklungen geben können.

Le bas matérialisme et la gnose aus: *Documents,* 2. Jg., Nr. 1, 1930; aus dem Französischen von Bernd Mattheus.

HENRI-CHARLES PUECH
PHÄNOMENOLOGIE DER GNOSIS (COLLÈGE DE FRANCE, 1952–1957)
1952–1953

»Gnosis« (gr. *gnôsis*) bedeutet kontextunabhängig soviel wie »Erkenntnis«. In den religiösen Systemen, deren Kern sie ausmacht, tritt die Gnosis spezieller als eine Erkenntnis auf, die das Heil mit sich bringt und allein aus sich heraus gewährt, als ein befreiendes oder erlösendes Wissen, das an und für sich das Heil ist. Jede Lehre oder religiöse Haltung, die auf einer Theorie oder Erfahrung basiert, wonach das Heil durch Erkenntnis erlangt wird, nennt man »Gnostizismus« oder »Gnosis«; zumindest kann man sie so nennen. So wahr und bequem eine solche Definition auch sein mag, sie bleibt abstrakt und unzulänglich: Weder gibt sie genau an, um welche Art von Erkenntnis es sich hier handelt (ob um eine erworbene oder offenbarte, eine rationale oder mystische, eine diskursive oder intuitive), noch wovon, warum und wie eine derartige Erkenntnis den, der sie erlangt oder besitzt, erlöst bzw. erlösen soll. Andererseits erweist sich die gnostische Haltung in ihren sehr zahlreichen und verschiedenen Manifestationen, die wir aus der Geschichte kennen und die in einigen Fällen glücklicherweise voneinander unabhängig waren, als kohärent, einheitlich und beständig und bildet daher einen wohlunterschiedenen und ursprünglichen Typus von Religiosität. Folglich kann und muß man die Gnosis als ein spezifisches Phänomen ansehen, das verschiedenen Gebieten der Religionsgeschichte gemein und auf diese Weise ein allgemeines ist. Als solches wollen wir es hier studieren und uns bemühen, die sein Wesen bestimmende Struktur aufzudecken, die Elemente, aus denen es sich zusammensetzt, die Art, wie diese sich zusammenfügen, die Mechanismen, denen es gehorcht, und die Erfahrungen und Erfordernisse, denen es entspricht; kurz, wir möchten es in seiner Eigenheit und aus sich heraus verstehen und begreifen, wie die sein Material bildenden Spekulationen, Themen, Mythen und Riten so angeordnet werden, daß sie ein individuelles Heilsbedürfnis zum Ausdruck bringen und in ihrem Zusammenspiel befriedigen.

Aufgrund der Schwierigkeit und der beträchtlichen Ausmaße des Themas und weil seine Auffassungs- und Behandlungsweise Anlaß zu langen Diskussionen oder auch Mißverständnissen hätte geben können, hielten wir es für richtig, unsere breit angelegte Untersuchung durch eine Reihe von Vorlesungen zu eröffnen, die ihr Feld abstecken sowie ihre Methode festlegen und rechtfertigen sollten. Summarisch wurden die verschiedenen Bewegungen, Systeme oder Theorien aufgezählt und klassifiziert, die sich selber »gnostische« nannten, so benannt wurden oder mehr oder weniger so benannt werden könnten: christliche oder mehr oder minder christianisierte Gnostizismen von deutlich heterodoxer Natur; heidnische oder außerhalb des Christentums stehende Gnosis (Mandäismus, Hermetismus, die Lehren der *Oracula Chaldaica,* der bei Arnobius erwähnten *»viri novi«,* gewissen Passagen aus den griechischen magischen Papyri, etc.); Manichäismus; zum Teil auch Sekten, die - sicher zu Unrecht - »neomanichäisch« oder unbestimmter »neodualistisch« genannt werden (Priscillianer, Paulikianer, Bogomilen, mittelalterliche Katharer); aufgrund einiger ihrer Aspekte okkulte Wissenschaften wie Magie, Astrologie, Alchemie; in gewisser Hinsicht auch die christlich orthodoxe - oder von ihren Autoren dafür gehaltene - Gnosis des Clemens von Alexandrien, des Origines und Evragius Ponticus; die Kabbala und einige prägnostische oder gnostisierende Strömungen im Judentum. Diesem Komplex, der trotz der scheinbaren Heterogenität seiner Bestandteile einen relativ kompakten und in Raum und Zeit recht gut umgrenzten Block bildet, wurden - allerdings nur »zur Erinnerung«, den wir werden kaum in der Lage sein, sie mit in Betracht zu ziehen - verschiedene Systeme theosophischer und esoterischer Natur hinzugefügt, die im Innern oder am Rande des Islam und der fernöstlichen Religionen entstanden sind oder aber dem neuzeitlichen Europa zugehören.

Faßt man unter demselben Etikett zusammen: Bewegungen, die auf den ersten Blick so vielfältig und unvereinbar sind, Sekten und Schulen, deren Schicksal doch gerade durch Abweichung, Neuerung, Absonderung und Verstreutsein bestimmt zu sein scheint, Theorien, die, der Phantasie des Einzelnen überlassen, in ständiger Wandlung begriffen sind – so setzt dies eine Verallgemeinerung voraus, die auch heute noch auf schwerwiegende Einwände (E. de Faye, R. P. Casey) oder gar auf kategorische Ablehnung stößt (A. D. Nock): Die Mannigfestigkeit trüge den Sieg über die Einheit davon; es gäbe nur Gnostizim*en*, die höchstens durch eine vage Familienähnlichkeit miteinander verbunden wären, durch dasselbe Teilhaben am Geist einer Epoche und durch die tatsächlichen Bezüge, die der Historiker zwischen ihnen feststellen kann; letztlich wären *der* Gnostizismus oder *die* Gnosis nur abstrakte Entitäten, ein auszutreibendes Gespenst. Ferner hätte das Wort *»Gnôstikoi«* bei den Autoren aus den ersten Jahrhunderten unserer Zeitrechnung nur eine bestimmte und eng umgrenzte Gruppe von Sektierern oder, in der Sprache der alexandrinischen Theologen, einer Elite von Gläubigern bezeichnet: Es auf Anhänger anderer heterodoxer Schulen des Altertums, zum Beispiel auf die Basilidianer oder auch die Valentinianer anzuwenden wäre etwas Neues, das sich der modernen Kritik verdankt, und bereits ein Mißbrauch. Diese Argumente wurden von uns erörtert und auf ihre berechtigte Geltung zurückgeführt. Vor allem wurde betont, daß die Bewegung, die allmählich und schrittweise dazu führte, den Gebrauch des Ausdrucks »Gnosis« zu verallgemeinern, nicht nur von Anfang an und auf jeder Stufe einer unausweichlichen Notwendigkeit gehorchte, sondern daß sie innig mit der eigenen Entwicklung wissenschaftlicher Forschung verbunden ist. In der Tat scheint die Geschichte des Problems Gnostizismus in mehr als einer Hinsicht von der sukzessiven Entdeckung des gnostischen Charakters immer zahlreicherer religiöser oder theosophischer Systeme beherrscht und bestimmt zu sein und dementsprechend sowohl von einer Erweiterung wie Umbildung des Begriffs »Gnosis«. Dies führte dazu, daß wir die Vorstellungen prüften, die sich die alten Häresiologen und die Autoren der Patristik, später Harnack und seine Epigonen, schließlich Orientalisten wie K. Kessler und W. Brandt und die Vertreter der *Religionsgeschichtlichen Schule* (W. Anz, R. Reitzenstein, W. Bousset) von der Gnosis gemacht haben, und wir konnten die Evolution – die ebenso eine Revolution war – aufzeigen, die sich im Übergang von den einen zu den anderen vollzog, und die, wie es scheint, unvermeidbar war, nachdem man nichtchristliche Gnostizismen entdeckt hatte. Der anfangs eng umgrenzte Sinn des Wortes »Gnosis« wird durch einen weiten ersetzt, der den früheren umfaßt; zuerst beschränkt auf die Dimensionen einer Häresie, die sich als solche allein im Rahmen einer Kirchengeschichte untersuchen ließ und nur innerhalb und nach Erscheinen des Christentums hatte bilden können, erreicht der Gnostizismus in der Folgezeit die Ausmaße eines allgemeinen Phänomens der Religionsgeschichte, das durch seine Ausdehnung die Grenzen und das Feld des antiken Christentums bei weitem überschreitet und ihm aufgrund seiner Ursprünge innerlich nicht verbunden ist, ihm vielleicht sogar vorhergeht. Die heterodoxen christlichen Gnostizismen sind nur ein Ausdruck dieses Phänomens neben vielen anderen; strenggenommen sind sie nicht einmal dem Christentum immanente Häresien, sondern resultieren aus einer Begegnung oder Verbindung der neuen Religion mit einer Gefühls- und Gedankenströmung, die es schon vor ihr gab, die ihr von Grund auf fremd war und es ihrem Wesen nach auch bleibt. Die Gnosis hat sich nur christliche Formen übergestreift, bzw. Formen, die mit der Zeit immer mehr christianisiert wurden, ebenso wie sie anderswo heidnische Formen annahm, mit denen sie sich den orientalischen Mythologien, den Mysterienkulten, der griechischen Philosophie oder okkulten Wissenschaften und Künsten anpaßte.

Der Schritt, den die Komparatisten machten, war also entscheidend. Ohne ihn wäre eine phänomenologische Untersuchung des Problems unmöglich gewesen. Was nicht heißt, der Gesichtspunkt der *Religionsgeschichtlichen Schule* unterscheide sich überhaupt nicht von dem der Phänomenologie. Im Gegenteil, zwischen ihnen gibt es eine nicht geringe Zahl deutlicher Gegensätze, wie aus einer kritischen Prüfung der Theorien und Methoden des Komparatismus hervorging. Dieser versucht die Bildung der verschiedenen gnostischen Systeme zu erklären, indem er disparate Elemente, die sich um ein einziges, für konstant und zentral gehaltenes Thema gruppieren, sukzessiv oder okkasionell kombiniert (W. Anz), oder er geht von mehr oder minder zufällig miteinander verbundenen Elementen aus (W. Bousset). Indem er so das Ganze auf die mechanische Summe seiner Teile reduziert, verkennt er am Ende die Einheit und Spezifität der gnostischen Haltung. Sich in der allgemeinen Verschmelzungsbewegung okzidentaler und orientalischer Lehren und Glaubensrichtungen verlierend, die mit dem Hellenismus einsetzt, wäre die Gnosis nur noch ein Phänomen des »Synkretismus«, kaum bemerkenswerter als irgendein anderes. Zum anderen legt die *Religionsgeschichtliche Schule* Wert darauf, das Problem einzig und allein auf dem Boden der Geschichte zu behandeln und führt es gänzlich auf das der Genese gnostischer Systeme zurück. Dennoch konnte sie dem Gnostizismus bisher weder Ort noch Stunde seiner Geburt präzis zuweisen, noch war es ihr möglich, seine Entwicklung auf unbestreitbare Weise zu rekonstruieren.

Diese Unzulänglichkeiten, dieser Mißerfolg, haben einige zeitgenössische Gelehrte (H. Jonas, K. Kerényi, G. Quispel) dazu veranlaßt, die Frage auf einem neuen Weg in Angriff zu nehmen, und sie behandelten sie mit Hilfe der phänomenologischen Methode. Wir werden ihnen darin folgen, ohne jedoch die ein wenig undankbare und ungerechte Meinung zu teilen, die einige von ihnen gegenüber ihren Vorgängern erkennen ließen: Die Vermittlung der Komparatisten hat eine »Phänomenologie der Gnosis« nicht nur vorbereitet und erlaubt, sondern einer von ihnen, W. Bousset, hat sogar in seinen auf die *Hauptprobleme der Gnosis* folgenden Publikationen einen ersten Entwurf von ihr vorgelegt. Alsdann haben wir Gegenstand, Natur und Vorgehensweise einer solchen phänomenologischen Untersuchung näher bestimmt. Sie schließt vorläufig jede rein historische Darstellung oder Erklärung aus und bemüht sich darum, zu entdecken, zu beschreiben und zu verstehen, was das gnostische Phänomen ist und was es aus sich heraus bedeutet, das heißt, sie will seine »Struktur« als eine »bedeutsam angeordnete Realität« (G. Van der Leeuw) begreifen. Mit anderen Worten, das Phänomen enthüllt sein »Wesen« oder den Grund seines Seins nur dann, wenn man es in seiner Totalität erfaßt. Anders als bei den komparatistischen Positionen werden die Teile hier in ihrer Abhängigkeit vom Ganzen und dessen innerer Einrichtung analysiert, begriffen und dialektisch angeordnet. Man stellt wesentliche Themen heraus (konstante oder allgemeine, ausdrückliche oder implizite) und hebt vor allem ihre wechselseitigen Implikationen und ihren Bezug auf die Gesamtheit des Phänomens hervor. Ferner schenkt man nicht so sehr den Details der Lehren, Mythen oder Riten seine Aufmerksamkeit als vielmehr der Erfahrung und den geistigen Vorgängen, die unter der Armatur aus Begriffen, Bildern und Symbolen liegen, eine Armatur, durch die sie ausgedrückt und mehr oder weniger unmittelbar ausgearbeitet werden. Auf diese Weise definiert man die Gnosis nicht mehr wie einen abstrakten Begriff oder unter dem Gesichtspunkt eines rein mythischen oder spekulativen Systems, sondern als einen »Lebensstil«, als konkretes und existentielles Verhalten. Infolge ihrer Natur und ihrer von Grund auf subjektiven Hauptinteressen bietet sie sich übrigens einer solchen Behandlung geradezu an. Daher muß sich das Interesse unserer Untersuchung ganz besonders auf die Anthropologie und Soteriologie der Gnosis richten, wie auch auf ihre Sprache: auf ihr technisches Vokabular, auf ihre Schlüsselwörter, auf ihre spontanen und zwingenden, aber auch stereotypen Ausdrücke und Symbole und vor allem auf ihre lyrischen Ausdrucksformen. Es versteht sich von selbst, daß unsere Untersuchung, um Willkür zu vermeiden, stets eine objektiv kritische Analyse der gnostischen Dokumente voraussetzt, und im Verlauf der Interpretation der Fakten und herangezogenen Systeme werden wir Gelegenheit haben, sie den Vertretern der Geschichtswissenschaft mitzuteilen.

In Annäherung an das Thema wurde in den verbleibenden Vorlesungen eine erste Antwort auf die Frage gegeben: »Was ist die Gnosis?« oder genauer: »Was will die Gnosis sein, was gibt sie vor zu sein? Wie begreift sie sich selbst? Was ist ihr Gegenstand und welche Ziele steckt sie sich? Wie sieht das Programm aus, von dem sie glaubt, sie könnte es erfüllen?« Die Untersuchung richtete sich nacheinander: 1. auf Ausdrücke, die, schlechthin oder als terminus technicus, die Gnosis oder ein ihr zugehöriges Tun bezeichnen *(gnôsis, épignôsis, ginôskeïn, gnôrizeïn, épigignôskeïn,* etc., ebenso ihre Gegenstücke: *agnôsia, agnoia, agnoeïn,* etc., und ihre lateinischen, hebräischen, mandäischen, persischen, koptischen oder provenzalischen Äquivalente); 2. auf eine gewisse Anzahl anderer Ausdrücke, die mit diesen Wörtern ständig verbunden oder ihnen synonym sind und die bald die Gegenstände bestimmen, auf die sich die Gnosis richtet, also das, was diese »Erkenntnis« erkennt (Gott, der Mensch, die »Freude«, die »Geheimnisse«, die »Tiefen«, die »Namen«, »alle

Dinge«, etc.), und bald dazu dienen, die Gnosis zu charakterisieren oder zu symbolisieren (Frömmigkeit, Glaube, Einsicht, Erleuchtung, Schau, Charisma, Weg, etc.); 3. auf die ausgearbeiteten Formulierungen, in denen dieser oder jener Gnostiker ausdrücklich und mehr oder minder ausführlich erklärt hat, was er unter »Gnosis« versteht, und in denen er die Bedeutung des Wortes definiert hat (diesen Punkt konnten wir nur flüchtig berühren, und wir müssen darauf zurückkommen). Gestützt auf zahlreiche Zitate, kam die Analyse zu folgendem Schluß: Die Gnosis ist eine Erfahrung oder bezieht sich auf eine mögliche innere Erfahrung, die zu einem unverlierbaren Zustand werden soll und durch die der Mensch – in einer Erleuchtung, die sowohl Wiedergeburt als auch Vergottung ist – sich wieder in seiner Wahrheit ergreift, sich seiner erinnert und sich wieder auf sich selbst besinnt, das heißt zugleich auf seine wahre Natur und seinen wahren Ursprung; dadurch erkennt er sich in Gott, erkennt sich in ihm wieder, er erkennt Gott und erfährt sich selber als Emanation Gottes und als fremd in dieser Welt. So erlangt er mit dem Besitz seines wahren »Ich« und seines wahren Standes die Erklärung für sein Schicksal und die endgültige Gewißheit seines Heils, erfährt er sich doch als ein Wesen, das – de jure und von Ewigkeit her – erlöst ist.

1953 – 1954

Die Bestimmung dessen, was die »Gnosis« für den Gnostiker selbst ist, wurde zu Ende geführt, es wurde herausgearbeitet, wie er diesen Ausdruck verwendet, ebenso der Inhalt und die wesentliche Bedeutung des Wortes *gnôsis* (und seiner Äquivalente), um dadurch die wirkliche Erfahrung und den theoretischen Gegenstand aufzudecken, die solch ein Gebrauch voraussetzt. Bis dahin richtete sich die Analyse auf das Vokabular, auf das isoliert oder in seiner Verbindung mit anderen Ausdrücken betrachtete Wort – Ausdrücke, die ebenso technisch und feststehend sind und seinen Sinn spezifizieren. Nun mußten noch die mehr oder minder expliziten Definitionen in Augenschein genommen werden, die der eine oder andere Gnostiker von seiner Haltung, seinen Bestrebungen oder Ansprüchen gab. Es wurde also eine gewisse Anzahl von Texten - »klassische«, aber auch unveröffentlichte und vernachlässigte - zusammengestellt, untersucht und verglichen, die uns eine solche Definition vollständig oder einem wesentlichen Bestandteile nach liefern. Die bezeichnendsten entnahmen wir valentinianischen Dokumenten *(Excerpta es Theodoto* 78, 2, *Evangelium der Wahrheit,* p. 21, 8 - 25, und p. 22, 2 - 19, Irenäus, *Adv. haer.,* I, 21,5) und den *Thomasakten,* c. 15. Andere, aus verschiedenen christlichen oder nichtchristlichen Schulen des Gnostizismus stammende wurden ihnen hinzugefügt: peratische und naassenische, manichäische (insbesondere die Erklärung von Fortunatus, in Augustin, *c. Fortunat.,* 20 und der Anfang von Manis Brief an die Jungfrau Menoch, in Augustin, *Opus imperfectum contra Julianum,* III, 172 und 175), hermetische (*Corpus Hermeticum,* I, 18 - 21; IV, 4 - 5; XI, 21), mandäische und sabäische.

Alle Formulierungen laufen mehr oder minder auf dasselbe hinaus und beschreiben oder beinhalten einen fast identischen Entwicklungsprozeß. Es fängt mit einer Frage an, die der Mensch oder das »Ich« an sich selbst richtet, es befragt seinen derzeitigen Stand in einer Welt, der es sich, wenn nicht schon »fremd«, so zumindest schlecht angepaßt fühlt. Diese Fragestellung findet ihre Entfaltung in drei scheinbar aufeinanderfolgenden, in Wirklichkeit aber gleichzeitigen Einzelfragen: »Woher komme ich?«, »Wo bin ich?«, »Wohin gehe ich?«, das heißt: »*Was* war ich?«, »*Was* bin ich?«, »*Was* werde ich sein?« Die »Gnosis« soll die gemeinsame Antwort auf diese dreifache Frage liefern, indem sie dem Individuum seine Vergangenheit, Gegenwart und Zukunft enthüllt, ihm seine wahre Natur, sein echtes und dauerhaftes Wesen offenbart und es gleichzeitig erkennen oder wiedererkennen läßt, *was* es ist, was es an sich ist und nie aufgehört hat zu sein, trotz der Folge von Begebenheiten, deretwegen es hier auf Erden weilt und die seine Geschichte und sein augenscheinliches Schicksal ausmachen. Sie gibt ihm nicht nur die Gewißheit, daß es – aufgrund seines Ursprungs, seines »Geschlechts« oder seiner »Herkunft«, durch all das, was ihm »eigen« ist – nicht zur Welt gehört, nicht »von der Welt« ist, mag es auch »in der Welt« sein, und daß es dorthin geht, von wo es kommt, daß Ort und Zustand, denen es zustrebt, auf jeden Fall identisch sein werden mit dem Ort und dem Zustand, in dem es sich ursprünglich und zuvor befand, im Anfang, jenseits von Welt und Werden; indem sie ihm seine transzendente Natur bewußt macht, indem sie es wieder in den Besitz seines zeitlosen »Ich« bringt, löst und befreit sie es aus seiner gegenwärtigen, zufälligen Situation in Welt und Zeit und bringt es wieder an seinen Ursprungsort, das heißt schon in seinen endgültigen Stand. So verstanden und definiert ist die »Gnosis« also keine rein intellektuelle oder spekulative Theorie, die theoretische Lösungen zu mehr oder minder abstrakten Problemen beisteuert: Sie ist eine wirksame Offenbarung, die eine konkrete und umfassende Antwort auf die Fragen bringt, die Angst und Unruhe im Menschen hervorrufen, und sie schafft – allein durch ihren Eintritt ins Bewußtsein dessen, den sie erleuchtet – einen Ausweg aus einer existentiellen Situation, die dank ihrer mit größerer Schärfe und Klarheit wahrgenommen und erfaßt werden konnte. Wenn es also geschieht, daß der Mensch in dieser Weise nach dem Sinn seiner Existenz und nach seinem Heil fragt, so in der Tat deshalb, will es scheinen, weil es ihm schon die »Erkenntnis« gegenwärtig ist und wirkt, indem sie die Fragen hervorruft oder präzisiert, auf die zu antworten ihr obliegt.

Durch ihre Form scheinen die gnostischen Definitionen in eine besondere Gattung religiöser oder didaktischer

Literatur zu gehören: zum einführenden Katechismus oder schulmäßigen Vortrag in Frage und Antwort. In dieser Hinsicht ließen sie sich mit ähnlichen Formulierungen vergleichen, die wir in genügend großer Zahl in einigen persischen Schriften (namentlich im *Pand Nāmak ī Zartušt)* und - von Cicero bis Macrobius - bei griechischen und lateinischen Autoren fanden, hauptsächlich bei den Stoikern und bei Neuplatonikern wie Porphyrios, dessen *De abstinentia* (I, 27 und 29-30; III, 27) die eindrucksvollsten Parallelen aufwies. Ebenso wurde ein Vergleich mit gewissen Details aus Abhandlungen der Kaiserzeit, die sich auf die Seele beziehen, durchgeführt, deren traditionellem Aufbau unsere gnostischen Definitionen annähernd folgen. Konnte auch der Ursprung dieser Ausdrucksform nicht festgestellt werden, so ließ sich auf diese Weise wenigstens ihre Geschichte nachzeichnen und ihre Entwicklung beobachten. Aber vor allem ließ die Gegenüberstellung die Differenzen hervortreten, die, bei aller strukturellen Ähnlichkeit, die gnostischen von den anderen Formulierungen unterscheiden und dank deren sich ihre Originalität und volle Bedeutung besser erfassen läßt. Infolgedessen wurde ihre innere Kohärenz unterstrichen, der zyklisch egozentrische Charakter ihres Aufbaus, die vorherrschende Rolle, die der Begriff eines zeitlos ontologischen »Ich« darin spielt, das der Gnostiker bei seiner Rückkehr zum Ursprung wiederfindet und das für ihn den Stand bezeichnet, den er im Anfang, in einer unvordenklichen Vergangenheit, innehatte. Die Sehnsucht nach diesem anfänglichen Zustand, dessen Bild oder Erinnerung die verschiedenen Erscheinungsformen gnostischen Verhaltens und Denkens lenkt und beherrscht, gibt unseren Formulierungen einen mythischen Beigeschmack. Es zeigte sich schließlich, daß die betrachteten Definitionen, wenn sie die aufeinanderfolgenden Schritte des Gnostikers bei seiner Suche nach dem Heil systematisieren und den Gesamtinhalt einer möglichen oder wirklichen Erfahrung ordnen und schematisieren, sie andererseits die Hauptzüge eines Mythos andeuten - ein Mythos, der dieser Erfahrung Ausdruck verleiht und das Heilsbedürfnis befriedigt. So ist etwa das manichäische System, das gänzlich auf der Lehre von den »Drei Zeiten« oder »Drei Momenten« fußt *(initium, medium* und *finis,* der »Anfang«, die »Mitte« und das »Ziel«), nur die großartige Arbeit an einem universellen und scheinbar objektiven Entwurf eines zugleich anthropologischen, kosmologischen und soteriologischen Mythos, der unseren Formulierungen zugrunde liegt.

Alsdann stellten wir uns die Aufgabe, die Erfahrung und die konkreten Entwicklungsprozesse, die diese Definitionen voraussetzen und in bereits abstrakter Form ausdrücken und gliedern, in ihrer unmittelbaren und ursprünglichen Gestalt zu erfassen. Die erste Frage, die es hier aufzuwerfen und zu behandeln galt, schien uns folgende zu sein: »Worin besteht für den Gnostiker die conditio humana?« Was darauf hinauslief - scheint ihm dieser Stand doch unerträglich oder radikal von Übel zu sein -, uns zu fragen, wie sich für den Gnostiker das Problem des Bösen stellt. Durch zahlreiche in diesem Punkt übereinstimmende Zeugnisse (Irenäus, *Adv. haer.,* II, 17, 10 und 28, 7; Epiphanius, *Pan.* XXIV, 6, 1; Tertullian, *Adv. Marc.* I, 2 und *De praesc. haeret.* VII, 5; Eusebius, *H. E., V, 27;* Plotin, *Enn.* I, 8, 1 und III, 2, 1; Titus von Bostra, *c. Manich.,* I, 1, I, 4, I, 16, II, 2; Augustin, *De mor. eccl. cathol. et de mor. manich., III., 2, 2, De natura boni,* 4, *De duabus animabus,* 10; Johannes Damascenus, *Dialog. cum Manich.,* in *P. G.,* XCVI, 1325 A und D) ließ sich zeigen, daß es sich um ein hochrangiges, ja quälendes Problem handelt, worüber einen die Banalität der Ausdrücke in denen es ausgeworfen wird nicht hinwegtäuschen darf. Die Frage: »Was ist das Böse?« ist für den Gnostiker immer unmittelbar mit einer anderen verknüpft, nämlich: »Woher kommt das Böse? Warum gibt es das Böse?« Anders gesagt, er hält sich nicht lange damit auf, eine begriffliche Definition vom Bösen zu geben (dessen Realität scheint ihm durch die Leiden, die jeder Mensch erfährt, hinreichend gesichert), sondern macht sich sogleich auf die Suche nach Ursprung und Ursache seiner Leiden, auf die Suche nach den Dingen oder Wesen, mit denen in Berührung zu kommen er für schädlich und deren Dasein er für absurd hält. Kurz, er sucht von Anfang an jemanden, den er verantwortlich machen kann, was ihn früher oder später dazu bewegt, den Prozeß gegen Gott einzuleiten. Ein paar, jedoch in viel zu geringer Zahl vorhandene Texte (von denen einer, der Tradition und seinem äußeren Erscheinungsbild zum Trotz, nicht vorbehaltlos als authentisches Zeugnis angesehen werden kann) beschreiben eine solche Erfahrung des Bösen und die Reaktion, die sie beim Gnostiker hervorruft oder bei jemandem, der eine Zeitlang der Gnosis zuneigte, weil ihn ähnliche Fragen bedrängen (Methodius von Olympia, *De autexusio* 2 - 4, stellenweise exzerpiert in *De recta in Deum fide* von Adamantius, IV, 2 - 3; Augustin, *De libero arbitrio,* I, c. II, 1, *Conf.,* VII, c. III, 4, c. V, 7, c. XII, 18, III, c. VII, 12, *De mor. eccl. cath. et de mor. manich.* II, c. VIII, II). Sie wurden übersetzt und kommentiert.

Die letzten Stunden waren der Haltung gewidmet, die der Gnostiker gegenüber der Welt und seiner Existenz in einer Welt einnimmt, in die er sich, nach einem Ausdruck, der Valentinianern und Mandäern gemeinsam ist, »geworden« fühlt. Seine vor allem von Widerwillen bestimmten Empfindungen hinsichtlich der wesentlichen Ereignisse im fleischlichen Leben (Empfängnis, Geburt, Krankheit, Tod, etc.) und insbesondere gegenüber den wesentlichen Erscheinungsformen der Sexualität wurden analysiert und mit einer Fülle von Zitaten illustriert. Weitere Punkte werden wir nächstes Jahr in Augenschein nehmen, wo wir zeigen wollen, daß das Problem des Bösen, hat man es einmal auf diese Weise gestellt, seine Lösung nur in einer dualistischen Theorie finden kann. Insbesondere wird der Gnostiker dahin gebracht, Gott die Materie oder ein böses Prinzip entgegenzusetzen, oder aber er unterscheidet zwischen einem absolut guten, »unbekannten« oder der Welt »fremden«, transzendenten Gott und einem niederen, feindseligen Gott, dem Schöpfer der Welt und des Leibes, der verantwortlich ist für die schmerzliche Verkommenheit des »Ich«, das dem Elend dieser Welt und den Befleckungen des Fleisches ausgesetzt ist.

1954 - 1955

Beim Studium der Formulierungen, die wir den Gnostikern selber verdanken und in denen die Erkenntnis oder »Gnosis« definiert wurde als umfassende Antwort auf die dreifache Frage »Woher komme ich? Wo bin ich? Wohin gehe ich?«, schien es uns, daß der Gnostiker sich auf der Welt zunächst hat unbehaglich oder fehl am Platz fühlen müssen, er mußte die Lage, in die er sich *hic et nunc* versetzt fand, seine Lage in dieser Welt, als Not und Leiden empfinden, als einen befremdlichen oder schlechten, auf jeden Fall unerträglichen Zustand - denn nur so konnte es dazu kommen, daß er sich über sich selbst und sein Schicksal befragt. All seine weiteren Schritte schienen uns ausgelöst oder bestimmt zu sein von dieser ersten Empfindung: Wenn ich nicht für diese Welt und sie nicht für mich gemacht ist, was habe ich dann in ihr zu schaffen? Wenn ich meinen derzeitigen Stand als meinen eigentlichen entgegengesetzt und als ein Übel erfahre, warum bin ich dann hier, wie ist es möglich, daß ich hier bin, hierher gelangt bin? Mit welchen Mitteln kann ich diesem unannehmbaren Geschick entrinnen? Habe ich einmal den anormalen, demütigenden und schmerzlichen Charakter meiner derzeitigen Lage empfunden und die Gegenwart des Bösen in der Welt konstatiert, scheint sich ganz von selbst das Bedürfnis nach einer Erklärung einzustellen und ich will heraus, mich vom Bösen befreien, aus dem Gefängnis der Welt fliehen, kurz: das Heil - mein Heil - suchen und finden. Die grundlegende und bedeutsamste Frage – von der der Gnostiker ausgeht und von der auch unsere phänomenologische Untersuchung ausgehen muß – schien uns in den von uns analysierten Formulierungen die folgende zu sein: »Wo bin ich?«, »Wo sind wir?«, »Was bin ich (oder »Was bin ich geworden«) hier auf Erden?«; die Antwort auf diese erste Frage wirkt sich auf alle weiteren aus und diktiert sie.

Eine Untersuchung, die darauf bedacht ist, die in derartigen Definitionen vorausgesetzte Erfahrung ihrem eigenen Sinne nach zu begreifen und die ihren Gang der eigenen Entwicklung gnostischen Bewußtseins anpassen will, kommt also nicht umhin, sich zunächst zu fragen, wie sich dem Gnostiker die *conditio humana* darstellt, und weiter, weil ihm dieser Stand sogleich relativ oder absolut vom Übel zu sein scheint: wie stellt sich für ihn das Problem des Bösen? Spekulativ und abstrakt, aber auch, und in erster Linie, konkret. Wir entwarfen daher ein vollständiges Tableau der *conditio humana,* wie sie der Gnostiker erlebt und gedanklich faßt, und versuchten aufzudecken, woraufhin und in welchen Gestalten er das Böse verspürt und empfindet, ein Böses, das seiner Existenz in der Welt und letzten Endes der Welt selber innewohnt.

Wir hatten die Haltung, die der Gnostiker gegenüber der Existenz überhaupt und den wesentlichen Ereignissen im fleischlichen Leben, besonders den Erscheinungsformen der Sexualität, einnimmt, schon dargelegt. Wir fuhren fort mit dem Studium der Empfindungen und Ansichten, die sein Körper, das Verbundensein mit seinem Körper in ihm hervorruft; oder, um genau zu sein (denn die Nuance ist von Bedeutung), *der* Körper – denn allmählich kommt er an den Punkt, wo er seinen Körper als einen von ihm, d. h. von seinem eigentlichen »Ich« oder seiner wahren Person unterschiedenen Gegenstand betrachtet und begreift, als ein ihm fremdes und gleichsam unpersönliches Ding. Mit anderen Worten, wir haben uns bemüht zu erklären, wie der Gnostiker sich selbst als leibliches Wesen und wie er seinen Leib begreift, welches Bild er sich von ihm macht, wie er ihn beurteilt und auf ihn reagiert.

Um unseren Zweck zu erreichen, wandten wir uns zuerst den Bildern, Symbolen oder Metaphern zu, deren die Gnostiker sich bedienen, um den Eindruck wiederzugeben, den die Verbindung mit dem Körper in ihnen erzeugt oder um die Vorstellung zu illustrieren, die sie sich vom Körper machen; ihr Inhalt wurde gründlich untersucht, ihr Ursprung, ihr Sinn und ihre affektive Bedeutung näher bestimmt. So wurden, angefangen beim *Corpus Hermeticum,* VII, 2–3, die in großer Zahl vorhandenen Texte herangezogen und ausführlich analysiert, die den Körper abwechselnd mit einem Kleid, einem Kadaver, einem Grab, einem Gefängnis, einer Kette, einer Fessel vergleichen oder auf einem anderen Register mit einem lebendigen, beseelten Wesen (es mag von Natur aus lebendig sein oder vermittelt durch eine »von außen kommende Seele«, einen »trügerischen Geist«), einem übelgesinnten und unerwünschten Begleiter, einem Eindringling, einem »Straßenräuber«, einem Widersacher, dessen Feindschaft, Mißgunst und Aufsässigkeit Widersprüche, Kämpfe, Aufruhr oder Bürgerkrieg in uns erzeugt und nährt, manchmal auch (die beiden Bilder treten oft gemeinsam auf) mit einem alles verschlingenden Drachen und einem tobenden Meer, in dessen Stürmen wir versinken. Mit Hilfe weiterer Zeugnisse aus der gnostischen Literatur fiel es uns nicht schwer, die Bedeutung, die den beiden Klassen von Gleichnissen zukommt, zu erhellen und festzumachen. Als lebendige Kraft und tätig wirksame Macht ist der Leib die Ursache für Unruhen und Erschütterungen, für inneres Zerrissensein und Furcht. Auf jeden Fall erlebt die Seele ihre Koexistenz mit dem Fleisch als einen Zustand der Gewalt. Und das in einem doppelten Sinne: einerseits wird ihr »Gewalt angetan«, sie wird genötigt und gefesselt, einer Bedingung unterworfen, die ihrer eigenen Natur und der

Ordnung der Natur selber zuwiderläuft, sie wird einem Partner angetraut oder vielmehr gegen ihren Willen an ihn gekettet, der ihr nicht nur fremd ist, sondern sich wie ein Parasit benimmt und als ihr Feind erweist; andererseits manifestiert sich die vom Leib ausgeübte Wirkung in der Seele durch gewaltsame Heftigkeit. Leidenschaften und die von ihnen hervorgerufenen Konflikte versetzen die Seele in Aufruhr. Betrachtet man den Körper mehr von seiner passiven Seite, so scheint der vorherrschende Eindruck, den er beim Gnostiker hinterläßt, der einer äußeren Hülle oder eines Hemmnisses zu sein, mit einem Wort: er ist eine Last. Der Leib lastet auf der Seele und drückt sie nieder. Er hat die bleierne Wirkung eines Gewichts, einer allzu großen Last, die nach unten zieht, in die Niederungen des Daseins. Er wird im übrigen mit einem Halfter verglichen, das einschnürt und den Atem nimmt (daher die Bilder des Erhängens und Erwürgens). Er schnürt die Seele in der Angst *(agchonê, angustia)* zusammen, bedrückt und bedrängt sie von außen. Sein würgender Griff ist eine Qual, seine Opazität ein fast undurchdringlicher Block. Seine Gegenwart betäubt und verfinstert, stürzt den Geist in die Nacht und Starre des Unbewußten. Infolgedessen sieht der Gnostiker den Leib insgesamt als ein Organ oder Werkzeug an und zwar: 1. der Erniedrigung, der (körperlichen oder moralischen) Demütigung; 2. der Bestrafung, Züchtigung, ja Folter; 3. der Unterwerfung, Knechtung und Versklavung; 4. des Leidens (des *pathos* im dreifachen Sinne des griechischen Wortes: Passivität, Leidenschaft, Schmerz); 5. des Vergessens (er bildet die Trennwand zwischen uns und der Wirklichkeit, zwischen dem »Ich«, wie es sich selbst in den Grenzen der Gegenwart erscheint, und dem »Ich«, wie es an sich, in seiner absoluten Wahrheit existiert); 6. des Unbewußten, der Unwissenheit und des Irrtums. Alles in allem läßt sich der niedrige Zustand, in den die Seele im und wegen des Körpers geraten ist, in zwei Worten charakterisieren: als Verirrung *(agnoïa* oder *anoïa,* Verlust oder momentane Trübung des *nous,* der *intelligentia)* und Verkommenheit. Für den Gnostiker heißt das, der Leib ist von Übel, er ist Sitz und Inkarnation des Bösen, wenn nicht das Böse selber; er kann also nur Gegenstand des Hasses sein, eines Ressentiments, das sich in Verachtung und Empörung ausdrückt.

Es lag in der Natur der Sache, sich jetzt zu fragen, wie sich der Gnostiker gegenüber der Zeit verhält. Zurückgeführt auf ein reines Werden, wird die Zeit erlebt und begriffen als ständige Veränderung, als Unbeständigkeit oder Vergänglichkeit und nimmt so zuletzt das Aussehen eines unbeständigen und eitlen Phänomens an. Sie ist auf jeden Fall ein Trugbild, eine Enttäuschungen bereitende Heuchlerin, Schwindel und Täuschung, die den Menschen enteignet und seiner selbst entfremdet. Eine verletzende Feststellung für den Geist des Gnostikers, zugleich aber eine intensive und schmerzliche Erfahrung seiner Sinne. Ob man seinen Lauf mit dem Ende der jetzigen Existenz abbrechen läßt oder ob man es eine unermeßliche und prinzipiell endlose Folge von Reinkarnationen durchlaufen läßt, das menschliche Leben - im ersten Fall unvermeidlich und abrupt vom Tod unterbrochen, im zweiten, begleitet von Leiden und Enttäuschungen, unbegrezt in die Länge gezogen - bekommt einen düsteren und tragischen Aspekt, es nimmt die Form eines Dramas an. Die Zeit trennt und entfernt uns, hält uns unablässig fern von Gott, das heißt im Grunde von uns selbst. Sie versetzt und beläßt uns in einem Zustand der Erniedrigung, den wir als solchen schon inmitten unseres gegenwärtigen Lebens verspüren, der aber noch schlimmer und unabänderlich wird, wenn sein Ursprung in eine unausdenkbare Ferne verlegt wird und wenn man mit den meisten Gnostizismen annimmt, daß er sich ohne angebbares Ende in unendlicher Dauer fortsetzt und wiederholt. Der Verachtung, die den Gnostiker angesichts der Zeit ergreift, folgen Entsetzen und Klagen. Oder eher: Während er sich anstrengt, die Nichtigkeit der Zeit zu unterstreichen, und sich bemüht, sie als verachtenswert hinzustellen, will sich der Gnostiker in Wirklichkeit nicht den Schrecken eingestehen, den sie ihm einflößt, und er versucht darauf zu reagieren. Was er im übrigen gelegentlich auch einbekennt, wobei er dem Geständnis seiner Angst verzweifelte Proteste oder ein langes nostalgisches Wehklagen beimischt. Dieselben Empfindungen, verlagert auf die Ebene der Theorie, lassen sich in den seltenen Texten (vor allem Irenäus, *Adv. haer.,* I, 17, 2, und das *Apokryphon des Johannes*) finden, in denen gnostische Autoren das Bild darlegen, das sie sich von Ursprung und Wesen der Zeit machen. Die Zeit, ihrem Wesen nach Unvollkommenheit, ist Produkt eines Unheils, einer »Schwäche«, eines Sturzes und Verstreutwerdens in die Leere, ins *kénôma* – erlitten von einer Wirklichkeit, die zuvor ungeteilt und unversehrt inmitten des *Plérômas,* der »Fülle« oder des *Aïôns,* der Ewigkeit existierte. Als das mit Mängeln behaftete Werk eines selbst niederen und unwissenden Schöpfers ist sie ein *pseudos,* ein *mendacium,* eine Art Betrug oder Karikatur, fast eine Illusion. Jedoch eine unterjochende Illusion, denn mit Hilfe der Zeit übt der Demiurg oder jene andere Macht des Bösen, der *Kosmokratôr,* der ebenso *Chronokratôr* ist, seine Herrschaft über die Welt und das Schicksal des Menschen in dieser Welt aus und bewahrt sie sich. Die Zeit bildet eine »Kette«: Es gibt eine Verkettung der Zeit selber und eine solche an die Zeit, um so unerbittlicher, als die meisten gnostischen Systeme darin übereinkommen, die Zeit als Verhängnis aufzufassen. Bislang; wie es schien, in ihrem Flüssigsein und Verschwimmen betrachtet, gewinnt die Zeit so die Dichte oder Starrheit einer festen und niederdrückenden Realität. Weil sie seine Existenz zersplittert und einem Zwang aussetzt, legt der Gnostiker hinsichtlich der Zeit alles in allem denselben Widerwillen und dieselbe Feindseligkeit an den Tag wie angesichts des Leibes. Auch die Zeit ist ein Werk des Bösen.

Ebenso aber unserer Existenz, bedenkt man, daß sie in die Zeit eingelassen, eine Gefangene der Zeit und Opfer ihrer Betrügereien ist. Daher wünscht der Gnostiker, von der Zeit befreit zu werden, er will, außerhalb allen Werdens, in den Zustand versetzt und zurückversetzt werden, von dem er annimmt, daß er ihn im Ursprung innehatte: in die Beständigkeit und Wahrheit des *Plérômas*, des *Aïôns,* des ewigen und vollen Seins. Das Ideal des Heils und die Bedingungen, unter denen es erlangt wird, sind hier fast ausschließlich zeitlose.

Nach und nach erweitert, richtete sich unsere Untersuchung zuletzt auf einen umfassenderen und allgemeineren Gegenstand: auf die »Welt«, den *kosmos,* wie der Gnostiker ihn sieht und einschätzt. Auch hier haben wir zuerst wieder einige - bei den Mandäern und Manichäern besonders lebhafte - Vorstellungen klassifiziert und geprüft, die die vom Gnostiker beim Kontakt mit der Welt empfundenen Eindrücke resümieren oder sein Gesamtbild von ihr illustrieren. Sie ist: eine hermetisch abgeschlossene Festung, umgeben von scheinbar unüberwindlichen Mauern und Gräben; ein Gefängnis; eine Nacht oder ein großes dunkles Gewässer; eine Kloake; eine Wüste. Wir versuchten die Erfahrungen und Urteile aufzudecken, die solche Symbole voraussetzen. Mitunter wie die Materie als ein »wirres« und »bitteres Chaos« bezeichnet, verwundet und verletzt die Welt die Sinne des Gnostikers durch ihre ungeordnete, absurde Bewegung. Sie ist eine in sich zusammenstürzende »Ruine«, ein Ort des Verfalls, der Unvollendetheit und des Todes. Sie wird für häßlich, abstoßend und wertlos erklärt. Doch die Verachtung, die sie deshalb hervorrufen soll, verdeckt - wie im Falle der Zeit - nur schlecht ein tieferes Gefühl der Angst und des Hasses, eine Empfindung von Unbehagen, angsterfüllter Unruhe, die man zu überwinden trachtet. Der Gnostiker mag die Scheußlichkeit, Mittelmäßigkeit und Nichtigkeit der Welt noch so sehr anprangern, er fühlt sich weiterhin bedrängt und bedroht, ins Gefängnis geworfen und eingesperrt, ohne eine begründete Hoffnung oder sichtbare Möglichkeit zur Flucht. Mag ihm die ihn umgebende Weltmasse noch so chaotisch erscheinen, er weiß dennoch, daß er der Tyrannei unterworfen ist, einer notwendigen und schicksalhaften Ordnung, genauer, den unbeugsamen »Ordnungen«, die dem *kosmos* von den bösartigen, über den Umlauf der Gestirne wachenden Mächten aufgezwungen werden. Hier auf Erden zu existieren ist somit eine »Katastrophe«, wie einige Texte erklären; eine Höllenqual, wie andere es der Hauptsache nach ausdrücken, die nicht anstehen, die Welt mit der Hölle zu identifizieren. Diese Feststellung, dieses Eingeständnis, ist untrennbar verbunden mit Tränen und Klagen. Der schmerzlichste Eindruck ist der, inmitten der Welt in eine ausweglose Situation verbannt zu sein, jeder Kommunikation mit dem Außen beraubt oder von ihr »abgeschnitten«, fern von allem, was außerhalb der Welt und »anders« als die Welt ist, »abgesondert« vom »Jenseits«, das der Gnostiker sich kontrastiv als Fülle, Überfluß, Freiheit und Freude und somit als das Wahre Leben denkt. Die Gegenwart der Welt »trübt« den Geist und stürzt ihn - das sind klassische Motive - in die Trunkenheit, den Schlaf, das Vergessen. Die Welt wird Land des Vergessens, *terra oblivionis* genannt oder wie der Leib mit einem »Verlies« verglichen, wo wir uns selbst vergessen und glauben, man habe uns verlassen. Zumindest sind und fühlen wir uns hier im »Exil«. Allmählich drängt sich eine fundamentale Überzeugung auf: Wir sind »Fremde« auf der Welt, und umgekehrt ist die Welt uns »fremd«. Diese Gewißheit jedoch verstärkt oder belebt von neuem nur eine um so heftigere Empfindung: Wie sind - scheinbar hilflos - der Welt »preisgegeben« und leben verlassen inmitten einer grenzenlosen Einsamkeit, in einem verödeten Universum, das trost- und wesenlos ist. Daher der »Ekel« und die »Angst« des Gnostikers; daher auch der pessimistische Aphorismus des Basilides: »Angst und Elend begleiten die Welt wie Rost das Eisen.«

Hier, auf der Schwelle zu einer leicht zu erratenden Schlußfolgerung, hielten wir ein. Die Welt ist schlecht und wird als böse verdammt, weil es in ihr dem Menschen schlecht geht und er sich schlecht fühlt, weil das Böse in erster Linie darin besteht zu existieren, in der Welt zu existieren. Die Lektüre von Texten, die eine solche Behauptung stützen, mußten wir auf einen späteren Zeitpunkt verschieben. Ihrer gibt es unzählige, und alle stimmen sie in diesem Punkt überein, sieht man von einigen mit gewisser optimistischer Tendenz ab, wie sie einer der hermetischen Schulen eigen ist. Aber schon diese Schlußfolgerung und gewisse andere im Verlauf der Vorlesung angesprochene Punkte werfen manch ein Problem auf. Wenn ich – um die Überlegung des Gnostikers wiederaufzunehmen – fähig bin, mit den vom Bösen bestimmten Charakter dieser Welt bewußt zu machen, wenn mich die Gegenwart der Welt und meine eigene Gegenwart in ihr in solch einem Maß »befremdet«, daß ich mich ihr »fremd« fühle, so doch nur deshalb, denkt man darüber nach, weil ich eine »andere« Natur, einen »anderen« Ursprung als die Welt habe, weil mein authentisches Sein und das Sein der Welt – an sich und im Grunde – zwei widersprüchliche, heterogene Wirklichkeiten sind, die faktisch miteinander im Streit liegen. Das führt den Gnostiker zu der wesentlichen Feststellung: »Ich bin *auf* der Welt, aber nicht *von* der Welt.« Von diesem Gesichtspunkt aus scheint die Welt und die weltliche Existenz deshalb von Übel zu sein, weil sie eine »Mischung«, und zwar eine gewaltsame und anormale Mischung zweier entgegengesetzter und unvereinbarer Naturen oder Seinsweisen ist, deren Ansprüche sich widerstreiten. Wenn mir diese gemischte und daher zerrissene Existenz andererseits unerträglich ist, was hat sie dann verursacht und wer ist der Verantwortliche dafür? Wer ist für den *kosmos* (den der Gnostiker als *ktisis,* Schöpfung begreift) verantwortlich? Wer hat die Welt geschaffen und mich dazu gezwungen in ihr zu leben, und wer erlöst mich von diesem Schicksal, dieser Knechtschaft, dieser Angst und diesem Leiden, von dem Bösen, dem ich - vermischt mit der Welt - ausgesetzt bin? Es kann nicht ein und dasselbe Wesen sein. Der, der für die Welt und das Böse die Verantwortung trägt, kann nicht von der Welt und dem Bösen befreien; der Erlöser kann nicht der Schöpfer sein. So stoßen wir auf ein weiteres wesentliches Problem: das der zwei Gottheiten.

1955 - 1956

Unsere Untersuchung hatte uns dahin geführt, den Punkt zu beleuchten, wie sich im Bewußtsein und Denken des Gnostikers das Problem des Bösen stellt. Wir sahen, daß das Böse für den Gnostiker kein Begriff, keine mehr oder minder abstrakte und unpersönliche Vorstellung ist, sondern eine unmittelbar wahrgenommene konkrete Wirklichkeit. Allem voran ist es solch ein Ereignis, solch eine Tatsache oder Begegnung, ein solcher Komplex von Ereignissen, Tatsachen und Zusammentreffen, deren Gegenwart oder Wirkung als unerträglich, schädlich oder böse erfahren wird: Etwas wird als schlecht oder böse beurteilt, nachdem es so empfunden wurde. Die Vorstellung, die der Gnostiker sich davon macht, ist also in erster Linie empirisch und affektiv, sie entspricht einer Erfahrung oder *Prüfung*. Anlaß wie Gegenstand dieser Erfahrung oder Prüfung ist seine eigene Existenz, wie er sie gegenwärtig vorfindet, sobald er sich auf sie besinnt, sobald - um genau zu sein - die Unannehmlichkeiten, Fehlschläge, Mißgeschicke und Leiden, die er erfährt und erduldet, seine Aufmerksamkeit auf sich ziehen und ihn veranlassen, über seine Existenz nachzudenken. Indem er allmählich immer weiter verallgemeinert, stellt er schließlich seine derzeitige Lage in Frage und kritisiert sie: diese Lage selbst und das, was sie zu einer üblen macht; seine

Existenz und die Bedingungen, denen sie unterworfen ist; die Wirklichkeit, in der sein Leben spielt und die es einzusperren, einzuengen, zu nötigen und gefangenzuhalten scheint, weil sie es allseitig umhüllt und in sich eingeschlossen hält. Während er eine Reihe von Schritten, die von uns im einzelnen analysiert wurden, durchläuft und von den unmittelbarsten Eindrücken zu den entferntesten Feststellungen gelangt, erfaßt und begreift der Gnostiker seine Existenz nacheinander als »geworfene«, niedergedrückte und gefangene, zunächst im Leib; dann in der Zeit oder im Werden, letztlich in der Welt; und eben im Hinblick auf Leib, Zeit und Welt muß er sie folglich für eine gedemütigte, beschwerliche und schmerzliche halten. Alles in allem läuft es für ihn auf dasselbe hinaus zu sagen, die Existenz sei schlecht, weil sie von Körper, Zeit und Welt umgeben und ihnen unterworfen ist, oder aber, Körper, Zeit und Welt seien schlecht und verdammenswert, weil die Existenz von ihm als etwas Übles und Böses empfunden wird.

Nun galt es noch Belege für die extremste Schlußfolgerung zu finden, zu der es den Gnostiker auf diesem Wege letztlich treibt. Wir mußten also in den ersten Vorlesungen dieses Jahres eine gewisse Anzahl von Texten zusammenstellen und vorführen, die in der Behauptung übereinstimmen, die Welt sei ursprünglich und von Natur aus schlecht, sei Werk, Sitz und Quelle, ja sogar – wie es im *Corpus Hermeticum* (VI, 4) heißt – die Totalität, das »*Plérôma*« des Bösen. Da solch einem Urteil jedoch andere Aussagen im selben *Corpus* widersprechen und ganz im Gegenteil proklamieren, der *kosmos* sei gut, göttlich, ein Gott oder (XII, 15) »*Plérôma* des Lebens«, bemühen wir uns, diese Inkohärenz zu erklären und die augenscheinliche Schwierigkeit aufzulösen, indem wir im Hermetismus zwei Denkströmungen unterschieden: Die eine ist monistisch, optimistisch, sie wird beherrscht von der Vorstellung eines kosmischen Gottes und ist in direkter Linie aus der hellenistischen Philosophie und Religiosität hervorgegangen; die andere ist dualistisch, pessimistisch, sie ist gerichtet auf die Suche nach einem absolut transzendenten Gott, der in keiner direkten Beziehung zur Welt steht, und ist insofern entschiedener und nachweislicher mit dem verwandt, was man eigentlich als Gnostizismus zu bezeichnen pflegt. Es genügte, sich auf das Zeugnis des *Corpus Hermeticum* selber (IX, 9; XIV, 8; IX, 4) zu berufen, um nachzuweisen, daß diesen beiden Strömungen tatsächlich zwei verschiedene Schulen im Hermetismus entsprachen und daß sie sich in der Tat der Unvereinbarkeit ihrer jeweiligen Tendenzen bewußt waren, besonders was ihre entgegengesetzten Positionen im Streit um die Natur des *kosmos* betraf. Folglich schien uns der erwähnte Widerspruch nicht in der Haltung zu liegen, die die Gnosis im allgemeinen der Welt entgegenbringt, sondern nur im Innern des Hermetismus zu bestehen, zwischen einem »philosophischen« Hermetismus und einem spezifisch »gnostischen« (oder durch seinen Pessimismus den normalen Vorstellungen, die man sich von jedem auch nur halbwegs konsequenten Gnostizismus macht, entsprechenden) Hermetismus. Im übrigen kommt auch die erstgenannte hermetische Strömung nicht umhin, sich der zweiten anzunähern oder sich von ihr beeinflussen zu lassen, sofern auch sie Gnosis sein will. Die eigentümliche Stimmung, die sich dadurch stellenweise in ihren prinzipiellen Optimismus mischt, verrät sich in ihrem Zögern, ihrer Verlegenheit, und führt sie manchmal zu haltlosen Thesen oder Kompromißlösungen: Zwar hat das Böse hier auf Erden seinen eigentlichen Platz, aber sein Reich ist eben die Erde, nicht die Welt (IX, 4); die Welt ist schön, aber sie ist nicht gut (X, 10); sie ist »nicht gut« *(ouk agathos),* sofern sie beweglich ist, aber sie ist »nicht schlecht« *(ou kakos)* sofern sie unvergänglich ist (X, 12); der *kosmos* ist gut *(agathos),* sofern er alle Dinge hervorbringt, doch im übrigen ist er nicht gut *(ouk agathos)* (VI, 2). Die Ausnahme, die einige der betrachteten hermetischen Texte im Gesamtkomplex der gnostischen Literatur darstellen, schien uns daher nur akzidentell zu sein und uns nicht zu einer Revision der Schlußfolgerung zu zwingen, die sich im Gegenteil am Ende dieses Teils unserer Untersuchung geradezu aufdrängte. Sie fügt ihr höchstens eine Nuance hinzu. Implizit oder ausdrücklich, mehr oder weniger scharf und heftig formuliert, bleibt die Ansicht des Gnostikers weiterhin dieselbe: An sich oder ihres Ursprungs wegen, infolge der Wirkungen ihres Vorhandenseins oder ihrer Bewegtheit, ist die Welt, die kosmische Sphäre, in der unsere menschliche Existenz spielt, ebenso wie der Leib und die Zeit, etwas Schlechtes, Böses oder Ursache von Bösem.

Ein so gezogener und zusammengefaßter Schluß sieht ganz nach einer Deduktion und einem theoretischen Lehrsatz aus. Es war ratsam, ihm einen weniger abstrakten Ausdruck, einen lebendigeren Anstrich zu geben. Zu diesem Zweck empfahl es sich, unsere Aufmerksamkeit ein paar Texten zuzuwenden, in denen Gnostiker gerafft das Wesentliche der Eindrücke zusammengefaßt haben, die von der Prüfung zurückblieben, die sie in ihrem derzeitigen Stand in der Welt über sich ergehen lassen mußten, und wo sich in mehr oder minder zugespitzter und unmittelbarer Form die Gesamtansicht widerspiegelt, die sie sich von diesem Stand gebildet haben. Die behandelten Dokumente waren von zweierlei Art: Die einen waren im allgemeinen poetischer Natur oder hatten einen lyrischen Anstrich – sie bieten durch ihre Bilder Gelegenheit, die Eindrücke noch an ihrer Wurzel zu fassen, und die Ansichten zeigen sich noch von ihrer affektiven Seite, die anderen, fast schon Teile eines Lehrgebäudes, waren künstlicher und abstrakter – in ihnen finden wir, in große mythologische Gestalten verwandelt, verdichtet und in ihnen unterworfen, die Hauptzüge der Vorstellung, die sich der Gnostiker von der Lage des Menschen und seines in den *kosmos* geworfenen »Ich« macht. Von den ersten wählten wir, um sie zu kommentieren und zu vergleichen, folgende aus: den Psalm der Naassener (Hippolyt, *Refut.* V, 10, 2); verschiedene Abschnitte aus mandäischen Schriften *(Buch des Johannes, Liturgien)* und die achtundzwanzig Stücke des zweiten Buchs des *Linken Ginza;* einige manichäische Hymnen. Bei den anderen, die wir auch nur in exemplarischer Auswahl heranzogen, wollten wir in dieser oder jener ihrer kosmogonischen und kosmologischen Darstellungen eine Erklärung oder Beschreibung der Welt finden, die noch den Stempel der Empfindung trägt und die Erinnerung an eine subjektive Sphäre oder, wenn man so sagen darf, affektive Landschaft wachruft; vor allem ging es uns darum, in einigen der Hypostasen aus Systemen, die diese Dokumente verzeichnen und in gewissen Personen aus Mythen, von denen sie berichten, ebenso viele Symbole der Seele (allgemein oder individuell verstanden) zu erkennen, Bilder, letztlich »Archetypen« des menschlichen *»Ich«,* dessen Schicksal und die Situationen, in die es nacheinander gerät, von den Begebenheiten widergespiegelt werden, die diesen Entitäten widerfahren, auch wenn umgekehrt angeblich sie die Erlebnisse des »Ich« antizipieren und rechtfertigen. Da solche »Projektionen« der *anima* oder des *animus* sowohl weibliche als auch männliche Gestalt annehmen können, haben wir zuerst, uns gelegentlich des soeben erschienenen Buches von Erich Neumann bedienend *(The Great Mother. An analysis of archetype,* »Bollingen Series«, XLVII, New York, 1955), als Beispiel den Mythos der Helena aus der simonianischen Gnosis analysiert, ebenso den der Sophia – oder der beiden Sophia (obere Sophia und Sophia Achamoth) – deren »Passion« oder »Passionen« (das *pathos* oder die *pathê)* auf der Basis valentinianischer oder sich auf den Valentinianismus beziehender Dokumente studiert wurden, wobei gelegentlich auch auf die *Geheimschrift des Johannes* zurückgegriffen wurde. Danach untersuchten wir auf dieselbe Art mehrere manichäische Texte, die sich auf den Urmenschen, den *Archanthropos,* und auf den ersten Menschen, Adam oder Gēhmurd, bezogen. Haben uns diese Analysen, neben weiteren Ergebnissen, auch schließlich ein vollständiges Bild von der Vorstellung geliefert, die sich der Gnostiker - mit Rücksicht auf die ihm darin bereitete Lage - von der Welt macht, und haben sie auch bestätigt, daß für ihn das Böse in erster Linie seine eigene Anwesenheit in der Welt oder umgekehrt die Anwesenheit der Welt in ihm ist, so haben sie gleichwohl zuviel Zeit in Anspruch genommen, und wir konnten nicht mehr unserem Wunsch entsprechend über alle Konsequenzen reden, die solche und ähnliche Befunde implizieren oder unmittelbar nach sich ziehen. Vor allem hätten wir gerne gezeigt, daß - führt man einmal das Böse auf die weltliche Existenz zurück und macht es an der Welt als seiner obersten und hauptsächlichen Ursache fest - es sich leicht vorhersehen läßt, welche Richtung der Gnostiker einschlagen wird, um den Versuch zu machen, sich davon zu befreien und dessen ersten Ursprung und Seinesgrund zu entdecken. Dem Bösen zu entkommen, sich von ihm zu befreien und sich zu retten, das Heilsbedürfnis zu befriedigen, das die vom Bösen auferlegten Prüfungen in ihm hervorgerufen haben, läuft für ihn im großen und ganzen darauf hinaus, der Welt zu entkommen, sich von ihr zu befreien oder von ihr befreit und erlöst zu werden. Es handelt sich um eine unerträgliche und scheinbar unentwirrbare Situation, aus der man, koste es, was es wolle, »heraus« muß. Die Seele kann nur versuchen, eine Stelle für den Ausbruch zu finden und dem *kosmos* zu entfliehen, einem *kosmos,* der sie, um noch einmal die Bilder aus der gnostischen Literatur aufzugreifen, zwischen den Wällen einer Festung, den Mauern eines Gefängnisses gefangenhält und in dem sie, dem Naassenerpsalm zufolge, durch die Gänge eines Labyrinths irrt. Da das Problem das des »Ausgangs«, des *exodos* oder des *diéleusis* ist, muß es - wie dieselben

Naassener laut Hippolyt, *Refut.*, V, 19, 5 erklären – durch die Entdeckung einer *diéxodos,* die zugleich *lysis* ist, gelöst werden. Dieselbe Bewegung treibt den Gnostiker andererseits dazu, sich zu fragen, woher das Böse kommt und warum es das Böse gibt, dessen wirksame Gegenwart er schmerzlich erfährt und dessen Realität ihm gewiß ist; und um eine Antwort auf diese Frage zu bekommen, die von ihm interessiert, voller Eifer und Leidenschaft gestellt wird, versucht er nicht so sehr ein mehr oder minder unpersönliches und abstraktes Erklärungsprinzip ausfindig zu machen, sondern eher einen Verantwortlichen, weniger die objektive Ursache als vielmehr den Urheber des Bösen, weniger etwas, was man konstatiert und anerkennt, sondern jemanden, den man angreifen und gegen den man sein ganzes Ressentiment richten kann. Da das Böse dem *kosmos* inhäriert, eine Folge der Existenz der Welt und unserer Existenz in ihr ist, erreicht der Gnostiker ganz von selbst einen Punkt, wo er den Urheber der Welt, verantwortlich für die Schöpfung, mit dem Urheber des Bösen identifiziert, der für die schlechte und elende Lage verantwortlich ist, in der wir uns gegenwärtig hier auf Erden befinden, und wo er darüber hinaus unterscheidet – um sie mehr oder minder radikal gegenüberzustellen – zwischen dem Schöpfer, dem Demiurgen, und dem der Welt fremden Gott, zwischen einem »Gott« der Welt oder des Bösen und dem Gott des Guten und des Heils.

Nur den ersten dieser Schritte konnten wir erörtern. Wir zeigten, daß, obwohl Gnosis und moderner Existentialismus scheinbar dieselbe Sprache sprechen, der Eindruck »in die Welt geworfen zu sein« nicht der Enthüllung des »In-der-Welt-Seins« entspricht; im Gegenteil, weit davon entfernt, zwischen der Welt und dem Ich eine unauflösliche Zusammengehörigkeit herzustellen, es auf sie und sie allein hin zu »öffnen«, wird die dem Gnostiker bereitete Offenbarung seiner Existenz, weil sie durch die vom Bösen auferlegte Prüfung hervorgerufen und gezeichnet ist, dazu führen, daß die »Welt« und das »Ich« als zwei antithetische Begriffe unterschieden und getrennt werden, ihre Zusammengehörigkeit wird vernichtet und das Ich dazu gebracht, sich von der Welt abzuwenden und in sich zu verschließen. Anders gesagt, hier wird kein »Sein-für-die-Welt« enthüllt, sondern ein Sein, das, obwohl durchaus in der Welt, nicht von der Welt ist, oder zumindest – betrachtet man die Ausgangslage – ein Sein, das nicht zur Welt gehören und abhängig von ihr existieren will, das nicht in ihr oder in Kontakt mit ihr sein will und das sich, aufgrund der Unzufriedenheit, des Unbehagens und Leidens, welches es dort empfindet, ihr immer fremder fühlt und sich schließlich begreift als: unabhängig von der Welt und anders, frei von ihr und ihr entgegengesetzt. Die Dissoziation von Ich und *kosmos*, durch die Erfahrung des Bösen schon im gnostischen Bewußtsein angelegt, verstärkt und vertieft sich unter Einfluß der Reflexion und vollendet sich in einem Bruch, der zur Entdeckung des »Seins-außerhalb-der-Welt« führt, und genau dadurch ist der Stand des erlösten Wesens oder – was auf dasselbe hinausläuft – das »Ich« in seinem natürlichen, autonomen und authentischen Zustand definiert. Bei einem weiteren Vergleich schien sich die gnostische Haltung in ähnlicher Weise von der des Stoikers abzuheben. Dieser betrachtet danach, sein Leben zu ordnen und mit sich selbst übereinzustimmen, indem er sich der Welt einordnet und mit ihr übereinstimmt, er will gemäß der Welt leben und handeln, will ihrem Gesetz folgen *(akoloutheïn),* dem, was ihren Seinsgrund und Sinn ausmacht, anders gesagt: dem *logos.* Eine Zustimmung *(sygkatathésis),* die die passive und negative Erscheinungsform der Geduld, der Resignation und des einfachen Gehorsams annehmen kann, die aber von ihrer aktiven und positiven Seite her bewußte Zustimmung, volles Einverständnis, Übereinstimmung und Vertrauen ist. Der Gnostiker dagegen verweigert sich der Welt von Anfang an. Seine erste Regung ist Mißtrauen gegen eine Welt, die seinen Strebungen zuwiderläuft und ihm eine schlechte zu sein scheint. Anders als der Stoiker findet er seinen Ort nicht in ihr oder auf sie bezogen, sondern außerhalb von ihr und indem er sich von ihr unterscheidet. Er verweigert ihr sein Einverständnis; jede Übereinstimmung mit ihr lehnt er ab. Mit einem Wort, sobald er sich seiner selbst bewußt wird - die Weigerung mag sich zunächst auf eine einfache Negation beschränken oder bei einigen, mit der Zeit positiv gewendet, zu einer Auflehnung werden -, weigert sich der Gnostiker, die Welt zu akzeptieren, wie er sich - und weil er sich - weigert, seine eigene Lage zu akzeptieren, seinen persönlichen Stand, seine Existenz in der Welt. Durch die Macht der Verhältnisse und gegen seinen Willen ist er an die Welt gebunden, aber er engagiert sich nicht in ihr. Sein geistiges Verhalten ist vor allem Degagement, kein »Engagement«.

Faktisch vollzieht sich der vom Gnostiker geplante Ausbruch aus dem Einfluß- und Herrschaftsbereich der Welt - und damit des Bösen - in drei Hauptschritten, die wir kurz skizzierten: Es geht darum, »der Welt fremd zu werden«, »sich ihr zu entfremden« *(apallotrioustbaï);* »sich« von ihr »zu trennen« oder »abzusondern« *(apokoptestbaï, chôristhênaï);* schließlich den *kosmos* zu »verlassen«, wobei der »Ausgang« (gr. *diéxodos, diéleusis,* kopt. *ginei abal,* parth. *izgām)* praktisch synonym ist mit »Hinscheiden« und »Tod«. Unsere Aufmerksamkeit galt besonders dem ersten Schritt. Wir hoben schon hervor, daß der Gnostiker dazu tendiert, seinen Körper zu vergegenständlichen und zu etwas Äußerlichem zu machen, ihn als von ihm selbst unterschieden zu betrachten, als *anders* oder etwas *anderes* als er selbst. Dasselbe ließ sich von der »Welt« sagen. Auch die Welt scheint für den Gnostiker »anders« zu sein, aber zunächst auf rein negative Weise. In diesem Stadium ist »das Andere« einfach etwas, was ich nicht bin, oder, unbestimmter, etwas, von dem ich fühle oder glaube, es nicht zu sein, worin zu sein mir schwer fällt und folglich mein Erstaunen weckt. Hier liegt jedoch der Beginn oder die erste Manifestation einer Empfindung vor, die sich im gnostischen Bewußtsein entwickelt und immer deutlichere Konturen gewinnt, um darin schließlich ein wesentliches Element zu bilden; ein noch in den Anfängen steckender und undeutlicher Befund, der sich in nachfolgenden Überlegungen klären und erhärten wird, bis er seinen Ausdruck in einer systematisch begründeten, positiven Behauptung von ontologischer Tragweite findet. Wenn ich – um mit dem Gnostiker zu reden – anscheinend in etwas »anderem« lebe, wenn meine Existenz »anders« zu sein scheint, als sie es sollte oder könnte, so verstärkt sich dieser Eindruck des Verschiedenseins und verwandelt sich in den der *Fremdheit,* schließlich in den der Zusammenhanglosigkeit und grundsätzlichen Inadäquanz. Es kommt auf der Verstandesebene zu einer Reihe von Überlegungen: Das, worin ich lebe, ist irgendwie anders. Somit anders im Verhältnis zu mir, anders als ich. Wenn ich folglich die Welt als etwas mir gegenüber anderes betrachte, kann ich umgekehrt leicht den Schluß ziehen, ich selbst sei anders als die Welt. Ihre als *befremdlich* wahrgenommene Gegenwart erscheint mir plötzlich als eine *fremde.* Während ich sie zunächst als unterschieden von mir oder dem Wunschbild, das ich von ihr habe, begreife, wird mir nun die Welt »fremd«, und als solche sehe ich sie an. Ich gewinne die Überzeugung, daß sie mir ebenso »fremd« ist, wie ich ihr. Um diese befremdliche Lage eines Fremden in einer fremden Welt zu erhellen, kommt es nun zu jenen vom Gnostiker als Mythen errichteten Lehrgebäuden, die ihm zugleich seinen Ursprung, seine Natur und sein wahres Wesen erklären sollen: Ihnen oder ihrer Vermittlung verdankt er seine Gewißheit, daß die eigentliche Quelle und Stätte seines Wesens jenseits von Körper, Zeit und Welt liegt, daß er wesens- und rechtmäßig von vornehmerer Herkunft ist als Körper, Zeit und Welt, und er wird darin bestärkt, an sich und in Wirklichkeit von *ganz anderer,* radikal anderer Natur zu sein als sie. Es stellt sich heraus, daß das Verschiedensein, welches er ihnen gegenüber konstatierte, auf einer *Heterogenität* beruht, und die Fremdartigkeit seiner gegenwärtigen Existenz auf seiner Anomalie. Zu Beginn fühlte das »Ich« sich unterschieden von der Welt: Jetzt, am Ende, ist aus der nur flüchtig umrissenen Verschiedenheit eine Spaltung, ja ein Gegensatz geworden, der zwei der Natur und dem Wesen nach widersprüchliche Wirklichkeiten gegenüberstellt und in Konflikt geraten läßt. Die aus einem affektiven Eindruck hervorgegangene Unterscheidung führt schließlich zur Bildung und Trennung zweier Seinsbereiche oder Seinsweisen, die, mögen sie auch de facto koexistieren, de jure unvereinbar sind. Der Unterschied zwischen »Ich« und Welt gehört nicht mehr ins Reich der Gefühle, sondern ist ein ontologischer; er ist nicht mehr graduell oder qualitativ, sondern wesensmäßig: er ist ein objektiv wirklicher.

Um diesen Entwicklungsprozeß und seine Gliederung so genau und gut wie möglich zu rekonstruieren und zu analysieren, bemühten wir uns, die einzelnen Bedeutungen und verschiedenen Nuancen zu erfassen, die der ständig wiederkehrende und gleichsam technische Ausdruck »anders« bzw. »fremd« (gr. *allos, hétéros, xénos, allotrios,* manchmal *allogénês;* lat. *alius, alienus, extraneus;* syr. und mand. *nukrāyā;* kopt. *šemmo;* pers. *'izdēh, 'ūzdēh, 'zdyh;* arab. *gharīb;* prov. *estranh)* in der Sprache des Gnostikers annimmt. Ein Schlüsselwort, das zugleich einem Gefühl und einem Begriff entspricht und ebenso aufschlußreich für ein Studium des gnostischen Gefühlslebens ist, dessen Hauptzüge es enthüllt, wie für das Verständnis der Begriffe, Motive und Theorien, die jedem gnostischen System zugrunde liegen; ein »Urwort der Gnosis« (im Orig. dt.), das Zugang zu einem »Grund-Erlebnis« (im Orig. dt.) verschafft, wie Hans Jonas sagt (in *Gnosis und spätantiker Geist,* I, Göttingen, 1934, p. 97). Ohne auf

Details der Untersuchung einzugehen, der wir die in großer Zahl vorhandenen Texte zugrundelegten, in denen dieses Wort vorkommt, seien hier nur die prinzipiellen Resultate festgehalten und zusammengefaßt, zu denen wir gelangten.

1. In einer Anzahl von Fällen ist dasjenige »fremd«, was auch als »befremdlich« wahrgenommen wird. Diese Nuance gehört untrennbar zur Bedeutung des in seiner ganzen Kraft und Weite aufgefaßten Ausdrucks. Gewisse Verwendungsweisen des Wortes lassen erkennen oder bestätigen, daß der Gnostiker zunächst hat staunen müssen, er mußte das Leben befremdlich finden. Seine Existenz schien ihm etwas Eigenartiges und Ungewöhnliches zu sein, etwas, was einen überrascht oder schockiert und woran man sich nie völlig gewöhnen wird. So zeigt sich am Ausgangspunkt der Beziehungen zwischen dem Gnostiker und der »Welt« ein Gefühl des Unbehagens und fehlender Anpassung. Der *kosmos* wird denn auch in den *Exzerpten aus Theodotos* (XXXIII,3) *to anoïkeïon* genannt. Andererseits, sobald sich das eine oder andere Wesen in der Welt bekundet, das ihr von Natur aus fremd ist und auch so benannt wird (der »Fremde Gott« der Marcioniten, das »Fremde Leben« der Mandäer, der Erlöser), sobald es zur Offenbarung der Gnosis, der *xénê gnôsis* (Clemens von Alexandrien, *Str.* III, c. 3, 12, 3) kommt, ist dies untrennbar mit einer gewissen Fremdartigkeit verbunden, die hier und da hervorgehoben wird durch Ausdrücke wie *stupor, novus, kaïnos,* etc., in Verbindung mit *alius, hospitus, extraneus* oder *allos, allotrios.* In dieser Hinsicht nähert sich das, was die Gnostiker unter »dem Anderen« oder »dem Fremden« verstehen, dem, was Rudolf Otto seinerseits »das ganz Andere« (im Orig. dt.) nennt: ein radikal transzendentes Wesen oder Etwas, total verschieden von der Welt und jeder Wirklichkeit, die der Mensch sonst wahrzunehmen gewohnt ist, und dessen Gegenwart, Erscheinung und »Numinosität« als außergewöhnlich und geheimnisvoll, als

ein Zauber und Wunder, in einem Wort, als befremdlich empfunden wird.

2. Stets und überall spezifiziert sich der Sinn, den der Gnostiker dem Ausdruck »fremd« gibt, durch einen Bezug auf die Welt, was wir bei der Interpretation im Auge behalten müssen. Entweder wird das Epitheton geradezu auf die Welt angewandt, auf die Mächte, die sie erschaffen haben und beherrschen, auf diese oder jene Wirklichkeit, die ihr eigentümlich zugehört - und in solchen Fällen eben deshalb, weil die Welt und folglich die fragliche kosmische Macht oder Wirklichkeit als etwas angesehen wird, das dem »Ich« und seinem Lebensbereich fremd ist. Oder aber »fremd« bedeutet umgekehrt gerade »der Welt fremd« (und des weiteren allem, was von der Welt, was weltliche Begebenheit ist), ob man nun das so bezeichnete »fremde« Wesen oder Etwas, den so bezeichneten Zustand oder Ort als in der Welt seiend betrachtet, oder ob man ihn sich vorstellt und begreift als außerhalb und jenseits der Welt befindlich. Denn auch der Gnostiker selbst erkennt und bestimmt seine »fremde« Beschaffenheit oder Natur als eine, die zunächst inmitten der Welt ist, sich ihr dann aber entgegensetzt und schließlich ihre Stätte außerhalb der Welt findet.

3. Das Wort »fremd« kann also verschiedene Bedeutungen annehmen, die aber innerlich miteinander verbunden sind und in ihrer Abfolge der Entwicklung gnostischen Denkens entsprechen: eine noch fast völlig negative Bedeutung (»fremd« ist das, von dem man mehr oder minder unbestimmt spürt oder empfindet, daß es etwas anderes als das Ich ist und ihm nicht gehört); eine relative Bedeutung (die Welt und alles, was mit ihr zusammenhängt, scheint dem »Ich« fremd zu sein, wird »fremd« genannt, wie auch das »Ich« sich ihr gegenüber fremd fühlt und ebenso benannt wird; die Fremdartigkeit der beiden gegenüberstehenden Wirklichkeiten ist eine wechselseitige); eine absolute und völlig positive Bedeutung (die

Fremdartigkeit ist nicht länger auf eine Situation bezogen, sie setzt kein Verhältnis zu irgend etwas anderem voraus, sondern definiert eine Natur, die an und für sich von der Welt unabhängig ist und über ihr steht: das seinem Wesen nach verstandene »Ich«, sofern es weiß, daß es dem Jenseits entstammt und anderswoher als von dieser Welt kommt, daß seine »Heimat« und sein angestammter »Ort«, die Quelle seines Seins und sein authentisches Sein selbst jenseits des *kosmos* liegen; das »Geschlecht«, das *génos* der »Auserwählten«, der »Pneumatiker«, der »Unerschütterlichen« *(asaleutoï, akinêtoï),* die der göttlichen *ousia* verwandt oder konsubstantiell und daher von Natur aus und ewig erlöst sind; Gott, das Leben, den Erlöser oder den von ihnen gesandten Boten, dessen »Ruf« oder »Stimme« von jenseits der Welt kommt). So wird »fremd« allmählich zu einem Synonym für »transzendent«, genauer für »transkosmisch«, »hyperkosmisch«. Das beweiskräftigste und instruktivste Beispiel hierfür ist ein Ausspruch des Basilides, den uns Clemens von Alexandrien (*Str.* IV, c. 26, 165, 3; cf. II, c. 3, 10, 1 - 11, 1) aufbewahrt hat: die »Erwählung«, die *Eklogê,* ist »der Welt fremd« *(xénê tou kosmou),* sofern oder weil sie *von Natur aus* hyperkosmisch ist *(hôs an hyperkosmios physeï ousa).*

4. Da der Ausdruck eine relative Bedeutung haben kann, wird verständlich, daß er in diesem Fall gleichermaßen verwendet werden kann, um Gegenstände oder Wesen zu bezeichnen, dir für schlecht gehalten werden und andererseits Dinge, Personen oder Entitäten, die zu dem entgegengesetzten Bereich des Guten oder Göttlichen gehören. Daher wird der Beiname »fremd« in verschiedenen manichäischen oder katharischen gnostischen Schriften unserer Erde gegeben, den »weltlichen« oder irdischen Dingen, den Kreaturen, die der Gotteserkenntnis entbehren, oder den »Menschen des Demiurgen«, den Dämonen, dem Satan oder *deus malus.* So besonders im Gebet der Katharer, wo der Erwähnung der »Welt des fremden Gott-

es« *(al mon de Dieu estranh)* die Erklärung folgt: »denn wir sind nicht von dieser Welt und die Welt ist nicht von uns« *(car nos no em del mon nil mon no es de nos).* Und hat man festgestellt, daß das Wort letzten Endes auch eine absolut positive Bedeutung haben kann, macht man sich ebenso leicht klar, wie es zu Ausdrücken kommen konnte, in denen die Bezeichnungen »die Fremden« oder »der Fremde« diesmal ausschließlich den Wesen guter oder göttlicher Natur und denen ihres Geschlechts vorbehalten sind. Das trifft vor allem auf die »sethianischen« Gnostiker zu, die – weil sie von Seth, »dem *Allogénês*«, »dem Fremden« abstammen und dessen Nachkommenschaft sein wollen – sich auch selbst *allogéneïs,* »Fremde« nennen.

5. Zwischen den so geschiedenen und klassifizierten Bedeutungen findet eine Entwicklung statt: eine Vertiefung und deutliche Präzisierung des Begriffs »Fremdartigkeit«, doch zugleich eine stufenweise Verwandlung seines affektiven Wertes. Mag das Gefühl, ein Fremder auf der Welt zu sein, zunächst in seiner passiven und negativen Gestalt unerfreulich und schmerzlich sein, begleitet von Zwang und einer gewissen Demütigung, so bringt das Bewußtsein, sich hier als Fremder zu befinden, das heißt, wirklich, von Grund auf, in der Tiefe und Wahrheit seiner selbst, ein »Fremder« zu sein, in seiner zunehmenden Positivität ein aktives Prinzip hervor, eine wertvolle und bereichernde Gewißheit. Der Gnostiker mag darüber klagen, daß er sich fremd fühlt, und er tut es in der Tat recht häufig. Auf der anderen Seite drückt sein Klagen jedoch Heimweh aus, es setzt die Sehnsucht nach einer fernen Heimat voraus, die mehr oder minder unbestimmt, außerhalb der Welt liegt, und damit eine erste Ahnung, daß er ursprünglich und von Natur aus dieser Welt nicht angehört, einer Welt, in der die Existenz einem Exil gleicht, einer *paroikêsis* oder einer *épidêmia.* Einen Schritt weiter, und der Gnostiker – hat er erst die Überzeugung gewonnen, daß er an sich und normalerweise nichts mit der Welt zu tun hat –

wird es sich zur Ehre anrechnen, sich ihr fremd zu wissen, der Titel »Fremder« wird ihm Anlaß zu Freude und Stolz geben, weil er ebenso wie der des »Königssohns« oder »Sohn der Könige« sein Wesen und den Adel seiner Herkunft beurkundet. Bald darauf hält er es für unabdingbar, sich ständig seiner »Fremdheit« bewußt zu sein - und für gefährlich, die Erinnerung daran zu verlieren oder sie gar durch Gewöhnung und Angleichung an die Welt zu vernichten, was dem Vergessen seiner selbst und seiner wahren Natur gleichkäme und ihn jeder Heilsmöglichkeit beraubte. All das erhellt besonders gut aus dem »Perlenlied« oder »Lied der Seele«, in den Kapiteln 109-111 der *Thomasakten.*

Zu guter Letzt mündet die Reihe von Überlegungen, die - hervorgerufen durch das der weltlichen Existenz innewohnende Böse - den Gnostiker dazu führt, sich in immer positiverer Weise als dem *kosmos* fremd zu begreifen, in eine entscheidende Offenbarung und führt zu einer wesentlichen Gewißheit: Er begreift und erkennt schließlich, daß er, obwohl auf und in der Welt, nicht von der Welt ist, ihr nicht angehört, sondern anderswoher kommt, anderswo ist. »Du bist nicht von hier, deine Wurzel ist nicht von der Welt«, enthüllt ihm der mandäische *Rechte Ginza* (XV, 20) und der *Linke Ginza* (III, 4) sagt: »Du kommst und stammst nicht von hier: deine Stätte ist die Stätte des Lebens.« »Ich bin kein Sohn des Hauses, meine Wurzel ist nicht von der Welt«, kann man im Buch *des Johannes* (p. 67, 4-7) lesen und weiter (p. 166, 19 und p. 169, 4-5): »Ich bin ein Mensch der *Anderen Welt.«* Dieselbe Überzeugung, dieselben Gefühle, teilen übrigens auch verschiedene andere Gnostiker: die Valentinianer (Irenäus, *Adv. haer.,* 1, 6, 4), bei denen sie ihren Niederschlag in einer unpersönlichen Theorie finden; der Autor der *Pistis Sophia* (c. 96, p. 146, 28, p. 147, 32); die mittelalterlichen Katharer (I. Von Döllinger, *Beiträge zur Sektengeschichte des Mittelalters,* II, p. 177 und p. 190). Oft sind die Ausdrücke identisch oder nah miteinander verwandt, es kommt sogar zu einem Spiel mit gleichsam technischen und stereotypen Formeln - Formeln, die man auch bei Johannes findet (*Johannes,* XV, 19 und XVII, 11-16; *1. Johannes,* 4, 3-6 und 5, 18-19), wo einem »in der Welt sein« *(én kosmôi, in mundo)* und einem »von der Welt sein« (*ek* oder *apo kosmou, de mundo*) ein »nicht von dre Welt sein« (das heißt »von Gott sein«, *ék Théou, de Deo*) entgegengesetzt wird, das gleichwohl »im *kosmos«* ist. Wesentlich ist, daß sie allgemein genug sind, um den gemeinsamen, durchgängigen und deshalb fundamentalen Charakter der Erfahrung und Vorstellung aufzuzeigen, der sie Ausdruck verleihen. Da er in der Fremdartigkeit seines derzeitigen Standes und in seinem Bewußtsein davon das sichere Zeichen für seine transzendente Natur und seinen transzendenten Ursprung entdeckt hat und - nachdem er die Welt erst abgelehnt und dann jede Beziehung zu ihr in Abrede gestellt hat, die anders als kontingent oder akzidentell wäre - schließlich die Bestätigung für sein radikales Fremdsein gegenüber der Welt fand, hat der Gnostiker einen wesentlichen Schritt auf dem langen Weg getan, an dessen Ziel er sein Heil zu finden hofft und der ihn de facto dahin führt, sich allmählich selbst in sich selber wiederzufinden.

Gleichwohl ist es nur ein Schritt, dem weitere, die wir hätten schildern müssen, folgen. Vor allem hätte gezeigt werden müssen, wie es dem Gnostiker, der nun sein »Ich« und die Welt als zwei heterogene Wirklichkeiten versteht, einerseits gelingt, das Böse zu erklären, das es hier auf Erden durch die »Mischung« zweier Naturen, durch die anormale Vermengung zweier an sich widersprüchlicher und unverträglicher Seinsweisen erleidet; und wie er es andererseits schafft, die Dissoziation voranzutreiben und zu vollenden, die er zwischen sich und dem *kosmos* vollziehen will, indem er das Bild zweier Welten - dieser und »der anderen«, der höheren Welt, des Jenseits - entwirft, die vollständig voneinander »abgeschnitten«, geschieden und getrennt sind. Aber aus Zeitmangel mußten wir auf eine Untersuchung dieser Punkte verzichten und konnten ebensowenig die Theorie der »beiden Gottheiten« darstellen, der sie als Einführung dienen soll[1].

Phénoménologie de la Gnose aus: Henri-Charles Puech, *En quête de la Gnose,* I: La Gnose et le temps et autres essais, Paris 1978, s. 185 - 213; aus dem Französischen von Andreas Knop. - Mit freundlicher Genehmigung der Editions Gallimard.

---

[1] [Leider mußten wir unseren Plan, die Arbeit an diesem ersten Entwurf einer »Phänomenologie der Gnosis« fortzusetzen, schon im nächsten Jahr aufgeben.]

WOLFGANG SCHULTZ (WIEN)[1]

DAS GESCHLECHTLICHE IN GNOSTISCHER LEHRE UND ÜBUNG

Die Gedanken der Alten, und nicht erst die der Gnostiker, waren in einem ganz anderen Sinne als gelegentlich die unseren, der Betrachtung des Geschlechtlichen zugewendet. Der Unterschied liegt etwa in folgendem. Wenn wir uns heute mit Geschlechtlichem theoretisch befassen, geschieht dies aus praktischen Erwägungen, mehr weil wir müssen, als weil wir hierin einen würdigen Gegenstand der Betätigung unserer Denkkraft sehen, weshalb auch im übrigen, sobald sich die Aufmerksamkeit mehr vorübergehend diesem Gebiete zuwendet, die Neigung zur Zote auftaucht. Auch ist für unsere Begriffe der Geschlechtsverkehr und die ihm gewöhnlich folgende Zeugung eines neuen Wesens ein wunderbarer Vorgang, den wir gerne erklären und mit unseren übrigen naturwissenschaftlichen Erkenntnissen in Verbindung setzen möchten. Die Alten hingegen wandten ihre Aufmerksamkeit mit Vorliebe dem Geschlechtlichen rein theoretisch zu. Sie wurden hierbei nicht durch ironische Neigungen mißleitet, sie standen dem Gegenstande mit natürlichem Ernste und also in gewissem Sinne würde voll gegenüber und sahen in dem Geschlechtsverkehre einen Vorgang, der eben dadurch, daß er zur Zeugung neuer Wesen führt, geeignet ist, andere wunderbarere und großartigere Vorgänge zu erklären. Hier ist der Mensch imstande, selbst

[1] In dem folgenden Aufsatze gelangen im Zusammenhang der Darstellung mit der freundlichen Genehmigung des Verlages auch einige Partien aus dem einzigartigen Werke des Verfassers: Dokumente der Gnosis, Jena, Eugen Diederichs, 1910, zum Wiederabdruck. Um unseren Lesern einen Einblick in die Eigenart dieser bisher noch nie mit solcher Vollständigkeit und Treue zusammengestellten Dokumente zu geben, haben wir dem Autor selbst das Wort erteilt, und ihn gebeten, die für die Religionspsychologie besonders interessanten sexuellen Anschauungen in einigen Beispielen aus seinem Werke herauszuheben und zusammenfassend zu erläutern. (Zeitschrift für Religionspsychologie, Bd. 5, Heft 3, Leipzig, Juni 1911)

etwas zu verrichten, das anscheinend im Größeren dereinst die Gottheit in der Welt verrichtet haben muß. Die Entstehung des Menschen wird zum Symbole für die Entstehung der Welt, und wer über jene nachsinnen will, muß auch dem Zeugungsvorgang nachsinnen.

Welche Wege schon in den frühesten, vorgeschichtlichen Zeiten die Vorstellungskraft der Menschen in dieser Richtung beschritten hat und wie sich dieselben untereinander verzweigen, das soll und kann hier nicht im einzelnen zur Sprache kommen. Nur soviel ist davon zu erwähnen, als erforderlich scheint, um die gnostischen Lehren zu dem allgemeinen Hintergrunde antiker Weltanschauung in Beziehung zu setzen. In erster Linie sei an die Rolle des Geschlechtlichen im Mythos erinnert, an die zahlreichen Inzestmythen aller Völker, die von dem geschlechtlichen Verkehre zwischen Vater und Tochter, Mutter und Sohn, Bruder und Schwester handeln, ferner an die Mythen von dem doppelgeschlechtlichen Urwesen, das aus sich selbst zeugt, und dann wieder an die Gottheiten, die freiwillig oder unfreiwillig ihre Zeugungskraft verlieren. Spätere Zeiten, denen der Einblick in den Sinn der Mythen schon völlig abhanden gekommen war, nahmen an solchen Erzählungen, die namentlich in den Theologien eine gewaltige Rolle spielen, Anstoß, da sie sittliche Begriffe auf dieselben anwandten und vergaßen, daß es sich um theoretische Versuche handelte.[1] Wie früh aber diese Art des Theoretisierens ist, ja wie früh auch schon jene moralisierende Kritik einsetzte, geht daraus hervor, daß bereits im sechsten

[1] Über den »Sinn« des Mythos und darüber, wie der Begriff Mythos abzugrenzen sei, ausführlicher zu handeln, ist hier nicht der Ort. Es genüge, daß ich auf *H. Leßmanns* Aufgaben und Ziele der vergleichenden Mythenforschung (Mythologische Bibliothek I 4) und *P. Ehrenreich*, Allgemeine Mythologie (Mythol. Bibl. IV 1) hinweise, hinzufüge, daß ich *Leßmanns* und *Hüsings* [Vgl. Georg *Hüsings* grundsätzliche Erläuterungen in seiner Iranischen Überlieferung (Mythol. Bibl. II 2) S. 1-41 und Nachtrag (Myth. Bibl. IV 2) S. 290 ff.] Standpunkten näher stehe und meine »Gesetze der Zahlenverschiebung im Mythos und im mythenhaltiger Überlieferung« in den Mitteilungen der Anthropologischen Gesellschaft in Wien 1910 S. 101-150 zu vergleichen bitte.

Jahrhunderte vor unserer Zeitrechnung Xenophanes sich gegen die unsittlichen Göttermythen des Homeros wandte. In anderer Richtung, womöglich aber noch ungebundener, sehen wir Geschlechtliches im Kulte berücksichtigt. Hier wird der Versuch gemacht, aus den theoretischen Ergebnissen mythischer Betrachtung praktische Folgerungen zu ziehen. Das Leben des Menschen soll sich nach dem mythischen Vorstellungen richten, die Stellung des Menschen zum Weltall soll in heiligen Handlungen von geschlechtlicher Bedeutung zum Ausdrucke kommen, ja dem Menschen soll in solchen Handlungen erst die rechte Erkenntnis seiner Beziehung zum Weltalle sich erschließen. Finstere und tröstende dämonologische Vorstellungen wirken in breiter Masse herein. Nicht nur Befriedigung geschlechtlicher Wünsche wird dem Teilnehmer an dergleichen Handlungen geboten, sondern auch Opfer fordert man von ihm. Orgiastische geschlechtliche Vermischung, Preisgabe der Jungfräulichkeit als Ersatzopfer, Gelübde der Enthaltsamkeit und Kastration sind die auffälligsten, wenn auch bei weitem nicht die einzigen Äußerungen solches Glaubens. Auch werden die Geschlechtsteile selbst zu symbolischem Werte erhoben, ihre Abbilder gelten als Heilszeichen, und mehr oder minder unverhüllt stellt man sie bei festlichen Gelegenheiten oder an heiligen Stätten, in Tempeln, auf Gräbern, ja auf der Straße zur Schau. Die theoretischen Sätze der Geheimlehre werden zur praktischen Übung in Beziehung gebracht, das Ergebnis ist das Mysterium oder, wie wir heute mit geläufigerem und verständlicherem Ausdrucke zu sagen pflegen: das Sakrament.

Ganz wie im frühesten Altertume finden sich auch in der Gnosis Lehrhaftes und Kultisches, Mythisches und Sakramentales, miteinander vereint, wobei das eine auf das andere umgestaltend einwirkt. Es wird wenig menschliche Weisheit, aber auch wenig von Menschen je irgendwo und irgendwann ersonnene Torheit geben, zu der man nicht in einer gnostischen Lehre oder Übung ein Gegenstück finden könnte.[1] Auch sind in der Gnosis die Vorstellungen und Gebräuche einer großen Anzahl Völker und Kulturen ineinander verschmolzen, Babylonisches und Ägyptisches, Hellenisches und Iranisches, Jüdisches und vielleicht sogar auch Indisches. Deutlicher aber als in irgendeiner anderen früheren oder späteren Zeit gelangt in ihr eine Lehre zur Vorherrschaft, durch welche auch die den Alten eigene Art, an Geschlechtliches heranzutreten, erhöhte Bedeutung erhält, ja in welcher das meiste über diesen Gegenstand vorher verstreut und vereinzelt Angedeutete und Geahnte gleichwie in einem Brennpunkte zusammengefaßt wird. Es handelt sich um die Neubelebung eines uralten Gedankens, der sämtlichen Völkern der arischen Gruppe gemeinsam ist und auch von zahlreichen Nichtariern übernommen wurde, nämlich um das Mythologem vom Gotte Mensch. Ein zwitterhaftes menschliches Wesen ist Ymir und Mannus bei den Germanen, Sweistix oder Zeste bei Littauern und Slawen, Phanes und Dionysos bei den Hellenen, Agdistis bei den Phrygern, Gajomartan bei den Iraniern, Puruscha und Pradschapati bei den Indern. Der Gedanke, daß der wirkliche irdische Mensch immer nur entweder Mann oder Weib, also des anderen außer ihm liegenden Geschlechtes bedürftig und mithin unvollkommen ist, beherrscht auch die sinnige Erzählung von den zweigeschlechtigen, achtgliedrigen, radförmigen Urmenschen, welche Platon in seinem Symposion dem Aristophanes in den Mund legte. Der wahrhaft vollkommene Mensch muß also Mann und Weib in sich vereinen. Und der göttliche Zwitter am Anfange der Weltgeschehens muß gerade dieser vollkommene Mensch sein, fügten die

[1] In dem Verständnisse der Gnosis kann den Fernerstehenden vielleicht auch ein Blick auf das recht eigentlich »gnostische« System fördern, welches sich der junge Goethe zurecht zimmerte. Er hat es am Schlusse des 8. Buches von »Wahrheit und Dichtung« mitgeteilt, wo man auch finden wird, aus welchen Stimmungen und Studien solches Denken seine Anregungen empfängt.

Gnostiker hinzu.[1] Der Gott mit dem Namen MENSCH war ihnen der eigentliche, gute Urgott, der verborgene Vater, in dessen Bilde und Ähnlichkeit der irdische Mensch, der Adam, erst später nach einer Reihe wichtiger Weltereignisse von einem abtrünnigen Engel, den man dem jüdischen Jahweh, dem eigentlichen Weltbildner, gleichsetzte, geschaffen wurde. Da aber dieser Mensch als »Bild« dem MENSCHEN ähnlich ist, kann man offenbar die Tiefen des Urgottes am besten und genauesten erforschen, wenn man den irdischen Menschen erforscht und durch Analogieschlüsse von diesem Mikrokosmos auf den Makrokosmos, aus dem Kleinen, Kläglichen, Vergänglichen, Bekannten sich eine Vorstellung von dem Großen, Erhabenen, Unvergänglichen, Unbekannten macht. Sagen wir heute, des Menschen Vorstellung von der Gottheit sei ja »nur« lauter Anthropomorphismus, so standen die Gnostiker zu solch geringer Einschätzung der Anthropos in vollstem Gegensatze. Sie kannten nichts Erhabeneres als gerade die Erforschung des Anthropos. So ist uns zum Beispiel von den Nahaschenern folgender programmatische Satz überliefert: »Anfang der Vollendung ist die Erkenntnis des Menschen; Gottes Erkenntnis ist die unbedingte Vollendung.« Sie waren also »Humanisten« in einem viel eigentlicheren als dem uns heute geläufigen Sinne des Wortes, aber nicht Verehrer irgendeines Ideales vom »Menschlichen«, sondern schier Realisten, die sich selbst von Allzumenschlichem nicht schrecken ließen. Auch die Scheußlichkeiten des Menschen untersuchen sie, ja sie verlieren sich mitunter sogar in sie, und zwar nicht bloß im Gedanken, sondern auch in der Tat. All ihre Erkenntnis steht im Dienste ihrer Ethik, und all ihre Ethik schwankt zwischen den gegensätzlichsten Auffassungen, zwischen heldenhafter

[1] Ausführliches über die Urformen und gnostischen Ausprägungen dieses schon ins Philosophem übergehenden, vom Somakulte beeinflußten Mythologemes siehe in meinen Aufsätzen »Das Hakenkreuz als Grundzeichen des westsemitischen Alphabetes«, Memnon III 175 - 200 und Autos, Memnon IV 46 - 82.

Verneigung und satanischer Bejahung des Bösen im Menschen.

I.

Die Bemühung der Gnostiker, das Wesen des MENSCHEN nicht nur äußerlich aus der Gestalt des Menschen, sondern auch innerlich aus dem Triebleben und den Gefühlen des Menschen zu bestimmen, gibt sich dem aufmerksamen Beobachter in vieler Hinsicht zu erkennen. Aus ihr erklärt sich, daß man in der Gnosis tiefes Erfassen seelischer Vorgänge in höchst objektiver, ja eigentlich kosmologischer Darstellung finden kann: so das Suchen der (Welt)-Seele nach dem ihr unbekannten, verborgenen Vater (dem MENSCHEN), ihre Verzweiflung, als sie im Finstern und Stofflichen sich verfängt, ihr Streben, das ihr anhaftende Licht von oben vor den Mächten der Finsternis zu verbergen, damit es nicht, wie sie selbst, von ihnen Schaden leide; aus ihr auch wird verständlich, daß ganz ohne »idealistische« oder »erkenntnistheoretische« Hintergedanken die Gnostiker aus den Zuständen (πάϑη) der solcher Art leidenden Seele die Welt hervorgehen ließen: aus ihren Tränen sind die Meere, die Quellen der Ströme und alles Flüssige, aus ihrem Lachen ist alles Leuchtende geworden, und aus ihrer Trauer und ihrem Erschrecken entstanden alle körperlichen Grundstoffe dieser Welt (Dok. d. Gn., S. 170, vgl. S. LXXX). Und schon spielen auch bereits in solche Gedanken eigenartige, unser Empfinden fürs erste sogar befremdende geschlechtliche Vorstellungen herein, wenn diese (Welt)-Seele außer Sophia (Achamoth-Weisheit) auch Mannweib, Mutter und Hure heißt, dabei aber wiederholt auch als Jungfrau gilt. Welche Vorstellungen vom Menschen und insbesondere vom Weibe müssen es sein, die das Vorkommen einander anscheinend zum Teile sogar widersprechende Namen und auch abstoßender, in ihnen verkörperter Vorstellungen in einem Systeme verständlich machen, welches wie das der

Ophiten, Nahaschener und späteren Valentinianer, denen wir soeben folgten, doch zugleich tief empfundene, allgemein menschliche Seelenvorgänge in sinnig-erhabener Weise zur Darstellung brachte?

Bleiben wir bei dem Schicksale der Sophia-Achamoth, die Jungfrau, Hure und Mutter ist. Außer dem Zusammenhange des Systems läßt es sich nicht verstehen, und dieser sei daher nachgetragen. Am Anfang befindet sich der MENSCH, der Gott der Götter, der als grenzenloses Licht im Urgrunde ewiglich verharrt. Sein Gedanke geht von ihm aus und ist der zweite MENSCH, der Sohn des MENSCHEN. Unter ihnen sind die Elementargewalten: Wasser, Finsternis, Abgrund, Klaffen. Zwischen dem Licht, in dem Vater und Sohn weilen, und der Finsternis schwebt das Pneuma, das erste Weib, von welchem Vater und Sohn in gemeinsamer Liebe durch Bestrahlung den Gesalbten und seine Schwester Sophia zeugen. (Als Weib tritt der heilige Geist auch in der Lehre der Elchasaiten auf; vgl. Einleitung S. LXII.) Das erste Weib, das Pneuma, hat also durch Ehebruch gefrevelt (vgl. S. 54), richtiger »gehurt«, da sie zwei männlichen Wesen zugleich zu Willen war. Sie war zuerst Jungfrau, dann Hure, dann Mutter, nämlich des Gesalbten, den sie zur Rechten, der Weisheit (Sophia), die sie zur Linken aus sich entließ. Während dieser Gesalbte mit seiner Mutter sogleich zum oberen Lichte und zur Urgottheit zurückkehrte, versank die Weisheit auf der Suche nach ihrem Vater in der Finsternis, und aus ihr wurde, wie schon gesagt, die Welt gebildet, da sie zugleich die Seele ist, die dem Geiste nachsteht. So lehrten die Ophiten. Im System der späteren Valentinianer ist die Sache noch verwickelter. Dort gibt es eine erste Weisheit, die der letzte von 30 Ewigen ist, nach längerem Irren ebenfalls befreit nach oben zurückkehrt, aber unten eine zweite Weisheit hinterläßt, die nun ihrerseits erst nach eigentliche Weltgeschehen herbeiführt. Daß diese zweite Weisheit mit der ersten eigentlich identisch und auch von dem ersten Weibe, dem

Pneuma der Ophiten, nicht wesentlich verschieden, vielmehr bloß aus Gründen systematischer Ausgleichung ihr zur Seite gestellt ist, kann man erkennen, wenn man nun die peratische Lehre vergleicht. In dieser tritt Eva ebenfalls als erstes Weib und »Mutter aller Lebendigen« auf, wobei sie zugleich Hure ist; denn es war eine jüdische Lehre, daß sich während der ganzen 130 Jahre, die Chawwah (= Eva) von Adam getrennt war, die Geister der männlichen Wesen an ihr erwärmten und von ihr gebaren (Midrasch Gen. rab. XX, 11). Ferner wurde eine Analogie hergestellt zwischen Sophia und der Helena, die im Kreise des Simon Magus verehrt und zu den 30 Jüngern des Dositheos gezählt wurde, unter denen sie aber als Weib bloß halb galt, so daß es eigentlich nur 29 ½ Jünger (entsprechend der Dauer des synodischen Mondmonats) waren.[1] Alle Jünger sollen ihr nun der Reihe nach beigewohnt haben, und auch sie war also Hure, als welche sie übrigens nach einer Legende in der Tat Simon Magus in einem Bordelle in Tyros fand. Die Eva-Chawwah der Peraten steht also dem ophitischen Pneuma als erstes Weib und Mutter aller Wesen, die Simonische Helena der Sophia der späteren Valentinianer systematisch näher. Aber auch zwischen der Jungfrau Eva und der Jungfrau Maria wußte man Beziehungen herzustellen. Die eine macht die Sünde gut, welche die andere begangen hat, und beider Gebärmutter wird von der Schlange befruchtet, aber die der Eva von der bösen, die der Maria von der guten Schlange. Die Gestalt der Schlange hat bei Eva der böse Weltschöpfer angenommen, um Eva zu täu-

* Zu dieser »samaritischen« Überlieferung ist die philistäische zu vergleichen, nach welcher Simons Geliebte mit dessen 30 Gefährten buhlte (siehe Orient. Lit. Zeitg. Dezember 1910 Sp. 523 über das »Pflügen« in Simsons »Kalbin«), ferner wohl auch eine zwar schon arg verwitterte, aber auf sehr alte Formen zurückweisende Variante der Simson-Sage, die Leo *Frobenius* von den Mande aus Westafrika in seinem Schwarzen Dekameron (1910) S. 357 mitteilt. Simson heißt hier Surro Sanke und ist nie eifersüchtig, weil die Frau, die er mit seinen 30 Gefährten täglich beschlief, als sie sich mit einer zweiten die Männer teilen sollte, ihre Nebenbuhlerin tötete. Er hat auch mit einem Totenschädel zu tun (vgl. OLZ Sp. 525 f.), und von der Hinrichtung errettet ihn, daß 3 auf die 3 Haare seines Hauptes bezügliche Rätsel ihre Lösung finden.

schen; eben dieselbe Gestalt muß der Gesalbte oder der Logos annehmen, um wieder die Gebärmutter, die seither nur der Schlange sich öffnet, zu täuschen und seine eigene Wiedergeburt als Heiland in ihr zu bewirken. Die Gestalt der Schlange, die freilich vor dem Sündenfalle herrlich war, während sie jetzt nicht mehr schön, sondern abscheulich zu erschauen ist. Die Lehre von der Gebärmutter und der Schlange, die in sie eindringt und sie befruchtet, ist eine der wichtigsten, in den meisten gnostischen Systemen wiederkehrenden, die in anderen wohl bloß wegen der Lückenhaftigkeit der Überlieferung fehlt. Sie knüpft an das Geheimnis der Zeugung des Menschen aus dem Menschen an und sucht es symbolisch und mit Hilfe gewisser Annahmen über diesen Vorgang zu erklären, um hierdurch auch eine Erklärung für das noch größere Geheimnis der Urzeugung zu gewinnen und vom Menschen auf den MENSCHEN zu schließen.

Die physiologischen Kenntnisse, welche diesen Schlüssen zugrunde liegen, sind meist nicht sehr groß. Von Simon Magus haben wir etwa folgende Schilderung vom Heranwachsen des Kindes in der Gebärmutter (Dok. d. Gn. S. 127) erhalten:

Es bildet Gott in der Gebärmutter der Mutter den Menschen. Denn die Gebärmutter ist das Gefilde der Entstehung, und der Strom dieses Gefildes ist der Nabelstrang. Dieser Nabelstrang teilt sich in vier Quellen. Denn zu beiden Seiten des Nabelstranges erstrecken sich zwei Röhren als Schläuche für den Geisteshauch und zwei Adern als Schläuche für das Blut. Doch sobald der Nabelstrang an das Bauchfell des werdenden Kindes anwächst, dann ernähren die zwei Adern, durch welche das Blut nach den sogenannten Pforten der Leber im Strome dahin fließt, das werdende Kind, während die Röhren, die Schläuche für den Geisteshauch, bei dem breiten Knochen die Harnblase von beiden Seiten her umfassen und in die große Röhre münden, die das

Rückgrat entlang geht und Aorta heißt. Und derart wandert der Geisteshauch durch die Seitentüren in das Herz, um so die Bewegung des Embryo zu veranlassen. Denn während das Kindlein gebildet wird, nimmt es weder mit dem Munde Nahrung auf, noch auch atmet es mit den Nüstern. Denn da es im Feuchten ist, wäre jeder Atemzug sofort sein Tod. Denn es würde das Feuchte in sich ziehen und sofort zugrunde gehen. Allein zur Gänze wird es von dem sogenannten Mantel der Schafhaut umhüllt. Aber seine Nahrung erhält es durch den Nabelstrang, und durch die das Rückgrat entlang verlaufende Aorta nimmt es das Wesen des Geisteshauches auf.

Phantastischer noch und minder bestimmt ist die Lehre der Sethianer (S. 288f.):

Durch das erste große Zusammentreffen der drei Ursprünge entstand die eine große Siegelform: Himmel und Erde. Doch haben Himmel und Erde eine Gestalt, ähnlich der Gebärmutter, in deren Mitte der Nabel ist. Will man sich aber diese Gestalt vor Augen führen, dann erforsche man kunstgerecht die geschwängerte Gebärmutter welches Tieres immer: man wird darin den Abdruck des Himmels und der Erde finden und aller Dinge, die in der Mitte unabänderlich zugrunde liegen. Diese der Gebärmutter gleichende Gestaltung von Himmel und Erde entstand aber bei dem ersten Zusammentreffen. In der Mitte zwischen Himmel und Erde entstanden unendlich viele Begegnungen der Kräfte. Und keine dieser Begegnungen schuf etwas anderes, sondern brachte das der Gebärmutter gleichende Siegel des Himmels und der Erde zum Abdrucke. Und auf der Erde sproßten wieder aus den unendlich vielen unterschiedlichen Siegeln unendliche Mengen von Lebewesen empor.

Dem Himmel entspricht also der Embryo, der Erde der

Mutterkuchen, in dessen Mitte der Nabelstrang entspringt, der den Embryo mit dem Mutterleibe verbindet. Gedacht ist wohl an einen Durchschnitt durch die geschwängerte Gebärmutter, in dem der Nabelstrang als Weltenbaum gedeutet werden konnte, der den Himmel trägt, oder als Phallos, mit dem Uranos die Gaia begattet. Das Sperma aber, das die Befruchtung herbeiführt, galt ihnen (ohne daß jedoch hierin eine Vorahnung von der Gestalt der Spermatozoen gesucht werden dürfte; vergl. Einleitung S. 118) als Schlange; sie scheinen jedoch auch gewußt zu haben, daß das Kind, bevor es geboren wird, das Fruchtwasser trinkt. Dies möchte ich daraus schließen, daß sie sagen (S. 289f.):

Aber es genügte nicht, daß der vollendete Mensch, nämlich der Logos, in die Gebärmutter der Jungfrau hinabstieg und die Geburtswehen in jenem Dunkel auslöste, sondern nachdem er jene schmutzigen Geheimnisse durchwandert hatte, wusch er sich und trank den Becher des sprudelnden lebendigen Wassers, das unbedingt trinken muß, wer immer die dienende Gestalt ablegen und das himmlische Gewand anziehen will.

Als himmlisches Gewand wurde von anderen Gnostikern gerade die Eihaut gedeutet, die man auch Schafhaut nannte und die in mystisch verklärter Form die im Himmel wieder geborene Seele neuerlich schmücken sollte. So deute ich eine Stelle des berühmten, dem Burdaisan zugeschriebenen gnostischen Hymnus, S. 22. Nach der Angabe eines späteren jüdischen Midrasch, welcher viel altes Gnostische in unvergleichlich schöner Ausprägung enthält, wird ein Engel von Gott beauftragt, den Samentropfen, welchen der Mensch in die Scheide seines Weibes vergießt, zu nehmen, in ein Becken zu tun, in 365 Teile auf einer Tenne zu zerstreuen und einen dieser Teile, in den ein vorher seliger Geist wider seinen Willen gebannt wird, zu bewachen.[1] Über das Haupt des Embryo wird auf die Stirne ein brennendes Licht gesetzt, mit dem er, dem ersten Adam gleich, von einem Ende der Welt bis zum anderen sieht. Die Engel führen das heranwachsende Kind in das Paradies und die Hölle, zeigen ihm Lohn und Strafe und sein ganzes künftiges Leben.

Die ersten drei Monate wohnt es in der untersten Kammer, die drei mittleren in der mittleren Kammer, und die drei letzten in der obersten Kammer. Und es ißt von allem, wovon seine Mutter ißt, und es trinkt von allem, wovon seine Mutter trinkt, und führt keinen Kot ab; denn sonst würde seine Mutter sterben.

Und sobald jene Zeit gekommen ist, daß es hinausgehe, kommt jener Engel und sagt zu ihm: Geh hinaus; denn die Zeit ist gekommen, daß du hinausgehest in die Welt. Und der Geist des Kindes antwortet: Ich habe bereits vor demjenigen, der da sprach, und die Welt ward, gesagt, daß ich es mir genügen lasse an der Welt, in der ich gewohnt habe. Und der Engel antwortet ihm: Die Welt, in die ich dich bringe, ist schön. Und ferner: Wider deinen Willen bist du im Leibe deiner Mutter gebildet worden und wider deinen Willen wirst du geboren, um hinauszugehen in die Welt.

Sofort weint das Kind. Und weshalb weint es? Wegen jener Welt, in der es war und die es jetzt verläßt.

Und wie es hinausgeht, schlägt es der Engel unter seine Nase und verlöscht das Licht über seinem Haupte. Er bringt es gegen den Willen hinaus, und es vergißt alles, was es gesehen hat. Und wie es hinauskommt, weint es.

Ein besonders merkwürdiger Zug ist es endlich, daß Simon Magnus nicht die Gebärmutter, sondern den Mund

[1] Über das Samenkorn auf der Tenne und sonstige bei verschiedenen Völkern hieran anknüpfende Vorstellungen vgl. außer Dok. d. Gn. S. 197ff. auch Orient. Lit. Zeitung Juni 1910 Sp. 249 ff. über: »Das Flies der Gideon«.

als das eigentliche »Gefilde der Entstehung« bezeichnete. Damit wollte Simon sagen, daß der Logos das Wesen der Welt sei, also jenes Organ, in welchem der Logos entsteht, das wichtigste sein müsse. Eine Analoge zwischen Mundhöhle und Himmel hatte man schon lange vor ihm verfolgt. Die 32 weißen Zähne bezog man auf die Sterne des Himmels oder die Tage eines Monats, den Gaumen selbst bezeichnete man als »kleinen Himmel« (οὐανίσχος), die Zunge wurde wiederholt als Gegenstück zum Phallos aufgefaßt. Man darf also vermuten, daß jene gnostischen Sekten, welche den *coitus per os* als Sakrament betrachteten (man vgl. schon die gleiche in Samos bildlich dargestellte Symbolik des σπερματικὸς λόγος Διὸς πρὸς Ἥραν, bei J. ab Arnim, Fragm. vet. Stoicorum II 312 f. Nr. 1061 - 1075), solche Symbolik voraussetzten.

Schöne, tiefsinnige und erhabene Gedanken also neben perversen: das ist der Eindruck, mit dem wir uns der gnostischen »Übung« von der »Lehre« her zuwenden.

II

Das Lehrhafte, das die Gnosis über Geschlechtliches oder mit Benutzung von Symbolen, die dem Geschlechtsleben entnommen sind, enthält, ist mit obigem im Wesen erschöpft, woferne man eben die Systeme bloß ihrem systematischen Ausbaue nach ins Auge faßt. Allein der Einfluß geht, wie schon angedeutet, viel tiefer. Nicht nur die Lehre der Gnostiker, sondern auch die Übung gnostischen Lebens ist von der Rücksicht auf Geschlechtliches, ja von dem Drange nach Geschlechtlichem, auf das Entschiedenste und oft auch Unheilvollste bestimmt. Als Beispiel solcher Art möge das einem gewissen Karpokrates, der angeblich zur Zeit des Hadrian in Alexandria gelebt haben soll, zugeschriebene, recht eigentlich nihilistische System hier ausführlich wiedergegeben werden (Dok. d. Gn. S. 332ff.):

In der Höhe ist der eine Ursprung und der Vater des

Alls, unverkennbar, unnennbar, willens, Gleichheit unter den Dingen zu stiften. Die Welt jedoch, und was in ihr ist, stammt von Engeln, welche weit hinter dem unerkennbaren Vater zurückstehen. Dadurch, daß sie der höchsten Macht abtrünnig wurden, bildeten sie die Welt. Und Jesus, unser Herr, war ein Sohn des Joseph, nicht anders als alle Menschen aus dem Samen von Mann und Weib entstanden, doch von den gewöhnlichen Menschen durch Weisheit, Tugend und Gerechtigkeit unterschieden. In seinen Körper wurde der Gesalbte mit der Erinnerung an das, was er in der Höhe, als er im Umkreise des unverkennbaren Vaters war, gesehen hatte, von eben diesem Vater entsandt, mit dem Auftrage, den Jesus zu veranlassen, er möge die weltbildenden Engel fliehen, alle Dinge der Weltordnung durchschreiten und hernach, in allen befreit, das ihm Gleichwertige in Liebe umfassend zu ihm zurückkehren. So kam es, daß Jesus, aufgezogen in den jüdischen Vorschriften, dieselben verachtete, und eben hierdurch jene Macht erhielt, durch die er imstande war, im sieghaften Widerstreit gegen die Macht der weltbildenden Herrscher die Leiden aufzuheben, die zur Bestrafung der Menschen dienen. Und eine Seele, welche imstande ist, die weltbildenden Herrscher ebenso zu verachten wie Christus, wird wie er die Macht zu gleichen Taten erhalten, und falls sie noch größerer Verachtung fähig ist, noch größerer Macht gewürdigt werden und Jesus selbst übertreffen. Denn Gut und Böse gibt es nur in der Meinung der Menschen; denn keines Menschen Leben führt zur Befriedigung, es sei denn, daß alles, was ihm entgegensteht, ausgestochen ist. Deshalb droht notwendig der Seele die Verpflanzung, wenn sie nicht schon im ersten Verkehre dieses Lebens allen Verlockungen nachgibt. Denn die Verbrechen sind ein Tribut an das Leben. Und so oft muß die Seele in den Körper zurückkehren, so oft sie etwas ungetan gelassen hat, durch dessen Unterlas-

sung sie in ihrer Freiheit behindert wurde. Und deshalb hat Jesus im Gleichnisse gesagt: »Wenn du mit deinem Widersacher unterwegs bist, dann sieh zu, daß du von ihm befreit werdest, auf daß er dich nicht dem Richter ausfolge, und der Richter dem Diener und dieser dich in den Körper einschließe. Wahrlich, ich sage dir, du verlässest diesen Ort nicht, bis daß du nicht den letzten Groschen zurückgegeben hast.« Und der Widersacher ist einer der Herrscher, die in der Welt sind; es heißt Verläumder und ist dazu geschaffen, die untergegangenen Seelen aus der Welt zu dem Fürsten zu führen. Und dieser Fürst ist der erste unter den Weltbildnern, und er gibt solche Seelen einem anderen Engel, der sein Diener ist, auf daß er sie in neue Körper einschließe; denn der Körper ist ein Kerker. Und das ist es, was er sagt: »Du verlässest diesen Ort nicht, bis daß du nicht den letzten Groschen zurückgegeben hast.« Keiner vermag der Macht der Engel, welche diese Welt gebildet haben, zu entgehen, und jeder wird von ihnen in neue Körper verpflanzt; es sei denn, daß er das Maß seiner Verfehlungen erfüllt hat. Und wenn nichts mehr davon fehlt, dann zieht die Seele befreit zu jenem Gotte, der über den weltbildenden Engeln ist; und derart werden allen Seelen gerettet. Wenn aber einige dem zuvorkommen und schon einer Verkörperung in alle Verfehlungen aufgehen, dann kommen sie nicht nochmals in einen Körper; sondern da sie alle Verfehlungen erfüllt haben, werden sie von der Verkörperung befreit.

Die Karpokratianer zogen mit beispielloser Kühnheit aus der nihilistischen Richtung der gnostischen Spekulation die praktischen Folgerungen. An Jesus interessierte diese Häretiker nur, daß er dem jüdischen Gesetze, dem Gesetze der weltbildenden, bösen Engel, zuwider handelte. Wer dies noch rückhaltsloser tut als er, ist auch noch größer als Jesus. Denn die Macht dieser Engel ist groß, ihre

Bosheit aber besteht darin, daß sie die menschliche Seele an der Rückkehr zur guten Urgottheit hindern und sie vielmehr nach jedem Sterben wieder in einen neuen Körper verpflanzen. Der Körper aber ist ein Kerker für die Seelen; darin stimmen die Karpokratianer mit alter orphischer Mysterienlehre überein. Freilich begründen sie den Zwang zum Aufenthalte in diesem Körper völlig anders. Nicht die begangenen, sondern die unterlassenen Sünden geben den bösen Engeln die Macht, die Seele wieder in neue Körper zu verpflanzen. Sünde nämlich im Sinne dieser Welt, das heißt Zuwiderhandeln gegen das Gesetz der bösen Engel, ist erst das wahre Verdienst im Sinne jener Welt. Und bevor nicht eine jede Seele die nötigen Verdienste sich erworben, das heißt ein bestimmtes Maß von Sünden im Sinne dieser Welt begangen hat, wird sie nicht frei und würdig, in jene Welt einzugehen. Daher das satanische Gebot: Sündige nach Kräften, vielleicht kommst du schon in diesem Leben mit deinem Pensum ans Ende! Gib allen Verlockungen nach, vielleicht wirst du schon in diesem Leben dadurch »befriedigt« werden!

Einen Karpokrates hat es kaum je gegeben. Der Name lautet wohl richtiger Harpokrates und bezeichnet nicht ein Schulhaupt, sondern eine, namentlich in Ägypten verehrte Gottheit, die dem Priapos der Hellenen verwandt ist und ein Dämon männlicher Zeugungskraft war. Sein Symbol ist der Phallos. Die Gottheit des Basilides, die den Samen ergießt, könnte in manchen Kreisen geradezu als Harpokrates gegolten haben. War das Ei ihr Erzeugnis, mußte ein Hahn sein Erzeuger sein. Und Abraxas ist hahnenköpfig. So wird er auf zahlreichen gnostischen Gemmen und Amuletten abgebildet. Gnostisch ist daher auch eine uns erhaltene eigentliche Büste, welche einen hahnenköpfigen Gott darstellt, dessen Schnabel ein Phallos ist (über das »aufpicken« der zerstreuten Samenkörner vergleiche den Nachweis verwandter mystischer Motive in Nr. 1, S. 91 ff.). Offenbar soll dies auf den Logos hindeuten, der der Samen dieser Welt ist. Auf dem Sockel der Büste steht daher ganz richtig geschrieben: »Retter der Weltordnung«. Dieser Gottheit gleich den Samen vergeuden, ihn der Macht der weltschöpferischen Engel dadurch entziehen: das ist Sünde im Sinne dieser Welt, aber höchstes Verdienst für die Ewigkeit.

Auch des Karpokrates Sohn Epiphanes, der 17 Jahre alt gestorben sein, vorher aber noch ein Werk »Über die Gerechtigkeit« verfaßt haben soll, war ja kein Mensch, sondern ein Mondgott, dessen stets neues Erscheinen die thrakischen[1] Kephallenier an jedem Neumonde in einem großen Tempel mit vielem Prunke feierten. Man braucht sich nur des schriftstellernden Hermes Trismegistos zu erinnern, um zu erkennen, daß also dieses angeblich von dem Gotte Epiphanes verfaßte Werk eben eine der philosophischen Schriften war, welche in der Sekte der Harpokratianer umging. Klemens hat uns daraus folgendes interessante Bruchstück großenteils wörtlich erhalten (Einleitung S. 157-159):

Die Gerechtigkeit Gottes beruht auf Gemeinsamkeit verbunden mit Gleichheit. Gleichmäßig ausgespannt umgibt der Himmel im Kreise die ganze Erde ringsum, und in gleicher Weise läßt die Nacht alle Sterne strahlen, ja auch die Sonne, die Ursache des Tages und der Vater des Lichtes, läßt Gott von der Höhle gleichmäßig ihre Strahlenfülle ausschütten auf die Erde für alle mit Gesicht Begabten, die wieder gemeinschaftlich insgesamt sehen, da hierin Reiche und Arme, Volk und Fürsten, Toren und Weise, Weib und Mann, Freie und Skla-

[1] Die naheliegende Frage, inwiefern für das thrakische Kephallene ähnlich wie sonst für slawische Stämme, Amazonen, Gallier, ja auch Etrusker, eine, wie wohl anzunehmen ist, durch religiöse Einrichtungen geheiligte Gruppenehe mit anderen kommunistischen Bestimmungen verbunden vorgelegen haben mag, so daß also auch soziologisch-ethnologische Gesichtspunkte auf die Harpokratianer anwendbar wären, und die weitere Frage, ob nicht ähnliche Einflüsse von dem Norden her (z. B. durch die Saken) auch für die verwandten Lehren des platonischen Staates maßgebend gewesen sein mögen, ist m.W. weder bisher aufgeworfen, noch auch untersucht worden.

ven nicht unterschieden, ja auch die unvernünftigen Tiere hiervon nicht ausgenommen sind, weil die gemeinsame Sonne sich von der Höhe gleichmäßig über alle Wesen ergießt und den Guten und Bösen die Gerechtigkeit verbürgt, da sie verhindert, daß einer etwa mehr habe als der andere, oder seinen Nachbar beraube, um selber dessen Licht und damit doppelt soviel wie jener zu besitzen. Die Sonne läßt gemeinsame Nahrung den Tieren emporsprießen, da die gemeinsame Gerechtigkeit in gleicher Weise allen geschenkt ist, so daß die Gattung der Rinder in ihrem Verhältnisse zu anderen Gattungen ebenso Gleichheit genießt, wie die einzelnen Rinder untereinander, ferner die Gattung der Schweine ebenso wie die einzelnen Schweine, die der Schafe wie die Schafe, und in gleicher Weise alle übrigen. Denn bei ihnen offenbart sich die Gerechtigkeit als Gemeinsamkeit, wie sie auch alles Gemeinsame unter die Gattungen gleichmäßig verteilt sein, für alles den Boden abweidende Vieh gemeinsame Nahrung emporsprießen läßt, allen in gleicher Weise die Gerechtigkeit, die keinem Gesetzeszwange unterliegt, aber einträchtig allüberall zugegen ist bei dem Reigen dessen, der da befiehlt, daß gegeben werde. – Aber auch für die Zeugung gibt es kein geschriebenes Gesetz – es sei denn ein erfundenes –, denn sie säen und zeugen in gleicher Art mit angeborener Gemeinsamkeit von der Gerechtigkeit bedacht gemeinsam alle untereinander. Denn der Schöpfer und Vater aller Dinge hat der Gerechtigkeit, die bei ihm weilt, als er ihr Gesetz gab, ein Auge verliehen, das keinen Unterschied kennt zwischen Weib und Mann, zwischen Vernünftigen und Unvernünftigen oder überhaupt zwischen irgendwelchen Dingen, sondern in Gleichheit und Gemeinsamkeit hat er ihren Blick auf alle durch einen einzigen Befehl gnadenvoll verteilt. Die Gesetze der Menschen aber vermochten zwar Unkenntnis zu strafen, haben aber dafür Gesetzwidrigkeit gelehrt. Denn die

Besonderheit der Gesetze hat die Gemeinsamkeit des göttlichen Gesetzes zerstückt und zerfressen ... Für alle gemeinsam geschaffen sind die Reben, die weder den Sperlingen noch den Dieben sich versagen, und ebenso das Brot und die andern Früchte. Nur durch Frevel an der Gemeinsamkeit und dem Rechte der Gleichheit wurde der Dieb von Vieh und Früchten geschaffen. Gemeinsam fürwahr hat Gott alles dem Menschen geschaffen, also auch das Weib dem Manne gemeinsam gepaart und in gleicher Weise alle Tiere verbunden, um die Gerechtigkeit als Gemeinsamkeit zu offenbaren verbunden mit Gleichheit. Aber die so entstandenen Wesen haben ihren Ursprung aus der paarenden Gemeinsamkeit verleugnet (und den Satz aufgestellt), daß nur ein einziges Weib heimgeführt und gehalten werden solle, indes alle übrigen Wesen hierin Gemeinsamkeit pflegen dürfen. Hat doch Gott den Männern eine starke und heftige Begierde eingepflanzt zur Erhaltung der Geschlechter, die weder Gesetz noch Sitte, noch irgendein ander Ding zu unterdrücken vermag. Denn sie ist Gottes Wille ... Drum muß man lachen, wenn man hört, wie der Gesetzgeber sagt: »Du sollst nicht begehren«, und noch mehr, wenn er fortfährt: »das Gut deines Nächsten«; denn er, der die Begierde gab, auf daß sie die Zeugung zusammenhalte, soll da befehlen, sie abzutun, obgleich er sie keinem einzigen Lebenden entzieht! Und daß man sich enthalten solle »des Weibes seines Nächsten«, damit die Gemeinsamkeit in den Besitz gezwängt wurde, ist schon vollends lächerlich.

Diese Gedanken über den Kommunismus hingen gewiß noch mit anderen Lehren zusammen. In dem Buche des Epiphanes mußte ja auch eine Erklärung versucht sein, wodurch eine jener Abfall von dem einheitlichen göttlichen Gesetze der Gemeinsamkeit und Gleichheit zustande kam und wer den Begriff des Eigentums prägte. Die Polemik gegen den jüdischen Gesetzgeber, in die das uns erhaltene Bruchstück ausläuft, macht wahrscheinlich, daß der Weltbildner oder gar der Judengott die Verantwortung für diesen Abfall zu tragen hatte. Trotzdem läßt sich nur schwer beurteilen, welche Beziehungen zwischen dieser Lehre »über die Gerechtigkeit« und den Anschauungen der harpokratischen Schule bestand. Denn diese Schule lehrte außerdem die Seelenwanderung, die sich allerdings mit den uns bekannten Ansichten des »Epiphanes« noch allenfalls vereinbaren ließe, ferner aber nicht Weiber- und Gütergemeinschaft aus Gründen der Gerechtigkeit, sondern bloß die Verpflichtung zur Sünde aller Art, welche dann auch in Orgien und beliebigen Delikten eingelöst werden konnte. Auch ist die Tendenz der eigentlichen Harpokratianer auf Vernichtung des Einzelnen und der Gattung gerichtet, während »Epiphanes« auf die Fortpflanzung Gewicht zu legen scheint. Diese Gegensätze muß man sich vor Augen halten, um zu sehen, daß Epiphanes als »Sohn« des Karpokrates und also eigentlicher und orthodoxer Harpokratianer vielleicht doch erst eine Erfindung der über ihn und die Schule wohl nur mangelhaft unterrichteten kirchlichen Schriftsteller ist. In Wirklichkeit wird sein Buch den Standpunkt einer besonderen, teilweise verwandten, aber doch stark abweichenden Sekte enthalten haben, was natürlich nicht hinderte, daß es von den Harpokratianern ebenfalls gelesen und geschätzt wurde.

Durch Origenes wissen wir, daß der Heide Kelsos in seiner Streitschrift gegen das Christentum die Harpokratianer (und *nicht* die Karpokratianer) ebenfalls schon kannte, aber den Ursprung dieser Sekte von einer gewissen Salome herleitete. In dem sogenannten, vielleicht um das Jahr 150 verfaßten, später von den Nahaschenern und einigen asketischen Sekten, aber auch in großkirchlichen Kreisen gelesenen Ägypterevangelium richtete Salome an Jesum die Frage: »Wann wird die Kraft des Todes erlöschen?« Und der Herr antwortete: »Erst wenn die Weiber nicht mehr gebären.« Und Salome entgegnete: »Also tat ich wohl daran, daß ich nicht gebar?« Der Herr jedoch entgegnete ihr und sprach: »Jegliches Kraut verzehre, aber das der Bitternis (den Tod) sollst du nicht verzehren.« Und als ihn Salome fragte, wann kenntlich werden würde, was er gesagt hatte, sprach der Herr: »Wenn ihr die Hülle der Scham mit Füßen tretet, wenn zwei zu eins wird, das Männliche mit dem Weiblichen, weder männlich noch weiblich.« Daß diese Worte in ihrer beabsichtigten Dunkelheit verschiedene Deutungen finden konnten, ist selbstverständlich, und daß sie geradezu entgegengesetzte fanden, daher nicht zu verwundern. Wie schon gesagt, fand das Ägypterevangelium ja gerade in asketischen Kreisen Anklang. Da verstand man also das Wort von der Hülle der Scham, die mit Füßen getreten werden sollte, etwa so wie in den Thomasakten die Worte der Braut, welche ihr Antlitz nicht mehr bedeckt, weil das Treiben der Scheu und Scham von ihr hinweggenommen ist, da sie beschlossen hat, sich der Begattung zu enthalten, welche Geilheit und Bitternis der Seele zur Folge hat (S. 390). Aber wenn Kelsos auch die Lehre der Harpokratianer auf Salome zurückführt, dann muß die obige Stelle eben noch ganz anders verstanden worden sein. Dann würde Salome im Sinne des Evangeliums nicht geboren haben, weil sie entweder die Befruchtung verhinderte oder die Frucht abtrieb, um nicht Wesen zu gebären, die das Kraut der Bitternis, den Tod, verzehren müssen; dann würden sie im selben Sinne die Hülle der Scham wirklich mit Füßen getreten haben; dann verstand man unter den Zwei die zu Einem werden, Mann und Weib bei der Begattung.

Ganz verwandte Vorstellungen scheinen auch alsbald auf die Schule jenes pythagorisierenden Gnostikers Markos eingewirkt zu haben, dessen System im übrigen der valentinischen Lehre am nächsten verwandt war. Denn aus der Zeit, da die Sekte sich schon bis zur Rhone ausgebreitet hatte, überliefert uns Irenaios manche Züge, die auf solchen Verfall hindeuten. Ganz harpokratianisch ist die Überzeugung dieser Gnostiker, daß sie die höchste Macht in sich hätten, also jeder Verantwortung bar seien und nichts zu fürchten brauchten. Durch die Erlösung, deren sie vermöge ihrer Mysterienbräuche teilhaftig geworden sein wollten, behaupteten sie, dem Richter, nämlich dem bösen Weltschöpfer, unsichtbar und unfaßbar zu sein. Denn sollte er sie ergreifen wollen, dann würden sie beten (Einleitung S. 142):

»O du Beisitzerin Gottes und des verborgenen Schweigens vor aller Ewigkeit! Deine Größe läßt uns durch alle Hindernisse hindurch das Antlitz des Vaters erblicken; dein wollen wir uns als Führerin und Geleiterin bedienen, auf daß du emporführest die Gestalten derer, die jene Erhabenheit im Gedanken gebildet und dann um der Güte des Urvaters willen als Abbilder dieser Gedanken, die wir sind, hervorgebracht hat, als du damals die Vorstellung der überirdischen Vorgänge einem Traume gleich hattest: siehe, der Richter ist da und der Herold befiehlt mir, ich solle mich verteidigen – du aber, die du unser beider Sache kennst, und weißt, daß das Wort, das über uns beiden waltet, nur eines ist, steh mir gegen den Richter bei!«

Die Mutter aber würde dieses Gebet sogleich vernehmen, ihnen eine Tarnkappe aufsetzen, die sie dem Richter verbirgt, und sie in das Brautgemach zu ihren himmlischen Angetrauten entrücken. Auch von dem Abendmahle der Markosianer haben wir noch eine gewisse, freilich wahrscheinlich ziemlich entstellte Kunde. Es war ein Liebesmahl im engeren Sinne, genossen zwischen Mann und Weib, wobei die Charis (Gnade) angerufen wurde, eine göttliche Person, welche sonst auch der Sige (Schweigen) gleich galt. Die Handlung begann damit, daß Markos in einem Becher Wein (wohl weißen) mischte (mit Wasser?), dabei aber die Gebete in die Länge zog und durch Beimengung irgendeines Stoffes den Trank plötzlich rot färbte. Waren die leichtgläubigen Weiber hierdurch schon betört, so machte er sie vollends gläubig, indem er den ersten Becher in einen weitaus größeren überleerte, den das Getränk, vielleicht moussierend gemacht durch einen Zusatz, wieder völlig füllte, ja, aus dem es sogar überströmte, also ein neues Wunder! Dann wurde gebetet:

»O du unausdenkbare und unsagbare Gnade, die du vor allem bist! Erfülle meinen inneren Menschen und vermehre meine Kenntnis von dir. Säe das Senfkorn in die gute Erde.«

Auch soll Markos behauptet haben, er besitze einen Dämon, durch den er selbst prophezeien und die Gabe der Prophetie auch verleihen könne, wem er wolle. Namentlich schöne und reiche Weiber soll er damit verführt haben, indem er zu ihnen sprach:

»Ich will, daß du an meiner Gnade teilhabest, weil der Vater aller deinen Engel stets vor seinem Antlitz sieht. Der Ort deiner Größe ist aber in uns. Wir müssen uns vereinen. Nimm zuvörderst von mir und durch mich die Gnade, schmiege dich an mich wie eine Braut, die ihren Bräutigam aufnimmt, auf daß du ich seiest und ich du. Opfere in deinem Brautgemache den Samen des Lichtes. Empfange von mir den Bräutigam und nimm ihn auf und laß dich in ihm nehmen. Siehe, die Gnade ist auf dich herabgekommen, öffne deinen Mund und prophezeihe!« Sagte dann das Weib: »Noch nie habe ich prophezeit und ich weiß auch nicht, wie man das macht«, dann betete er von neuem über sie und sagte wieder: »Öffne deinen Mund; sprich was immer, und du prophezeist.«

Und so brachte er die Weiber durch das Vorangegangene und solche Gebete in Erregung, bis sie sinnlose Laute ausstießen und abgerissene Worte als Prophezeiungen stammelten. Dies der sicherlich verzerrte Bericht des Irenaios.

Trotzdem tut man nicht recht, sich allzu sehr für Markos einzusetzen und die Sittenreinheit seiner Lehre zu verteidigen. So gut, wie alle angeführten Formeln streng geistigen Sinn haben konnten und vielleicht ursprünglich ganz unschuldig gemeint waren, ebensogut konnten sie bei der bekannten Neigung der Gnostiker zu Ausschweifungen in der Enthaltung wie in der Zügellosigkeit in jedem beliebigen Augenblicke auch die derbsinnlichste Deutung vom Lehrer wie von seinen Schülern erhalten.

Außer bei den Markioniten läßt sich aber fast bei allen späteren gnostischen Sekten eine der karpokratianischen verwandte Tendenz beobachten. Epiphanius, der zu diesen Stücken überaus ausführlich ist, versteht – vielleicht auch in der Absicht, die Gnosis gerade von ihrer dunkelsten Seite her darzustellen – unter Gnostikern im engeren Sinne des Wortes sogar fast nur Sekten solcher Art und nennt vornehmlich die Nikolaiten, die späteren Basilidianer und die Simonianer in solchem Zusammenhange. Sie hatten zahlreiche Schriften, darunter auch ein »Evangelium der Eva«, worin folgendes beschrieben stand (S. 334f.):

»Auf einem hohen Berge stand ich und sah einen Riesen und einen Zwerg. Und ich hörte es wie die Stimme des Donners und nahte, um zu hören. Und sie sprach zu mir und sagte: Ich bin du, und du bist ich. Und wo du bist, bin ich; und in alle Dinge bin ich zerstreut. Und aus ihnen sammelst du mich, so du willst. Und wenn du mich sammelst, sammelst du dich.« Das Zerstreute aber, das gesammelt werden soll, ist der männliche Samen und die weibliche Blutung. In einem anderen Buche, das »die großen Frauen der Maria« betitelt war, wurde geschildert, wie sich der Gesalbte der Maria enthüllte, als er sie auf einen Berg mitgenommen hatte. »Dort betete er und entließ aus seiner Weiche ein Weib und begann, sich mit ihr zu begatten; dann nahm er, was abfloß, zeigte es der Maria und sagte zu ihr, so müsse man handeln, um

zu leben. Da entsetzte sich Maria und fiel zu Boden. Er aber erweckte sie und sprach zu ihr: Kleingläubige, was zweifelst du?«

Eine andere Schrift dieser »Gnostiker« hieß »Das Buch Noria« und führte ihren Namen von Noria, dem Weibe des Noah, deren Name »Feuer« bedeutet in der Sprache der Syrer, und die daher der Pyrrha, dem Weibe des Deukalion bei den Hellenen, entspricht. »Sie wollte mit Noah zusammen in der Arche Aufnahme finden, aber der Fürst und Schöpfer der Welt gestattete es ihr nicht, da er sie samt allen übrigen Menschen in der Sintflut vernichten wollte. Daher setzte sie sich wider seinen Willen nicht einmal, sondern zweimal und dreimal in die Arche und streckte sie in Brand.[1] So kam es, daß der Bau der Arche Noah viele Jahre dauerte, weil dieselbe mehrmals von ihr in Brand gesteckt wurde. Denn Noah war dem Fürsten gehorsam, Noria aber enthüllte die oberen Gewalten, die den Fürsten entgegen sind. Und sie zeigte ferner, daß das der oberen Mutter von dem Fürsten dieser Welt und den übrigen Göttern, Engeln und Dämonen seiner Umgebung Geraubte aus der Macht der Körperlichkeit befreit und in der Gestalt der männlichen und weiblichen Absonderung gesammelt werden müsse.« Hier tritt also Noria in derselben Funktion auf wie Eva, Maria oder Sophia und die anderen »Huren«, welche in mehr durchgeistigter Bedeutung in vielen der bisher besprochenen gnostischen Systeme eine wichtige Rolle spielten.

Von dem Leben in solchen »Gemeinden«, von ihren Kult-

---

[1] Reichen Stoff über Noahs (= Tahmurats) Frau und Anklänge an den Sinbrand vergleiche man bei *O. Dähnhardt,* Natursagen I 259ff., wo aber der Hinweis auf Gnostisches und Lots Frau fehlt. Auch der Ursprung der Sintflut aus dem Backofen (= cunnus; vgl. z.B. Herodotos V 32 η: »Auf den kalten Backofen warf Periandros die Brote darauf« und meinen Artikel »Tarchetios« in *Roschers* mythologischem Lexikon) bei Hippolytos, dem Ausleger der Targum II Gen. 7, 6 (*Bonwetsch-Achelis,* gr. chr. Schriftst. der ersten 3 Jahrh. Bd. I) gehört hierher, ferner die armenische Sage bei G. Chalatianz, Armen. Bibl. IV p. XXVII f. Mandane erzeugt im Traume des Astyages durch Harnen die Flut (Herodotos I 107), ähnlich wie Geiröds Tochter Gjalp das Anschwellen des Flusses Wimur (Edda, übersetzt von *H. Gering*, S. 362f.).

übungen und ihren Schriften, berichtet Epiphanius auch noch folgendes (S. 162 f.):

Die Weiber haben sie gemeinsam. Und wenn einer aus ihrer Sekte zu ihnen zu Gaste kommt, erkennen sich Männer und Weiber wechselseitig daran, daß sie die zur Begrüßung dargebotene Hand unterhalb der Handfläche durch leichtes Streicheln kitzeln. Sobald sie einander erkannt haben, wenden sie sich sofort der Bewirtung zu. Auch wenn sie arm sind, lassen sie reichlich Fleischspeisen auftragen und Wein. Haben sie gezecht und sich gesättigt, so geben sie sich der Lust hin. Der Mann tritt von seiner Frau weg und spricht zu ihr: Steh auf und tu deinem Bruder Liebes. Nachdem sie sich begattet haben, nehmen Mann und Weib den vom Manne erflossenen Samen auf die Hände und beten, indem sie die Hände zum Himmel erheben, zum Vater des Alls: Diesen Leib Christi bringen wir dir zum Geschenke dar. Dann essen sie davon und sagen: Das ist der Leib Christi und das ist das Paschamahl, um deswillen unsere Körper leiden und das Leiden Christi zu bekennen gezwungen werden. Und auch wenn die monatliche Blutung des Weibes eintritt, verzehren sie dieses Blut und sagen dabei: Das ist das Blut Christi. Deshalb lesen sie auch in ihren geheimen Büchern: Ich sah einen Baum, der zwölf Früchte im Jahre trägt, und er (Gott? vielleicht aber sollte auch der Baum selber eine Stimme haben) sprach zu mir: das ist das Holz des Lebens. Das deuten sie auf die monatliche Reinigung des Weibes. Aber obgleich sie sich miteinander begatten, verbieten sie die Zeugung von Kindern. Wird aber doch ein Weib bei der Begattung schwanger, dann treiben sie das Kind ab, sobald es ihnen gut dünkt, nehmen die Frühgeburt und zerstampfen sie in einem Mörser mit der Keule, tun Honig, Pfeffer, Myrrhe und andere Spezereien dazu, um sich nicht zu erbrechen, nehmen mit den Fingern von der Speise und beten: Nicht hat uns der Fürst *getäuscht; vielmehr sammeln wir den Erguß unseres Bruders.* * *Auch pflegen sie sich die Hände mit Samen zu beschmieren und am ganzen Körper nackend zu beten, um durch diese Veranstaltung Gott gegenüber völlige Offenheit zu erzielen. Männer und Weiber pflegen ihre Körper Tag und Nacht, salben sich, baden, schmausen, zechen und unterhalten sich mit Geschlechtsverkehr und Trunkenheit. Denn der Fürst, der diese Welt gemacht hat, will die Nüchternheit, und deshalb muß man den Körper dazu stählen, daß er imstande ist, zu seiner Zeit die Frucht zu tragen.*

Eine verwandte, besonders in Ägypten heimische Sekte waren die Phibioniten. Sie veranstalteten Orgien, bei denen sie die Weiber einander weitergaben. Dabei sprach der Empfänger zu dem Weibe: Vereine dich mit mir, auf daß ich dich vor den Herrscher bringe. Danach sprach er dann den Namen eines der 365 Engel aus, welche in den 365 Himmeln herrschen. Wer dies 365mal der Reihe nach getan hatte, sagte: Ich bin der Gesalbte; denn ich bin durch die 365 Namen der Herrscher herabgestiegen. Andere Gnostiker wieder oblagen der Päderastie, andere der Onanie aus den nämlichen theoretischen Gründen. Andere befaßten sich nur mit »Jungfrauen«. Darunter verstanden sie aber solche Weiber, deren Geschlechtsteil noch nie mit männlichen Samen in Berührung gekommen war, da sie noch stets denselben mit dem Munde aufzufangen verstanden hatten.

Daß diese Scheußlichkeiten für ausschweifende Men-

---

* Man wird gerne geneigt sein, diese Scheußlichkeit für »unmöglich« und etwa in Analogie zum Blutmärchen für böswillig erfunden zu halten, wenn man es unterläßt, die naheliegenden ethnologischen Parallelen heranzuziehen. Vergleicht man aber bei Leo *Frobenius,* Die Weltanschauung der Naturvölker (in »Beiträge zur Völkerkunde« VI) den Abschnitt über den Fanany-Mythos, der freilich alles weniger als ein Mythos ist, so wird man erkennen, daß die Sitte, die Verwesungssauce des Verstorbenen, die Maden seines Leichnams oder diesen selbst mit und ohne Beigabe würzender Stoffe (z. B. Branntwein) zu verzehren, auch heute noch bei zahlreichen Völkern Afrikas, Asiens und Amerikas in Übung und von sakramentalen Vorstellungen begleitet ist, welche den hier entwickelten nahestehen.

schen ein Anlaß werden konnte, sich der gnostischen Bewegung anzuschließen und ihr den Stempel der eigenen Gemeinheit aufzudrücken, bedarf keiner Erörterung. Wohl wenige von den Vielen, die heutigen Tages eine »Umwertung aller Werte«, ein »Sich-ausleben-lassen« und ähnliche wohlfeile Schlagworte verkünden, dürften eine Ahnung haben, wie schroff und rücksichtslos ganz nahe verwandte moralische Experimente von den »Gnostikern« in abscheulichen Taten verwirklicht wurden und wie trostlos niedrig das Ende war, zu dem sie führten.

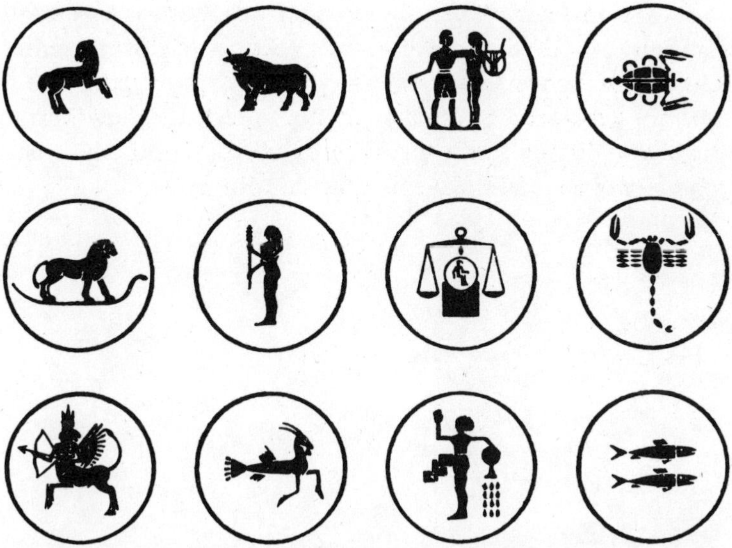

WOLFGANG SCHULTZ

DOKUMENTE DER GNOSIS

INHALT

EINLEITUNG

HAUPTTEIL

ANHANG

VORWORT

Nach einer gemeinverständlichen und umfassenden Darstellung der Gnosis empfindet man ohne Zweifel überall Bedürfnis, wo religiösen und philosophischen Fragen nachgedacht wird. Und diesem Bedürfnisse möchte das vorliegende Werk Rechnung tragen.

Die Schwierigkeiten, welche hierbei schon bloß in dem von der Wissenschaft noch lange nicht abschließend verarbeiteten Stoffe lagen, werden so recht deutlich nur Jenem bewußt sein, der selbst schon Ähnliches versucht hat. Außerdem neigte aber noch jeder Arbeiter auf diesem Gebiete dazu, seine persönlichen, durch Bildungsgang, Lebensstellung oder Weltanschauung bestimmten Ansichten vorwalten zu lassen. Gerade hiermit konnte aber dem Leser, der dort zur Sache selbst vordringen wollte, zuletzt gedient sein. Jedoch schlug G. R. S. Mead in seinen vortrefflichen, leider nur etwas zu theosophisch gefärbten und schlecht ins Deutsche übersetzten „Fragmenten eines verschollenen Glaubens" (Berlin 1902) wenigstens teilweise schon den einzig richtigen Weg ein, indem er hin und wieder die Dokumente selber brachte. Dies habe ich nun ausdrücklich zum Grundsatze erhoben. Nicht irgend welche Versuche, gnostische Systeme mit modernen Worten schließlich doch immer recht unangemessen nach zu erzählen, wollte ich wagen, sondern ich entschloß mich, dem Leser die Urkunden selber in möglichster Reichhaltigkeit und einer für seine Bedürfnisse brauchbaren Form in die Hand zu geben.

Die Auswahl der Stücke ergab sich dadurch, daß ich mich auf die eigentliche Gnosis unmittelbar vor und nach dem Auftreten des Christentumes (ca. 200 v. Chr. bis ca. 200 n. Chr.) beschränkte und aus diesem Bereiche nur das Schönste und Bedeutungsvollste vorführte; dem Verschobenen, Krausen und Wunderlichen aber bloß so viel Raum gönnte, als nötig schien, um auch hiervon ohne allzu große Öden einen angemessenen Begriff zu vermitteln.

Die Bearbeitung, in der ich die einzelnen Stücke bot, führte ich nach den S. 231 ff dargelegten Gesichtspunkten aus. Dort findet man auch den Nachweis der von mir heran gezogenen Quellen.

Jedem Stücke fügte ich eine Erläuterung bei, die sich als solche durch dichteren Druck zu erkennen gibt. In diesen Abschnitten suchte ich dem Leser das Rüstzeug, dessen er zum Verständnisse des jeweils voran gegangenen Stückes bedarf, aus zu folgen, ihm die wichtigsten inhaltlichen und geschichtlichen Voraussetzungen mit zu teilen, und ihm auch Ergebnisse wissenschaftlicher Forschung oder Anregungen zu weiterem Nachdenken zu vermitteln. Seiner Orientierung über die Gnosis als Ganzes, über ihren Ursprung, ihre Verbreitung, ihre Lehrer und Lehren, ist die Einleitung gewidmet.

WIEN, OSTERN 1910 WOLFGANG SCHULTZ

EINLEITUNG

I. WESEN UND EIGENART DER GNOSIS

Anfang der Vollendung ist die Erkenntnis des Menschen; Gottes Erkenntnis ist die unbedingte Vollendung. Dieser Kernspruch der gnostischen Naassener birgt, richtig verstanden, den tiefsten Sinn und das eigentliche Wesen der Gnosis. Denn Gnosis heißt Erkenntnis; gemeint ist jedoch hierbei nicht Erkenntnis äußerer Verhältnisse, sondern innerer Wahrheiten, vor allem des Unterschiedes zwischen Gut und Böse. Ihr Träger und Gegenstand ist der Mensch, für den sie den Anfang der Vollendung bedeutet; aber beim Abschlusse der Vollendung ist Gott der Träger und Gegenstand. Sie ist eine solche des „Menschen"; denn er ist ihr Träger und Gegenstand zugleich: sie ist eine solche „Gottes"; denn er ist ihr Träger und Gegenstand zugleich. Nur ist sie das eine Mal bloß der Anfang der Vollendung, das andere Mal die unbedingte Vollendung. Ihr eigentliches Werk also besteht darin, den Menschen zu Gott zu machen. Die Vereinigung des Menschen mit Gott ist die Erkenntnis – das macht das Wesen der Gnosis aus. Also ist sie ihrem Ergebnisse nach Theosophie, ihrem Ausgangspunkte nach Anthropologie. Denn die Erkenntnis des Menschen ist der Anfang, die Erkenntnis Gottes der Abschluß der Vollendung. Sie umfaßt die große von Gott und die kleine, von der Seele beherrschte Weltordnung, lehrt innere Beziehung und Wesensgleichheit dieser beiden Zentren und fordert, daß sie durch Erkenntnis zur Deckung gebracht werden. Da sie vom Innenleben ausgeht und die nach außen gerichtete, natürliche Erkenntnis mißachtet, ist sie Mystik. Die Erkenntniss

Für den modernen Leser, der alles eher gewohnt ist, als eigentlich mystisches Denken, ja dem häufig, da eine Fülle äußerer, für sein unmittelbares Leben so überaus wichtiger Erfahrungen ihn im Banne hält, innere Erfahrungen auch selbst dem Begriffe nach mangeln, ist hier, um ihn zum inhaltlichen wie zum historischen Verständnisse der oben im Grundrisse angedeuteten Lehre empor zu führen, sogleich eine Reihe von Erläuterungen unerläßlich. Denn wenn er wirklich verstehen will, worum es sich den Gnostikern von damals, den Mystikern überhaupt, handelt, muß er die üblichen Begriffe seiner, unserer Welt, völlig bei Seite lassen und alle Kraft darauf verwenden, sich neue Begriffe gänzlich anderer Art zu bilden, die nicht leere Abstraktionen sein dürfen, sondern für ihn persönliche Erlebnisse sein müssen, erfüllt mit Gefühlswerten unvergeßlicher Art, wie sie mit wirklichen Erlebnissen alle Male notwendig verknüpft sind. Solche Erlebnisse kann ein Buch selbstverständlich nicht schaffen, wenn nicht im Leser Anklänge, schlummernde Eigenart mystischen Denkens

Möglichkeiten und Neigungen vorhanden sind. Wie dem Einen Zahlen nichts sagen und nie aus ihm ein Mathematiker werden, oder wie er einen solchen auch nur mit Mühe oder Widerwillen, ja im schlimmsten Falle sogar überhaupt nicht verstehen kann, so können dem Andern Symbole stets schweigen, so daß er nie ein Gnostiker werden, den Gnostiker auch nicht verstehen und ihm Unverständliches eher belächeln oder verachten wird. Lehren, mitteilen oder gar beweisen, wie sonst in den Wissenschaften, läßt sich hier nichts. Die Mystik ist auf dieses Verfahren nicht angelegt und stürzt natürlich wie ein Kartenhaus in sich zusammen, wenn man solches Geschütz auf sie richtet. Dafür behauptet sie aber, daß für sie selbst auch wieder alles Lehrbare, Mitteilbare, Beweisbare wie ein Kartenhaus zusammen stürze, wenn sie ihr Geschütz darauf richte. Wer also Mystik ablehnt, sei sich bewußt, selbst auch wieder von ihr abgelehnt zu sein. Wer sie aber verstehen will, der kann das nur, wenn er ihr, und wäre das auch bloß vorübergehend aus historischen oder religiösem Interesse und also eigentlich zum Scheine - etwa wie der Schauspieler Affekte, die er darstellt, nicht selbst zu empfinden braucht, aber, namentlich als Anfänger, gewisse Surrogate für sie immer auftreiben muß - in ihren eigenen Begriffen, Symbolen und Wendungen zu folgen trachtet. Ob er dann, tiefer in sie eingedrungen, von ihr ergriffen, aus dem Zweifler ein Gläubiger, aus dem Verächter ein Anhänger, aus dem Feinde, der sich einschlich, ein treuer Freund wird, oder ob er Kräfte in sich findet, das Dunkel mystischer Strömung vermeintlich oder wirklich kritisch zu überwinden - all das steht lediglich bei ihm selber und ist geeignet, Zeugnis ab zu legen von der Tiefe seines Gemütes und der Schärfe seines Geistes. Auf jeden Fall aber hat ein jeder, der den Tempel der Mystik, diesmal und hier im besonderen den der Gnosis, auch wirklich betritt, zu gewärtigen, daß er nach einem schönen und wahren Ausspruche Friedrich Nietzsches, nicht ohne ein Stigma auf allen seinen Gedanken wieder daraus zurück kehren wird.

Mystische und philosophische Erkenntniss

Der Begriff der Erkenntnis, wie ihn die Naassener, aber nicht anders überhaupt alle Gnostiker gebrauchen, ist von dem uns meistens geläufigen gründlich verschieden. Dies drückt sich vor allem darin aus, daß wir unter Erkenntnis das Erfassen eines Äußeren, die Mystiker das Freiwerden eines Inneren verstehen, daß moderne Philosophie ihren Triumph darin sieht, nach zu weisen, wie alles in der ganzen Welt in die Formen des Erkennens gegossen ist (Anschauungsformen, Kategorien usw.), während die Gnosis davon ausgeht, wie alles in der ganzen Welt seinem Inhalte nach aus Erkenntnis geformt ist, ja daß endlich der Philosoph seine Erkenntnis in gar keine innere Beziehung zur Moral zu setzen vermag, da er bloß das geistige Moment ins Auge faßt, während der Gnostiker die seine geradezu als moralische Kraft betrachtet und ihre sittliche Bedeutung als Voraussetzung einführt. Erkenntnisse im modernen Sinne lassen sich beweisen, aber auch widerlegen. Erkenntnis im Sinne der Mystiker läßt sich weder beweisen, noch widerlegen; denn selbst zur Widerlegung könnte es nur kommen, wenn sie mit dem gegensätzlichen Standpunkte irgend etwas gemein hätte. Da aber beide einander völlig fremd sind, ist mit dem Beweise zugleich auch die Widerlegung ausgeschlossen.

Selbständigkeit des mystischen Denkens

Mithin, könnte der Spötter sagen, ist der Mystiker ein Narr auf eigene Faust. Gerade damit aber kann er zufrieden sein. Sein Beispiel ist zu sonderbar, sein Wesen, namentlich dem Neugierigen und Empfänglichen, zu rätselhaft, als daß dadurch nicht wieder zahlreiche Andere angeregt würden, es ebenfalls zu wagen: auf eigene Faust. Ist nun aber die Wirksamkeit des Beispieles, das ein Einzelner gibt, und die Empfänglichkeit seiner Umgebung für dieses Beispiel groß, wie dies in Zeiten, da religiöse Strömungen die Welt durchrauschen, jedes Mal der Fall ist, dann bildet sich um ihn herum eine Schule oder Sekte, die zunächst durch den Punkt, um den sie sich krystallisiert hat, also durch ihren Gründer, zusammen gehalten wird. Wo immer nur Menschen beisammen sind, wollen sie auch von dem reden, was ihr Gemüt beherrscht, ihre Gedanken beschäftigt. Aber von dem Gesichtspunkte aus, von welchem wir soeben an die Sache heran treten, ist es geradezu ein Problem, was sie denn miteinander zu reden haben sollen. Sie sind, nahmen wir an, von ihrer aller irdischen entgegengesetzt gearteten Erkenntnis erfüllt, und diese wieder ist den uns bekannten Denkgesetzen nicht unterworfen. Zügellos und planlos also, scheint es, müssen diese irren Geister in den dunklen Räumen ihrer Aufwallungen umher schweifen. Was soll sie, „die Narren auf eigene Faust“, so weit einen, daß sie, wenn schon nicht mit Anderen, so doch wenigstens unter einander, etwas Gemeinsames, wodurch sie gegenseitige Verständigung erzielen können, zu finden vermögen?

Die Übereinstimmung der Mystiker unter einander

Um so überraschender ist es, zu sehen, daß sie, obgleich nicht den Schlüssen ihres Verstandes, sondern den Eingebungen ihres Gemütes folgend, sich sehr gut verstehen und im Wesen mit einander stets überein stimmen. Die Erklärung für diese, bei sämtlichen Mystikern aller Zeiten und Völker zu Tage tretende Erscheinung liegt darin, daß sie von ihrer Erkenntnis zwar einen anderen und anders gearteten, aber nicht minder festen Begriff besitzen als die Philosophen, ferner darin, daß auch das Gemütsleben seine unwandelbaren Gesetze hat, die zwar noch nicht, wie jene, auf Begriffe gebracht sind, ja wohl gar solcher Verkörperung widerstreben, trotzdem aber in ihren stets gleich bleibenden Erkenntnissen sich beobachten lassen, endlich darin, daß die in Schulen oder Sekten vereinten Personen und verwandten äußeren

Lebensumständen beherrscht werden und einander auf dem Boden der nämlichen Kultur begegnen. Da nun die übliche Ausdrucksweise der Menschen, die gewöhnlichen Bilder und die gebräuchlichen, für begriffliches Denken besonders geeigneten Worte der Sprache nicht ohne Weiteres zum Ausdrucke ihrer Gedanken taugen, unterlegen sie entweder vorhandenen Worten, wie eben z. B. dem Worte, Erkenntnis, neue Bedeutungen oder raffen aus dem sie umgebenden Kulturkreise an Gleichnissen und Symbolen all das an sich, was sie zu solchem Zwecke nur irgend gebrauchen können. Daher erklärt sich ihre Neigung, Fremdartiges heran zu ziehen, die bei den minder Begabten unter ihnen nur so leicht Selbstzweck werden konnte. Sie ist im Wesen durch Ausdrucksnot geboten. Will man aber dann das mit solchen Mitteln trotz aller vollendeten Schönheit doch meist nur stammelnd Gesagte auch wirklich verstehen, dann muß man die Kulturkreise, denen sie ihre Ausdrucksmittel entnahmen, ebenfalls eingehend ins Auge fassen, muß wissen, welche Antriebe zu weiterem Denken in den übernommenen Gleichnissen und Symbolen bereits lagen, und muß sich auch in die Stimme dieser Weisen selber hinein zu denken trachten, um zu erfassen, was von Fall zu Fall aus solchen Antrieben erwachsen konnte.

Gnosis und Theosophie

Den Gnostikern des Altertums in mancher Hinsicht verwandt, aber neben ihnen nur in gehörigem Abstande zu nennen, sind die modernen Theosophen. Diese Leute gehen mit schwülem Kopfe und ungestümem Herzen ans Werk. Wie überall gibt es unter ihnen viel absonderliche, aber nur wenig außerordentliche, wirklich bedeutungsvolle, alsdann den Gnostikern innerlich stets überaus nahe stehende Männer. Den meisten schmeichelt die Eitelkeit, daß sie sich mit wissenschaftlichen Fragen befassen, obgleich sie denselben sachlich oft so gar nicht gewachsen sind und durch verfrühte Sucht nach dem Übernatürlichen und Sonderbaren sich lächerlich machen, oder ihre innere Armut läßt sie nach undeutlichen und fremden Lehren fahnden, oder ihre verspätete Sehnsucht nach geistiger Gemeinschaft in höheren Dingen, oder gar bloß ihre Großstadteinsamkeit treibt sie zum Zusammenschlusse mit Anderen, wobei jedoch all diese, nur in ihrer Mangelhaftigkeit überein stimmenden Menschen an einander vorbei fühlen, vorbei reden, vorbei denken und natürlich auch vorbei schreiben. Trotz alledem jedoch meinen sie, daß die natürliche, von der Wissenschaft gepflegte und von der Philosophie untersuchte Erkenntnis nicht ausreiche, daß vielmehr erst in der Betätigung einer anderen, übernatürlichen Erkenntnis die Vollendung der Menschheit liege. Wie bei den Gnostikern finden wir also auch bei ihnen religiöse Neigungen, Ansätze zur Bildung von Gemeinden, Beschäftigung mit wissenschaftlichen Fragen, die sie vergeistigen und historischen Forschungen, die sie auf Systeme bringen wollen, Interesse für schriftliche Überlieferungen aller Art, deren Alter sie meist überschätzen, deren Inhalt sie unbesehen hinnehmen, in deren Deutung sie gerne ausschweifen, endlich aber auch jene Überzeugung vom Werte höherer Erkenntnis, aus welcher der Seelenkundige all ihre übrigen Sonderlichkeiten ja so leicht ablesen kann. Doch obgleich der Gnostiker des Altertums eine nicht minder große Schar war, deren Mehrzahl nach einem unumstößlichen Gesetze menschlicher Unvollkommenheit aus gewöhnlichen, höchst kläglichen, nur vorübergehend geläuterten, oder auch dauernd verderbten Menschen bestehen mußte, so war doch der Abstand zwischen diesen Gemeinden und ihren führenden Köpfen oder gar Begründern sicherlich ein ungleich größerer als er sich heute irgendwo beobachten läßt, wodurch allerdings auch der Glanz dieser Größen um so deutlicher hervor leuchtet. Denn selbst den besten unter den modernen Theosophen fehlt gerade das, wodurch die Gnostiker der aufstrebenden Kirche so furchtbar wurden und wodurch sie heute noch uns fesseln, nämlich jene ursprüngliche Kraft, jenes Ungestüm des Gedankens, jene Schamlosigkeit in den Folgerungen, jene Verachtung aller Schranken, jene Gewalttätigkeit gegen Bestehendes, jener sittliche Ernst, jene unersättlich lechzende Gier nach Erkenntnis, jene Glut der Gefühle, jene Kälte der Darstellung, deren ständiges durch einander Fluten in den gnostischen Systemen auch noch dem späteren Beschauer einen einzig erhabenen Eindruck hinterläßt.

Zeit und Schauplatz der Gnosis

Inhalt und Eigenart der Gnosis wird außer durch die eben erläuterten Merkmale, die ihr, wie jeder Mystik, zukommen, erst näher bestimmt durch die Zeit, in der sich diese religiös-mystische Bewegung abspielte, durch die Kulturen, die sie anregten, und durch die Völker, deren altüberlieferte Gedankenschätze in ihr nach neuen, besonderen Gesichtspunkten verarbeitet wurden. Denn wenn auch das Wort Gnosis im Sinne einer tieferen, außergewöhnlichen Erkenntnis schon dem frühen, vorchristlichen Altertume bekannt war, verstehen wir unter Gnosis im engeren Sinne doch nur jene Richtung mystischen Denkens, die knapp vor und nach dem Auftreten des Christentums auf dem Schauplatze der Weltgeschichte betätigt wurde und eben durch ihren, teils das Christentum vorbereitenden, teils ihm entgegenstehenden, teils an das Judentum anknüpfenden, teils es bekämpfenden, immer aber auch Fremdes mit Freuden berücksichtigenden Charakter ihren eigentümlichen Anstrich erhielt. Denn obgleich die Wurzeln der Gnosis nicht ausschließlich im Judentume lagen, sind doch die Aufklärungen, die wir heute schon über die noch außerdem in sie verarbeiteten Anregungen geben können, so spärlich, daß immer noch Judentum und Christentum die zwei Torpfeiler sind, von denen wir das Bild der Gnosis, wie es sich uns heute bei einem Versuche, wenigstens in den Vorhof dieses Tempels zu blicken, darstellt, im Wesentlichen begrenzt sehen. Fürs erste und zur Einführung ist es auch gut, hieran fest zu halten, weil die Grundrichtung des Judentumes optimistisch, die des alten Christentumes hingegen pessimistisch ist, und die Gnosis, so viel sie auch vom Judentum in irgend einer ihrer Formen an sich haben mag, da sie von der Überzeugung der Unvollkommenheit, Schlechtigkeit, ja Sinnlosigkeit dieser Welt ausgeht, zumindest in ihrer Auffassung vom Erdenleben, stets pessimistisch gefärbt ist: der Gestalt, daß sie dem ursprünglichen Christentume, wie es auch in den Evangelien durch das Gebot der freiwilligen Armut, Enthaltsamkeit, Selbstverleugnung und durch die Anpreisung der Jungfräulichkeit und Ehelosigkeit gekennzeichnet erscheint, seiner moralischen Grundrichtung nach selbst dann noch überaus nahe steht, wenn ihr Streben nach Selbstverleugnung in das nach Selbstvernichtung, ihre Bemühung um Enthaltsamkeit in Ausschweifung umschlägt.

Judentum und Gnosis

Das Judentum ist optimistisch. Den Beweis hierfür und den daraus folgenden Gegensatz zur Gnosis kann man, wenn man die altertümliche Denkart sich für einen Augenblick zu eigen macht, aus dem ersten Buchstaben der heiligen Schrift entnehmen. Die Thorah beginnt mit der Weltschöpfung, dem ersten, was überhaupt war und geschah. Also sollte sie, da sie die „Schrift" ist, eigentlich auch mit dem ersten Buchstaben des Alphabetes beginnen, um ihre Absicht symbolisch zum Ausdrucke zu bringen. In Wirklichkeit aber fängt sie nicht mit dem ersten (A = א), sondern mit dem zweiten (B = ב) Buchstaben an, da ihr erstes Wort בראשית, das heißt „im Anfange" lautet. Hieraus ergab sich im Sinne damals üblicher Folgerung, die auch tatsächlich aufgeworfene (Jerusch. Chagigah II) Frage, weshalb die Schöpfungsgeschichte statt mit א mit ב beginnt. Und die Antwort lautete: weil ב Segen (Anfangsbuchstabe von ברכת), א aber Fluch (Anfangsbuchstabe von ארירת) bedeutet. Die hiermit gegebene Auslegung setzt also den Segen an den Anfang der Welt. Aber zu beachten ist, daß der Ketzer dem entgegen treten und sagen konnte: also entspricht dieser Gott vor der Weltordnung, die mit der Segnung des ב begann, dem א und dem Fluche, so daß der Weltschöpfer der Böse, die Welt aber der Weg zur Erlösung war. Doch lassen wir den Ketzer und seine möglichen Einwendungen und wenden wir uns den Juden zu, die jetzt als Stütze ihrer optimistischen Weltbetrachtung den in diesem Sinne so bekannten Vers Gen. I, 31 heran ziehen: „Gott sah nun Alles, was er geschaffen hatte, und es war sehr gut." Nun, um mit den Worten der Rabbinen zu reden: „Wenn Gott seine Schöpfung lobt, wer kann sie tadeln?" Trotzdem aber konnte selbst dem Judentume nicht entgehen, wie sich weit bessere Gründe dafür anführen lassen, daß diese Welt die schlechteste unter allen möglichen ist und, nur ein wenig schlechter, auch schon nicht mehr möglich wäre (wie diesen Beweis Schopenhauer denn auch wirklich im 46. Kapitel des zweiten Bandes seiner „Welt als Wille und Vorstellung", S. 687 ff der Reclamschen Ausgabe, angetreten hat), als dafür, daß sie die beste, oder auch nur „sehr gut" sei. Und so finden wir wieder im Sinne jener ketzerischen, vom Judentum weg zu einer Mehrheit, mindestens aber einer auf Gut und Böse verteilten Zweiheit von Göttern hinführenden Richtung, schon in dem alten Bibelexemplare des R. Meïr in dem Wörtchen „sehr" unseres Verses einen Buchstaben und den Vokal in Mitten geändert, so daß dort das ernste und überaus tiefsinnige Wort zu lesen stand: „Gott sah nun Alles, was er geschaffen, und gut war der Tod" (מות statt מאור). Und das spätere rabbinische Schrifttum führte diese Deutung aus mit den Worten: „Das ist der Tod, der böse Trieb, die Leiden und die Hölle" (Gen. rab. XII, 1). Die Übel aber kamen in die Welt durch den Sündenfall im Paradiese, ohne den weder Tod noch böser Trieb bestünden, weder Leiden die Welt beherrschen noch Höllenstrafen die Frevler schrecken müßten. Wer so wie R. Meïr den Tod allein an der Schöpfung für gut hielt, der war sicherlich nicht mehr Optimist, aber auch nicht mehr Jude. Die Erzählung vom Sündenfalle ist der Ausgangspunkt für alle an das Judentum anknüpfenden, aber von ihm wegführenden pessimistischen Anschauungen der Häretiker. Denn die Grundfrage der ganzen Gnosis lautet nach der moralischen Seite hin: *unde mala,* woher die Übel? Vom Übel der Welt nämlich sind sie durchdrungen, so daß ihnen nur noch die Frage bleibt, wie es denn eine Erlösung aus diesem Jammertale gebe und woher der sonst so unvollkommene Mensch überhaupt irgend eine Erkenntnis vom Unterschiede zwischen Gut und Böse, von der vortrefflichen Beschaffenheit des Guten und von irgend einem Wege zur Vollendung erlangt haben könne. Um dies zu erklären, mußten sie aber, soferne sie vom Judentume beeinflußt waren, unbedingt an die Erzählung vom Sündenfalle anknüpfen und vor allem darauf Gewicht legen, daß in ihr wieder der Gegensatz zwischen Tod und Erkenntnis vorkommt. Jahweh drohte als Strafe für das Essen vom Baume den Tod an, die Schlange verhieß, daß den Menschen die Augen sollten aufgetan werden zu göttergleicher Erkenntnis des Guten und des Bösen. Hatten sich nun die Gnostiker dafür entschieden, wegen der Unvollkommenheit alles Irdischen Jahweh für den Bösen zu halten, da er der Weltschöpfer war, dann mußte die Schlange, die den Menschen die alle Überhebung dieses Weltschöpfers entlarvende Erkenntnis schuf, Vertreterin eines guten, dem Bösen natürlich übergeordneten, womöglich ursprünglicheren Prinzipes sein.

Die Lehre vom Gotte MENSCH

Mit dem Judentume hat die Gnosis außer ihrem Interesse für die Erzählung vom Sündenfalle und die Rolle, welche die Schlange dabei spielt, auch noch einen anderen Berührungspunkt. Das Judentum kannte zwar nicht in der Thorah, wohl aber schon in früher und alter Schriftdeutung Gott unter dem Namen des Menschen. Im Buche Daniel VIII, 16 ist von der „Stimme des Menschen (Adam)" die Rede, statt von der Stimme Gottes; in Ezechiel I, 26 wird geschildert, daß er über dem Throne Gottes zu sehen ist wie das Bild der „Erscheinung des Menschen", wo also der Mensch (Adam) wieder an Gottes Statt steht. Auch in Eklesiast. II, 21 („Mancher Mensch arbeitet mit Weisheit, Kenntnis und Geschicklichkeit") wollte man (Genes, rab. 27, 1) unter „Mensch" Gott verstanden wissen. Für die Gnosis ist aber der Gott mit dem Namen MENSCH der Urgott, der eigentlich gute, verborgene Vater, in dessen Bilde und Ähnlichkeit vom Weltschöpfer der irdische Mensch, der „Adam", erst nach einer Reihe wichtiger Weltereignisse geschaffen wird. Reden die Naassener, von deren Spruche wir ausgingen, von einer Erkenntnis des Menschen, der sie die Gottes gegenüber stellen, so meinen sie eben, daß die Erkenntnis des Menschen zu der des MENSCHEN werden soll. Freilich aber muß man sich hüten, zu glauben, jene spärlichen Stellen jüdischer Propheten für eine dem übrigen und alten Judentume eigentlich fremde Auffassung von Jahweh als MENSCH seien der Ausgangspunkt für die gnostische Lehre vom MENSCHEN gewesen. Vielleicht kamen diese Prophetenworte selbst unter der Fernwirkung bereits von außen eindringender Anthropos-Religion zu Stande. Aber daß sie schon vor dem eigentlichen Auftreten der Gnosis auf jüdischem Boden vorhanden waren, erleichterte und begünstigte jedenfalls die Entstehung und Verbreitung jüdisch-gnostischer Systeme. Vor allem muß man bedenken, daß jene Stelle aus Ezechiel den Thron der Herrlichkeit Gottes betrifft, dessen Geheimnisse zu erläutern die ausschließliche Aufgabe jüdischer Mystik und Kosmologie war. Da nun die Gnosis, so wie sie uns vorliegt, fast überall von den Prinzipien dieser Geheimlehre des Judentumes beeinflußt ist, wie man dies unten S. 1 – 3 dargetan findet, muß darauf, daß diese Geheimlehre auch schon den MENSCHEN auf dem Throne Gottes kannte, eben in Hinblick auf die Gnosis besonderes Gewicht gelegt werden.

Hauptprobleme der Gnosis

Die voran geschickten Erörterungen sollten die Hauptprobleme gnostischen Denkens in seiner durch Zeit und Ort bestimmten Eigenart wenigstens in so ferne deutlich machen, als dies möglich ist, wenn man noch nicht auf die kosmologischen und theologischen Vorstellungen heidnischer Völker eingegangen ist. Nun aber wollen wir einmal ins Auge fassen, wie denn eigentlich ein gnostisches System gebaut zu sein pflegt, welche Bestandteile es enthält, wie diese mit einander verknüpft sind und welche theoretischen Konsequenzen sich aus ihnen zu ergeben pflegen. Hierbei soll nicht ein bestimmtes, historisch überliefertes System betrachtet, sondern eine Art Schulfall künstlich erdacht werden, um für die folgende Darstellung der historisch überlieferten Systeme die nötigen Voraussetzungen des Verständnisses zu schaffen. Ein ideales, völlig und charakteristisch entwickeltes gnostisches System würde also etwa folgende Themen und Probleme behandeln:

I. *Urzustand und Anlaß zum Beginne des Weltgeschehens.* – Je nach dem Standpunkte des betreffenden Systemes kann hierbei das Ursein in vergeistigter Form oder in stofflicher oder in beiden einander alsdann entsprechenden Formen eingeführt werden. Stoffliche Vorstellung ist es, wenn am Anfange Licht, Finsternis und zwischen beiden das über die wasserartige Oberfläche der Finsternis in Gestalt des Windes dahin streichende Pneuma stehen sollen; denn dann stehen die Grundstoffe am Anfange. Vergeistigter ist es, wenn an Stelle der (4) Grundstoffe 4 erste Zahlen, die ihnen entsprechen und in ihrer Summe die vollendete $10 = 1 + 2 + 3 + 4$ ergeben, noch vergeistigter, wenn allegorisch-begriffliche Mächte wie Urgrund, Schweigen, Gedanke, Entschluß und dergleichen den Ausgangspunkt bilden und das Übersinnliche, Überweltliche versinnlichen sollen.

II. *Verlauf des Weltgeschehens bis zur Entstehung des Weltherrschers.* – Notwendig ist hierbei, daß der Weltherrscher und Weltschöpfer dem Urgotte nachstehe an Vortrefflichkeit und Einsicht, oder gar sein Widersacher sei, was in Form einer Erzählung nur dadurch zum Ausdrucke kommen kann, daß sich das Licht mit der Finsternis, das Gute mit dem Bösen, entweder durch eine Täuschung, der das Gute unterliegt, oder durch eine Gewalttat, zu der das Böse Macht hat, vermischt, so daß zur Sonderung der solcher Art mit einander vereinten Gegensätze eben das Weltgeschehen als Erlösungs- und Reinigungs-Prozeß erforderlich ist. Eine Täuschung des Guten nahmen jene Gnostiker an, welche den überaus schönen MENSCHEN sich in dem Spiegel des Wassers der Finsternis erblicken und dem so erschauten Abbilde sehnsüchtig in die Tiefe nacheilen ließen. Eine Gewalttat des Bösen nahmen jene an, die sich die Finsternis befähigt dachten, das in sie herab leuchtende Licht, gleichwie ein Dornstrauch die Gewänder, zu fassen und nicht los zu lassen. Aber es gab auch Sekten, die, um den Widerspruch zu vermeiden, der darin lag, daß das Licht trotz seiner Vollendung getäuscht oder gefesselt werden konnte, behaupteten, es habe sich aus Mitleid zur Finsternis herab gelassen, die dann diese Regung mißbrauchte.

III. *Nachkommenschaft des Weltherrschers* (Ewige, Engel) *und Weltschöpfung.* – Dieser Teil nimmt namentlich in den späteren Systemen den breitesten Raum ein. Gerade er aber ist nicht unbedingt erforderlich, da es mit einem Weltherrscher allein auch sein Bewenden haben kann. Für gewöhnlich aber hat der Weltherrscher noch sechs Engel unter sich, die mit ihm zusammen eine Siebenheit bilden, welche meist der Siebenzahl der Planeten entspricht. Von ihr wird alles Böse, das Gesetz dieser Welt, und alle falsche, die Aufmerksamkeit der Menschen vom guten Urgotte ablenkende Prophetie hergeleitet.

IV. *Die Schöpfung des Menschen und aller Wesen in der Gebärmutter oder im Paradiese.* – Jene Gnostiker, welche das Theologem eines Gottes MENSCH nicht ausdrücklich verfochten, konnten sich darauf beschränken, den anthropologischen Teil ihrer Lehre aus zu bauen und nur die Entstehung des Menschen in der Gebärmutter, die sie übrigens auch als „Gefilde der Entstehung" betrachteten, in ihrer Art zu beschreiben (vgl. z. B. Simon Magus in No. 12), wobei sie jedoch selbstverständlich auch wieder die Gebärmutter und die Vorgänge in ihr für ein Abbild des Weltalles und der Vorgänge in ihm hielten. Die anderen hingegen, die den MENSCHEN ausdrücklich an den Anfang stellten, mußten den physiologisch beobachtbaren Vorgang der Entstehung des Menschen im Mutterleibe auch zu dem Mythos von der Entstehung des Menschen im Paradiese in Beziehung setzen, da ja nach dem in ihren Kreisen allgemeinen Glauben der Weltbildner des Menschen „nach dem Bilde und in der Ähnlichkeit" Gottes, das heißt des MENSCHEN, geschaffen hatte. Da nun der Weltbildner böse und einsichtslos ist, konnte er den Gedanken an den Menschen nicht aus Eigenem schöpfen, sondern mußte ihn vom MENSCHEN haben. Welche Einkleidung diese Folgerung fand, soll hier nicht vorweg genommen werden, da die Gnostiker selbst ja gerade diesen Gedanken besonders liebreich und geistvoll ausführten. Nur das ist hervor zu heben, daß sie fast stets den Menschen in innigem Zusammenhange mit allen übrigen Lebewesen betrachteten. Sie sahen zwischen ihm und den Tieren, Pflanzen, ja selbst leblosen Körpern, nur einen stufenweisen Unterschied, der Gestalt daß ihnen der Mensch als das vollendetste Wesen, alle anderen aber nur als seine und damit Gottes immer mangelhaftere Nachbilder und Abbilder galten, die sie sich gleichwohl als stetige Reihe dachten, in deren jedem Gliede alle Geheimnisse der Weltordnung gleichwie in einem Spiegel neuerlich zur Geltung kommen.

V. *Die Feststellung menschlicher Pflichten durch Untersuchung der Beschaffenheit und Zusammensetzung des menschlichen Körpers.* – Da der Mensch von den weltbildenden Gewalten aus irdischen Stoffen gebildet wurde, gehört er nach Maßgabe der Stoffe, die in seinen Körper eingingen, dem Kosmos an, also dem Bösen, Schweren, Unvollkommenen. So ferne jedoch der Gedanke zu seiner Bildung von der guten Urgottheit, sein unsterblicher Teil ebenfalls von ihr oder einer vermittelnden Macht, nach der Ansicht einiger Sekten ein dritter, noch höherer Bestandteil, der sich zur Seele etwa so wie die Seele zum Körper verhält, wieder ganz aus der Höhe stammt, wird durch seine Zusammensetzung die Pflicht des Menschen genau bezeichnet. Der Mensch hat dem guten Urgotte im Kampfe gegen den Weltschöpfer, dem er in gewissem Sinne überlegen ist und von dem er in einem anderen eben deshalb auch verfolgt wird, bei zu stehen und an dem endlichen Siege des Guten und Lichten über das Böse und Finstere mit zu wirken.

VI. *Die Angabe, wie der Weltherrscher seine Macht über die Geschöpfe ausübt und wie er von ihnen hinwieder seiner Macht entäußert wird.* – Der böse Weltherrscher verhängt nur Böses; aber da er auch töricht ist, schlägt er schließlich für den Bestraften zum Guten aus. Und darum muß man ihm zuwider handeln, um sich von ihm zu befreien. Die Befreiung findet jedoch statt durch Vereinigung mit dem guten Urgotte. Also wird der Weltschöpfer trachten, die Seelen nicht aus dieser Welt, in der er sie in seinem Banne halten kann, zu entlassen. Daraus folgt, daß er es ist, der den Wechsel der Leibeshülle, und also die Wiedergeburt, bewirkt. Ein gnostisches System, in dem die Lehre von der Wiedergeburt fehlt, kann nicht vollständig genannt werden. Wohl aber konnte man aus ihr und allem voran Gegangenen sehr verschiedenartige Folgerungen ziehen. Doch will ich dieselben hier nicht näher ausführen, sondern auf später verweisen, wo sie im Anschlusse an bestimmte Lehren dem Leser vielleicht deutlicher entgegen treten werden. Als wesentlich aber halte man fest, daß die Zahl der Seelen im Weltall eine endliche, genau festgestellte, niemals schwankende ist, die nur dadurch abnimmt, daß immer mehr Seelen sich mit der Gottheit vereinen. Den Weg zur Bekehrung können die Seelen entweder durch in ihnen aufflammende Gnosis selber oder auch durch die Heilslehre finden, die ihnen in den christlich gefärbten oder direkt christlichen Systemen von dem Gesalbten verkündet wird. Wesentlich ist jedoch dieser letztere Zug für die Gnosis durchaus nicht.

VII. *Die Wiederkehr des ursprünglichen Zustandes vor dem Weltgeschehen und die Angabe der Perioden, in denen Nichtsein und Sein der Welt auf einanderfolgen.* – Wie zu jeder Kosmologie gehört nämlich auch zur gnostischen eine Lehre von den letzten Dingen. Freilich ist sie nicht in allen Systemen aufbewahrt, aber welch große Rolle sie spielte, beweist die überflutende Menge apokalyptischer Literatur aus der Blütezeit der Gnosis.

Ausdrucksmittel der Gnosis

Die Mannigfaltigkeit der Ausgestaltung, die schon diesen wenigen Hauptpunkten gegenüber möglich ist, erschöpft jedoch noch lange nicht den Schatz der Gnosis. Denn für die Behandlung dieser Möglichkeiten stehen ihr bestimmte Grundgedanken und Darstellungsarten zu

Gebote, welche einerseits in Bildern, Symbolen und hieraus abgeleiteten Kunstausdrücken nieder gelegt sind, andernseits in einer Anzahl ganz besonderer Ausdrucksmittel bestehen, welche, wie die Zahlensymbolik, der Gebrauch mystischer Laute, die Wort- und Schriftdeutung und Verwandtes, besonderer Erläuterung bedürfen.

Bilder, Symbole und Kunstausdrücke

Natürlich sollen hier nicht alle Bilder, Symbole und Kunstausdrücke, an denen die Gnosis so überaus reich ist, aufgezählt werden. Denn was zur Förderung des Verständnisses getan werden kann, ist nur dies, daß ich zunächst einige jener Worte erwähne, die ich in den nachfolgenden Texten anders wiedergab als bisher üblich und namentlich angesichts der sich dem Worte nach deckenden, der Bedeutung nach aber verschiedenen christlichen Ausdrucksweise gebräuchlich war. Die Gnostiker verwendeten solche Worte nämlich in einem weitaus ursprünglicheren, dem anschaulichen zu Grunde liegenden Bilde viel näher stehenden Sinne. So kommt es, daß ich häufig, ja fast immer, „Pfahl" schrieb statt „Kreuz", da dies der Grundbedeutung des betreffenden Ausdruckes der Quellen weit genauer entspricht und auf gnostischem Boden fast nirgends ein Querbalken dieses Marterholzes erwähnt wird. Auch übersetzte ich stets „Retter" statt „Heiland", da im Begriffe „Heiland" schon ein religiöses Programm liegt, das in dem schlichteren, mit Nebenbedeutungen weniger belasteten Worte „Retter" noch nicht enthalten ist und ursprünglich vielleicht auch gar nicht darin gelegt wurde. Sodann sind jene Ausdrücke zu besprechen, in denen wichtige, aber uns heute völlig fremde Anschauungen festgehalten sind. Hierher gehört in erster Linie das Wort Pleroma, das ich nicht, wie dies meist geschieht, unübersetzt ließ, sondern stets mit „Fülle" wieder gab. In der Tat steht dieser „Fülle" immer mehr oder minder deutlich auch eine „Leere" (Kenoma) gegenüber, in der eigentlich das Weltgeschehen vor sich geht. Bei dem fremden Worte Pleroma denkt man sich gar nichts, bei unserem Worte „Fülle" aber gerade das, was die Gnostiker selber auch dachten. Schwieriger und beziehungsreicher ist der von ihnen verwendete Begriff Äon, den ich mit „Ewiger" wieder zu geben pflegte. „Ewige" nannten die Gnostiker nämlich sowohl die Bewohner der „Fülle", deren einer in jedem Weltgeschehen eben auch in die „Leere" hinab steigt, sich verliert und daher erst der Erlösung bedarf, als auch in engerem Sinne den Weltherrscher und seine Engel, wo dann die Ewigen nicht mehr, wie jene, gut und weise, sondern unwissend und böse sind. Die Fülle der übrigen Kunstworte, Bilder und Gleichnisse kann hier nicht besprochen werden. Jedes dieser Symbole gnostischer Gedanken hat seine Geschichte, verweist auf den Einfluß bestimmter Vorstellungsreihen, ja entscheidet oft über die Zugehörigkeit des Systemes zu bestimmten Kulturschichten. Die Nachweise dieser Beziehungen und die Erläuterungen solcher Zusammenhänge sind vielmehr im Hauptteile jeweils hinter den einzelnen Texten gegeben.

Ein besonderes, heutigem Empfinden recht ferne stehendes, aber dem ganzen Altertume, namentlich wo Geheimtraditionen vorliegen, überaus geläufiges Ausdrucksmittel sind die Zahlen, welche sich in der Gnosis in mehrfacher Weise verwendet finden, nämlich einerseits in Gestalt der Bevorzugung bestimmter, aus systematischen und architektonischen Gründen besonders ausdrucksvoll scheinender Zahlen, anderseits in der Verwendung von Worten, die einen vermeintlich bedeutungsvollen und beziehungsreichen Zahlenwert besitzen. Die erste Art des Gebrauches der Zahlen stammt aus dem Mythos, auf den es zurück geht, wenn in fast allen Kulturen die Zahlen eine so bedeutsame Rolle in den Gewicht- und Maßsystemen, in der Chronologie, dem Kalender, besonders dem Festkalender, als Fristen im Kulte und Rechtsleben, bei der Zusammenstellung priesterlicher und richterlicher Kollegien, in der Staatsverfassung, im Aberglauben, in der Heilkunde und in der Religion spielen. Man kann dabei, wenn man die von den verschiedenen Völkern bevorzugten Zahlen ins Auge faßt, beobachten, wie insbesondere die 3 und die 9, an ihrer Stelle in anderen Kulturkreisen auch die 12 und die 7, ferner die 27 oder 30, endlich die aus 1 + 2 + 3 + 4 hervor gehende 10, aber auch die 40, ja selbst die dem Jahreskreise entsprechende 365 verwendet wird. So erzählten die Märchen von 3 oder 12 Brüdern, die auf Reisen gehen; die Religionen lehren von 3 oder 12 weltbeherrschenden Göttern (z. B. 3 Brüder: Zeus, Poseidon, Hades; 12 Brüder: die 12 Titanen), oder im Märchen und Mythos ist von Burgen mit 9 oder 7 Toren, von Türmen mit eben so vielen Stockwerken die Rede, während in den Religionssystemen 9 oder 7 Pforten der Hölle oder des Paradieses, auch wohl ihnen zugehörende Dämonen vorkommen und dergleichen. Die hohe Wertschätzung der Dreizahl gehört natürlich auch hierher. Man wird finden, daß eine Dreiteilung der Welt in den meisten gnostischen Systemen überhaupt als etwas ganz Selbstverständliches voraus gesetzt wird, so daß es geradezu aussieht, als hätte man damals gar nicht anders als in solchen Zahlenabstufungen denken können. Dabei hüte man sich jedoch, die Gnostiker deshalb zu verspotten, und erinnere sich, wie selbst der nüchterne Kant ebenfalls wegen seiner Sucht, Trichotomien – scherzhaft auch als „Haarspaltereien“ gedeutet – in den Begriffen nach zu weisen, berüchtigt ist und eine Kategorientafel heraus brachte, welche just 12 Begriffe, um den Eindruck wohlgefälliger Abgeschlossenheit zu erwecken, enthalten mußte. Sehen wir also auch die Gnostiker in diesem Fahrwasser segeln, so dürfen wir ihnen das nicht verübeln und sie auch nicht deshalb anstaunen. Sie unterscheiden sich von manchen Philosophen in dieser Hinsicht

Zahlensymbolik

eigentlich oft nur dadurch, daß die bei ihnen so kunstreich angeordneten und architektonisch an einander gereihten Begriffe anschaulicher, inhaltsreicher und minder abstrakt sind als die in der Philosophie üblichen. Ganz anders hingegen liegt die Sache, wenn sie z. B. sich nicht begnügen, eine Vierheit von Urgöttern an zu nehmen, sondern den Namen jeder dieser Gottheiten auch symbolisch zu einer der vier ersten Zahlen in Beziehung setzen. Dieses Verfahren ist im engeren Sinne „pythagoreisch", zum mindesten unter diesem Namen, weil von Pythagoras und seinen Schülern besonders geübt und ausgebildet, am besten bekannt. Aber zahlreiche Spuren deuten darauf hin, daß solche Übung durchaus nicht nur im pythagoreischen Kreise bestand und daß daher auch die Gnostiker manche ihrer Anregungen nach dieser Richtung von anderer Seite her erhalten haben konnten. Ausgangspunkt für derlei, uns heute so fremd anmutende Symbolistik war, daß man die Gottheit als das Eine, die Eins aber als den Anfang der Zahlenreihe, also diese selbst ähnlich für eine Offenbarung der Geheimnisse der Eins hielt, wie die Welt eine Offenbarung der Geheimnisse der Urgottheit sein sollte. Die symbolische Deutung der Zahlen ergab sich also aus der Gleichsetzung zwischen Zahlenreihe und Weltgeschehen. Aber man ging noch einen Schritt weiter, um diese Art der Symbolik ausdrucksreicher zu gestalten. Man war schon seit undenklichen Zeiten gewöhnt, auch das Wort wieder in ähnlicher Weise für eine Offenbarung des Gedankens zu halten wie die Zahlenreihe für eine solche der Eins, wie die Welt für eine solche Gottes. Außerdem pflegte man die Buchstaben des Alphabetes zugleich auch als Zahlenreihe zu verwenden und erhielt hierdurch die Möglichkeit, den Worten, namentlich aber altehrwürdigen Götternamen, Kunstausdrücken und dergleichen, selbst bestimmte Zahlenwerte zu zu ordnen. Die Methode, welche die Gnostiker zu diesem Behufe übten, ist S. 198 f eingehend dargestellt (siehe auch die Tabelle der Zahlenwerte der Buchstaben S. 201). Und das erst war die Zahlensymbolik im engeren und engsten Sinne, die es ermöglichte, eine nur dem Eingeweihten sich erschließende Geheimlehre weiter zu geben. Denn jetzt konnte man nach diesem Prinzipe auch willkürlich Namen und Worte oder Wortzusammenstellungen von vorgeschriebenem, bedeutungsvoll ersonnenem Zahlenwerte bilden, denen ein der betreffenden Rechnungsart und der vorausgesetzten Bedeutung gewisser Zahlen Unkundiger es gar nicht an zu sehen vermochte, daß sie geheimen Sinn bargen. So war der Name ΙΗΣΟΥΣ (Jesus) äußerlich von irgend einem anderen durch nichts verschieden, während der zahlenkundige Gnostiker sofort seinen Zahlenwert 888 im Kopfe zu errechnen und auf den Ausgleich einer 9, 8, 7, zu 8, 8, 8 zu deuten wußte, wie dies S. 198 ausgeführt ist.

Noch befremdlicher als die Zahlensymbolik sind in der Gnosis die eigenartigen, oft absichtlich undeutlichen, unverständlichen, geheimnisvoll klingenden Namen, wie z. B. der wohl jedes eigentlichen Wortsinnes entbehrende und bloß auf den Zahlenwert 365 berechnete ABRAXAS (S. 198), wie manche Namen der Herrscher (Archonten) in den einzelnen Himmeln, oder gar wie die Zaubernamen, durch deren Nennung man nach dem Glauben jener Zeit diese Dämonen überwinden und den ungefährdeten Durchzug durch ihre Regionen erzwingen konnte. Hierher gehören auch die mystischen Laute des Schnalzens, Pfeifens, Zischens, Klatschens, Brüllens, Heulens, Ratschens, ja selbst des Farzens und andere ähnliche, welche in manchen Religionsgenossenschaften gnostischer Färbung eine so große Rolle spielten (vgl. No. 8) und oft auch mit der Nachahmung von Tierstimmen verbunden waren. Namentlich in dem für Soldaten und niederes Volk berechneten Mithraskulte, der zu den äußersten, sinnlichsten und absonderlichsten Mitteln greifen mußte, um in den verhärteten Gemütern seiner Bekenner religiöse Gefühle zu wecken, finden sie sich, aber auch im Zauberwesen, dessen Urkunden so viel Gnostisches uns aufbewahrten, welche aber auch selbst auf Gnostisches zum Teile wieder eingewirkt haben. Den Versuch, diese mystischen Laute und bewußt sinnlosen, aber an Sinnvolles immer absichtlich teilweise anknüpfenden Zauberworte, ferner aber auch die mit ihnen so eigentümlich verbundenen Zahlenspiele einheitlich zu erklären, hat noch niemand unternommen. Trotzdem läßt sich vermuten, daß alle diese Arten, Unsagbares und Mystisches aus zu drücken, alle diese leidenschaftlichen, stammelnden Versuche, der Gottheit sich verständlich zu machen oder gar sie dem eigenen Wollen zu unterwerfen, irgend einmal aus einer gemeinsamen, heute nur nicht mehr zu Tage liegenden Wurzel hervor gegangen sind. Mystische Laute

Wir wenden uns wieder verständlicheren, deutlicheren und, trotz aller hier drohenden Verknöcherung, erfreulicheren Gebieten zu, wenn wir betrachten, wie das geschriebene Wort den Gnostikern, ganz so wie sonst dem überlieferungstreuen Theologen, auch noch in einem anderen Sinne bedeutungsvoll war. Sie zollten ihm, namentlich wenn es in einer angesehenen, angeblich unter göttlicher Inspiration verfaßten Schrift, im Alten Testamente, im Neuen, in den Aufzeichnungen eines verehrten Lehrers oder gar in dem Werke eines schriftstellernden Gottes zu lesen war, besondere Ehrfurcht. Wie Schriftdeutung geübt wird, brauche ich dem Leser, der ein lebendiges Bild davon durch Anhören der Predigt irgend eines Priesters auch heute noch gewinnen kann, nicht zu erläutern. Pflegen wir doch, freilich in ungleich profaner Weise, auch die Aussprüche unserer Lieblingsschriftsteller zu zitieren und als Gründe, oft auch als Beschönigungen, unserer Auffassungen und Schriftdeutung

Handlungen mehr oder minder geschickt zu verwenden. Für die Gnostiker aber wie für alle glaubensfesten Theologen jener Zeit kam noch hinzu, daß ihnen nicht, wie uns heute, der durch das Wort gegebene Sinn, sondern recht eigentlich das niedergeschriebene Wort in seiner buchstäblichen Form besonders heilig war; um das zu verstehen, muß man in Rechnung ziehen, wie diese Geister durch ihre ständig geübte Wortsymbolik schon darauf eingestellt waren, im Worte etwas Dingliches, Selbständiges und Heiliges zu sehen. Wenn sie nur zu oft trotzdem überlieferte Worte änderten, um ihnen einen erwünschteren Sinn zu unterlegen, so taten sie dies durchaus nicht aus Gleichgültigkeit gegen den Wortlaut. Vielmehr meinten sie ja, eben hierdurch den wahren und alten Wortlaut erst wieder her zu stellen. Von der Richtigkeit ihrer eigenen Spekulationen waren sie viel zu sehr durchdrungen, um solches Verfahren als Gewalttat zu empfinden.

Schranken gnostischen Denkens

Ein Überblick über die höchst abwechslungsreichen Möglichkeiten begrifflichen, sprachlichen und sachlichen Ausdruckes zeigt, wie sehr die Geister, welche all dies sich zu eigen machten, eben mit dem Ausdrucke rangen und das Entlegenste, Schwierigste, Absonderlichste versuchten, um ihre eigenen geistigen Erlebnisse auch in Anderen anklingen zu lassen. Wirklich Neues haben sie aber hierbei trotzdem nicht leisten, sondern nur schon Gegebenes verarbeiten und ausgleichen können. Denn auch sie waren natürlich in letzter Linie abhängig von den stofflichen Anregungen und Schranken, die in den üblichen, kosmologischen, philosophischen und religiösen Systemen ihrer Umgebung bestanden. Sie mußten im Wesen das antike Weltbild hinnehmen, wie man vor ihnen es schon hatte, bestehend aus einem etwa in Kugelform gedachten, sphärisch geschichteten Weltall, dessen Hülle das Himmelsgewölbe, dessen Mittelpunkt die Erdscheibe bildet; sie mußte die Errungenschaften der Naturforschung, die Ergebnisse anatomischer und medizinischer Untersuchungen über das Wachstum des Embryo in ihrem Stande von damals benützen und darauf ihre Spekulationen weiter bauen, sie mußten die fabelhaften, ebenso wie die glaubwürdigen Nachrichten über Sitten und Glauben fremder Völker verwerten, wie sie sie erhielten, und sie mußten endlich die Mythen der Vorfahren, teilweise religiös umgedeutet, wie sie dieselben empfangen hatten auch weiterer theologischer Verarbeitung zu Grunde legen. Denn wenn sie auch kühne, ja rücksichtslose Denker, tief fühlende, leidenschaftliche Menschen, originelle, tiefsinnige Köpfe waren, so fehlte ihnen doch eines in jeder Hinsicht: Sinn für die Tatsachen der äußeren Welt, Neigung, sich um ihre Feststellung zu bemühen, theoretische Begabung in wissenschaftlicher Hinsicht. Diese naturgemäße Folge ihrer ganz besonderen Veranlagung könnte man ihnen völlig zu gute halten, wenn man sie nicht stets bemüht sähe, jene Kenntnisse, welche sie über solche Gegenstände von Anderen erworben haben, in ihrem Sinne aus zu deuten, ohne daß sie eigentlich im Stande wären, ihr restloses Verständnis der übernommenen Ansichten oder gar ihre Fähigkeit, über dieselben selbständig zu urteilen, glaubwürdig nach zu weisen. Vielfach sehen wir sie in naturwissenschaftlichen Fragen Ansichten symbolisch ausdeuten, welche von der zeitgenössischen wissenschaftlichen Forschung sicherlich schon berichtigt und weiter geführt waren. Leute wie die Gnostiker sind aber in solchen Dingen immer konservativ, mitunter bis zur Ignoranz, was nicht unbegreiflich ist, wenn man bedenkt, daß die älteren Ansichten stets einfacher und dadurch symbolisch naturgemäß leichter zu verarbeiten waren, um so mehr als alle Forschung in ihren Anfängen ohnedies mystischen Denken nahe stand. Man tut sehr Unrecht, wenn man, beliebter Überschätzung nachgebend, ihnen auch aufgeklärte wissenschaftliche Lehren zumutete, wenn man sich vielleicht ab und zu freut, in ihrer Doktrin von der inneren Verwandtschaft aller Geschöpfe, ohne die das Seelenwanderungsdogma undenkbar ist, Vorahnungen darwinistischer Theorie, in ihrem Glauben an die Befruchtung der Gebärmutter durch die Schlange Intuitionen über die Spermatozoen zu vermuten und ähnliches. Solche Sätze konnten sie gar nicht vertreten, auch nicht in Andeutungen und dumpfen Ahnungen, da die ganze Richtung ihres Geistes eines geradezu entgegen gesetzte war. Vom Standpunkte aufgeklärten oder gar exakten naturwissenschaftlichen Denkens wird man all ihre Ansichten bloß als geistvoll klingende, aber haltlose Phantasien bezeichnen können; groß und unvergänglich sind sie nur, wenn ihr Blick nach innen gerichtet ist, wenn sie Aufschlüsse zu geben versuchen über die letzten, geheimnisvollen Regungen menschlichen Seelenlebens. Faßt man ihre Gleichnisse und Bilder im eigentlichen Wortsinne, als beträgen sie die Gegenstände der Außenwelt, die durch sie bezeichnet werden; dann sind sie nichtig: erst wenn man sie als Abbilder tiefster, hierdurch mühsam ausgedrückter, innerer Erlebnisse zu erkennen vermag, ist man zum Kerne gnostischer Lehre vorgedrungen.

II. ÜBERLIEFERUNG DER GNOSIS

1. KIRCHLICHE GEWÄHRSMÄNNER FÜR GNOSTISCHE LEHREN

Zwei Gruppen christlicher Schriftsteller

Bevor wir uns den Gnostikern selbst zuwenden, müssen wir vor allem ihre Gegner kennen lernen, deren Schriften fast ausschließlich eben das enthalten, was wir überhaupt von Gnosis wissen. Denn es liegt dem Leser nicht minder wie dem Forscher, wenn er nicht gerade selbst auf kirchlichem Standpunkte steht und dadurch überhaupt schwerer zu einem objektiven Verhalten hinneigt, sobald auch nur einiges Interesse für die gnostische Bewegung in ihm erwacht ist, so überaus nahe, diese Männer der Kirche, welche mit allen Mitteln die ihnen verhaßte Lehre nieder zu kämpfen suchten, in ungünstigem Lichte zu betrachten, daß nur genaue Kenntnis ihrer Personen, ihrer Schicksale und ihrer Gesinnungsart uns in den Stand setzen kann, einerseits über sie selbst ein richtiges Urteil zu fällen, anderseits die Zerrungen, die sie bei ihrer Darstellung gnostischer Lehre und gnostischen Lebens sich doch aller Wahrscheinlichkeit nach zu schulden kommen ließen, zu durchblicken, und endlich auch gelegentlich ihre Nachrichten an der Hand angemessener Vorstellungen von dem, was man ihnen in solcher Hinsicht zutrauen darf, zu berichtigen. Und unter diesem Gesichtspunkte zerfallen die kirchlichen Schriftsteller sogleich in zwei deutlich gesonderte Gruppen: in solche, die nur gelegentlich über oder gegen die Gnosis schrieben aber bestrebt waren, zu dem Begriffe der Gnosis selbst Stellung zu nehmen und sich in positivem oder negativem Sinne grundsätzlich mit ihr ab zu finden – und hierher gehören, um der Kleineren zu geschweigen, die das Bild nicht vervollständigen, sondern nur verwirren würden, Klemens, der den Begriff Gnosis definierte, Origenes, der selbst gnostisch dachte, und Tertullianus, der nicht nur die Gnosis, sondern auch das Wissen überhaupt und die Philosophie ab zu weisen geneigt war – und in solche, welche sich auf die Prinzipienfrage für und wider die Gnosis gar nicht einließen, sondern bloß den Gegensatz zwischen den einzelnen christlichen und gnostischen Glaubenssätzen ins Auge faßten und unter diesem Gesichtspunkte mehr oder minder systematische Sammlungen gnostischer Lehren veranstalteten, denen sie ebenfalls wieder mehr oder minder zusammen hängende Widerlegungen im einzelnen angedeihen lassen wollten, so daß sie also für uns eigentlich die richtige Schatzkammer gnostischer Überlieferungen sind – und hierher gehören, wieder mit Vernachlässigung der späteren, schon in gar keiner Hinsicht mehr originellen Nachtreter und Erweiterer vor allem Justinos, Irenaios und Hippolytos, die nach dem Stande heutiger Kenntnis gewissermaßen den Grundstock häresiologischer Tradition darstellen. Wir wollen die beiden Gruppen der Reihe nach durchnehmen, um dann aus dem Ergebnisse solcher Würdigung heraus Schlüsse auf Wert und Beschaffenheit dieser Quellen zu ziehen.

a) GNOSTISCH BEEINFLUSSTE SCHRIFTSTELLER

Die Wiege des Klemens (geb. um 150, gest. um 215) von Alexandria stand aller Wahrscheinlichkeit nach in Athen. Sein Geist trägt den Stempel hellenischer Eigenart, seine Eltern waren Heiden, er selbst hatte, wie sich dies bei seinem, die Erkenntnis suchenden und des Glaubens bedürfenden Geiste leicht denken läßt, heidnische Mysterien aus allernächster Anschauung kennen gelernt, bevor er im Christentume Ruhe fand. Als Christ machte er dann weite Reisen, besuchte Unteritalien, Syrien, Palästina und Ägypten und genoß bei christlichen Hellenen, Syrern, Assyrern und Hebräern Unterricht. Hieraus und auch aus seinem Umgange mit gnostischen Schulhäuptern schöpfe er reiches Wissen, das auch dann zu bewundern ist, wenn man durch genaueres Studium seiner Schriften erkannt hat, wie wenig er, der so leicht Gehörtes zu erfassen vermochte, auch im Stande war, es wirklich zu verarbeiten und zu Einheiten zusammen zu schließen. Dieser Mangel ist in anderer Hinsicht ein Vorzug. Hätte er mehr zu geschlossener Weltanschauung und festen Urteilen geneigt, dann wäre er wohl auch unduldsamer und einseitiger gewesen. So aber steht er gleichsam immer auf hoher Warte und ist bereit, alles Wahre und Gute an zu erkennen, wo immer es sich finden mag. Er verflicht die ihm zuströmenden, oft innerlich so verschiedenen Gedanken mit einander zu einem bunten Gewebe, so daß der Titel „Teppich", den er seinem Hauptwerke gegeben hat, das Wesen seiner Schreibart ganz vortrefflich kennzeichnet. Und neben vielem Bekanntem und manchem Fremdartigerem, neben Angaben über hellenische Philosophen, jüdische Schriftgelehrtheit und Anderem, hat er eben auch häufig von gnostischen Gedanken Nachricht gegeben, so daß seine Schriften eine nicht zu unterschätzende Quelle über diesen Gegenstand sind. Aber in einer zweiten Hinsicht ist er für die Gnosis vielleicht noch wichtiger; denn sein Ruhm ist es, daß er die Beziehungen zwischen „Glauben" (Pistis) und „Wissen" (Gnōsis) in Sätzen festgelegt hat, welche später in der Christenheit allgemeine Anerkennung fanden. Also sehen wir ihn um die Klärung des Begriffes Gnosis bemüht. Es ist nicht schwer, aus seinen Sätzen heraus zu hören, wie er erst auf dem Wege der Polemik gegen eine fanatische Richtung, welche das Dogma von allein selig machenden Glauben auf ihre Fahne geschrieben und, gestützt auf einige Stellen der heiligen Schrift und ins- Klemens besondere der paulinischen Briefe, Bildung und Wissen für unnütz erklärt oder gar als Teufelswerk verworfen hatte, dazu kam, dem Wissen, der Gnosis, neben dem Glauben, der Pistis, seine richtige Stelle ein zu räumen. Vom Glauben ausgehend, meint er, und in der Gnade Gottes wachsend, müsse man, so weit nur immer möglich, das Wissen über Gott zu erlangen suchen, da durch das Wissen der Glaube erst vollendet werde. Wer zum Wissen ohne Glauben vordringen will, dessen Erkenntnisse gleichen Stoppeln, Holz und Heu, aber wer mit den Hilfsmitteln der Philosophie, Dialektik und Naturbeobachtung ausgerüstet den weiten Weg vom Glauben zum Wissen zurück legt, dessen Erkenntnisse gleichen Gold, Silber und Edelgestein, weil sie auf der Grundlage des Glaubens aufgerichtet sind. Also ist für Klemens der wahre Christ erst der, welcher sich auch schon zum wahren Gnostiker durchgerungen hat. Und von dieser Auffassung ist der Weg zur Aufnahme heidnischer und gnostischer Lehren in die christliche Theologie gar kurz. Wenn ihn nicht Klemens selbst schon wandelte, so lag dies nur daran, daß er zu Klarheit und Konsequenz nicht hindrängte und daher auch gar nicht das Bedürfnis fühlte, solche gelegentlich gewonnene Einsichten auch umfassend durch zu führen. Vielmehr sollte diesen weiteren Schritt von der Kirchenlehre weg zur eigentlichen Ketzerei erst sein ungleich größerer und zentraler veranlagter Schüler Origenes tun.

Origenes

Origenes, als Kind christlicher Eltern in Alexandria im Jahre 185 oder 186 geboren, erhielt wegen seiner Unbezwingbarkeit im Wortkampfe den Beinamen der „Stählerne". In der Christenverfolgung unter Septimus Severus (202 oder 203) wurde sein Vater enthauptet und Origenes nur durch List zurück gehalten, freiwillig das Martyrium zu suchen. Erst 17 Jahre alt, sah er sich nun angewiesen, seine Mutter und sechs jüngere Geschwister zu ernähren. Schon damals ein Gelehrter, widmete er sich dem Unterrichte. Um geschlechtlichen Anfechtungen zu entgehen, entmannte er in religiösem Eifer sich selbst. Dadurch wurde er untauglich zur Bekleidung kirchlicher Würden, was, als ihm später zu Cäsarea seine Freunde ohne Vorwissen seines Bischofes die Priesterweihe gaben (230), einen erwünschten Vorwand darbot, um den durch manche bedeutsame Schriften schon berühmt aber auch gefährlich gewordenen und nur allzu selbständigen Denker der Abtrünnigkeit zu bezichtigen, ihn von einer Synode seines Lehramtes in Alexandria entsetzen, von einer anderen auch der Priesterwürde verlustig erklären zu lassen und durch ein Rundschreiben an alle Kirchen öffentlich zu brandmarken. Den Rest seines Lebens verbrachte er größten Teiles in Cäsarea, wie es scheint, fast bis zum Ende in ziemlicher Ruhe. Die Kirchen von Palästina, Arabien, Phönizien und Achaja verwarfen die Beschlüsse der beiden Synoden von Alexandria, ihre Bischöfe besuchten den berühmten Lehrer und ließen sich von ihm in der Gottesweisheit unterrichten, ja selbst die Bekehrung von Irrlehrern gelang ihm in dieser Zeit. Ein Stab von Schnellschreibern umgab ihn und war bereit, jedes seiner Worte als kostbare, der Verewigung würdige Gabe auf zu zeichnen, und zahlreiche Schönschreiberinnen waren unaufhörlich beschäftigt, die so entstehenden Bücher, deren Zahl wohl übertrieben auf 6000 geschätzt wurde, ins Reine zu schreiben und in die Welt zu bringen. Als aber unter Decius die Verfolgung der Christen wieder aufgenommen wurde, warf man auch ihn in den Kerker und scheute sich nicht, den ehrwürdigen Greis zu foltern. Zwar erhielt er seine Freiheit wieder, starb aber bald darauf im siebzigsten Jahre seines Lebens in Tyros in Phönizien. Unmittelbare Nachrichten über die Gnostiker verdanken wir ihm nur wenige, aber der Neuplatoniker Porphyrios urteilte über ihn richtig, als er sagte: „In seinem Lebenswandel war er ein Christ und ein Feind der heidnischen Gesetze, in seinen Anschauungen über die Dinge und das göttliche Wesen aber war er ein Hellene und schob die Philosophie der Hellenen den fremdländischen Mythen (auf denen das Christentum fußt) unter." Noch deutlicher müßte man sagen: Origenes war selbst in gewissem Sinne ein Gnostiker. Die Grundgedanken seines philosophisch-theologischen Systemes sind etwa folgender Maßen zu schildern:

Irrlehre des Origenes

Aus der Güte Gottes folgt, daß er sich offenbart und mitteilt, und aus der Unveränderlichkeit Gottes, daß er dies von ewig her tut. Er offenbart sich aber der Welt. Wäre die Welt nicht von Ewigkeit her gewesen, so hätte sich die Güte und Allmacht Gottes, bevor die Welt war, an nichts betätigen können. Mittel der Offenbarung ist Gott dem Vater der Sohn, ein zweiter Gott, der aus dem Vater gezeugt, von ihm dem Wesen wie der Person nach verschieden, und obgleich sein vollkommenes Ebenbild, ihm doch untergeordnet ist. Durch den Sohn geht zuerst aus dem Vater der heilige Geist hervor, der sich so zu dem Sohne verhält, wie dieser zum Vater. Nach der Entstehung dieser Dreiheit von Vater, Sohn und Geist ist die nächste Stufe in der Entfaltung der göttlichen Einheit zur Vielfalt die Welt der Geister, der auch die Menschenseelen angehören. Sie alle sind von Ewigkeit her von dem Sohne geschaffen, als Geschöpfe aber veränderlich und unbeständig, im Gegensatz zu Gottes unwandelbarer Beharrlichkeit. Ihr Wesen steht in der Mitte zwischen gut und böse, das Geistige an ihnen führt sie zur Freiheit und zu Gott, das Stoffliche aber zum Zwang und zum Bösen. Gott hat sie in seiner Gerechtigkeit so geschaffen, daß keine Seele vor der anderen etwas voraus hatte; denn jegliches Geschöpf ist in gleicher Weise befähigt zu Heil und Schuld: zum Heil, wenn es nach der ihm einwohnenden Einsicht sich zum Bessern wendet, zur Schuld, wenn es von dem Pfade der Einsicht und vom Rechten abweicht. Die ganze Welt aber ist nichts Anderes als der „Niederschlag" von Geistern, die teils mehr teils weniger von Gott abfielen und sich dem Bösen zuwandten. Denn dieser Fall der Geister gab den Anlaß zur Erschaffung der Sinnenwelt, die mit ihren himmlischen, irdischen und unterirdischen Bereichen eben der Läuterungsort der von Gott verstoßenen, mit verschiedenartigem Stoffe umhüllten Geister ist. Die Engel und Gestirne sind jene Geister, die sich am wenigsten von Gott entfernt haben, daher auch nur mit überaus feinen Körpern bekleidet sind und als Diener Gottes und seiner Vorsehung die Welt leiten. In überaus häßliche, wenngleich ebenfalls unsichtbare und ätherische Körper hingegen sind der Teufel und sein in den Lüften hausender Anhang gebannt. Zwischen beiden stehen die Menschen, gleichfalls gefallene, übersinnliche Geister, die zur Strafe in eine ihrer Schuld entsprechende Leiblichkeit eingeschlossen sind. Und hieraus ergibt sich auch ihre Aufgabe in der Weltordnung. Sie besteht in dem Kampfe gegen das ihnen von ihrem Falle her anhaftende Böse, das sie mit Hülfe der Engel bewältigen, oder dem sie durch die Anfeindungen der Dämonen noch mehr verfallen können. Aber ohnmächtig wäre alles Streben zum Guten ohne den Beistand Gottes, der schließlich alle Dämonen besiegen und alle gefallenen geistigen Geschöpfe, von den strahlenden Himmelsgeistern bis zu den Dämonen der Tiefe, ja auch noch den Teufel selber, erlösen und zu sich zurück führen wird. Dieses Ziel erreicht Gott durch seinen Sohn, den Erlöser. Nachdem sich Gott vor Zeiten schon in den Naturgesetzen offenbart und hernach auf dem Sinai dies in anderer Weise wiederholt hatte, erschien er in Christo schließlich selbst voll Gnade und Wahrheit. Er verneigte sich mit einer stets rein von Schuld gebliebenen Seele und nahm vermittelst dieser einen unbefleckten Leib an. Er hat in Wort und Werk die Wahrheit gelehrt, durch seinen Tod dem Teufel das Lösegeld für die Menschen entrichtet und Gott ein stellvertretendes Sühnopfer dargebracht. Aber die Abneigung des durch ihn den Menschen erworbenen Heiles ist teils Sache der menschlichen Freiheit, teils Werk der göttlichen Gnade. Stufenweise ist die Seele herab gestürzt, stufenweise muß sie sich wieder empor arbeiten. Der erste Schritt zum Heile liegt im Glauben, der wieder seine Gnade hat, und auf den Wahrheiten des Glaubens erhebt sich die Seele wie auf den Sprossen einer Leiter zur Gnosis, indem sie in den Geist der Offenbarung eindringt und sich in die Betrachtung Gottes versenkt. Und diesen Weg muß jede Seele zurück legen, um, von ihren Verfehlungen gereinigt, sich mit Gott zu vereinen. Wenn aber alle Seelen ihn gewandert sind, dann hat die Sinnenwelt ihren strafenden und läuternden Zweck erfüllt und fällt zurück in das Nichts, indes die ursprüngliche Einheit Gottes wieder hergestellt ist. Aber diese Wiederherstellung bedeutet kein eigentliches Ende. Denn die Seelen verharren nicht unwandelbar in einem bestimmten sittlichen Zustande, da ihnen stets die Wahl zwischen gut und böse frei steht. Der Rückfall der Geister zieht vielmehr sofort wieder die Notwendigkeit eines neuen Weltgeschehens nach sich, das aber freilich, sowie jedes voran gegangene, kraft der übermächtigen Güte Gottes noch unermeßlichen Zeiten neuerlich zu ihm selber zurück führen muß.

Gnostischer Einschlag

Der gnostische Einschlag in diesen Lehren ist nicht zu verkennen. Die Stufenfolge der drei göttlichen Personen, Vater, Sohn und Geist, von denen jede folgende hinter der voran gehenden zurück steht, erinnert unmittelbar etwa an die drei Ewigen (Äonen) der Doketen (S. 294f). Zwischen dieser Dreiheit und den Engeln klafft eine Lücke, welche von Rechts wegen ausgefüllt sein sollte mit einer Reihe halb göttlicher Personen von immer abnehmender Dignität. Eine eigentliche Angelologie im Sinne des Origenes müßte sich daher im Wesen mit der gnostischen Äonenlehre decken. Die Lehre von der Welt als Strafort und von der Verkörperung der Seelen teilt Origenes mit zahlreichen gnostischen und heidnischen (man denke an Orpheus, Pythagoras, Platon) Systemen. Ebenso ist es geradezu ein Grundgedanke der Gnosis, daß die guten und bösen Mächte mit einander im Streite liegen und die Seele des Menschen, in der Mitte zwischen ihnen stehend, an der Entscheidung des Kampfes Anteil hat. Die Wiederkehr des Weltgeschehens, die Rückkehr der Seelen zu Gott und das Versinken der erlösten Welt in das Nichts findet sich im Wesen gleich auch bei Basileides (S. 327) und anderen Irrlehrern. Ja es ist, wenn man all dies recht erwägt, schwer zu sagen, was an Origenes nicht gnostisch sei.

Das Urteil der Kirche

Als in der Folge die Gegenströmung immer wuchs, berief endlich Kaiser Justinianus mit einem vom Januar 543 stammenden Edikte durch den Patriarchen Mennas von Konstantinopel eine Synode ein, welche neun ketzerische Sätze aus den Werken des Origenes zusammen stellte und verdammte. Diese Sätze betrafen unter Anderem vor allem die Lehre des Origenes, daß die Seelen zuvor heilige Geister gewesen, dann von Gott abgefallen und zur Strafe in die Leiber verstoßen seien, daß bei der Auferstehung die Leiber der Menschen in Kugelgestalt (die vollkommenste Form nach Platon) erweckt werden würden, daß Himmel, Sonne, Mond, Sterne usw. gewisse beseelte und vernünftige Kräfte seien, daß Christus im künftigen Weltalter auch für die Teufel gekreuzigt werden würde und daß die Strafe der Teufel und Gottlosen eine endliche sei und eine Wiedereinsetzung der Abtrünnigen in ihre frühere Stellung statt finde. Die gesamte Kirche hat damals der Verfluchung der Lehren des Origenes zugestimmt, und spätere Konzile haben diese Entscheidung immer wieder bestätigt.

Tertullianus

Während Klemens sich mit dem Begriffe, Origenes schließlich auch mit den Lehren der Gnosis befreundete, so daß der Schüler jener Ketzer wurde, der sein Lehrer eigentlich schon hätte sein sollen, entfernte sich Tertullianus in ganz selbständiger Entwicklung seiner Anschauungen auf einem völlig anderen, durch Haß und Abscheu gegen die Gnosis bestimmten Wege dennoch ebenfalls von der einheitlichen Lehre der Kirche, freilich nicht ohne, ganz ähnlich wie Origenes, ihr den Stempel seines mächtigen Geistes auf zu drücken und ein kostbares Erbe an positiven Leistungen zu hinterlassen. Er wurde als Sohn eines Zenturio im Dienste des Prokonsuls von Afrika im Jahr 160 in Karthago geboren, widmete sich der Rechtswissenschaft und war Sachwalter. Bis ins Mannesalter blieb er, von punischer Sinnlichkeit beherrscht, als Heide allen Lüsten der Welt ergeben. Etwa 35 Jahre alt wandte er sich dem Christentum zu, offenbar in einem Augenblicke innerer Einkehr und Erschütterung, wie er mit gleich grundstürzender und nachwirkender Kraft nur im Leben wirklich leidenschaftlicher und inbrünstiger Menschen sich einstellen kann. Aber so tief auch dieser Wandel in die Abgründe seines von ruhelosem Tatendurste und wilden Widersprüchen beherrschten Gemütes hinab reichte, so wenig vermochte er doch eine eigentliche Änderung dieses scharf ausgeprägten, durch ein an inneren Ereignissen reiches Leben befestigen, recht eigentlich fanatischen Charakters zu bewirken. Stets war und blieb Tertullianus, wie er selber sagte, „ein Mann des Streites und der Flammen." Vermittlung und Besonnenheit kannte er nicht. Hatte er einen Gesichtspunkt aufgegriffen, so mußte er ihn, gleichwie gepeitscht von einem Heere der Hölle, in alle seine Konsequenzen hinein auch durchführen, selbst wenn das Recht schon lange nicht mehr auf seiner Seite stand und alle vernünftige Ordnung zerfetzt vor ihm lag. So ging es ihm im Kampfe mit der Gnosis, so auch im Kampfe mit der Kirche; denn kämpfen mußte er mit Freund und Feind, voll edelsten Eifers, aber unduldsam und im Grunde ewig einsam. Er, der als unerhörter Meister der von ihm mit brutaler Selbstherrlichkeit vergewaltigten Sprache das Kirchenlatein schuf, in dem durch über ein Jahrtausend die kommenden Geschlechter ihre Gedanken ausdrücken sollten, er, der mit höchster Geisteskraft und tiefster Gläubigkeit sich einer Prüfung seines Glaubens fern zu halten und doch für seine Begründung die überzeugendsten Worte zu finden wußte, der in glänzenden Antithesen, ehernen Aphorismen und blinkenden Streitworten in der Arena des Kampfes zu siegen verstand, gerade er entfremdete sich durch sein Ungestüm eben jener Sache, für die er sein Blut stets von neuem aufwallen und verkochen ließ, am meisten, und endete, sich selbst immer weniger verstehend, seiner Mängel immer weniger Herr, nach langem; aber durch seine Maßlosigkeit verbitterten Leben an der Spitze einer kleinen, von der Kirche verstoßenen Sekte, die wenige Jahrhunderte später der heilige Augustinus wieder zum katholischen Glauben zurück führte.

Das Zeugnis der Seele

Das theologische Denken des Tertullianus war durch den Gegensatz zur Gnosis bestimmt. Diese war ihm zu sehr Wissenschaft, zu sehr Spitzfindigkeit, zu abgeleitet und entfremdet jeder Berührung mit der lebenswarmen Wirklichkeit. Denn auf diese Wirklichkeit, auf die Beweise des Glaubens, die in der Seele liegen und zu der Seele sprechen, drängte Tertullianus hin wie kein Anderer, und ergreifend sind die Worte, mit denen er seinem Gegensatze zu der unfruchtbaren und ach nur zu scheinbaren Gelehrsamkeit der Philosophen dadurch Ausdruck verleiht, daß er sich diesen Spiegelfechtereien gegenüber auf das Glaubenszeugnis im Inneren der menschlichen Brust beruft: *„Ich rufe ein neues Zeugnis an,“* schreibt er, *„oder vielmehr ein Zeugnis, welches bekannter ist als irgend ein Schriftdenkmal, mehr verhandelt als irgend ein Lehrsystem, weiter verbreitet als irgend eine Veröffentlichung, größer als der ganze Mensch, nämlich das, was den ganzen Menschen ausmacht. So tritt denn herzu, o du Seele, magst du nun etwas Göttliches und Ewiges sein, wie manche Philosophen glauben – du wirst dann umso weniger lügen – oder durchaus nicht göttlich, weil nämlich sterblich, wie freilich Epikuros allein meint – du wirst dann um so weniger lügen dürfen –, magst du vom Himmel gekommen oder aus der Erde geboren, magst du aus Zahlen oder Atomen gefügt sein, magst du zugleich mit dem Leibe dein Dasein beginnen, oder nachträglich in ihn eingefügt werden, gleichviel woher immer du auch stammst und wie immer du auch den Menschen zu dem machst, was er ist, nämlich ein vernünftiges Wesen, der Wahrnehmung fähig und auch der Erkenntnis. Aber nicht dich rufe ich, du Seele, die du in Schulen abgerichtet, in Bibliotheken bewandert, in Akademien und attischen Säulenhallen gespeist und gesättigt, Weisheit verkündest, nein, dich will ich sprechen, du Seele, die du schlicht und ungebildet, unbeholfen und unerfahren bist, so wie du bei denen bist, die nichts Weiteres haben als dich, ganz wie du da eben von der Gasse, von der Straßenecke, von der Werkstatt kommst. Ich bedarf gerade deiner Unwissenheit; denn deiner Wissenschaft, wie gering sie auch sein mag, traut niemand.“* In dem letzten Satze dieser unvergleichlich schönen Worte liegt aber schon die Stimmung des Kampfes. Die Wissenschaft ist wertlos und verdient kein Vertrauen. Die Gnosis aber bezeichnete sich als Wissenschaft und war es auch zum

Teile. Daher muß gegen sie vor allem gekämpft werden, um den schlichten Glauben, der durch dick und dünn geht, auf dessen Fahne Tertullians grandios einseitiger Wahlspruch steht: *„Grund meines Glaubens ist der Widersinn"* (credo quia absurdum est), wieder zur Geltung zu bringen. Aber wie stets wollte Tertullianus auch hier nicht bekämpfen sondern vernichten. Und da er als Quelle der Gnosis die Philosophie ansah, gefiel er sich in nichts mehr als in der Verhöhnung und Bekämpfung philosophischer Altersweisheit. So war der Haß gegen die Gnosis im Stande, ihn für die Verdienste der Philosophie blind zu machen, sobald er nur irgend die Abhängigkeit jener von dieser vor Augen hatte, obgleich er doch selbst zu stoischer Philosophie um ihrer mannigfachen Anklänge an das Christentum willen bedenklich hinneigte, ja auch hin und wieder nicht leugnen konnte, daß die Philosophen sehr oft mit der christlichen Lehre überein stimmen und, wie er sich ausdrückt, *„an der Quelle der Propheten getrunken haben."*

Einrede gegen die Gnosis

Seiner Polemik gegen die Gnosis gab er die Form eines Gerichtsverfahrens. Das Christentum gilt ihm als Beklagter, der auf die Anklage der Gnosis erwidern kann: *„Ohne Mühe weisen wir unsere Verfälscher mit der Einrede ab, daß die Regel der Wahrheit jene ist, welche von Christus kommt, überliefert durch seine Gefährten, denen gegenüber diese so abweichenden Ausleger sich als späte Nachzügler erweisen werden"*, und daher sagen darf: *„Damit haben wir im Allgemeinen sämtlichen Irrlehren gegenüber den Beweis erbracht, daß dieselben auf Grund zuverlässiger, gerechter und notwendiger Einreden zu einem Schritt über die heilige Schrift nicht zu zu lassen sind."* Der Richter muß also nach den Gepflogenheiten des römischen Rechtes dieser Einrede des Beklagten, dessen Ansprüche auf Verjährung und Ersitzung begründet sind, stattgeben und hat den Kläger ab zu weisen, ohne auch nur überhaupt eine eigentliche Streitverhandlung an zu beraumen. Trotzdem ging Tertullianus bei anderer Gelegenheit doch auch auf die Sache ausführlich ein. Er schrieb im fünfzehnten Jahres des Kaisers Severus (das ist 207) fünf Bücher „Gegen Markion", ferner „Gegen Hermogenes", einen Maler in Karthago, der da meinte, Gott habe die Welt aus einem ewigen, ungeschaffenen und ungewordenen Stoffe gebildet anstatt aus dem Nichts, endlich „Gegen die Valentinianer", wobei er den betreffenden Abschnitt aus Irenaios benutzte, vielleicht auch „Gegen Apelles". Eine große Rolle spielt in diesen Schriften die Widerlegung der falschen Schriftdeutung und tendenziösen Schriftverfälschung, welche er den Gnostikern zur Last legt. Hatte er doch schon in seiner „Einrede gegen die Irrlehrer" immer noch bei dem Gleichnisse des Rechtsstreites um ein ersessenes Grundstück verharrend, den Irrlehrern erwidert: *„Wer seid ihr denn eigentlich? Wann* *und woher seit ihr gekommen? Was treibt ihr auf meinem Grund und Boden, ihr die ihr doch nicht zu den Meinigen zählt? Markion, woher hast du das Recht, meinen Wald zu fällen? Valentinos, wer erlaubt dir meine Quellen ab zu leiten? Apelles, woher nimmst du die Befugnis, meine Marken zu verrücken? Mein ist der Besitz! Wie könnt ihr Andern hier nach eurem Belieben säen und weiden? Mein ist der Besitz, von jeher bin ich der Besitzer und habe sichere Übertragungstitel von den Eigentümern, denen die Sache zuerst gehörte. Ich bin der Erbe der Apostel!"*

Irrlehre des Tertullianus

Und dieser Erbe der Apostel wurde selber ein Sektierer. Er verbot den wahren Christen, in der Verfolgung zu fliehen, da sie vielmehr das Martyrium suchen sollten; auch erlaubte er nicht eine zweite Ehe und wollte, daß Jungfrauen und Frauen stets verschleiert einher gehen. Er behauptete, das gewisse schwere Verbrechen nicht wieder vergeben werden dürfen und durch keine Buße gut zu machen sind. Damit vertrat er Anschauungen des phrygischen Propheten Montanos in zeitgemäßer Umgestaltung und zur Reife gebracht in der Gluthitze eines afrikanischen Fanatismus. Sein Gegensatz zur Gnosis war hauptsächlich ein theoretisch-theologischer, sein späterer Gegensatz zur Kirche hinwieder fast ausschließlich ein ethisch-praktischer. Vor Origenes zeichnet ihn aus, daß er jedes seiner Worte mit tiefsten Gemüte erlebt hat, daß ihn nicht, wie jenen, der Verstand sondern das Herz fortriß. Dagegen steht er hinter ihm dadurch zurück, daß er, der leidenschaftlichste aller Denker, knapp daran war, das Wissen überhaupt zu verwerfen und seinen Kampf gegen die Gnosis zu einem solchen gegen das menschliche Denken zu erweitern.

Klemens, Origens und Tertullianus

Klemens und Origenes in Alexandria, Tertullianus in Karthago, sind die hervorragendsten Persönlichkeiten der Kirche in jener Zeit. Und als Persönlichkeiten sind sie womöglich noch interessanter denn als Theologen und Gelehrte. Wir müssen uns fragen, ob wir solchen Männern, die sich zu ihren Glaubenssätzen immer erst durch innere Erlebnisse durchrangen und restlos für dieselben ein zu treten bereit waren, jene bewußte Art des Priestertruges zumuten dürfen, welche erforderlich gewesen wäre, um mit kaltblütiger Berechnung die Gnosis in möglichst ungünstigem Licht dar zu stellen, ja um mit Hülfe schlau erfundener Lügen sie vor der Mitwelt herab zu setzen und bei der Nachwelt zu verleumden. Ferner müssen wir fragen, ob diese an der Grenze zwischen Philosophie und Theologie stehenden Geister wirklich nicht im Stande gewesen sein sollen, die Vorzüge und Schönheiten der Gnosis zu erfassen. Und auf diese Frage ist die Antwort ganz besonders leicht. Denn ihre Schriften beweisen ja, daß sie sich eingehend mit der Gnosis beschäftigten und daß diese Gedankenarbeit zu mindest bei Klemens und Origenes zu einer Annäherung an die Gnosis, ja eigentlich sogar zu einer Art veränderter und gemilderter Aufnahme der Gnosis in den Schoß der Kirche führte. Denn wenn auch die späteren Synoden und Konzile den wesentlichsten Teil des theologischen Gebäudes des Origenes verdammten, so war doch dieser Teil schier untrennbar verknüpft mit jenem anderen, in dem dieser größte Gelehrte, den die Kirche vielleicht jemals besaß, die Grundzüge auch der kirchlichen Theologie entwickelt hatte. Hier hatte also im Geiste des Origenes die kirchliche Dogmatik ihre Früchte getragen am Baume der Gnosis, zu ihr in einem Verhältnisse stehend, das mit demjenigen verglichen werden kann, in dem sich das veredelte Apfelreis zu dem Stamme der wilden Holzapfelstaude befindet. Und dasselbe Ergebnis, das bei Origenes auf dem Wege friedlicher gegenseitiger Durchdringung beider Gedankenkreise zu Stande kam, erfolgte bei Tertullianus durch das auf einander Prallen der Gegensätze. Wie Origenes für die Gnosis sich einsetzte und hauptsächlich ihr die Erweiterung seines Gesichtskreises verdankte, so suchte Tertullianus in genialer Einseitigkeit seiner mächtigen Intuition vom schlichten einfachen Glauben den Sieg zu erkämpfen, und mitten im wildesten Kampfgetümmel wurde sein Feuergeist durch den Gegensatz der düsteren Welt, die er in sich trug, zu der ihn verwirrenden und abstoßenden Unermeßlichkeit der Welt, gegen die er sich verschloß, angeregt, diese engere, beschränktere, aber einheitliche glaubensdurchtränkte Welt begrifflich aus zu gestalten und ihr eine Mannigfaltigkeit und Abgeschlossenheit zu geben, welche mit jener im Reiche des Geistes und der Gnosis waltenden sich messen konnte. So schuf Tertullianus die lateinische Kirchensprache, das ganze Begriffsgerüste, das dann später noch die Scholastik weiter ausbauen konnte, so schufen Origenes und Klemens die Grundzüge des einheitlichen Dogmenbaues der Kirche. Man kann also durchaus nicht sagen, daß diese führenden Geister die Gnosis nicht verstanden, nicht sogar in ihrem innersten Wesen erfaßt hätten. Und von hier aus ergibt sich denn auch die Antwort auf jene erste Frage, ob sie um ihre Entstellung bemüht waren. Und diese Frage ist in einem gewissen Sinne zu bejahen, aber auch nur in einem sehr eingeschränkten. Denn die Veränderungen, welche gnostische Lehren sich in den Köpfen solcher, wie überhaupt aller entschiedenen, selbst denkenden und zu persönlicher Stellungnahme hindrängenden Persönlichkeiten gefallen lassen mußten, sind einzig vergleichbar mit der Umgestaltung, welcher Nährstoffe in Organismen unterworfen werden. Der eine Organismus vermag den Nährstoff fast restlos in sich auf zu nehmen und seiner eigenen Beschaffenheit zu assimillieren, der andere scheidet ihn unter stürmischen Abwehrerscheinungen ebenfalls wieder fast restlos aus. So gegensätzlich hat sich Origenes auf der einen

Seite verhalten, Tertullianus auf der anderen. Ihre Reaktion auf die Gnosis kennzeichnet nicht nur die beiden Charaktere und ihre Weltanschauungen, sondern sie ist auch von grundsätzlicher Bedeutung für die Stellung der Gnosis in dem Geistesleben und den religiösen Strömungen von damals. Wollen wir uns chemisch ausdrücken, so sind Origenes und Tertullianus gewissermaßen zwei gegensätzliche Reagentien, durch welche sowohl der Anstoß zur Assimilation als auch der Zwang zur Dissimilation, der von dem Grundkörper Gnosis ausgehen kann, gleichsam wie von zwei Grenzfällen uns vor Augen geführt worden – so deutlich, als läge statt eines Stückes Weltgeschichte nichts weiter vor als ein chemisch-biologisches Experiment.

b) ORTHODOXE KETZERBESTREITER

Die Häresiologen

Wir müssen eine ganze Anzahl Stufen herab steigen, sobald wir uns mit der zweiten Gruppe kirchlicher Schriftsteller, mit den eigentlichen und systematisierenden Ketzerbestreitern, also mit Justinos, Irenaios und Hippolytos befassen wollen. Für den Forscher sind sie um ihrer Werke willen, deren Tendenz er berücksichtigen und deren Reste er benutzen muß, ja denen er alles Wesentliche, was er von der Gnosis überhaupt wissen kann, zu entnehmen hat, von größerer Bedeutung als jene freieren und führenden Geister, die selber in die Entwicklung der Lehren mächtig eingegriffen haben. Auch ist hier eine stete Ausbildung und ein deutliches Anwachsen jedes dieser häresiologischen Schriftwerke gegenüber dem voran gegangenen zu beobachten, so daß die Reihe mit der umfassenden und recht vollkommenen Leistung des verhältnismäßig bedeutendsten unter diesen drei Männern, nämlich des heiligen Hippolytos, abschließt. Also haben sie ihren Wert gerade durch das, was nicht von ihnen selbst stammt, sondern was sie bloß überliefern. Ihr Verdienst ist daher ein mittelbareres und ihr eigenes Wesen kommt in ganz anderer Hinsicht als bei den vor ihnen betrachteten Selbstdenkern nur insofern in Betracht, als daraus eben Schlüsse auf ihre Glaubwürdigkeit und die Behandlung gezogen werden können, die sie ihren Quellen angedeihen ließen.

Justinos

Unseres Wissens der erste christliche Schriftsteller, der eine zusammen hangende Darstellung und Widerlegung gnostischer Lehren versuchte, ist Justinos der Märtyrer, den man auch den Philosophen nannte. Er lebte zur Zeit des Antoninus Pius und schrieb in hellenischer Sprache. Er stammte aus dem alten Sichem in Samaria und war das Kind heidnischer Eltern. Noch bevor die Juden sich unter Bar-Kochba zum letzten Male erhoben (132 – 135), trat er, wahrscheinlich in Ephesos, zum Christentume über, kam zweimal nach Rom und starb 163 oder 167 den Märtyrertod. Dieser Mann, der mit platonischer und überhaupt hellenischer Philosophie bekannt war, in seinem Vaterlande gnostische Sektenbildungen vor Augen hatte und auf seinen Reisen Erfahrungen über die Bedeutung dieser damals an Umfang immer mehr zunehmenden, sich aber freilich auch schon zersplitternden Richtung sammeln konnte, ließ sich nicht nur die Verteidigung des Glaubens, zu dem er sich bekehrt hatte, sondern auch die Widerlegung der Gegner dieses Glaubens angelegen sein. Wie vor ihm (um 140 ?) schon Agrippa Kastor eine Widerlegung der Irrlehre verfaßte, welche Basileides in 24 Büchern über die Evangelien vorgebracht hatte, so schrieb auch Justinos ein Buch über den Gnostiker Markion. Aber er beschränkte sich nicht auf die Polemik gegen einen Einzelnen, sondern war sich bewußt, daß der Kampf mit einer ganzen, in vieler Hinsicht einheitlichen Richtung auf zu nehmen sei. Und seine Verdienste als Bekämpfer der Ketzer wurden in den nächsten Jahrhunderten, denen seine „Zusammenstellung aller bisherigen Irrlehren“ (Syntagma) noch vorlag, wie es scheint, sogar höher geschätzt als seine Bemühung, die christliche Lehre selber apologetisch in Schutz zu nehmen. Leider ist weder das Syntagma, noch auch ein ausführlicher Bericht über dessen Inhalt auf uns gekommen. Harnacks Schlüsse aus dem Verhalten der späteren Schriftsteller, welche das Syntagma mittelbar und unmittelbar benützt haben müssen, führten dahin, daß darin mindestens sechs gnostische Lehren behandelt waren, u. z. in folgender Anordnung: Simon, Menandros, Markion, Valentinos, Basileides, Satornilos. Aber man darf annehmen, daß das Werk reichhaltiger war, daß damals außer diesen sechs und schon andere gnostische Schulen bestanden, und daß auch heidnische Lehren, die dem Christentume entgegen standen, darin besprochen wurden. Sehr wertvoll wäre es auch, wenn man von der Art der Behandlung dieses Gegenstandes bei Justinos Kenntnis hätte, wenn man wüßte, ob sich schon bei ihm jener blinde Glaubenseifer fand, der die späteren Ketzerbestreiter Sachliches und Persönliches so oft vertauschen und den Begründern der verhaßten Lehren auch innere Verworfenheit zur Last legen ließ. Denn wenn er auch die heidnische Philosophie, zu deren Vertretern er selbst die Dichter rechnete, doch wenigstens als eine Art der Gotteserkenntnis, obgleich freilich als eine getrübte, gelten ließ, so ist zu fürchten, daß er den Gnostikern gegenüber selbst nicht einmal diese geringe Toleranz auf zu bringen vermochte.

Irenaios

Das Syntagma des Justinos war die Hauptquelle für Irenaios, der als Bischof von Lyon zwischen 182 und 188, das heißt zwischen dem fünfzigsten und sechzigsten Jahre seines Lebens, eine „Widerlegung und Zerstörung der Gnosis (Erkenntnis), die sich zu Unrecht so nennt, in fünf Büchern“ verfaßte. Aus den Trümmern dieser Schrift, die zudem hauptsächlich bloß in einer arg verstümmelten, lateinischen Übersetzung auf uns gekommen ist, entnehmen wir, daß er in ihrem ersten Buche (die übrigen vier Bücher dienten der Widerlegung der vorangestellten Systeme und dem Aufbaue der rechtgläubigen Lehre) über dieselben Irrlehren wie Justinos, außerdem aber noch über Markos (No. 17), Karpokrates (No. 15), Kerinthos, die Ebioniten, Nikolaiten, Kerdon, die Ophiten und Kainiten schrieb. Er kannte aber auch die Barbelioten, deren System er in Umrissen darlegte, die verschiedenen wegen ihrer Ausschweifungen berüchtigten Sekten (S. 157ff) und die Naassener. Aber Irenaios lebte dem Schauplatze aller dieser religiösen Bewegungen recht ferne, und die Frage, welchen Glauben er in Dingen verdient, die er nicht schon bei Justinos fand, liegt also nahe. Doch war er seiner Herkunft nach Kleinasiate und seine Gemeinde stand zu Kleinasien, insbesondere zu Phrygien, in steter, naher Beziehung und berichtete z. B. auch über die Verfolgung, der sie im Jahre 177 unter Marc Aurel ausgesetzt war, an ihre Freunde und Brüder im fernen Osten. Von dort also wird auch Irenaios seine Nachrichten erhalten haben. Kennzeichnend hierfür scheint mir zu sein, wie er von dem Treiben des Markos erfuhr. Er beruft sich auf die Erlebnisse eines christlichen Diakons in Kleinasien, der den Markos in sein Haus aufnahm, und dessen schöne Frau der Ketzer bei dieser Gelegenheit nicht nur mit seiner Irrlehre im Glauben gefährdete, sondern auch verführte, bis sie, schwer an Leib und Seele geschädigt, wieder in den Schoß der Kirche zurück kehrte. Aber gerade hier, wo er die Herkunft seiner Nachricht verrät, scheint er doch die üble Nachrede nur nach dem Hörensagen weiter zu geben. Anderseits hat er z. B. für seine Bericht über die Ophiten und Barbelioten auch schriftliche Vorlagen benützt. Aber schwerlich waren es die Urschriften, die er verarbeitete, da er wohl kaum im Stande gewesen wäre, objektive Exzerpte an zu fertigen. Vielmehr ist es wahrscheinlich, daß er schon stark verkürzte und vielleicht auch tendenziös hergestellte Auszüge aus diesen Urschriften vor sich hatte. Bewußte Verfälschungen aber darf man ihm auch dann nicht zumuten, wenn man selbst in Würdigung aller so nahe liegenden und zum Teil auch so deutlich hervor tretenden Mängel seiner Berichterstattung, vor allem aber der Unzulänglichkeit seiner Quellen, der Kritiklosigkeit, mit der er sie in seinem blinden Glaubenseifer benützte, und der Parteilichkeit, mit der er seine Gegner nicht nur sachlich widerlegen, sondern auch persönlich bekämpfen wollte, ihm nicht mehr jene hohe Zuverlässigkeit zuerkennt wie bisher.

Weit ausführlicher sind wir über den nächsten bedeutenden Ketzerbestreiter, nämlich über den heiligen Hippolytos, unterrichtet. Auch er verfaßte zunächst über die Irrlehren ein Syntagma. Es soll ein kleines Büchlein gewesen sein, in dem 32 Systeme von Dositheos angefangen

Hippolytos

bis auf Noetos herab im Stile eines verkürzten Auszuges aus den Vorträgen behandelt wurden, welche er entweder in Rom oder gar in Lyon den Irenaios über diesen Gegenstand hatte halten hören. Aber während diese erste Schrift verloren ging, wurde eine andere, nach 234, also in den letzten Lebensjahren des Heiligen verfaßte, die ebenfalls aus seiner Feder stammt, und den Titel „Widerlegung sämtlicher Irrlehren" führte (die sogenannten Philosophumena), im Jahre 1842 in einem Kloster auf dem Berge Athos wenigstens noch zum größten Teil (Buch IV-X) aufgefunden. Auch hier hat er aus Irenaios geschöpft, namentlich im sechsten Buche, wo er die Lehre der Valentinianer entwickelt. Daß er das Syntagma des Justinos eingesehen habe, ist durch nichts zu erweisen, und auch nicht einmal wahrscheinlich, da er es doch sonst wohl erwähnt hätte, um seiner Darstellung größere Beglaubigung zu verschaffen. Ob er den Tertullianus benützte, steht ebenfalls nicht fest. Aber hervor zu heben ist, daß er eine ganze Reihe neuer Irrlehren in dieses Werk aufgenommen und überaus eingehend behandelt hat, von denen wir eben nur durch ihn ausführliche Kenntnis besitzen (z. B. die Naassener und Peraten, die Gnosis des „Justinos" und der Doketen). Sonderbarer Weise hatte aber im Altertume dieses Werk nur geringe Wirkung, während jenes kleine, zwischen den Jahren 199-217 verfaßte Syntagma, wahrscheinlich schon seiner Handlichkeit und der Autorität des Irenaios und Justinos halber, auf die es zurück ging, für alle späteren häresiologischen Schriften das Vorbild war. Man wird annehmen dürfen, daß der Erfolg des ersten kleineren Werkes das Interesse des Hippolytos an dem Gegenstande neu belebte und ihn veranlaßte, eine möglichst vollständige Stoffsammlung zu veranstalten. Äußere Umstände werden ihn hierin bestärkt und begünstigt haben. Nach Origenes und in gehörigem Abstande von ihm war es damals der größte Gelehrte, den die Kirche besaß, und sicherlich mußte er bei seinen mannigfachen Studien ohnedies immer wieder die Pfade der Gnostiker und ihrer Vorgänger kreuzen. Außerdem lebte er in Rom, also so zu sagen in der Mitte der Welt, wo, als er noch bloß Mitglied des römischen Presbyteriums war, schon ein Origenes (um das Jahr 212 unter Papst Zephyrinus), der gekommen war, „um die uralte Kirche von Rom zu sehen", seinen homiletischen Vorträgen lauschte. Hier hatte er also wie wohl kaum anderswo Gelegenheit, Erkundigungen ein zu ziehen, Handschriften häretischen Inhaltes zu sammeln und die Richtigkeit ihrer Angaben zu überprüfen. Dazu kam, daß er gegen das Ende seines Lebens selbst zu der Kirche in einem scharfen, merkwürdigen Gegensatze stand, der freilich auf seinen Charakter nicht das beste Licht wirft. Er war einer der ersten Gegenpäpste, den die Geschichte kennt. Sein Nebenbuhler war Kallistus, der ihm gewissenlose und gewinnsüchtige Laxheit und Vernachlässigung der kirchlichen Disziplin zum Vorwurfe machte. Das große Hauptwerk über die Irrlehren hat Hippolytos nach Ausbruch dieses Schismas verfaßt, und einige wichtige Angaben über die Ursachen und den Verlauf dieses Kirchenstreites sind sogar gerade in diesem Buche erhalten. Die Gegner bezeichneten den Hippolytos selbst als Ketzer, da er den Heiland für von Gott auch der Person nach verschieden hielt, so daß er eigentlich zwei (mit dem heiligen Geiste wohl richtiger drei) Götter annahm, etwa wie Origenes. Natürlich fühlte sich Hippolytos selbst mit seiner, allerdings nicht all zu großen Anhängerschaft wohl noch geraume Zeit hindurch als rechtmäßiger Papst, aber sein Gestirn war im Sinken, und seine Beschäftigung mit den Ketzern ist in solchem Zusammenhange psychologisch sehr verständlich. Wodurch soll man in einer Lage wie er besser bezeugen, wie rechtgläubig man ist, als durch Ketzerbefehdung? Trotz solcher Beweise seiner aufrichtigen christlichen Gesinnung wurde er aber unter einem der nächsten Päpste zusammen mit einem anderen schismatischen Bischofe auf die Todesinsel Sardinien verbannt (235), wo beide alsbald ihren Leiden und Entbehrungen erlagen. Sein Gefährte Pontinianus hatte schon vorher dem Anspruche auf dem Stuhl Petri entsagt. Hippolytos muß knapp vor seinem Tode noch ein Gleiches getan und sich mit der Kirche ausgesöhnt haben; denn schon im nächsten Jahre (236) wurden beider Leichen nach Rom überführt, die des abgedankten Papstes in der eben errichteten Papstkrypta in S. Callisto, die Leiche des Gegenpapstes aber in dem Coemetrium an der Tiburtina beigesetzt, die noch heute den Namen des Hippolytos führt. Dort fand man auch im Jahre 1551 eine Marmorstatue, die den später sogar heilig gesprochenen Schismatiker nach Art eines hellenischen Philosophen auf einem Marmorsessel darstellt, in dessen Lehne ein Verzeichnis seiner Schriften eingemeißelt ist. Das Denkmal muß noch zu seinen Lebzeiten oder doch bald nach seinem Tode von seinen Anhängern errichtet worden sein.

Glaubwürdigkeit der Häresiologen

Für die Frage der Glaubwürdigkeit der uns in den Schriften des Irenaios, Hippolytos und damit mittelbar auch des Justinos erhaltenen Nachrichten – denn die späteren Quellen wie Eusebios und Epiphanios können selbständigen Wert ohnedies nur selten beanspruchen – kommt vor allem in Betracht, daß wir es hier mit Leuten zu tun haben, welche das, was sie darstellten, kaum wirklich verstanden und bloß abschrieben. Die Art, wie sie gegen gnostische Lehren polemisieren, beweist dies recht deutlich. Sie beschränken sich darauf, eine laute Lache auf zu schlagen bei den Zahlenspekulationen des Markos oder tiefe Betrübnis zu äußern über Unsittlichkeit und Verblendung der Karpokratianer und dergleichen. Von einem wirklichen, gedanklichen Durchdringen des Stoffes, mit dem sie sich aus einander setzen, kann keine Rede sein. Wenn man dies berücksichtigt, muß man aber dem Umstande um so größere Aufmerksamkeit schenken, daß die Darstellungen der gnostischen Systeme, so wie sie dieselben geben, vortrefflich und nur hin und wieder durch zu weit gehende Verkürzung oder Nachlässigkeiten der Abschreiber beeinträchtigt sind. Es ist gewiß nicht an zu nehmen, daß so einseitige und beschränkte Köpfe, wie es diese Ketzerbekämpfer doch trotz aller Gelehrsamkeit und Beschlagenheit in ihren Schriftzitaten immerhin waren, die ihnen schon an sich widerwärtigen und gefahrvoll scheinenden Schriften ihrer Gegner genügend zu durchdenken vermocht hätten, um darüber so wohlgeordnete, zusammen hangende und meist auch lichtvolle Berichte her zu stellen. Dazu kommt, daß diese Berichte im Wortschatze, den Redewendungen und manchen Einzelheiten so stark von dem übrigen Stile des betreffenden Kirchenvaters abweichen, daß hieran sicher nicht der Stoff sondern der Verfasser schuld ist, der eben ein Anderer gewesen sein muß, von dem der Häresiologe nur abschrieb. Überdies sind wir durchaus nicht immer auf solche Schlüsse aus der inneren Beschaffenheit der Ausdrucksweise angewiesen. Denn häufig genug sagt der Häresiologe selbst, daß und woher er abgeschrieben hat, und dann merkt man eben auch hier denselben Wechsel im Ausdrucke, der an anderen Stellen sich findet, wo eine solche Bemerkung unterblieb. Und wenn dies auch nur bei Irenaios und Hippolytos, von denen wir das Meiste besitzen, zu beobachten ist, darf man doch kaum annehmen, Justinos werde sich anders verhalten haben. Hierdurch aber taucht die Frage auf: Aus welchen Quellen entnahmen die Häresiologen diese Darstellungen? Sie ist von großer Wichtigkeit und muß für Irenaios und Hippolytos gesondert beantwortet werden.

Quellen des Irenaios

Irenaios schöpfte zunächst aus Justinos, wobei wir freilich nicht gut beurteilen können, wieviel er ihm zu entnehmen vermochte. Aber es geht auch über Justinos hinaus. Das System der Ophiten, das er bringt (No. 5), ist sichtlich nach einer besonderen Vorlage gearbeitet, und seine Darstellung des Markos (No. 17) schließt sich sachlich so enge an die des Valentinos (No. 16) an, daß auch diese wohl schwerlich auf Justinos zurück geht. Hiergegen spricht auch noch ein anderer Umstand. Die Valentinianer beschwerten sich später über seine Darstellung des Taufrituales und würden, falls er sich bei diesen Mitteilungen an Justinos gehalten gehabt hätte, ihre Einsprache doch wohl gegen diesen oder wenigstens gegen beide gerichtet haben. Also sind die Systeme der Ophiten, der Valentinianer und des Markos, wie sie Irenaios bringt, wohl nach besonderen Vorlagen gearbeitet, und es ist eine anziehende Aufgabe, diese Vorlagen mit Ausschaltung seiner Zwischenbemerkungen wieder her zu stellen. Das Ergebnis dieser Rekonstruktion sind die in den Nrn. 5, 16, 17 gebotenen Darstellungen (vgl. den Quellennachweis S. 399ff), welche auf den ersten Blick erkennen lassen, daß sie nicht von den Häresiologen, sondern offenbar von irgend einer mit den betreffenden Lehren jeweils vertrauten, ihnen objektiv oder gar freundlich gegenüber stehenden Hand angefertigt worden sein müssen.

Quellen des Hippolytos

Hippolytos hat den Irenaios benutzt, namentlich in seiner Darstellung der valentinianischen Lehren; aber viel weiter dürfte seine Abhängigkeit nicht gereicht haben. Denn man muß beachten, daß Hippolytos der einzige Häresiologe ist, der das ganze Gebiet der Häresien zweimal durchgenommen hat. Sah er sich aber veranlaßt, bei dem zweiten, seinem Lebensabende angehörenden Werke im Großen und Ganzen die Bahnen des Irenaios überhaupt zu verlassen und selbst an der einzigen Stelle, wo er ihm in größerem Ausmaße folgte, zu betonen, daß er dies auf Grund der Bestätigung tue, welche ihm eigene Nachprüfung verschafft habe, dann hatte er hierzu sicherlich seine guten Gründe. Überhaupt sehen wir, wo Hippolytos und Irenaios sich im Gegenstande decken, beide denselben oft grundverschieden behandeln, und zwar immer so, daß Hippolytos die reichlichere, geschlossenere und auch altertümlicher anmutende und also auf die ursprünglichen häretischen Lehren zurück verweisende Fassung bietet. So wußte Irenaios von den Naassenern, scheint es, kaum mehr als den Namen, während Hippolytos eine ihrer Kultschriften vor sich liegen hatte und einfach als Originaldokument in sein Werk aufnehmen konnte (No. 4 c). Was vor Hippolytos über Simon Magus geschrieben wurde, ist – einschließlich die doch ohnedies nicht über 177 zurück verfolgbaren Angaben der Apostelgeschichte – Stückwerk aus der „Großen Verkündigung" des Simon, einer m. E. ursprünglich noch rein heidnischen Schöpfung, die freilich schon wieder durch zahlreiche Randglossen und Einfügungen entstellt waren, benützte und Seiten lang abschrieb (Rekonstruktion der heidnischen Urschrift No. 12, vgl. Quellenverweis S. 408). Modern gesprochen müßte man sagen, daß durch diese Mitteilungen aus den Originalquellen eben die schwankenden Angaben und Mutmaßungen der Schriftsteller vor ihm bereits veraltet waren. Man kann sogar geradezu behaupten, daß eine neuerliche Untersuchung der zahlreichen zerstreuten Überlieferungen über Simon Magus gut tun wird, von dem Systeme aus zu gehen, das Hippolytos aus der Apophasis des Simon überliefert hat. Ein weiterer Beweis, wie vortrefflich im Großen und Ganzen die Darstellungen bei Hippolytos sind, ist seiner Bearbeitung des Systemes des Basileides (No. 13) zu entnehmen. Hier atmet jeder Satz den Geist dieses kühnen, schwungvollen gnostischen Denkers, hier tritt uns auch eine so restlos geschlossene Reihe der seltsamsten und tiefsinnigsten Gedanken entgegen, daß die hinter diesen Spekulationen stehende einheitliche und eigenartige Persönlichkeit gar nicht verkannt werden kann. Um so unbegreiflicher also ist es, daß selbst ein Harnack die Vermutung aussprechen konnte, Hippolytos habe hier irrtümlicher Weise eine travestierende Darstellung des basileidianischen Systemes benutzt. Etwas zerfahrener hat Hippolytos die Peraten (No. 9), flüchtiger die Doketen (No. 11), am unvollständigsten die Sethianer (No. 10) behandelt. Daß alle diese Stücke unter einander eine weitgehende Ähnlichkeit im Ausdrucke, Satzbaue und Darstellungsart zeigen, darf, da jedes einzelne derselben von dem anderen im Inhalte so völlig abweicht, und jedes Mal ein neues, in sich gänzlich durchdachten System behandelt, nicht dazu benützt werden, die Behauptung auf zu stellen, Hippolytos habe eine Anzahl von Vorlagen erworben, welche von ein und demselben Betrüger gefälscht worden seien, um dem nach gnostischen Quellen Umschau haltenden Verfasser Geld zu entlocken. Will man aus jener in der Tat bestehenden, aber leider noch nicht abschließend untersuchten Übereinstimmung schon irgend einen Schluß ziehen, so kann es doch nur der sein, daß Hippolytos ein von ihm nicht näher genanntes, vielleicht häretisch-doxographisches Werk aufgetrieben und benutzt habe. Will man dieses Werk dann noch als Fälschung bezeichnen, so hat solches Bestreben angesichts des Inhaltes dieser vermeintlichen Fälschung gewiß keinen Sinn mehr. Denn dann müßte auch gesagt werden, worin denn die Fälschung bestanden haben solle. Wir wissen ja gar nicht, wer als ihr Verfasser genannt war und können daher selbst nicht ein Mal die wirklich ganz unwesentliche Frage aufwerfen, ob sie etwa unter falschem Namen ging. Aber auch in jeder anderen Richtung ist dies beliebte Wittern von Fälschungen hier nicht am Platze. Denn einfach erfunden sind diese Darstellungen der gnostischen Systeme doch sicher auch nicht, da hierzu nicht nur eine unerhörte Phantasie, sondern sogar ein solcher Reichtum des Geistes, eine solche Kraft und Mannigfaltigkeit der philosophischen und theologischen Begabung gehört hätte, wie sie sich eben nur in einem ganzen Zeitalter, nicht aber in dem Kopfe eines geldgierigen Betrügers findet. Und wenn dieser Betrüger wieder nicht fälschte, sondern Quellen verarbeitete, dann ist mit solchem Zugeständnisse bereits anerkannt, wie müssig in diesem Falle alle Anzweifelungsgelüste waren. Wissen wir also auch nicht, aus welchem Werke Hippolytos seine Darstellung der erwähnten Systeme entnahm, ja sind wir uns sogar noch im Zweifel, ob sie wirklich alle auf eine gemeinsame und nicht wenigstens zum Teile auf verschiedene, erst von ihm verarbeitete Quellen zurück gehen, so können wir doch auf keinen Fall die Vortrefflichkeit dieser Quellen und die Durchdachtheit ihrer darstellenden Angaben verkennen, welche dem Buche des Hippolytos eine Bedeutung und innere Glaubwürdigkeit verleiht, die weit hinaus reicht über das nur mäßige, stets noch nach ferneren Bestätigungen ausschauende Zutrauen, das wir den Angaben der übrigen Häresiologen – auch eines Irenaios, um der späteren Abschreiber und Sammler, wie etwa Epiphanios, zu geschweigen – entgegen zu bringen vermögen. Und trotzdem darf Hippolytos auch nicht überschätzt werden. In einem Falle wenigstens scheint er einem starken Irrtume unterlegen zu sein; denn er kennt eine Gnosis des „Justinos". Die Vorlage seines Berichtes über sie war, nach der Sprache zu schließen, aramäisch oder hebräisch geschrieben, und Justinos der Märtyrer, sein Bruder in Christo, stammte doch gerade aus Sichem in Samaria, wo er dieses System als gnostisches Prototyp aufgelesen und seinem Werke einverleibt haben mochte, so daß also, falls uns nicht diese näheren Umstände und der allerdings nicht zu seltene Name Justinos äffen, diesmal aus dem Märtyrer ein Ketzer wurde, ein Vorgang, der S. 30 ausführlicher dargelegt ist.

2. DIE ÜBERLIEFERTEN SYSTEME

a) AUF EINZELNE LEHRER ZURÜCK GEFÜHRTE SYSTEME

Irrlehrer und Irrlehren

Die häresiologischen Nachrichten über die Gnosis zerfallen, so weit sie auf der von Justinos ausgegangenen Häresiologie – und das ist fast die einzige, die wir haben – beruhen, rein äußerlich in zwei große, ziemlich deutlich von einander getrennte Gruppen, nämlich einerseits in Angaben über bestimmte gnostische Schulhäupter, deren Schulen nach diesen Häuptern benannt wurden, wobei man die chronologische Abfolge und innere Verwandtschaft dieser Sekten dadurch ausdrückte, daß man ihre Begründer zu einander in das Abhängigkeitsverhältnis von Lehrer und Schüler setzte, – und anderseits in die Angaben über bestimmte Sekten, deren Begründer man nicht eigentlich kannte, sondern bloß aus den angeblichen Verfassernamen der von ihnen benutzten heiligen Schriften zu erschließen suchte, oder deren Bezeichnung man aus irgend einem prägnanten Teile ihre Lehre selbst gewann. Führt man diese Gruppierung durch, so sieht man, wie sich auf der einen Seite die historischen Namen der Irrlehrer nach der Überlieferung ihrer Bekämpfer im Sinne einer Schultradition an einander schließen, während auf der anderen die Sekten selbst mehr nach inhaltlichen Gesichtspunkten bezeichnet auf zu zählen sind, indeß Namen wie Kerinthos oder Nikolaos und Sekten wie die Nazoräer oder Ebioniten in ganz isolierte Stellungen rücken, da sie vor der gemeiniglich als gnostisch bezeichneten Bewegung liegen. Dies ist unser Gesamteindruck, wenn wir das Feld der Gnosis überblicken. Und auf einem noch so wenig erforschten Gebiete wie diesem, bleibt uns gar nichts Anderes übrig, als uns zunächst an ihn zu halten; denn eine systematische Aufarbeitung der mannigfaltigen Erscheinungen ist ohnedies anerkannter Maßen noch nicht möglich und kann sich ja auch erst ergeben, sobald solche Gesamteindrücke genügend eingehend durchgearbeitet sind, und die Anregungen zu weiteren Sonderungen und angemesseneren Anordnungen geboten haben. Vorläufig aber bleibt nichts übrig, als nach diesen äußerlich so scharf getrennten Gruppen vor zu gehen. Daher will ich zuerst die Überlieferungen der Ketzerbestreiter über die Reihenfolge der Schulen besprechen, um dann erst auf jene Sekten ein zu gehen, die nicht auf Irrlehrer, deren Namen man kannte, zurück geführt werden, sondern nach dem Hauptinhalte ihrer Lehren oder ähnlichen Gesichtspunkten benannt sind.

Stammbaum der gnostischen Systeme

In der Reihenfolge der Schulen zeigt sich etwa folgendes Verhältnis: Glied für Glied zurück schreitend vom angeblichen Schüler zum angeblichen Lehrer bemerken wir, daß die Ketzerbestreiter im Ganzen drei Hauptäste der gnostischen Bewegung im Sinne gehabt haben müssen. Der eine ging für sie von dem Samaritaner Menandros aus, dessen Schüler Satornilos und Basileides sein sollen, der zweite von dem Syrer Kerdon, als dessen hervor ragendster Schüler Markion genannt wird, der dritte von dem Ägypter Valentinos, an dem man eine lange Reihe von gegenseitigen Schülern und Lehrern anschloß. Alle diese drei Äste aber führte man auf Simon Magnus zurück, der wieder der Schüler des Dositheos sein sollte. Demnach wäre also nach den Angaben der Ketzerbestreiter etwa folgender Stammbaum der gnostischen Schulen auf zu stellen:

Dositheos
Simon Magus

Menandros	Kerdon	Valentinos
Satornilos	Markion	Sekundos
Basileides	Lukianos	Ptolemaios
Isidoros	Tatianos	Markos
	Prepon	Bardesanes [?]
	Apelles	
	Severos [?]	

Gegen die Richtigkeit dieser, von der gesamten häresiologischen Überlieferung mehr oder minder ausdrücklich voraus gesetzten Abstammungsverhältnisse spricht außerordentlich viel. Die Absicht, die drei Stammländer der Gnosis, Samaria, Syrien und Ägypten durch je einen hervor ragenden Urketzer vertreten sein zu lassen, ist kaum verkennbar, und man wird daher auch annehmen dürfen, daß im Einzelnen die Zuordnung der Schüler zu den betreffenden Lehrern nur selten den historischen Verhältnissen entsprechen und meist aus chronologischen, hauptsächlich aber aus dogmatischen Gesichtspunkten gewonnen sein wird. Daß man hierbei in der Mehrzahl der Fälle das Richtige, getroffen habe, ist zu hoffen, aber beweisen läßt es sich nicht. Ist aber schon die Dreizahl der Urketzer und die ununterbrochene, scheinbar in sich so selbständige Entwicklung ihrer Lehre doch bloß eine vereinfachende und vielfach die komplizierten Verhältnisse der Wirklichkeit korrigierende Fiktion, so gilt ein solches sicherlich noch mehr von der ganz unwahrscheinlichen zentralen Stellung, die man dem Simon Magus anwies. Sie ist schon deshalb undenkbar, weil, wie später noch genauer nach zu weisen sein wird, in der Gnosis so verschiedenartige Tendenzen zusammen wirkten, daß die Ableitung dieser ganzen Strömung von einer einzigen Person schon an sich ein Unding ist. Sie ist aber zudem auch überflüssig, da die zahlreichen Sekten jener zweiten großen Gruppe, von denen bestimmte Namen ihrer Begründer nicht überliefert sind, sich überhaupt nicht mehr auf ihn zurück führen lassen. Verfehlt also wäre es, wenn man von Dositheos und seinem Schüler Simon bei der Darstellung gnostischer Schulüberlieferung ausgehen wollte. Diese Schulüberlieferung ist vielmehr dringend verdächtig, ein Werk der Ketzerbestreiter zu sein und muß also zuvörderst selbst aus ihrem eigenen Inhalte – denn andere Quellen haben wir leider nicht – auf ihren Wert geprüft werden. Und zu diesem Zwecke schlage ich folgenden Weg ein: Ich werde zuerst die drei Hauptstämme der Gnosis nach ihren von den Ketzerbestreitern genannten Vertretern der Reihe nach darstellen, dann an der Hand dieser Darstellung den Zusammenhang der Systeme innerhalb dieser Stämme und der drei Stämme unter einander erläutern und erst hernach auf Grund des so gewonnenen Stoffes an die Simon-Frage heran treten.

Menandros

Menandros war ein Samaritaner und soll in Kaparatea zur Welt gekommen sein. Von Justinos dem Märtyrer scheint er um ein Menschenalter abgestanden zu haben. Er nahm eine unbekannte Urkraft an und behauptete, die Welt sei von den Engeln geschaffen. Also bestand für ihn zwischen diesen und Gott ein Gegensatz. Damit stimmt denn auch, daß berichtet wird, er habe seinen Anhängern die Unterweisung in der Kunst versprochen, die Engel zu überwinden und zu fesseln, so daß er offenbar aus seiner Theorie auch praktische Anwendungen, nämlich Zauberregeln, ableitete. Also scheint schon zu Beginn des zweiten Jahrhunderts jene Richtung in die Gnosis eingedrungen zu sein, die sich später in den Sekten des Valentinos und des Karpokrates unangenehm bemerkbar machte. So erklärt sich auch, daß die Menandrianer zur Zeit des Epiphanios von der übrigen, ihnen sich damals wieder besonders stark annähernden und immer mehr der Dämonenfurcht verfallenden Gnosis bereits aufgesogen waren.

Satornilos

Satornilos soll ein Schüler des Menandros gewesen sein und in Antiochia in Syrien gewirkt haben. Er zeigt eine auffällige Verwandtschaft mit den Ophiten, da er etwa Folgendes lehrte:

Einen unbekannten Vater gibt es, der Kräfte schuf, Ursprünge und Herrschergebiete, unter denen die der Engel weit abstehen von der oberen Gewalt, die all dies geschaffen hat. Sieben dieser Engel bildeten die Welt, und alles in ihr, Jahweh an ihrer Spitze; aber ihnen in allem entgegen und namentlich dem Jahweh feindlich gesinnt war Satan mit seinem Anhange der Dämonen. Als aber die Engel zusammen kamen, um die Welt unter einander zu verlosen, da erwachte in ihnen die Begier, den Menschen zu formen nach der Gestalt des Tones, der von der Höhe herab geblinkt hatte. Da sie denselben aber im Herabblinken nicht zu fassen vermochten, weil er sich sogleich wieder nach oben verlief, wollten sie ihn nachahmen. Denn das von der Höhe herab blinkende Licht reizte den Jahweh und seine Engel, aber auch ihren Widersacher, den Satan und seine Dämonen, zur Bildung des Menschen, da sie um ihres Wohlgefallens willen von Sehnsucht nach dem ergriffen waren, das sich ihnen gezeigt und wieder entzogen hatte. Und so wurden damals zwei Menschen gebildet, ein guter und ein böser, von denen die zwei Arten Menschen in der Welt herstammten. Doch ihre geringe Macht reichte nicht aus, das Werk zu vollenden. Vielmehr blieben ihre Menschen am Boden liegen, vermochten sich nicht zu erheben und krochen den Schlangen gleich in Windungen dahin. Aber die obere Gewalt, die dies sah, erbarmte sich um der Ähnlichkeit willen, die diese Gebilde mit ihr hatten, derselben und blinkte herab und entsandte einen Funken ihrer eigenen Kraft durch den sich die Menschen zu erheben vermochten und Leben erhielten. Und dieser Funke ist die Seele, welche gerettet werden muß, indes der Körper dem Untergange geweiht ist. Und den schlechten Menschen, die vom Satan stammen, steht er selbst bei mit seinen Dämonen im Kampfe gegen die guten Menschen. Diesen zu Hülfe und zur Vernichtung der Dämonen ist der Retter herab gekommen in der Gestalt des Menschen und hat mit seinem Scheinleibe auch nur scheinbar gebüßt, Leben, Marter und Tod über sich ergehen lassen.

Dies sind die Reste des Systemes des Satornilos, die sich noch mit Mühe und Not zusammen flicken lassen. Denn der Bericht, den die Häresiologen davon geben, ist, obgleich er offenbar aus einer Schrift über das System stammt, doch sehr unsystematisch und mein Rekonstruktionsversuch daher auch entsprechend unsicher. Voraus gesetzt ist die Szene, welche auch die Ophiten schilderten (No. 5). Auch hier also ist der oberste, unbekannte Gott der MENSCH, auch hier muß sein Herabblinken aus der Höhe mit dem Schalle des Wortes Mensch (Anthropos) verbunden gewesen sein. Aber ganz anders wie die Ophiten muß diese Selbstoffenbarung des MENSCHEN Satornilos begründet haben. Denn weder von einer Überhebung der Engel, noch von einer denselben entgegen wirkenden Sophia-Achamoth ist die Rede. Vielmehr ist die Rolle des Gegenspielers dem Satan und seinen Dämonen zugefallen. Daher sehe ich nur die Möglichkeit, es als eine Nachlässigkeit unseres Berichtes zu betrachten, daß bloß den Engeln mit Jahweh die Weltbildung zugeschrieben wird. Das Richtige war doch wohl, daß Jahweh und die Engel auf der einen, Satan und die Dämonen auf der anderen Seite der Welt schufen und erst bei der Aufteilung des Geschaffenen unter einander in Streit gerieten. Dann hätte der Tumult dieses Streites den MENSCHEN in der Höhe zum Eingreifen veranlaßt. Nimmt man dies an, so wird, scheint mir, alles klar. Denn die weitere Angabe, daß die Propheten zum Teile von Jahweh, zum Teile von Satan inspiriert waren, hat doch nur dann Sinn, wenn Jahweh auf der Seite des Guten, Satan auf der des Bösen steht.

Satornilos verbot auch jeden Geschlechtsverkehr, selbst den ehelichen, und jede Nahrung von Beseeltem, da er beide Arten der Fleischlichkeit für eine Erfindung des Satan hielt. Leider aber wissen wir nicht, an welcher Stelle seines Systemes und mit welchem systematischen Hintergrunde er diese Ansicht entwickelte. Vielleicht leitete er beide Verbote von dem Sündenfalle im Paradiese her.

Basileides

Als Schulgenosse des Satornilos in Antiochia wird Basileides bezeichnet, der von dort sich nach Ägypten gewandt haben soll, wo er um das Jahr 133 in Alexandria auftrat. Er soll 24 Bücher „Erläuterungen zum Evangelium" (vielleicht gar nicht über ein bestimmtes sondern bloß über die „Heilslehre" im Allgemeinen) verfaßt haben. Ob er noch andere Schriften veröffentlichte, wissen wir nicht. Was Klemens, in diesem Falle unsere älteste Quelle, berichtet, ist dürftig. Aus dem 23. Buche des Werkes über die Heilslehre zitiert er die auf die Märtyrer gemünzten Worte:

„Ich sage, daß alle, die in die sogenannten Bedrückungen verfallen, in anderen Dingen gesündigt haben, ohne daß ihre Verfehlung ruchbar wurde, und nun durch die Güte dessen, der die Welt umfaßt und lenkt, zu dem Glücke (des Martyriums) geführt werden, damit sie, an das, dessen sie bezichtigt werden, von ihrer wirklichen Sünde völlig verschieden ist, nicht wie Verbrecher ihrer Übeltaten überführt, nicht wie Ehebrecher oder Mörder beschimpft werden, sondern nur deshalb leiden, weil sie Christen sind, was sie so sehr tröstet, daß sie ihre Leiden nicht einmal zu empfinden glauben. Und sollte jemand – ein seltener Fall – selbst ohne voran gegangene Sünde zu leiden haben, dann leidet er nicht unter der Nachstellung irgend einer bösen Macht, sondern wie ein Kindlein, auf dem scheinbar auch noch keine Sünde lastet. Und wie es für das Kindlein, das nicht früher oder noch nicht in diesem Leben gesündigt hat, aber doch den Keim der Sünde in sich trägt, eine Wohltat ist, dem Leiden unterworfen zu werden, aus dem es viele sonst kaum erreichbare Vorteile zieht, so steht es auch um den Erwachsenen, der noch keine Tat der Sünde beging, wenn er leidet oder litt, ganz wie um das Kindlein, da er doch den Keim der Sünde in sich hat und nur nicht sündigte, weil er noch nicht in die geeignete Gelegenheit zur Sünde kam, so daß ihm seine Reinheit auch nicht an zu rechnen ist. Denn wie einer, der ehebrechen will, ein Ehebrecher ist, auch wenn er nicht Gelegenheit hatte, die Ehe zu brechen, und einer, der einen Mord begehen will,

ein Mörder ist, wenn er sein Vorhaben auch nicht aus zu führen vermochte, so bezeichne ich nicht minder einen, den ich einen Sünder nenne, weil ich ihn leiden sehe, auch wenn er nichts Böses getan hat, als einen Bösen, weil er sündigen wollte. Denn alles will ich lieber sagen, ehe daß ich sage, das Wesen, welches alles vorher bedachte, sei böse." Und alsbald fuhr er folgender Maßen fort: „*Und wollest du, alle diese Fragen verlassend, mich gelegentlich vor den Augen gewisser Leute bloßstellen, indem du folgertest, auch Jener (nämlich Jesus) müsse gesündigt haben, denn er litt ja, so würde ich, falls du darauf bestündest, antworten, daß er nicht sündigte, wohl aber dem leidenden Kindlein glich, und schließlich, wenn du bei dem Gespräche noch mehr verharren wolltest, behaupten, daß jeglicher Mensch, den immer du nennen kannst, ein Mensch, und Gott allein gerecht ist; denn wie einer (Jesus) einmal selbst sagte, ist keiner frei von Fehl.*"

Diese Sündenlehre und die wenigen übrigen Notizen über Basileides selbst bei Klemens stehen mit dem Auszuge aus der Lehre des Basileides bei Hippolytos (No. 13) in bester Übereinstimmung, ja auch die Art des Ausdruckes und des Gedankenganges ist dieselbe. Freilich wissen wir nicht, wer jenen Auszug verfertigt hat; aber daran, daß er authentisch ist, kann nur von berufsmäßigen Zweiflern gezweifelt werden. Wie sich zu diesem Systeme des Basileides, das ich S. 322 ff. ohnedies bereits eingehend besprochen habe, das seiner Schule verhält, bitte ich in No. 14 und S. 156 nach zu lesen. In dem älteren Systeme des Meisters selbst ist die ursprüngliche Neun der Gottheiten in der Fülle, die Acht als Mittlerin und die Sieben in der Welt zu beachten. Diese Ordnung ist „ägyptisch". Man wird daher gut tun, die äußerliche Übereinstimmung, die darin liegt, daß in der Tat Basileides wie Satornilos an je sieben weltbildende und beherrschende Mächte glaubten, nicht zu überschätzen.

Isidoros, der Sohn des Basileides, trat in der zweiten Hälfte der Regie- Isidoros
rung des Antoninus Pius (138 - 161) oder des Marc Aurel (161 - 180) auf. Er schrieb eine Ethik und ein philosophisches Werk mit dem sonderbaren Titel „Über die angewachsene Seele", aus dem der programmatische Satz: „*Es ist unsere Pflicht, die niedere Natur in uns zu zügeln und sie mit Hilfe unserer Vernunft zu bezwingen,*" auf uns gekommen ist. Angewachsen dachte er sich die Seele wohl eben an diese niederen Begierden, welche er und die ältere Schule seines Vaters als „Zuwüchse" bezeichnete. Er nahm an, daß sich an den Kern der Seele allerhand unreine Stoffe irdischer Beschaffenheit heften, welche verschiedenen Tieren entsprechen, dem Affen, dem Wolfe, dem Löwen, dem Bocke, der Gestalt daß die Seele, wenn sie an sie anwachsen, äffisch, gierig, mutig oder geil wird. Auch die Eigenschaften der Pflanzen oder Gesteine setzte man in dieser Art zur Seele in Beziehung. Und

die Kenntnis solcher Beziehungen bot sicher reichen Stoff zum Aufbau einer verwickelten Geheimwissenschaft und Sympathielehre auf gnostischer Grundlage. Als dann Schriften wie die „Prophetie des Cham", also chemisch-alchymistische Spekulationen, einbezogen wurden, näherte man sich immer mehr jenen tieferen Schichten halb volkstümlichen Zauberwesens, in denen Abraxas mit seinen 365 Dämonen eine so große Rolle spielt, wobei der Übergang dadurch, daß schon Basileides selber in seinem Systeme dem Abraxas einen gewissen Raum zuerkannt haben mag, sicherlich sehr erleichtert wurde.

Kerdon

Über den Syrer Kerdon, der als Schüler des Simon bezeichnet wird, wissen wir nur wenig. Er lehrte, Christi Vater sei nicht der in der Bibel von den Propheten verkündete Jahweh; denn dieser Jahweh sei bloß gerecht, Christi Vater aber gut; ferner sei eben Jahweh ein verkündeter Gott, also bekannt, während der wahre Gott unbekannt sei. Man braucht von dem ganzen Systeme wirklich nicht mehr zu wissen als diesen Grundzug, um sich ein Bild davon zu machen. Denn dann muß ferner auch Jahweh der Weltbildner gewesen sein und selbst ein Erzeugnis jenes obersten Gottes, was übrigens auch als Lehre Kerdons überliefert ist. Natürlich konnte also der Gesalbte nicht leiden, und wenn er nach dem Zeugnisse der Schrift dennoch gelitten hat, so besaß er einen Scheinkörper. Das sind die wenigen Nachrichten, die wir über Kerdons Lehre haben. Bestimmteres wissen wir von seinem Leben. Unter Hyginus, dem neunten Bischof nach Petrus, soll er in Rom gewesen sein. Diese Angabe führt in die Zeit um 140, und damals auch muß er Markion als Anhänger gewonnen haben.

Markion

Noch im vierten Jahrhunderte blühte die Häresie des Markion in Rom, Italien, Ägypten, Palästina, Arabien, Syrien, Kypern, Theben und manchen Orten Persiens in Gestalt einer selbständig organisierten Kirche. Markion stammte aus Sinope am Hellesponte und war der Sohn eines katholischen Bischofs. Böswillige Entstellung wird es sein, wenn von ihm erzählt wird, er habe nach tugendhaftem Jugendwandel eine Jungfrau verführt, sei deshalb von seinem Vater verstoßen worden, habe sich dann nach Rom gewandt und dort im Presbyterium Aufnahme gesucht, diese aber nicht erlangen können. Deshalb sei er von der Kirche abgefallen und habe sich dem Kerdon in die Arme geworfen. Jedenfalls spielte sich seine Ankunft in Rom und sein Abfall zwischen den Jahren 138 bis 144 ab. Nachrichten über seine Lehren fehlen so gut wie gänzlich, obgleich über keinen Irrlehrer so viel geschrieben wurde wie über ihn und obgleich von den meisten dieser Schriften auch sehr viel auf uns gekommen ist. Dies erklärt sich daraus, daß seine Lehre hinter die Bedeutung seiner Schrifterklärung für jene Zeiten offenbar fast völlig zurück trat. Wir haben keinen Anlaß, zu vermuten, daß er auf einem wesentlich anderen Standpunkte stand als die Gemeingnosis seiner Zeit. Hippolytos schweigt sich über sein System gründlich aus und zieht es vor, statt gegen Markion gegen den vorsokratischen Philosophen Empedokles zu polemisieren. Denn er behauptet, daß beide Lehren völlig auf eines hinaus kommen. Wie Empedokles soll auch Markion angenommen haben, daß die Welt aus zwei gegensätzlichen Prinzipien hervor gegangen ist, wie Empedokles soll er die Seelenwanderung gelehrt und aus ihr gewisse sittliche Vorschriften wie das Verbot des Geschlechtsverkehres und der Nahrung von Beseeltem, mit dessen Frage man auch Stücke von der Seele zu verzehren Gefahr laufe, endlich auch kultische Reinheitsvorschriften abgeleitet haben. Dasselbe wird auch von anderen Gewährsmännern gesagt, nur daß sie dabei den Empedokles, wie billig, aus dem Spiele lassen und die einzelnen Züge in viel prägnanterer Fassung mitteilen. Wie schon Kerdon Jahweh als bloß gerecht, Christi Vater aber als gut bezeichnete und daher einen völligen Gegensatz zwischen dem „zornmütigen“ Gotte des Alten und dem „sanftmütigen“ Gotte des Neuen Testamentes annahm, so auch Markion, so daß die hierdurch gegebene judenfeindliche Richtung ebenfalls nicht eigentliche Erfindung des Markion ist, sondern schon von Kerdon oder dessen Lehrmeistern übernommen war. Freilich aber war gerade dieser mehr äußerliche Zug der markionitischen Lehren, der in den Schriften, die von den markionitischen Gemeinden benützt wurden und in der Auslegung, die man dort diesen Schriften angedeihen ließ, besonders schroff zum Ausdrucke kam, für die orthodoxen Bekämpfer das Auffälligste und Wichtigste. Denn die Kirche hielt, obgleich sie unter dem übermächtigen Einflusse der paulinischen Politik das eigentliche Judenchristentum ausgeschlossen hatte, dennoch an dem Alten Testament fest und durfte sich von dieser Position gar nicht abdrängen lassen, wenn nicht auch die Darstellung der schon fast kanonisch gewordenen vier Hauptevangelien ebenfalls aufgegeben werden sollte. Die Markioniten aber bekümmerten sich nicht um solche konservative Tendenzen. Sie vertraten jene Richtung paulinischer Propaganda, welche auch noch über die ursprüngliche in Aussicht genommenen Grenzen hinaus ging, und nicht nur das Judenchristentum, die Beschneidung und den Sabbat verwarf, sondern auch überhaupt alle jüdischen Eierschalen von dem Kopfe des eben ausgeschlüpften Christentumes entfernen wollte. Und darum ihre Polemik gegen den Gott des alten Bundes, der als das böse Weltprinzip oder als ihm verwandt gekennzeichnet werden sollte, darum auch ihre ablehnende Haltung gegenüber den kanonischen Evangelien. Die Markioniten benützten nur das Evangelium des Lukas, aber auch dieses in einer Fassung, welche sie auf Paulus selbst zurück führten und die von der erhaltenen erheblich abwich.

Wie viele dieser Abweichungen aber wirklich auf besserer oder auch nur anderer Überlieferung beruhten und wie viele derselben einfach tendenziöse Änderungen waren, läßt sich nicht mehr recht entscheiden. Jedenfalls sind diese Abweichungen alle so wesentlich, daß sich die Erbitterung der kirchlichen Polemik vollauf begreifen läßt, wenngleich man recht sehr bedauern muß, daß alle übrigen Nachrichten von dem Systeme in dem Lärme dieses Streites um die Schriftdeutung verklungen sind. Hat Markion, wie kaum zu zweifeln ist, wirklich die Wiedergeburt gelehrt, dann wird sein System dem der anderen Gnostiker, welche dieselbe Lehre vertreten, wohl verwandt gewesen sein. Selbstverständlich verträgt sich auch der Glaube an die Wiedergeburt durchaus nicht mit der Annahme einer Auferstehung des Fleisches am Tage des jüngsten Gerichtes, und es wird daher berichtet, daß Markion dieses kirchliche Dogma ebenfalls verworfen habe. Sehr eigentümlich muß seine Lehre vom Gesalbten gewesen sein. Wie Kerdon (oder Karpokrates; vgl. No. 15) schrieb er ihm bloß einen Scheinkörper zu, durch den Jahweh getäuscht worden sollte, so daß seine Nachstellungen und das von ihm über den Gesalbten verhängte Leiden diesem nichts anhaben konnte. Auch lehrte Markion, seinem Hasse gegen Jahweh entsprechend, daß der Gesalbte zwar in die Unterwelt hinab stieg, aber nur, um auch Kain und Korah, Datan und Abiron, Esau und alle Völker, die den Gott der Juden nicht kannten, zum Heile zu berufen, indes Abel und Enoch, Noah und Abraham, Isaak, Jakob, Moses, David und Salomon, da sie den Judengott, der die Welt gebildet hatte, anerkannten, seine Gesetze befolgten und den Gott der Höhe mißachteten, unten zurück bleiben mußten. Wie sich dies mit der Seelenwanderung vertrug, ist aber nicht recht ab zu sehen, und vielleicht stammt dieser Zug auch gar nicht aus der eigentlichen, doch wohl einheitlicheren Lehre des Markion, sondern betrifft einen seiner Schüler.

Lukianos

Völlig auf dem Standpunkte des Markion verharrte sein Schüler Lukianos, von dem wir aber außer dieser Übereinstimmung im Einzelnen bloß wissen, daß er gänzliche Enthaltsamkeit lehrte und auch die Ehe verwarf, da er meinte, durch Zeugen von Nachkommenschaft werde die Machtfülle des bösen Weltherrschers vermehrt.

Tatianos

Tatianos war ein Schüler des Justinos; aber nach dem Martyrium seines Lehrers fiel er von der Kirche ab und stellte im 12. Jahre der Regierung des Antoninus Pius eine der valentinianischen ähnliche Lehre auf, deren stark asketischer Einschlag jedoch auf Markion zurück zu führen sein dürfte. Er bezeichnete die Ehe als Hurerei und meinte, selbst Adam sei nicht selig geworden. Die Sakramente der Kirche behielt er bei, aber beim Abendmahl war der Wein verpönt. Seine Sekte breitete sich in Antiochia, in Kilikien und Pisidien aus. Zu ihr rechnete man später auch die Apostoliker oder Apotakten, ferner die Katharer; endlich gehörte derselben Richtung Julius Cassianus an, von dem die kennzeichnenden Worte erhalten sind: *„Und keiner sage, weil wir diese Körperteile haben und das Weib geformt ist zur Empfängnis, der Mann aber zur Befruchtung, sei der Vollzug der Begattung ebenfalls von Gott. Denn wäre solche Handlung von dem Gotte, zu dem wir streben, dann hätte der Prophet wohl kaum die Eunuchen gepriesen und gesagt, ‚daß sie durchaus kein unfruchtbares Holz sind‘* (Jesaias LXVI, 3), *wobei er unter dem Baume des Menschen verstand, der sich aus solcher Einsicht vorsätzlich verschneidet.“*

Die rein dualistische Lehre des Markion erweiterte zur Zeit des Hippolytos Prepon dadurch, daß er zwischen dem guten und bösen Prinzipe seines Lehrers noch ein mittleres annahm, das er als das Gerechte bezeichnete. Er setzte dieses Gerechte dem Gesalbten gleich, den er nicht geboren werden, sondern (bei der Taufe?) in Jesum herab kommen ließ und deutete dessen Wort: „Was nennt ihr mich einen Gerechten? Nur Einer ist gerecht!“ (vgl. Luk. XVIII, 19, Mark. X, 18, Matth. XIX, 17) in diesem Sinne. Der Gesalbte hatte also die Aufgabe, das Böse des Weltschöpfers und seiner Engel zu überwinden und durch Gerechtigkeit zwischen ihm und dem ursprünglichen Guten den Ausgleich zu schaffen. Prepon

Bei Apelles, dessen Schriften nicht vor 170 zu setzen sind, war die Gliederung schon wieder weiter vorgeschritten; denn er unterschied vier Prinzipien: als erstes den guten Urgott, als zweites den guten Weltbildner, als drittes den Feuergott, der aus dem Dornbusche zu Moses sprach, als viertes endlich den Bösen, der die Ursache des Übels in der Welt ist. Er scheint diesen verschiedenen Mächten die Verantwortung für die verschiedenen Teile der heiligen Schriften zugeschrieben zu haben. Jedenfalls verwarf er das jüdische Gesetz und die Propheten, ferner die Lehre von der jungfräulichen Empfängnis. Er hielt den Körper Jesu für eine kunstreiche Mischung sämtlicher irdischer Stoffe und Kräfte, die nach dem Tode des Heilands wieder in die Welt aufgingen, während der Gesalbte zu dem guten Urvater empor stieg und den Samen des Lebens in der Welt für alle Jünger zurück ließ, die an ihn glauben. Und für alle diese Lehren berief er sich auf das Zeugnis der Philumene, einer Prophetin seiner Umgebung, deren Aussprüche er auch nieder schrieb. Apelles

Die Sekte der Severianer war zur Zeit des Epiphanios bereits im Aussterben begriffen und ob es einen Severos, der etwa um 200 an zu setzen wäre, gegeben habe, ist zweifelhaft, obgleich ihn die Ketzerbestreiter zum Schüler des Apelles machen. Dieser Severon soll angenommen haben, über dem Weltalle befinde sich ein guter Urgott, von dem eine Severos

Reihe minderer Gottheiten ausging. Den Satan hielt er für den Sohn des großen Herrschers dieser Reihe von Kräften und nannte ihn bald Jaldabaoth, bald Sabaoth. Er soll eine Schlange aus sich geboren haben, welche die obere Gewalt zur Erde warf, wo sie in Leidenschaft geriet und sich mit der Erde wie mit einem Weibe vereinte. Aus ihrem Samen soll die Weinrebe stammen, deren Ranken, Schlangenwindungen, deren Trauben Giftdrüsen gleichen. Daher umnachtet auch der Wein den Geist der Menschen, reizt sie zur Brunst, stachelt sie zum Wahnsinn auf und reißt sie hin zum Zorne. Diese Kraft des Weines kommt davon, daß ihm eben das Schlangengift inne wohnt. Und deshalb enthielten sich die Anhänger dieser Sekte jeglichen Weingenusses und führten auch sonst ein völlig enthaltsames Leben. Denn das Weib hielten sie ebenfalls für ein Gebilde des Bösen, weshalb sie auch die Ehe als Vorschubleistung an den Satan betrachteten. Ferner lehrten sie, die obere Hälfte des Menschen gehöre dem guten Urgotte, die untere vom Nabel an dem Bösen. Sie zerfällten also auch den Mikrokosmos ganz so wie den Makrokosmos in zwei gegensätzliche Hälften.

Valentinos

Valentinos soll aus Ägypten stammen und in Alexandria erzogen sein. Auch ihm sagte man nach, er sei erst von der Kirche abgefallen, als man an seiner Statt einen Märtyrer zum Bischofe gemacht hatte. Etwa während der Jahre 135 - 160 scheint er sich in Rom aufgehalten zu haben; auch Kypern berührte er. Origenes hat ihn noch persönlich kennen gelernt; vielleicht aber war Valentinos später wieder nach Alexandria zurück gekehrt. Seine Lehre wurde ebenfalls von Simon hergeleitet und war nach Graden gegliedert. Ihr erster Grad scheint sich mit der üblichen Kirchenlehre gedeckt zu haben. Erst den vorgeschrittenen Schülern wurden nach Maßgabe ihrer Fähigkeiten die höheren und schwierigeren Lehren mitgeteilt. Sie sahen dann auf die gewöhnlichen Kirchengläubigen überlegen herab als auf die „irdischen" Menschen. Denn dem zweiten Grade gehörten die „seelischen" Menschen an, dem dritten die „geistigen", denen bereits das Wesen der Ewigen in der Fülle offenbar geworden ist. Auch waren wohl mit der Erlangung eines jeden dieser Grade besondere Riten verbunden, welche dem Taufritus der „irdischen" Menschen, d. h. der gewöhnlichen Kirche, entsprachen. Wir haben also eine eigentliche Geheimlehre in kunstvollem Aufbaue vor uns, und es scheint, daß die ersten Anhänger des Valentinos auch wirklich seine Geheimnisse wahrten. Denn noch mindestens im Jahre 175 galt er als rechtgläubiges Mitglied der Kirche, obgleich er doch sicherlich schon lange vorher seine Schule begründet hatte. Seine schriftstellerische Tätigkeit war rege. Er verfaßte Psalmen, Homilien, vielleicht auch das später in seiner Schule gebrauchte Evangelium der Wahrheit (war es etwa diese Schrift, in der er sich auf das Zeugnis des angeblichen Apostelschülers Theodas berief?) und visionäre Schriften. In einer derselben erzählte er, ein Knabe sei ihm erschienen, der sich als der Logos bezeichnete; und wir gehen schwerlich fehl, wenn wir annehmen, daß die betreffende Schrift eben die Offenbarungen aus dem Munde dieses Knaben und damit die eigentliche systematische Darstellung der Lehre des Valentinos enthielt. Leider ist von all dem nichts Ausführliches auf uns gekommen. Aber die komplizierte, auf den ersten Blick verwirrende Symbolik der zahlreichen an dem Weltendrama teilnehmenden Personen, welche die valentinianische Schule (No. 16) aufbot, hat im Wesen schon er selbst verwendet. Trotzdem wich er im Einzelnen merkwürdig ab.

Er nahm eine unnennbare Zweiheit an, deren einer Teil der UNAUSSPRECHLICHE, derer anderer das SCHWEIGEN war. Hieraus gingen hervor VATER und WAHRHEIT. Diese Vielfalt trug die Frucht von WORT und LEBEN, MENSCH und KIRCHE. Das war die erste Acht. Aus WORT und LEBEN gingen zehn, aus MENSCH und KIRCHE zwölf Kräfte hervor, deren letzte abfiel und sich verlor und deren Schicksal den Gegenstand der übrigen Darstellung ausmacht. Ferner nahm Valentinos zwei BEGRENZER an, einen zwischen den entstandenen Ewigen und dem unentstandenen VATER schied, einen anderen aber, der die MUTTER von der Fülle trennte. Und den GESALBTEN läßt er nicht von den Ewigen der Fülle, sondern von der Mutter hervor bringen, die draußen weilte und nach ihrer Erinnerung an die Fülle ihn mit einem gewissen SCHATTEN gebar. Da aber der GESALBTE männlich war, hieb er sich den SCHATTEN ab und eilte zur Fülle empor. Die Mutter aber blieb mit dem SCHATTEN zurück und brachte, entäußert ihres Geisteshauches, einen zweiten Sohn hervor, nämlich den WELTSCHÖPFER, aber mit ihm zugleich auch einen LINKEN HERRSCHER (Satan?). Entweder von MENSCH und KIRCHE oder von dem in die Fülle zurück gekehrten GESALBTEN oder von dem ERSEHNTEN, der sich von seiner MUTTER zurück zog und mit sämtlichen anderen Ewigen vereinte, stammt JESUS. Der heilige GEIST jedoch wurde von der WAHRHEIT hervor gebracht zur Ausscheidung und Reinigung der Ewigen, in die er unsichtbar einging. Und das ist die Ursache, weshalb die Ewigen Früchte tragen am Baume der WAHRHEIT.

Aus all dem ergibt sich, daß sein System streng dualistisch war, ein Zug, der in der späteren Lehre seiner Schule (No. 16) gar nicht mehr hervor tritt. Der Gegensatz zwischen LICHT und SCHATTEN muß eine große Rolle gespielt haben; denn offenbar liegt doch nur er dem Gegensatze zwischen dem GESALBTEN und dem mit ihm zugleich geborenen SCHATTEN, zwischen dem WELTSCHÖPFER und dem LINKEN HERRSCHER, zu Grunde. Allegorische Fassung der Lehre begegnet uns in folgendem Bruchstücke eines Psalmes des Valentinos:

Ich schaue, wie alles vom Äther mit Pneuma gemischt ist:
ich sinne, wie alles vom Pneuma getragen ist:
Fleisch an der Seele hangend,
Seele von der Luft empor gehoben,
Luft an dem Äther hangend,
Früchte, welche die Tiefe trägt,
ein Kind, das aus dem Mutterschoße erwächst.

Die „Früchte der Tiefe" sind die Ewigen, das „Kind aus dem Mutterschoße" ist der Gesalbte, die „Luft an dem Äther hangend" ist die Weisheit (Sophia) außerhalb der Fülle, die „Seele von der Luft empor gehoben" ist der Weltschöpfer in seinem Verhältnisse zum Pneuma, das „Fleisch an der Seele hangend" ist der Stoff, der vom Weltschöpfer geformt wird. So muß man diese Stelle des Psalmes nach den Angaben des Hippolytos auslegen. Gewiß war das Verständnis solch dunkler Andeutungen den Schülern des dritten Grades vorbehalten; denn nur völlige Vertrautheit mit allen diesen bereits so blutleeren Abstraktionen, Symbolen und allegorischen Anspielungen konnte den Sinn solcher Visionen erraten, oder besser gesagt, diesen schattenhaften Umrissen immer wieder irgend einen Sinn unterlegen. In diesen Deutungen, dann aber in der Erweiterung des mystisch-allegorischen Personales und der symbolischen Begriffe hat sich die spätere Schule besonders gefallen. Das valentinianische System bei Irenaios (No. 16) ist von solchen Anschauungen noch verhältnismäßig frei. Arg war die Sache erst, als die ganze Schar barbarische Dämonennamen in das System Einlaß fand, ein Zustand, der namentlich von den koptischen Valentinianern erreicht wurde. Denn noch im vierten Jahrhunderte, und selbst später, blühte die Sekte im Osten und in Ägypten. Und vollends aus der Zeit ihrer Blüte sind uns die Namen zahlreicher Vertreter dieser Lehre genannt, wie Sekundos, Ptolemaios, Herakleon, Theotimos, Alexandros, Markos, Axionikos, Droserius, Florius, Bardesanes und Andere. Einige wichen in der Lehre vom Gesalbten von einander ab, und man unterschied danach zwischen einer anatolischen (östlichen) und einer italischen Schule. Andere nannten die Ewigen der ersten Acht mit völlig verschiedenen Namen; auch über den Urgrund bestanden mehrere Ansichten. Einige hielten ihn für ungepaart, weder männlich noch weiblich und überhaupt für nichts Seiendes, andere bezeichneten ihn als mannweiblichen Hermaphroditen, während die meisten ihm das Schweigen zur Gattin gaben.

Sekundos

Sekundos zerfällte die erste Achtheit in eine rechte und eine linke Vierheit, deren eine er Licht, deren andere er Finsternis nannte. Und die abfallende und sich verzögernde Kraft ließ er nicht den dreißig Ewigen angehören, sondern rechnete sie zu ihren Früchten. Für ihn also gehörte Sophia an eine spätere Stelle des Systems, das offenbar schon erheblich angewachsen war. Trotzdem behielt er den auch noch dem Valentinos selber eigentümlichen Dualismus bei.

Ptolemaios

Verlassen wurde die dualistische Grundlage der ursprünglichen Lehre des Valentinos von Ptolemaios und seinen unmittelbaren Anhängern. Schon aus dem Briefe des Ptolemaios an Flora läßt sich entnehmen, daß er es nicht auf Antithesen sondern auf Dreiteilungen abgesehen hatte. Er unterschied in den fünf Büchern Mosis genau zwischen dem Teile der Gesetzgebung, welcher von Gott selber ausging, jenem, der durch Moses hinzu kam und endlich dem dritten, der den Ältesten des Volkes zur Last fällt, die ihre privaten Meinungen ein zu streuen wagten. Und in dem von Gott ausgegangenen Teile des Gesetzes unterschied er wieder dreierlei, nämlich erstens die reinen Gebote, die frei sind von jeder schlechten Zutat, aber der Erfüllung durch den Erlöser bedürfen - und hierher zählte er die zehn Gebote; zweitens die Vorschriften, denen ein Schatten der Ungerechtigkeit anhaftet - und hierher zählte er Regeln wie „Auge um Auge, Zahn um Zahn", die der Erlöser verabscheute und denen er das Gebot gegenüber stellte, man solle dem, der die eine Wange geschlagen hat, die andere darbieten; drittens die bloß symbolische Kult- und Reinheits-Vorschriften, das Opferrituale, die Beschneidung, die Heiligung des Sabbat und Ähnliches, die erst durch allegorische Deutung in ihrem wahren Sinne erkannt werden können. Nach diesen Sonderungen, welche viel aufgeklärtes Verständnis verraten, wendet sich Ptolemaios der Frage zu, ob denn ein Gesetzbuch solcher Beschaffenheit überhaupt von der vollendeten, obersten Gottheit stammen könne; und er verneint dies. Aber auch von dem Teufel kann es nicht kommen, da es viel Gutes enthält. Hieraus ergibt sich ihm der Schluß, daß ein drittes, in der Mitte zwischen beiden Gegensätzen stehendes Wesen das Gesetz gegeben haben muß. Das Wesen des Widersachers (Teufels) ist Verderbtheit und Finsternis, das Gottes Güte und Licht; der Weltschöpfer aber ist weder Licht noch Dunkel, weder gut noch böse, und kann gerecht genannt werden, da er zwischen beiden den Ausgleich darstellt. Das ungefähr ist der Inhalt jenes überaus klar und einfach geschriebenen Briefes, der wohl erst in die Lehre einführen, alles Schwierigere aber und die Geheimnisse noch nicht berühren wollte. Trotzdem sehen wir auch hier schon, wie Ptolemaios die Gegensätze durch den „Mittler" zu überbrücken trachtet. Seine esoterische Lehre wird also mit den von seinen Schülern mitgeteilten Ansichten im Großen und Ganzen überein gestimmt haben.

Die Schule des Ptolemaios

Die Schüler des Ptolemaios gaben dem Urgrunde zwei Gattinnen, GEDANKE und ENTSCHLUSS, so daß sie eigentlich eine Dreiheit an den Anfang stellten, der christlich-orthodoxen Dreieinigkeit wenigstens äußerlich ähnlich. Diese Dreiheit begründeten sie damit, daß der Urgrund zuerst im GEDANKEN empfing, was er hernach zu vollführen sich ENTSCHLOSS. Aus der gegenseitigen Vermischung von GEDANKE und ENTSCHLUSS also leiteten sie die Entstehung des EINGEBORENEN, den sie auch GEIST nannten, und der WAHRHEIT ab. Und der männliche GEIST war das Abbild des unentstandenen weiblichen GEDANKENS (das hellenische Wort ἔννοια ist weiblich), aber die weibliche WAHRHEIT das Abbild des später entstandenen männlichen ENTSCHLUSSES. Der GEDANKE aber sann die Entsendung der Ewigen, konnte jedoch nicht aus sich selber entsenden, was er dachte. Als aber die Kraft des ENTSCHLUSSES hinzu trat, entsandte er, was er dachte. Andere wieder ließen alle Wesen der Acht zugleich entstehen und leiteten MENSCH und KIRCHE nicht von WORT und LEBEN ab, sondern umgekehrt, indem sie sagten: *„Um des willen, was der URVATER* (1) *hervor bringen wollte, wurde er VATER* (2) *genannt. Da aber, was er hervor brachte, die WAHRHEIT war, wurde es WAHRHEIT* (3) *genannt, da es aber sich selber zeigen wollte, wurde es MENSCH* (4) *genannt. Daß er sie aber, bevor er sie hervor brachte, vorher gedacht hat, das wurde KIRCHE* (5) *genannt. Der MENSCH hat das WORT* (6) *gesprochen, und das ist der erstgeborene SOHN* (7). *Dem WORTE jedoch folgte das LEBEN* (8). *Und so ward die Acht vollbracht."* Auch nannten Andere wieder den URVATER selbst MENSCH und bezeichneten dies als das eigentliche, große Geheimnis ihrer Lehre.

Makros Das System des Markos ist im Grunde bloß die zahlensymbolische Darlegung der valentinianischen Lehre. Einen mächtigen, bereits von Hippolytos ausführlich gewürdigten, zahlensymbolischen Einschlag hatte schon das System des Valentinos selbst mit seinem 8 + 10 + 12 = 30 Ewigen und seinen Personifikationen der ersten Vier und der ersten Acht. Auch wußte bereits Irenaios von einem hervor ragenden Lehrer aus der valentinianischen Schule, der in dem Bestreben, die erste Vierheit noch erhabener und tiefsinniger zu gestalten, über sie schrieb: *Vor allen Dingen ist der Uranfang, der Unerdenkliche, Unsagbare, Unnennbare, den ich als ALLEINHEIT zähle. Dieser Alleinheit liegt zugleich eine Kraft zu Grunde, die ich EINHEIT nenne. Diese Einheit und jene Alleinheit („die das Eine bilden"* ist wohl verfrühter Zusatz), *entsandten, ohne zu entsenden, den gedachten, unsagbaren und unsichtbaren Anfang von Allem, als welchen das Wort die EINS nennt. Dieser Eins liegt zugleich eine ihr wesensgleiche Kraft zu Grunde, die ich hinwieder das EINE nenne. Diese Kräfte, die ALLEINHEIT, die EINHEIT, die EINS und das EINE, entsandten die übrigen Reihen der Ewigen.* Die Lehre von der Vierheit bildet nun auch den Kern des Systems des Markos, der genau dieselbe subtile Unterscheidung zwischen ALLEINHEIT, EINHEIT, EINS und EINEM traf (S. 193). Ihm wurde diese Vier zu einer göttlichen, mannweiblichen Person, welche in ihrer weiblichen Form auf die Erde kam und ihm die göttlichen Geheimnisse offenbarte, da ihre männliche Form die Welt nicht hätte ertragen können. Jene Darlegung des Systems, welche Irenaios uns aufbewahrt hat (No. 17), stammt aus diesen Offenbarungen der Vierheit (Tetraktys). An der Spitze des Weltgeschehens steht die mannweibliche Urgottheit. Markos gehörte also zu jenen Valentinianern, von denen Irenaios sagte, daß sie den Urgrund als mannweiblichen Hermaphroditen bezeichneten, während andere ihn für ungepaart hielten, weder für männlich noch für weiblich und überhaupt für nichts Seiendes; die meisten freilich gaben ihm das Schweigen zur Gattin, das ja auch bei Markos eine mystische Rolle spielte und wohl der weiblichen Seite der Urgottheit entsprechen sollte. In der Schule des Markos selbst bestanden dann wieder gewiß in Hinsicht auf diese wie auf manche andere Glaubenssätze und Gebräuche zahlreiche Abweichungen. Was Irenaios von den Riten der Markosianer erzählt, betrifft wohl auch nur die Schüler, kaum aber mehr den Lehrer selbst. Die Sekte hatte sich damals schon bis an die Rhone ausgebreitet und die Behauptung, daß gerade die Weiber der Verführung körperlich und seelisch unterlagen, weist darauf hin, daß die Schule sich etwa im Sinne der Karpokratianer weiter entwickelte. Ganz karpokratianisch ist ja auch die Überzeugung dieser Markosianer, daß sie die höchste Macht in sich hätten, also jeder Verantwortung bar seien und nichts zu fürchten brauchten. Durch die Erlösung, deren sie vermöge ihrer Mysterienbräuche teilhaftig geworden sein wollten, behaupteten sie, dem Richter, nämlich dem bösen Weltschöpfer, unsichtbar und unfaßbar zu sein. Denn sollte er sie ergreifen wollen, dann würden sie beten: *„O du Beisitzerin Gottes und des verborgenen Schweigens vor aller Ewigkeit! Deine Größe läßt uns durch alle Hindernisse hindurch das Antlitz des Vaters erblicken; dein wollen wir uns als Führerin und Geleiterin bedienen, auf daß du empor führest die Gestalten derer, die jene Erhabenheit im Gedanken gebildet und dann um der Güte des Urvaters willen als Abbilder dieser Gedanken, die wir sind, hervor gebracht hat, als du damals die Vorstellung der überirdischen Vorgänge einem Traume gleich hattest: siehe der Richter ist da und der Herold befiehlt mir, ich solle mich verteidigen – du aber, die du unser beider Sache kennst, und weißt, daß das Wort, das über uns beiden waltet, nur eines ist, steh mir gegen den Richter bei!“* Die Mutter aber würde dieses Gebet sogleich vernehmen, ihnen eine Tarnkappe aufsetzen, die sie dem Richter verbirgt, und sie in das Brautgemach zu ihren himmlischen Angetrauten entrücken. Auch von dem Abendmahle der Markosianer haben wir noch eine gewisse, freilich wahrscheinlich ziemlich entstellte Kunde. Es war ein Liebesmahl im engeren Sinne, genossen zwischen Mann und Weib, wobei die Charis (Gnade) angerufen wurde, eine göttliche Person, welche sonst auch der Sige (Schweigen) gleich galt. Die Handlung begann damit, daß Markos in einem Becher Wein (wohl weißen) mischte (mit Wasser?), dabei aber die Gebete in die Länge zog und durch Beimengung irgend eines Stoffes den Trank plötzlich rot färbte. Waren die leichtgläubigen Weiber hierdurch schon betört, so machte er sie vollends gläubig, indem er den ersten Becher in einen weitaus größeren überleerte, den das Getränk, vielleicht moussierend gemacht durch einen Zusatz, wieder völlig füllte, ja, aus dem es sogar überströmte, also ein neues Wunder! Dann wurde gebetet: *„O du unausdenkbare und unsagbare Gnade, die du vor allem bist! Erfülle meinen inneren Menschen und vermehre meine Kenntnis von dir. Säe das Senfkorn in die gute Erde."* Auch soll Markos behauptet haben, er besitze einen Dämon, durch den er selbst prophezeien und die Gabe der Prophetie auch verleihen könne, wem er wolle. Namentlich schöne und reiche Weiber soll er damit verführt haben, indem er zu ihnen sprach: *„Ich will, daß du an meiner Gnade Teil habest, weil der Vater Aller deiner Engel stets vor seinem Antlitz sieht. Der Ort deiner Größe ist aber in uns. Wir müssen uns vereinen. Nimm zuvörderst von mir und durch mich die Gnade, schmiege dich an mich wie eine Braut, die ihren Bräutigam aufnimmt, auf daß du ich seiest und ich du. Opfere in deinem Brautgemache den Samen des Lichtes. Empfange von mir den Bräutigam und nimm ihn auf und laß dich in ihm nehmen. Siehe, die Gnade ist auf dich herab gekommen, öffne deinen Mund und prophezeie!"* Sagte dann das Weib: *„Noch nie habe ich prophezeit und ich weiß nicht, wie man das macht,"* dann betete er von neuem über sie und sagte wieder: *„Öffne deinen Mund; sprich was immer und du prophezeist."* Und so brachte er die Weiber durch das voran Gegangene und solche Gebete in Erregung, bis sie sinnlose Laute ausstießen und abgerissene Worte als Prophezeiungen stammelten. Dies der sicherlich verzerrte Bericht des Irenaios. Trotzdem tut man nicht recht, sich all zu sehr für Markos ein zu setzen und die Sittenreinheit seiner Lehre zu verteidigen. So gut, wie alle angeführten Formeln streng geistigen Sinn haben konnten und vielleicht ursprünglich ganz unschuldig gemeint waren, eben so gut konnten sie bei der bekannten Neigung der Gnostiker zu Ausschweifungen in der Enthaltung wie in der Zügellosigkeit in jedem beliebigen Augenblicke auch die derb sinnlichste Deutung vom Lehrer wie von seinen Schülern erhalten.

Monoïmos

Den mathematischen Spekulationen des Markos steht die Lehre des Monoïmos, eines Arabers, von dessen Lebenszeit und näheren Schicksalen wir nichts wissen, so nahe, daß sie wohl am besten an dieselben unmittelbar angeschlossen wird. Hippolytos gibt aus ihr etwa folgenden, wohl hin und wieder auch wörtlichen Auszug:

Der MENSCH *ist das All, ungeboren, unvergänglich, ewig; aber der* SOHN *des vorbezeichneten Menschen ist geboren, dem Leiden unterworfen, unverzüglich entstanden, unwillkürlich, ohne Vorherbestimmung. Das ist die Kraft dieses* MENSCHEN.

Da er nun derart beschaffen war, entstand der SOHN *rascher als jeder Gedanke oder Entschluß. Und das ists, was geschrieben steht: „Es war und er entstand," was nämlich heißt: ‚Es war der* MENSCH *und es entstand sein* SOHN,' *so wie wenn einer sagte: ‚Es war Feuer und es entstand Licht,' nämlich unverzüglich, unwillkürlich und ohne Vorherbestimmung, aber zugleich damit daß Feuer war.*

Dieser MENSCH *ist eine Einheit, eine unzusammengesetzte unzerlegbare, zusammengesetzte zerlegbare, durchwegs freundliche, durchwegs friedliche, durchwegs streitbare, durchwegs gegen sich selber feindliche, ungleichartige gleichartige - eine der musikalischen Harmonie ähnliche, die alles in sich enthält, was einer nur nennen kann und auch was er etwa ausließe, da es sich seinen Gedanken entzöge, eine alles aufweisende, alles zeugende. Sie (die Einheit) ist* MUTTER, *sie ist* VATER, *und das sind die beiden unsterblichen Namen.*

Beispiels halber jedoch stelle dir als allergrößte Bildnis des vollendeten MENSCHEN *ein Jota vor, dies eine Strichlein, das ein einziges, unzusammengesetztes, einfaches Strichlein ist, eine offenkundige Einheit, die überhaupt aus nichts zusammengesetzt und doch zusammengesetzt, ist dies mit mannigfachen Antlitzen und tausenderlei Aussehen und unzähligen Namen ausgestattete Strichlein des Jota, das das Bild jenes vollendeten, unsichtbaren* MENSCHEN *ist.*

Die Einheit aber ist das eine Strichlein und zugleich die Zehn. Und in dem einen Strichlein des Jota liegt die Kraft der Zwei und der Drei und der Vier und der Fünf und der Sechs und der Sieben und der Acht und der Neun - bis zur Zehn. Denn das sind die vielfach gespaltenen Zahlen, die in jenem einen einfachen und unzusammengesetzten Strichlein des Jota wohnen. Und das bedeutet das Schriftwort „daß es der ganzen Fülle gefiel körperlich zu wohnen im SOHNE *des* MENSCHEN*"* (Kol. 119). *Denn derartige Zusammensetzungen der Zahlen sind aus dem einfachen und unzusammengesetzten Strichlein jenes Jota entstandene körperliche Grundlagen.*

Aus dem vollendeten MENSCHEN *also entstand der* SOHN *des* MENSCHEN, *den keiner erkennt. Doch bildete sich die gesamte Schöpfung gleichwie das Weibe Geborene einen* SOHN *in ihrer Unkenntnis, und dieses* SOHNES *Strahlen, die nur ganz matt bis zu dieser Welt dringen, halten zusammen und beherrschen die Veränderung, das Entstehen.*

Aber die Schönheit jenes SOHNES *des* MENSCHEN *ist bis jetzt unerfaßlich allen Menschen, die über die Geburt des Weibes im Irrtume sind. Denn von jenem* MENSCHEN *ist keines der irdischen Dinge entstanden und wird auch nie entstehen. Und was ehedem entstand, entstand nicht vom ganzen* SOHN *des* MENSCHEN, *sondern nur aus einem seiner Teile. Denn der* SOHN *des* MENSCHEN *ist ein Jota, ein Strichlein das nach oben strömt, selber voll und alle erfüllend, in sich umschließend, was der Mensch umschließt, der* VATER *des* SOHNES *des* MENSCHEN.

Die Welt nun entstand, wie Moses sagt, in sechs Tagen, das heißt, aus sechs Kräften, die in dem einen Strichlein des Jota sind, nämlich aus denen der Zahlen von eins bis sieben, wobei die Sieben die Ruhe und der Sabbat ist. Und auch die Elemente: Erde und Feuer, Wasser und Luft, aus denen das Weltall besteht, sind aus Zahlen innerhalb dieses Strichleins entstanden. Denn Würfel, Oktaeder, Tetraeder und Dodekaeder, aus denen sich Erde, Wasser, Feuer und Luft zusammen setzen, sind aus Zahlen entstanden, die in jenem einfachen Strichlein des Jota enthalten sind, das der vollendete SOHN *des vollendeten* MENSCHEN *ist.*

Wenn also Moses von dem Stabe berichtet, der sich wechselreich in die Plagen Ägyptens wandelte, die allegorische Symbole für die Schöpfung sind, so gibt er nicht mehr als zehn Gestalten diesem Stabe, der das eine Strichlein ist.

Doppelt, ja bunt, sind diese zehn Plagen, die Beschaffenheit der Welt. Denn ähnlich den Weinreben kommt bei allen nur durch das Behauen Geburt und Fruchtertrag zu Stande. Der Mensch fährt aus dem Menschen heraus, wird als Teil gleichsam mittels eines Schlages losgetrennt, auf daß er geboren werde und das Gesetz verkünde, das Moses von Gott empfangen und festgesetzt hat. Nach jenem einen Strichlein geschieht es, daß das Gesetz, die zehn Gebote, die göttlichen Geheimnisse der Offenbarung im Gleichnisse ausdrückt. Denn jegliche Erkenntnis des All besteht aus zehn Schlägen und zehn Worten, die niemand von denen kennt, die über das Gebären des Weibes im Irrtume sind. Und sagst du, die fünf Bücher Mosis seien das ganze Gesetz, so ist dies nur wahr in Hinblick auf die in jenem einen Strichlein enthaltene Fünf. Und das All ist für die, so nicht im Irrtume sind, in jeder Hinsicht ein Geheimnis, ein neues, noch immer nicht überlebtes Fest, durch Herkommen begründet, ewig für alle unsere Geschlechter, das Osterfest unseres Herrgottes, beobachtet von denen, die zu sehen vermögen, am Beginne des zehnten Tages (des Monats), der der Anfang der Zehnheit ist, nach der man zählen muß."

Monoïmos stand also auf dem Boden jüdischer Doktrin und beschäftigte sich vor allem mit dem alten Testamente. Der Sohn des MENSCHEN ist ihm ein „Jota". Daraus darf man, wenn man Markos vergleicht, schließen, daß auch Monoïmos an den Namen Jesus dachte, der mit Jota beginnt; denn auch Markos hat an das Jota dieses Namens mystische Spekulationen geknüpft. Ferner nahm Monoïmos auch einen großen Abstand zwischen der unvergleichlichen, unfaßbaren Schönheit des Sohnes des MENSCHEN und der gesamten Schöpfung an, die ihn nur mehr in mattem Lichte erblickt und bloß aus einem seiner Teile entstand. Hier ist man versucht, an Valentinos zu denken, der neben dem Gesalbten auch noch einen Schatten aus der Urmutter Weisheit entstehen und erst aus diesem die Weltschöpfung hervor gehen ließ. Auch Anklänge an die antike Philosophie finden sich in dem Systeme des Monoïmos, so vor allem an die Lehre von den Zahlenkörpern: Würfel, Oktaeder, Tetraeder, Dodekaeder in Platons Dialog Timaios (p 58 c ff), aber auch an Demokritos, der da lehrte (fr. 32, Diels FVI [2] 398) *„Beischlaf ist gleichsam ein gelinder Axthieb des Todes* (Schlaganfall); *denn da fährt ein Mensch aus dem Menschen heraus, wird als Teil gleichsam mittels eines Schlages losgetrennt."* Die letzten Worte hat also Monoïmos auch wörtlich herüber genommen.

Bardesanes und seine Schule

Auf streng dualistischem Boden stand Bardesanes (auch Bardaison oder Ibn Daisan, nach dem Flusse gleichen Namens genannt, geb. am 11. Juli 154, gest. 222), der zusammen mit seinem Sohne Harmonios angeblich ebenfalls der Schule des Valentinos angehörte. Es ist von besonderem Interesse, daß er eingehende Kenntnisse über die religiösen Gedanken und Einrichtungen der Inder besaß, die er angeblich den Erzählungen von indischen Gesandten entnahm, welche unter der Führung eines gewissen Dandamis nach Syrien kamen, als der Kaiser Antoninus dort weilte. Diese Leute berichteten, in ihrem Lande, im Nabelpunkte der Erde, befinde sich in einem großen Berge eine ungeheure, natürliche Höhle, in dieser aber eine Statue, etwa 10 oder 12 Ellen hoch, aus wunderbarem Stoffe, weder Erz noch Holz. Das Wesen, das sie darstellt, hält die Hände ausgestreckt in der Form des Kreuzes; die rechte Seite seines Antlitzes ist männlich, die linke weiblich, ebenso der rechte Arm, der rechte Fuß und überhaupt die rechte Hälfte von entgegen gesetztem Geschlechte wie die linke. Auf der rechten Brust war die Sonne, auf der linken der Mond eingezeichnet; auf dem übrigen Körper waren die Planeten in ihrer Zahl abgebildet, ferner Berge, Flüsse, das Meer, der Randstrom, Pflanzen, Tiere und überhaupt alles, was es gibt. Gott soll diese Statue seinem Sohne gegeben haben, als er die Welt gründete, damit derselbe sie als deren Vorbild besäße. Einst wagte ein König, der Statue ein Haar aus zu reißen, und sogleich floß Blut aus der Wunde. Auf dem Haupte dieser Statue befindet sich ein Bildnis Gottes, der auf einem Throne sitzend dargestellt ist. Wenn es heiß ist, schwitzt die Statue, weshalb ihr dann die Brahmanen Kühlung zufächeln. Unterbleibt dies, so wird der Schweiß so stark, daß er die Erde ringsum befeuchtet. Im Hintergrunde der Höhle trifft man, mit Fackeln vordringend, auf eine Türe, aus der Wasser hervor quillt, das in einem Teiche am Ende der Höhle sich befindet. Wer rein ist von jedem Fehl des Lebens, kommt unbehindert durch die Türe, die sich vor ihm weitet; jeder Andere vermag nicht, sich durch zu zwängen. – Hierin liegen genug Anklänge an Mysterienbräuche, ja die Statue selbst verglich Bardesanes mit dem Gekreuzigten, der ja überdies in so vielen gnostischen Systemen mannweiblich gedacht wurde. Leider wissen wir nicht, ob und welchen Einfluß die Begegnung mit den indischen Gesandten auf die Entstehung und Ausbildung des Systemes des Bardesanes hatte, ja ob sie nicht geradezu fingiert war, um bardesanische Lehre in dieser Einkleidung dar zu stellen. Hauptsitz der von ihm ausgehenden gnostischen Bewegung war Edessa, aber seine Anhänger fühlten sich anfangs so wenig wie die des Valentinos als Häretiker. Später wirkten parsistische Lehren stark auf sie ein. Von dieser Schule berichtet der Fihrist, daß sie in Hiblick auf die Lehre von Licht und Finsternis in zwei Sekten zerfällt: *„Die eine behauptet, daß das Licht mit der Finsternis aus eigener freier Wahl sich vermischt habe, um sie aus ihrem Zustande zu befreien, und als es nun darin befangen war und sich von derselben frei zu machen wünschte, war ihm dies unmöglich. Die andere Sekte nimmt an, daß das Licht die Finsternis von sich ausstoßen wollte, als es deren Härte und üblen Geruch wahrnahm, daß es aber wider seinen Willen nur immer tiefer in sie verwickelt wurde, ganz so wie in den Menschen, sobald er einen Körper mit spitzigen Splittern von sich entfernen will, diese eindringen und bei jedem Versuche, sie von sich ab zu stoßen, immer tiefer in ihn hinein sinken. Ibn Daisan behauptete, daß das Licht von einem Geschlechte und die Finsternis von einem anderen Geschlechte sei, und einige Daisanija nehmen an, daß die Finsternis die Wurzel des Lichtes ist und sprechen sich dahin aus, daß das Licht lebendig, mit Sinnen begabt und wissend, die Finsternis aber das gerade Gegenteil, blind, ohne Sinne und unwissend ist. Daher wurden sie beide einander widerwärtig. Die Anhänger des Ibn Daisan waren früher in den Sumpfdistrikten zu Hause, und auch in China und Chorasan finden sich ihre Gemeinden zerstreut, ohne daß man einen Vereinigungspunkt oder ein Gotteshaus von ihnen kennt."*

Die drei Stämme gnostischer Schulen

Jeder der drei Stämme der gnostischen Schulen, die wir soeben betrachteten, hat seine Eigenart. Der von Valentinos ausgehende zeichnet sich vor allem durch die verwickelte Äonologie (Lehre von den Ewigen) aus, die schon bei ihren Anfängen stark zur Zahlenmystik hinneigt und ihr später vollends verfällt; der von Kerdon ausgehende ragt durch die in ihm vorherrschende, streng asketische Lebensauffassung hervor, ferner durch das große Interesse für die Schriftdeutung, die entweder das Mittel sein sollte, um die Überlieferung der heilig gehaltenen Schriften über den Leisten dieser Richtung der Gnosis zu schlagen oder vielleicht hin und wieder sogar das alsdann allerdings zu schwache Mittel war, ältere Schreibungen gegen die geschlossene und besser organisierte Tradition der Kirche zu verteidigen; der auf Menandros zurück geführte Stamm berührt sich zum Teile mit dem von Kerdon ausgehenden, zum Beispiele in dem ophitischen Anklange in den Systemen des Satornilos und der Severianer, ist aber in sich minder geschlossen, da die Systeme des Menandros und Satornilos einerseits und die des Basileides und seines Sohnes anderseits mit einander wenig zu tun haben und die Verbindung zwischen ihnen wohl bloß durch die gemeinsame Herkunft des Satornilos und Basileides aus Antiochia hergestellt war. Auch der Stamm des Kerdon und des Valentinos sind einander nicht völlig fremd, da Prepon und Ptolemaios eine gewisse Ähnlichkeit durch die Annahme des dritten, zwischen Gut und Böse vermittelnden Prinzipes aufweisen. Fügt man hinzu noch die Erwägung, daß das System der Ophiten, wie es etwa in No. 5 auftrat, so außerordentlich nahe Beziehungen zu dem der Valentinianer (No. 16) besitzt und daß auch bei Satornilos der MENSCH der oberste Gott war, dann wird man erkennen, daß den an Justinos anschließenden Ketzerbestreitern eine systematische Verarbeitung der gnostischen Überlieferung ebenso wenig gelungen ist, wie bisher der modernen Wissenschaft. Sie mögen zwar im Allgemeinen die zeitliche Abfolge und im Großen und Ganzen auch die Charakteristik gewisser Richtungen, wie sie sich etwa in unserem Schema (siehe S. D.) darstellen ließ, zutreffend wieder gegeben haben, aber daß sie dabei tatsächlich ein verläßliches Bild von der Entstehung und Entwicklung der gnostischen Bewegung entwarfen, darf man nicht glauben. Denn wie viel über solche Dinge damals spekuliert und wie wenig wirklich gewußt wurde, scheint mir auch noch aus einem anderen Umstande hervor zu gehen. Hegesippos hat in seinem um das Jahr 180 geschriebenen aber leider nicht erhaltenen häresiologischen Werke fünf christliche Ursekten der Gnosis von den Schulhäuptern Simon, Kleobios, Dositheos, Gorthäus und Masbotheus abgeleitet. Auch war er der erste, der die christliche Gnosis auf die vorchristlichen jüdischen Sekten zurück führte, deren er sieben unterschied, nämlich die Essener, Galiläer, Hemerobaptisten, Masbothäer, Samariter, Sadduzäer, Pharisäer. Von vielen dieser Sekten wissen wir fast nichts (das wenige uns Bekannte wird unten zur Sprache kommen) wohl aber ist, scheint mir, auch hier die systematisierende Absicht deutlich; denn 7 biblische und 5 urchristliche Sekten sind zusammen 12, und die Zerlegung der symbolischen 12 in 7 und 5 ist so typisch für die Zahlenspekulationen jener Zeit, daß die zwölf ursprüngliche (jüdische und christliche) Häresien umfassende Liste des Hegesippos womöglich noch unverläßlicher sein dürfte als die drei ursprüngliche Irrlehren umfassende Aufstellung der von Justinos ausgehenden Häresiologen, die zudem wohl aus älterer Tradition erfloß.

Der historische und der legendäre Simon

Alle diese Erwägungen zeigen zur Genüge, daß Simon Magus doch nur in den Augen der Ketzerbestreiter und jener Tradition, die auch noch zum Teile in der Apostelgeschichte, den Petrusakten, wo von dem mißglückten Himmelsfluge des Simon berichtet wird, oder den pseudoklementinischen Schriften zum Ausdrucke kam, aber sicherlich nicht in Wirklichkeit, der „Vater der Gnosis" war, die sich auch natürlich nicht von drei hervor ragenden Schülern des Simon herleiten läßt, sondern einen ganz anderen Ursprung gehabt haben muß. Hierzu kommt, daß auch die Simonlegende ihrerseits (S. 302 f.) beweist, wie viel historisch Haltloses an den Namen des Simon anknüpfte und wie wenig man darin den vielleicht ehedem vorhandenen geschichtlichen Kern noch wird finden können. So ist denn selbst nicht unmöglich, daß die, wenngleich nicht ausgesprochene, so doch stets deutlich fest gehaltene Dreizahl der von Simon ausgegangenen Irrlehren, die man dann natürlich erst vermutungs Weise mit den Namen Menandros, Kerdon, Valentinos in Verbindung gebracht hätte, sich aus einem Mißverständnisse späterer simonianischer Lehre ergab, nach welcher der Meister für die Samaritaner Gott Vater, für die Juden Gott Sohn, für die Heiden der Heilige Geist gewesen sein sollte. Aber auch wenn man, statt dies an zu nehmen, lieber verzichten will, einen Grund für die Konstruktionen der Häresiologen zu finden, so muß man doch wenigstens an der Haltlosigkeit dieser Konstruktionen selbst fest halten, und dies um so mehr, als unser allgemeines Ergebnis im Besonderen sowohl durch die Lage der übrigen Überlieferung über Simon als auch durch die Schattenhaftigkeit der spärlichen Angaben über seinen „Lehrer" Dositheos bekräftigt wird. Denn das System der großen Apophasis, das uns Hippolytos unter Simon Namen erhalten hat, trägt, auch wenn die große Apophasis selbst wieder die Überarbeitung einer älteren Apophasis ist und wenn auch Hippolytos aus ihr bloß ein Exzerpt besessen haben dürfte, den Stempel einer bedeutsamen philosophischen Persönlichkeit auf sich und enthält überdies alle Aufklärungen, die zur Entwirrung der später an den historischen Simon, der eben alsdann die Apophasis wirklich verfaßt hätte, anknüpfenden und weit von ihm wegführenden Simonlegende erforderlich sind. Die Simonlegende selbst aber stand im Dienste der Ketzerbekämpfung, und so ziemlich jeder Ketzer, dessen Namen man nicht kannte oder nicht kennen wollte, konnte als „Simon" bezeichnet werden. So wurde Simon einfach zum Prügelknaben für alles, was man nicht unter seinem wahren Namen an zu greifen vermochte. Also werden wir eben zwischen dem Philosophen und Gnostiker Simon, der die Apophasis, vielleicht geraume Zeit vor dem Beginne der christlichen Zeitrechnung, verfaßte und von dem uns wie von machem anderen gnostischen Systeme Hippolytos die einzig verläßliche Kunde gebracht hat, und dem Ketzer Simon, dem „Vater der Gnosis", dem Zeitgenossen der Apostel, der durch die Legende bekämpft werden sollte, genau unterscheiden müssen. Und nicht der historische, sondern nur der legendäre Simon wurde auch zum Schüler des Dositheos gemacht, was wir erkennen können, obgleich wir von diesem Lehrer so wenig wissen.

Dositheos

Der richtige Name des Dositheos lautete wahrscheinlich Dusithan oder Dosthai. Er soll 30 oder richtiger 29 $^1/_2$ Jünger gehabt haben, nämlich 29 männliche und ein Weib, Helena, die nur als halbe zählte. Ihre Bedeutung in der Simonlegende ist bekannt (S. 302ff.) und allein hieraus geht hervor, daß eben auch Dositheos und sein „Kreis" zum legendären Simon gehören. Nun wurde schon längst bemerkt, daß die 29 $^1/_2$ Jünger den 29 $^1/_2$ Tagen des synodischen Mondmonates, aber auch den Grundzügen valentinianischer Äonologie entsprechen dürften, da Helena die Sophia der Valentinianer vertrete, die als 30ter (richtiger 29 $^1/_2$ ter) Ewiger die Fülle verließ und das Weltgeschehen herbei führte. Aber wie diese Beziehungen zu deuten seien, ist fraglich; denn einerseits könnte man annehmen, Dositheos habe sein äonologisches System durch die Jüngerschar nachbilden lassen (etwa wie die Phibioniten eigentlich einen Verein von 365 Leuten bei ihren Orgien voraus setzen) und andererseits wäre möglich, daß man erst später aus undeutlichen Nachrichten über seine Lehre eine solche Organisation der Schule erschloß. Völlig legendär ist, was vom Tode des Dositheos erzählt wird. Er soll sich gegen Ende seines Lebens in eine Höhle zu Bußübungen zurück gezogen haben, wo er der Speise und des Trankes entbehrend verhungerte. Als man ihn später suchte, fand man nur seinen in Fäulnis übergegangenen, in Würmer aufgelösten Körper, an dem ein Fliegenschwarm sich gütlich tat. Die böswillige Absicht des Erzählers, das Ende des Ketzers recht abstoßend zu schildern, ist in Abzug zu bringen und dann bleibt übrig, daß sich Dositheos vor seinem Tode in die Einsamkeit zurück zog und dort in Würmer zerfiel. Denn Fäulnis und Fliegenschwarm sind leicht kenntliche Zutaten, wenn man erwägt, daß auch ein großer Lehrer eines großen Schülers schon im grauen Altertume ähnlich geendet haben soll. Von Pherekydes nämlich, dem Lehrer des Pythagoras, wird erzählt, daß er sich vor seinem Tode in sein Haus zurück zog und, nachdem Pythagoras zu seiner Pflege herbei geeilt war, in Läuse zerfiel. Dieser mythischen Krankheit erlag angeblich auch der Römer Sulla. Aber eine Variante erzählt, daß er nicht in Läuse sondern in Schlangen sich auflöste. Dadurch ist die Verbindung mit den Würmern des Dositheos hergestellt und bewiesen, daß Schlangen und Läuse einander mythisch umso eher gleich galten, als beide Tiere Symbole der Vernichtung waren. Auch beim Tode des Neuplatonikers Plotinos will sein Schüler Eustochios, dessen Ankunft der Sterbende noch abgewartet hatte, eine Schlange dem Körper des Lehrers entkriechen gesehen haben. Der sterbende Lehrer, der in Läuse, Schlangen oder Würmer zerfällt oder dessen Seele sich in eine Schlange verwandelt, wozu der herbei geeilte Lieblingsschüler eben noch zurecht kommt, ist also eine häufigere Gestalt der Legende, so daß vielleicht auch Dositheos von Simon in jener Höhle gefunden wurde, obgleich die verblaßte Überlieferung nicht mehr weiß, wer ihn fand. Die Analogie zwischen Pherekydes und Pythagoras, Dositheos und Simon erstreckte sich jedoch allem Anscheine nach noch weiter; denn wie Dositheos 30 Schüler, hat Pythagoras deren 28, zu denen er selbst und seine Frau hinzu zu rechnen sind, so daß wir auch hier auf eine 30 stoßen. Freilich ist hierbei das Verhältnis zwischen Schüler und Lehrer vertauscht, da wir ja eigentlich alsdann erwarten sollen, von 30 Schülern des Simon und nicht des Dositheos Nachricht zu erhalten. Selbst die Möglichkeit, daß Simon vielleicht um eines solchen ihm irgend wann zugeschriebenen (und später verschiedenartig, zum Beispiel durch Übernahme der Leitung der Schule des Dositheos begründbaren) legendären Schülerreichtums willen zum „Vater der Gnosis“ gemacht worden wäre, ist nicht ganz ausgeschlossen und verdient bei der großen Dunkelheit und Unsicherheit des Gegenstandes zu mindest Erwägung. Auch Dositheos, der Lehrer Simons, dem man die Abfassung eines Kommentares zu dem angeblich von Moses verfaßten Oktateuch, dessen drei letzte Bücher die über die geschichtlichen Angaben der fünf ersten hinaus gehende Geheimlehre enthalten haben sollen, zuschrieb, ist doch wohl identisch mit jenem, wohl nur irrtümlich später angesetzten Eukratiten Dositheos aus Kilikien, der durch acht Bücher hindurch (also gelegentlich der in ebenso viele Bücher zerfallenden Erläuterung des Oktateuch) seine Lehre – offenbar dem Texte der Schrift des Moses gegenüber – verfochten haben soll. Der programmatische Satz: *Durch* (geschlechtliche) *Gemeinschaft hat die Welt ihren Anfang erhalten, durch Enthaltsamkeit soll sie ihr Ende nehmen,* der von diesem späteren Dositheos stammt, enthält die Gegenüberstellung der beiden Grundbegriffe gnostischer Moral in einer Form, die etwa auch Polemik gegen eine Richtung wie die des Epiphanes (s. u.) bezwecken könnte. Einen chronologischen oder sonstigen historischen Anhaltspunkt kann man aber hieraus nicht entnehmen und irgend etwas Zuverlässiges läßt sich natürlich hierüber eben so wenig ausmachen, wie über Disotheos selbst. Denn auch wenn wir mit Recht ihn und Simon mit Pherekydes und Pythagoras verglichen hätten, kann man doch nicht ermitteln, auf welchem Wege die Pythagoraslegende hier auf die Simonlegende, die Ursprungssage hellenischer Philosophie auf die gnostischer Theosophie, Einfluß genommen haben sollte, und wenn später die Gnosis durch ihre Vorliebe für Zahlensymbolik sich vielfach an die pythagoreische Philosophie annäherte und ihr einzelne Lehren sogar geradezu entnahm oder nachbildete, so kann sie doch auch manche Antriebe und Keime zu solcher Entwicklung auf einem von Hellas unabhängigen Wege erhalten haben. Auch hier also muß man sich hüten, aus Übereinstimmung oder Anklängen verfrühte Folgerungen zu ziehen.

b) LEHRER UND SEKTEN IN VERMITTELNDER STELLUNG

Eine besondere Stellung nehmen jene angeblich gnostischen Lehrer ein, von denen nur Sätze nicht ausgeprägt gnostischen Inhalts erhalten sind, und natürlich auch jene Sekten, welche noch nicht die Eigenart gnostischer Lehre, wohl aber manche, vielleicht zum Teile vorbereitende Anklänge an dieselbe besitzen.

Nikolaos

Zu den Lehrern dieser Art gehört Nikolaos. Er war einer der sieben Diakonen, die von den Aposteln über die Witwen gesetzt wurden und zeichnete sich, wie Klemens selbst angesichts der Ausschweifungen seiner angeblichen Schüler feststellen muß, durch besondere Sittenstrenge aus, weihte seine Töchter dem jungfräulichen Stande und erzog seine Söhne zu völliger Enthaltsamkeit. Er lehrte, man sollte gegen das Fleisch ankämpfen, ihm keine Sättigung an maßlosen Genüssen gewähren und lieber die Seele durch Glauben und Einsicht bereichern. Spätere griffen aber seinen bei ihm völlig asketisch gemeinten Satz: „Mißbrauche das Fleisch“ auf, kehrten ihn um und sahen in diesem Worte eine Aufforderung zur Zügellosigkeit. So kommt es, daß alsbald immer mehr Gerüchte über die Unzucht bei den Nikolaiten in Umlauf kamen. Ob aber Nikolaos selbst ein theologisches System aufgestellt hat, das ihn als Gnostiker kennzeichnen konnte, wissen wir nicht. Aus seinen asketischen Neigungen allein läßt sich dies wohl nicht folgern.

Kerinthos

Ähnliches gilt von Kerinthos oder Merinthos, den manche zum Verfasser der Johannesapokalypse machen wollten, während wieder Andere meinten, daß Johannes gegen ihn sein Evangelium verfaßt habe (um die von Kerinthos geleugnete Praeexistenz Christi zu beweisen). Er hielt an der Beschneidung fest, polemisierte gegen den Heidenapostel

Paulus und verwendete ein von dem Unseren abweichendes Matthäusevangelium. Wenn es wahr ist, daß er in ägyptische Geheimlehren eingeweiht war, einen Gegensatz zwischen Gott und dem Weltbildner mit seinen Engeln annahm und Jesum für den Sohn des Joseph und der Maria hielt, in den der Retter erst bei der Taufe in Gestalt der Taube herab kam, dann würde er allerdings schon gnostische Lehren vertreten haben. Doch scheint dem zu widersprechen, daß er die Beschneidung, die dann doch nach seiner Ansicht ein Gesetz des Weltbildners wäre, beibehalten wollte.

Die Ebioniten

Kerinthos führt uns auch sofort zu einer jener nicht eigentlich gnostischen Sekten, die ebenfalls eine isolierte Stellung einnehmen, nämlich den Ebioniten oder „armen Männern". Man bezeichnet ihn selbst als Ebioniten, und neuere Forschung betrachtete die Ebioniten sogar als die Träger des eigentlichen, am Judentume fest haltenden und von Paulus so erfolgreich bekämpften Urchristentumes. Und hier wäre dann auch die Stelle, wo die zahlreichen großen Teils noch ungelösten Fragen nach dem Ursprunge des Christentumes auch noch für die Behandlung der gnostischen Systeme in Betracht kämen, wenn sie sich eben nur irgend schon mit Sicherheit beantworten ließen. Mit dem Schlagworte, die Ebioniten seien die eigentlichen Urchristen und als solche eben Judenchristen gewesen, ist nämlich gar wenig geholfen, und die Häresiologen lassen uns hier ebenfalls fast im Stiche. Bloß der gerade in diesen Partien sehr konfuse Epiphanios behauptet, die Christen hätten ehedem insgesamt gar nicht so geheißen. Vielmehr hätten sie sich Nazoräer (nicht Nazarener) genannt, und diese Sekte habe schon lange vor Christo bestanden. Später sollen die Nazoräer sich dann nach Jessai, dem Vater Davids, Jessäer genannt haben, bei der Eroberung Jerusalems durch die Römer vertrieben und als Juden nicht mehr zur Neuansiedlung zugelassen worden sein. So erkläre es sich, meint Epiphanios, daß es noch zu seiner Zeit versprengte Nazoräer in Coelesyrien, Dekapolis, Pella, ja selbst in Mesopatamien gab, während die Christen in Antiochia sich von ihnen losgelöst hätten. Ob das wirklich ein Stückchen Urgeschichte des Christentumes ist, läßt sich nicht mehr erhärten. Wohl aber ist daran fest zu halten, daß die Neigung der Häresiologen, die judenchristlichen, jüdischen und samaritanischen Sekten für die heidenchristlichen Häresien verantwortlich zu machen und also die Häresie überhaupt auf das Judentum zurück zu führen, auf Hegesippos (um 180) zurück geht, der zuerst diesen Weg einschlug, während allen Früheren nichts der Art bekannt ist. Und wenn auch die Tatsache, daß eine jüdische Gnosis der christlichen voran ging, schon angesichts der Essener Therapeuten und ähnlicher Sekten, deren Ordensregeln wir zwar teilweise, deren eigentliche Lehre wie aber so gut wie gar nicht kennen, nicht zu leugnen ist, so wird ja eben auch in gewissem und verwandtem Sinne vielleicht von einer ägyptischen, hellenischen, persischen und chaldäischen Gnosis vor der christlichen gesprochen werden dürfen, wie dies weiter unten noch näher ausgeführt werden soll. Aber das Wenige, das wir von den Ebioniten wissen, liegt nicht in dieser Richtung. Wesentlich für die älteren Phasen ebionitischer Lehre scheint gewesen zu sein, daß Christus in diesem Kreise als gewöhnlicher Mensch galt, in den erst bei der Taufe der Geist herab kam, daß er etwa der im Alten Testamente voraus verkündete Messias sein und kommen sollte, um das jüdische Gesetz zu erfüllen, nicht aber ein neues zu geben, ja daß man meinte, er werde das tausendjährige Reich Gottes auf Erden begründen. In all dem ist keine Spur von eigentlicher Gnosis, obgleich natürlich spätere gnostische Systeme offenbar wiederholt an einzelne dieser Ansichten anknüpften, oder von ihnen beeinflußt wurden.

Die Elchasaiten

Ein solches Bindeglied zwischen den Ebioniten und der Gnosis stellen die Elchasaiten dar, und zwar ein ganz wunderliches. Denn einerseits standen sie auf dem Standpunkte des jüdischen Gesetzes, anderseits aber hatten sie ihren Ursprung aus dem Lande der Parther genommen. Bekannt wurde diese Lehre in Rom zur Zeit des Papstes Kallistus (um 220), entstanden ist sie sicherlich geraume Zeit vorher. Ein gewisser Alkibiades, aus Apameia in Syrien gebürtig, brachte ein Buch nach Rom, das ein gewisser Sobiai von dem überaus gerechten Elchasai (der Name wurde von den Sektierern selbst als die „verborgene Kraft" gedeutet) aus Serai in Parthien erhalten haben sollte, während Elchasai es von einem Wesen empfangen hatte, dessen Höhe 24 Schoinen, d. h. 96 Meilen, maß, während seine Breite 4 Schoinen und der Abstand seiner Schultern 6 Schoinen betrug und seine Fußstapfen $3\frac{1}{2}$ Schoinen, d. h. 4 Meilen, in der Länge, $1\frac{1}{2}$ Schoinen in der Breite und 1 Schoines in der Tiefe hatten. Und in seiner Begleitung befand sich ein weibliches Wesen von gleichen Maßen. Das männliche Wesen war der Sohn Gottes, das weibliche der Heilige Geist; denn der Heilige Geist ist die Schwester des Sohnes Gottes, der auch schon in Adam erschien und in den Propheten. In diesem Buche wurde für das dritte Jahr der Regierung des Kaisers Trajan ein neuer Ablaß der Sünden all denen verkündet, die an seinen Inhalt glauben würden. Es enthielt die Forderung, man solle nach dem jüdischen Gesetze leben und die Beschneidung beibehalten, und lehrte, daß Jesus ein gewöhnlicher Mensch und auf gewöhnliche Art geboren worden sei, aber nicht einmal sondern schon öfters, da die Seelen durch verschiedene Körper wandern müssen. Zugleich mit der Kunst der symbolischen Buchstabenrechnung und Gestirnbetrachtung sollte die Erforschung der Zukunft vermittelt werden. Zaubergesänge gegen Krankheiten und Dämonen bildeten einen wichtigen Teil der Lehre. Alle Gebete sollten so verrichtet werden, daß das Antlitz des Betenden stets gegen Jerusalem gewandt sei. Aber das Feuer und das Verbrennen der Opfer verabscheuten sie, indes sie das Wasser für heilsam und glückbringend hielten. In einer ihrer Schriften hieß es: „*Kinder, nahet nicht dem Scheine des Feuers, daß ihr nicht irret; denn derlei ist Irrtum .... Nahet nicht seinem Scheine, nahet lieber dem Schalle des Wasser.*" Daher spielte bei ihnen die Taufe die größte Rolle, und zwar in Gestalt eines sündenvergebenden Tauchbades. Dabei sprachen sie: „*Wenn also einer, o Kinder, irgend einem Tiere oder einem Manne oder der Schwester oder Tochter genahet ist oder eine Ehe gebrochen oder geburt hat, und er will seiner Sünden Nachlaß erhalten, möge er ein Tauchbad nehmen im Namen des großen und höchsten Gottes und im Namen seines Sohnes, des großen Königs, und sich reinigen und heiligen und sich zu Zeugen nehmen die sieben heiligen, in diesem Buche verzeichneten Zeugen: den Himmel, das Wasser, die heiligen Winde, die Engel der Anbetung, das Öl, das Salz und die Erde.*" Und den von einem wütenden Hunde Gebissenen galt die Anweisung: „*Wenn einen jüngeren Mann oder ein jüngeres Weib ein Hund, in dem der Hauch des Verderbens ist, in Wut oder Raserei gebissen oder geritzt oder berührt hat, dann soll der Betreffende in selbiger Stunde mit allem was er hat, in einen Fluß oder eine Quelle steigen, wo sie tief ist, und mit allem, was er an hat, ein Taufbad nehmen und den großen und höchsten Gott gläubigen Herzens anbeten; und dann soll er sich zu Zeugen nehmen die sieben Zeugen, die in diesem Buche verzeichnet sind: Siehe ich nehme zu Zeugen den Himmel und das Wasser, die heiligen Winde, die Engel der Anbetung, das Öl, das Salz und die Erde. Diese sieben Zeugen nehme ich zu Zeugen, daß ich nicht wieder sündigen will, daß ich nicht Ehe brechen, nicht stehlen, nicht Unrecht tun, nicht mich bereichern, nicht hassen, nicht verachten, nicht im Bösen mir gefallen will. Das soll er sagen und sich taufen mit allem, was er an hat, im Namen des großen und höchsten Gottes.*" Besessene mußten durch 7 Tage täglich 40 mal in kaltem Wasser baden. Von den Sternen lehrten sie: „*Es gibt böse Sterne der Gottlosigkeit. Das gilt euch, Frommen und Schülern. Hütet euch vor den Tagen, die sie beherrschen. Beginnt keine Arbeit an den Tagen, taufet weder Mann noch Weib an den Tagen ihrer Herrschaft, wenn der Mond durch sie hindurch geht und mit ihnen zusammen trifft. Wartet vielmehr den Tag ab, an dem er von ihnen scheidet, und dann taufet und beginnt jegliche Arbeit. Ehret ferner den Sabattag, da er einer dieser Tage ist. Aber auch am dritten Tage nach dem Sabbat hütet euch, etwas zu beginnen, da hinwieder, wenn die drei Jahre des*

Kaisers Trajan voll sind, seitdem er die Parther seiner Herrschaft unterworfen hat, anheben wird der Krieg zwischen den Engeln der Gottlosigkeit und des Nordens, um des willen in Verwirrung geraten alle Königreiche der Gottlosigkeit." Diese letzte Angabe steht im Einklange mit dem Ursprunge der ganzen Lehre. Aus Parthien kam sie nach Rom, das Schicksal der Parther war auch der Ausgangspunkt für ihre Prophezeiungen. Ein eigentliches System läßt sich aber in all dem nicht erkennen. Trotzdem sollte die Lehre geheim gehalten werden. In dem von Hippolytos benutzten Buche des Elchasai hieß es nämlich: *„Diese Lehre traget nicht allen Menschen vor, und diese Befehle beobachtet sorgfältig; denn nicht alle Männer sind zuverlässig, noch auch alle Weiber rechtschaffen."* Jedenfalls waren sehr disparate Elemente in dieser Doktrin vereinigt. Das Dogma von der Identität Adams und Jesus, ferner die Gebetsrichtung nach Jerusalem und das Festhalten an der Beschneidung sind jüdische Züge, die Zahlensymbolik, Sterndeuterei und Zauberei, der sie huldigen, weisen auf chaldäischen Einschlag, die Wassertaufe in solch weiter Ausdehnung und vor allem die sieben Zeugen, die dabei stets wieder angerufen werden, scheinen nach Persien zu deuten, womit die Herleitung der Offenbarung aus Parthien gut überein stimmen würde. Leider kennen wir nur jene Form der Lehre genauer, in der sie nach Rom kam, wo sie in dem Gewirre der Sekten dieser Großstadt wohl bald verschwand. Doch in ihrer Heimat und in Palästina muß sie ziemlich lange, vielleicht in verschiedenen Umgestaltungen, weiter bestanden haben. Noch zur Zeit des Kaisers Konstantin sollen zwei Schwestern, Martha und Marthana, aus dem Stamme des Elxai in der Gegend des toten Meeres wegen dieser ihrer Herkunft gleichsam als göttliche Wesen verehrt worden sein. Marthus starb früher, aber zur Zeit des Epiphanios lebte noch Marthana, deren Speichel und sonstige Absonderungen von den Gläubigen zu Krankheitsheilungen verwendet wurden.

c) SACHLICH BENANNTE SEKTEN

Sektenbezeichnung

Über die Lehren der einzelnen Sekten, die nicht auf bestimmte, historische Gründer zurück geführt wurden, haben wir durch die Werke der Häresiologen, namentlich aber durch Hippolytos, eine ungleich genauere Kunde als über die Systeme der einzelnen, mehr oder minder historischen Lehrer. Ja wir besitzen, wie inzwischen schon wiederholt betont wurde, großenteils verläßliche, mitunter sogar wörtliche Auszüge aus ihren Schriften und vermögen an der Hand solcher Dokumente uns selbständige Urteile über die Lehren zu bilden. Die wichtigsten und vollständigsten unter ihnen sind im Hauptteile wörtlich wieder gegeben und erläutert, so die Systeme der „Justinos"-Gnosis (Nr. 3), der Naassener (Nr. 4), Ophiten (Nr. 5), Peraten (Nr. 9), Sethianer (Nr. 10), Doketen (Nr. 11). Dabei rechne ich auch die Gnosis des „Justinos“ und der Harpokratianer zu jenen Systemen, deren Gründer nicht bekannt waren, da ich für „Justinos“ einen dies nahe legenden Irrtum des Hippolytos S. 119 und S. 30 wahrscheinlich gemacht zu haben hoffe, und da m. E. Karpokrates nicht ein irdischer Lehrer, sondern der ägyptische Offenbarungsgott Harpokrates war (vgl. S. 159f und S. 332f). Aber außer diesen größeren und bekannteren Sekten gab es noch zahlreiche, ihnen oft überaus verwandte, kleinere oder unbekannte.

Mangel an äußeren Angaben

Aber in umgekehrtem Verhältnisse zu der Fülle des Inhalts, der uns hier geboten wird, steht der Mangel an äußeren Angaben oder Anzeichen über die Schichtung dieses Stoffes. Von den wenigsten dieser Sekten wissen wir, wann sie auftauchten, von wo sie stammen und wann ihre Schriften, deren Reste auf uns kamen, nieder geschrieben wurden, während Lebenszeit und Auftreten der gnostischen Lehrer, von denen oben die Rede war, meistens ziemlich genau feststeht. Dieser Mangel kann leider auch nur teilweise überwunden werden. Zunächst gestattet der Inhalt der betreffenden Dokumente mitunter gewiße Wahrscheinlichkeitsschlüsse über Abhängigkeit und auf einander Folgen der Lehren; ferner kann man aus ihrer Erwähnung bei verschiedenen Schriftstellern schließen, wann und wo sie schon zu bestimmten Zeiten bekannt waren; endlich werden in diesen Nachrichten selbst wieder andere Werke angeführt, und namentlich die Zitate aus dem Alten oder Neuen Testamente oder aus apokryphen Schriften gewähren oft wichtige chronologische Anhaltspunkte. Trotz all dem bleibt natürlich noch sehr viel auf diesem dunklen Gebiete in Zweifel und es versteht sich von selbst, daß ein richtiges Gesamtbild von der gnostischen Bewegung weder allein aus der Betrachtung jener scheinbar so bestimmten Angaben über die einzelnen Lehrer, noch aus der Untersuchung der inhaltlichen Beziehungen zwischen den Lehren der einzelnen Sekten allein gewonnen werden kann. Vielmehr müssen offenbar beide Reihen mit einander verglichen werden, wozu wieder unerläßlich ist, daß man sich eine richtige Vorstellung davon gemacht hat, warum denn für die gesamte Überlieferung mehr oder minder deutlich überhaupt eine solche Verschiedenheit besteht. Um dies zu begreifen, muß man sich vor Augen halten, daß die gnostischen Schulen und Sekten selbst sich meistens einfach als Gnostiker, Christen oder dergleichen bezeichnet haben werden, während oft bloß die außen stehenden Häresiologen oder überhaupt die Gegner der Gnosis, um die Unterschiede nach Maßgabe ihrer Kenntnis fest zu halten, jene Fülle von Namen prägten, die von der Not des Augenblicks heraus gefordert und dem jedesmal hervor stechendsten Merkmale angepaßt noch oft genug ihren Ursprung aus verschiedenen, nicht all zu sachkundigen Hirnen verraten und gerade hierdurch fürs erste so außerordentlich verwirren. Für die der ganzen Bewegung zeitlich so nahe stehenden, ja teilweise von ihr ergriffenen Häresiologen überwog also das Bedürfnis nach Sonderung und Unterscheidung. Je mehr es sich betätigen ließ, desto mehr mußte das den Ketzerfeind freuen. Denn hierin lag ein Beweis für die Uneinigkeit, ja Zerfahrenheit der Gegner. Galt es nun aber, die Systeme einzelner Lehrer zu schildern, so hatte man bei der großen Menge solcher Persönlichkeiten kaum Zeit und Neigung, eines Jeden Lehre ausführlich dar zu stellen. Man konnte sich begnügen, seine Hauptsätze, aus denen das meiste alsdann für den der Gnosis überhaupt Kundigen ohnedies ziemlich deutlich folgte, an zu geben. So erklärt sich, daß die Lehren dieser, oft ja auch recht unselbständigen Lehrer meist nur in Andeutungen auf uns kamen, während von den Sekten, deren Stifter man nicht kannte, genauere Schilderungen auf Grund ihrer Schriften gegeben wurden, ferner, daß wir für das Leben der Lehrer historische Anhaltspunkte haben, während sie für die Sekten fast völlig fehlen. Daher bleibt auch nichts übrig, als jeweils von dem historisch Greifbaren nach inhaltlichen Gesichtspunkten zu Verwandtem über zu gehen.

Harpokrates

Von allen hier in Betracht kommenden Sekten ist die der Harpokratianer der Zeit nach am genauesten bestimmt. Karpokrates selbst soll zur Zeit des Hadrian (117–138) in Alexandria gelebt haben. Aber glaubwürdig ist dies nicht, da die Karpokratianer wohl richtiger als Harpokratianer zu bezeichnen sind und nicht einen menschlichen Lehrer Karpokrates, sondern den ägyptisch-hellenistischen Offenbarungsgott Harpokrates verehrt haben dürften. Wahrscheinlich also blühte eben auch nicht Karpokrates sondern die Sekte selbst zur Zeit Hadrians in Alexandria.

Epiphanes

Auch des Karpokrates Sohn Epiphanes, der 17 Jahre alt gestorben sein, vorher aber noch ein Werk „Über die Gerechtigkeit" verfaßt haben soll, war ja kein Mensch, sondern ein Mondgott, dessen stets neues Erscheinen die Kephallenier an jedem Neumonde in seinem großen Tempel mit vielem Prunke feierten. Man braucht sich nur des schriftstellernden Hermes Trismegistos zu erinnern (S. 67), um zu erkennen, daß also dieses angeblich von dem Gotte Epiphanes verfaßte Werk eben eine der philosophischen Schriften war, welche in der Sekte der Harpokratianer umging. Klemens hat uns daraus folgendes interessante Bruchstück großenteils wörtlich erhalten:

Aus dem Buche „Über die Gerechtigkeit"

Die Gerechtigkeit Gottes beruht auf Gemeinsamkeit verbunden mit Gleichheit. Gleichmäßig ausgespannt umgibt der Himmel im Kreise die ganze Erde ringsum und in gleicher Weise läßt die Nacht alle Sterne strahlen, ja auch die Sonne, die Ursache des Tages und der

Vater des Lichtes, läßt Gott von der Höhe gleichmäßig ihre Strahlenfülle ausschütten auf die Erde für alle mit Gesicht Begabten, die wieder gemeinschaftlich insgesamt sehen, da hierin Reiche und Arme, Volk und Fürsten, Toren und Weise, Weib und Mann, Freie und Sklaven nicht unterschieden, ja auch die unvernünftigen Tiere hiervon nicht ausgenommen sind, weil die gemeinsame Sonne sich von der Höhe gleichmäßig über alle Wesen ergießt und den Guten und Bösen die Gerechtigkeit verbürgt, da sie verhindert, daß einer etwa mehr habe als der andere, oder seinen Nachbar beraube, um selber dessen Licht und damit doppelt so viel wie jener zu besitzen. Die Sonne läßt gemeinsame Nahrung den Tieren emporsprießen, da die gemeinsame Gerechtigkeit in gleicher Weise allen geschenkt ist, so daß die Gattung der Rinder in ihrem Verhältnisse zu anderen Gattungen ebenso Gleichheit genießt, wie die einzelnen Rinder unter einander, ferner die Gattung der Schweine ebenso wie die einzelnen Schweine,. die der Schafe wie die Schafe, und in gleicher Weise alle übrigen. Denn bei ihnen offenbart sich die Gerechtigkeit als Gemeinsamkeit, wie auch alles Gemeinsame unter die Gattungen gleichmäßig verteilt sein, für alles den Boden abweidende Vieh gemeinsame Nahrung empor sprießen läßt allen in gleicher Weise die Gerechtigkeit, die keinem Gesetzeszwange unterliegt, aber einträchtig allüberall zugegen ist bei dem Reigen dessen, der da befiehlt, daß gegeben werde. – Aber auch für die Zeugung gibt es kein geschriebenes Gesetz – es sei denn ein erfundenes –; denn sie säen und zeugen in gleicher Art, mit angeborener Gemeinsamkeit von der Gerechtigkeit bedacht, gemeinsam alle unter einander. Denn der Schöpfer und Vater aller Dinge hat die Gerechtigkeit, die bei ihm weilt, als er ihr Gesetze gab, ein Auge verliehen, das keinen Unterschied kennt zwischen Weib und Mann, zwischen Vernünftigen und Unvernünftigen oder überhaupt zwischen irgend welchen Dingen, sondern in Gleichheit und Gemeinsamkeit hat er ihren Blick auf alle durch einen einzigen Befehl gnadenvoll verteilt. Die Gesetze der Menschen aber vermochten zwar Unkenntnis zu strafen, haben aber dafür Gesetzwidrigkeit gelehrt. Denn die Besonderheit der Gesetze hat die Gemeinsamkeit des göttlichen Gesetzes zerstückt und zerfressen, ohne des Wortes des Apostels zu achten, der da sprach: ‚Durch das Gesetz erkannte ich mein Fehl'. Denn er meinte damit, daß das Mein und Dein durch die Gesetze in die Welt kam, da sie zu Nutz der Gemeinsamkeit weder mehr Ertrag zogen von der Erde, vom Vieh oder gar von der Ehe. Denn für alle gemeinsam geschaffen sind die Reben, die weder den Sperlingen noch den Dieben sich versagen, und ebenso das Brot und die anderen Früchte. Nur durch Frevel an der Gemeinsamkeit und dem Rech-

te der Gleichheit wurde der Dieb von Vieh und Früchten geschaffen. Gemeinsam fürwahr hat Gott alles dem Menschen geschaffen, also auch das Weib dem Manne gemeinsam gepaart und in gleicher Weise alle Tiere verbunden, um die Gerechtigkeit als Gemeinsamkeit zu offenbaren verbunden mit Gleichheit. Aber die so entstandenen Wesen haben ihren Ursprung aus der paarenden Gemeinsamkeit verleugnet (und den Satz aufgestellt), daß nur ein einziges Weib heimgeführt und gehalten werden solle, indeß alle übrigen Wesen hierin Gemeinsamkeit pflegen dürfen. Hat doch Gott den Männern eine starke und heftige Begierde eingepflanzt zur Erhaltung der Geschlechter, die weder Gesetz noch Sitte noch irgend ein ander Ding zu unterdrücken vermag. Denn sie ist Gottes Wille .... Drum muß man lachen, wenn man hört, wie der Gesetzgeber sagt: ‚Du sollst nicht begehren' und noch mehr, wenn er fortfährt: ‚das Gut deines Nächsten'; denn er, der die Begierde gab, auf daß sie die Zeugung zusammen halte, soll da befehlen, sie ab zu tun, obgleich er sie keinem einzigen Lebenden entzieht! Und daß man sich enthalten solle ‚des Weibes seines Nächsten', damit die Gemeinsamkeit in den Besitz gezwängt werde, ist schon vollends lächerlich.

Epiphanes im Gegensatz zu den Harpokratianern

Diese Gedanken über den Kommunismus hingen gewiß noch mit anderen Lehren zusammen. In dem Buche des Epiphanes mußte ja auch eine Erklärung versucht sein, wodurch denn jener Abfall von dem einheitlichen göttlichen Gesetze der Gemeinsamkeit und Gleichheit zu Stande kam und wer den Begriff des Eigentums prägte. Die Polemik gegen den jüdischen Gesetzgeber, in die das uns erhaltene Bruchstück ausläuft, macht wahrscheinlich, daß der Weltbildner oder gar der Judengott die Verantwortung für diesen Abfall zu tragen hatte. Trotzdem läßt sich nur schwer beurteilen, welche Beziehung zwischen dieser Lehre „über die Gerechtigkeit" und den Anschauungen der harpokratischen Schule bestand. Denn diese Schule lehrte außerdem die Seelenwanderung, die sich allerdings mit den uns bekannten Ansichten des „Epiphanes" noch allenfalls vereinbaren ließe, ferner aber nicht Weiber- und Gütergemeinschaft aus Gründen der Gerechtigkeit, sondern bloß die Verpflichtung zur Sünde aller Art, welche dann auch in Orgien und beliebigen Delikten eingelöst werden konnte. Auch ist die Tendenz der eigentlichen Harpokratianer auf Vernichtung des Einzelnen und der Gattung gerichtet, während „Epiphanes" auf die Fortpflanzung Gewicht zu legen scheint. Diese Gegensätze muß man sich vor Augen halten, um zu sehen, daß Epiphanes als „Sohn" des Karpokrates und also eigentlicher und orthodoxer Harpokratianer vielleicht doch erst eine Erfindung der über ihn und die Schule wohl nur mangelhaft unterrichteten kirchlichen Schriftsteller ist. In Wirklichkeit wird sein Buch den

Standpunkt einer besonderen, teilweise verwandten, aber doch stark abweichenden Sekte enthalten haben, was natürlich nicht hinderte, daß es von den Harpokratianern ebenfalls gelesen und geschätzt wurde.

Salome Durch Origenes wissen wir, daß der Heide Kelsos in seiner Streitschrift gegen das Christentum die Harpokratianer (und nicht Karpokratianer) ebenfalls schon kannte, aber den Ursprung dieser Sekte von einer gewissen Salome herleitete. In dem sogenannten, vielleicht um das Jahr 150 verfaßten, später von den Naassenern und einigen asketischen Sekten, aber auch in großkirchlichen Kreisen gelesenen Ägypterevangelium richtete Salome an Jesum die Frage: *Wann wird die Kraft des Todes erlöschen?* Und der Herr antwortete: *Erst wenn die Weiber nicht mehr gebären.* Und Salome entgegnete: *Also tat ich wohl daran, daß ich nicht gebar?* Der Herr jedoch entgegnete ihr und sprach: *Jegliches Kraut verzehre, aber das der Bitternis* (den Tod) *sollst du nicht verzehren.* Und als ihn Salome fragte, wann kenntlich werden würde, was er gesagt hatte, sprach der Herr: *Wenn ihr die Hülle der Scham mit Füßen tretet, wenn zwei zu eins wird, das Männliche mit dem Weiblichen, weder männlich noch weiblich.* Daß die Worte in ihrer beabsichtigten Dunkelheit verschiedene Deutungen finden konnten, ist selbstverständlich, und daß sie gerade zu entgegen gesetzte fanden, daher nicht zu verwundern. Wie schon gesagt, hatte das Ägypterevangelium ja gerade in asketischen Kreisen Anklang. Da verstand man also das Wort von der Hülle der Scham, die mit Füßen getreten werden solle, etwa so wie in den Thomasakten die Worte der Braut, welche ihr Antlitz nicht mehr bedeckt, weil das Treiben der Scheu und Scham von ihr hinweg genommen ist, da sie beschlossen hat, sich der Begattung zu enthalten, welche Geilheit und Bitternis der Seele zur Folge hat (S. 390). Aber wenn Kelsos auch die Lehre der Harpokratianer auf Salome zurück führt, dann muß die obige Stelle eben noch ganz anders verstanden worden sein. Dann würde Salome im Sinne des Evangeliums nicht geboren haben, weil sie entweder die Befruchtung verhinderte oder die Frucht abtrieb, um nicht Wesen zu gebären, die das Kraut der Bitternis, den Tod, verzehren müssen; dann würde sie im selben Sinne die Hülle der Scham wirklich mit Füßen getreten haben; dann verstand man unter den Zwei die zu Einem werden, Mann und Weib bei der Begattung im Sinne der in dem Evangelium der Eva (S. 334) ebenso wie in der Schule des Markos (vgl. S. 144) verwendeten Formel: *auf daß Du ich seiest und ich du.* Doch darf man in dieser Salome natürlich keine historische Sektenstifterin sehen, wie dies Kelsos allem Anscheine nach mißverständlich tat. Vielmehr war sie bloß eine der „Idealgestalten" jenes merkwürdigen Evangeliums, das auch eine Theorie von den bunten Wandlungen der Seele (Seelenwanderung?) enthielt, eine Parallelfigur zur Eva, Maria oder Noria (siehe S. 166) der anderen apokryphen Schriften dieser häretischen Kreise. Man scheint gerade weibliche Vorbilder der Lebensführung besonders im Auge gehabt zu haben. So erklärt sich auch, daß, als die Sekte nach Rom übergriff und dort unter dem Papste Aniketos (154 - 165) blühte, ihr Haupt ein Weib war, Marcellina, die mit ihren Anhängern vor den Bildern Jesu, des Pythagoras, des Platon, Aristoteles und Anderer Götzendienst verrichtet haben soll. Von der weiteren Geschichte der Sekte haben wir keine Kunde.

Anklänge an harpokratianische Lehren

In den Resten harpokratianischer Lehre läßt sich der Einschlag zahlreicher fremder Kulturkreise erkennen. Harpokrates selbst weist nach Ägypten, Salome nach Palästina, Epiphanes nach Kephallenia, also Thrakien. Dabei ist als Kern die gnostische Grundanschauung immerhin schon voraus zu setzen, nämlich der Glaube an den Gegensatz zwischen Urgott und Weltschöpfer. Die durch das Buch des Epiphanes gekennzeichnete kommunistische Richtung mit ihrem Schlagworte von der „Gemeinsamkeit" läßt sich vielleicht noch bei den sogenannten Antinomisten oder Antitakten verfolgen, die ihren Namen davon haben, daß sie eben im Sinne des Epiphanes gegen die Gesetze auftraten und sich den Anordnungen des Weltschöpfers widersetzten; denn diese Gnostiker verehrten die „allgemeine" (pandemos) Aphrodite durch „Gemeinsamkeit" in Mysterienbräuchen. Eines ihrer Bücher hat Klemens gelesen, und daraus den Satz zitiert: *„Eines war alles; aber da es seiner Einheit gefiel, nicht mehr allein zu sein, kam aus ihm der Gedanke* (die Ennoia) *hervor; und er vereinte sich mit ihr und zeugte den Geliebten, und aus ihm kam hervor seine Ennoia, mit der er sich vereinte und Kräfte zeugte, die weder zu sehen noch zu hören sind."* Das war also eine Lehre etwa im Stile der Schule des Ptolemaios. Aber diese Sektierer scheinen darauf Gewicht gelegt zu haben, daß der Urgott seine eigene Tochter begattete, und eben so sein Sohn seine eigene Schwester. Denn wohl noch mehr als die Ansichten Platons über die Weibergemeinschaft in seinem Idealstaate oder die von Epiphanes verkündete „Gemeinsamkeit", die den Klemens bewog, an die bei den Magiern, das heißt Persern, heilige Blutschande zu denken, erinnert diese Doktrin in ihrer ungleich prägnanteren Form an persische Anschauungen. Damit stimmt denn gut überein, daß ein gewisser Prodikos das Gebet verwarf, die Verpflichtung zum Glaubensbekenntnisse leugnete, sich und seine Schüler für Söhne des ersten Gottes hielt, die als Königskinder nach ihren Belieben handeln dürfen, da für den König das Gesetz nicht geschrieben sei, und Bücher benützte, welche von dem Magier Zoroastres verfaßt sein sollten.

Die Sethianer und der Parsismus in der Gnosis

Ob wir mit Prodikos und den verwandten dualistischen Systemen der Antimonisten und Antitakten, die insgesamt einen parsistischen Einschlag, der das eigentlich Gnostische an ihnen aus zu machen scheint, nicht verkennen lassen, in frühe Zeiten der gnostischen Bewegung hinauf gelangt sind, ist schwer zu entscheiden. Jedenfalls aber kamen wir hierdurch zu den zentralen Gedanken dieser Richtung, angesichts derer nun zu erwägen ist, daß Simon als Magus bezeichnet wird, wie sonst Zoroaster, und daß sein System, das in der Apophasis vorliegt, oder, richtiger, sich noch aus den Angaben über sie heraus schälen läßt, dem der Doketen und Sethianer bei Hippolytos außerordentlich nahe kommt. Hat nun W. Bousset erwiesen, daß Seth, auf den die Sethianer ihre Lehre zurück führten, niemand anderer ist als Zarathustra, dann stehen wir hier jedenfalls in Mitten eines gnostischen Kreises, der im Wesen parsistisch gefärbt ist.

Die Archontiker

Das System der Sethianer, das Hippolytos schildert, ist eine ziemlich alte Form der betreffenden Lehre. Später nannte man die Sethianer auch Archontiker. Unter diesem Namen weiß Epiphanios von ihnen viel, aber wenig Erfreuliches zu berichten. Ihren Ausgang sollen sie von Palästina genommen haben, wo ein ehrwürdiger Greis namens Petros, der sich nach langen Wanderungen als Büßer in eine Höhle zurück gezogen und sein Vermögen den Armen geschenkt hatte, diese Lehre aufstellte. Von ihm lernte sie der Armenier Eutaktos, der sie zur Zeit des Kaisers nach Armenien verschleppte. Der Grundzug der Sekte war wie bei den Sethianern Enthaltsamkeit und Streben nach innerer und äußerer Reinheit, aber eine mächtige Fraktion, die von der Hauptsekte selbst nicht anerkannt, natürlich aber von unserem Kirchenvater mit besonderer Liebe geschildert wurde, gab sich den wildesten Ausschweifungen hin. Wie die meisten späteren Gnostiker unterschieden sie nämlich zwischen dem guten Urgotte und „Vater“ im Bereiche der Neun, der „Mutter“ im Bereiche der Acht und dem bösen Weltherrscher im Bereiche der Sieben, der mit seinen Engeln (Archonten) die Welt und den Menschen geschaffen hat, woraus diesen die Aufgabe erwächst, gegen den Weltherrscher im Sinne des Urgottes zu handeln, was entweder dadurch geschehen kann, daß man den vom Weltherrscher geschaffenen Körper abtötet – und hieraus folgte die ursprüngliche, enthaltsame Richtung dieser Sekten –, oder daß man dem vom Weltherrscher erlassenen, bisher in der Welt herrschenden Gesetze zu wider handelt – und hieraus folgte die schließlich ebenfalls zur Selbstvernichtung führende prinzipielle Ausschweifung. Besondere Bedeutung besaß für die Archontiker die Frage nach dem Ursprunge des Menschengeschlechts. Sie meinten, ganz wie die Peraten, Satan habe in Gestalt der Schlange Eva begattet und aus ihr den Kain, aber auch den Abel, gezeugt, die sich im Streite um den Besitz ihrer gemeinsamen Schwester in der bekannten Weise befehdeten. Aber Seth war, „von anderem Stamme", nämlich nicht von dem Satans, sondern von dem Gottes, und deshalb nannten sie ihn auch den „vom anderen Stamme" (Allogenés). Als er zur Welt kam, ließ sich die obere Gewalt zusamt den sie umgebenden Engeln herab und entrückte ihn zur Hölle, wo er geraume Zeit verblieb, um dann, als er wieder zurück kehrte, nicht mehr dem Weltschöpfer und den „Herrschern" (Archonten) zu dienen, sondern die Einsicht in das Geheimnis der oberen Gewalten zu verkünden. Seine Weisheit schrieb teils er selbst in Büchern nieder; teils taten dies seine sieben Söhne, die eben so wie er als Wesen „vom anderen Stamme" (Allogeneis) bezeichnet wurden (und an die sieben ersten Menschen der Primandresschrift, No. 6, erinnern). Diese und verwandte Schriften, nämlich Apokalypsen des Allogenes (= Seth), des Zoroaster und anderer wurden auch von den valentinianischen Gnostikern Ägyptens benützt, zu denen der Neuplatoniker Plotinos Beziehungen hatte und die wir in einem späteren koptischen Originalwerke valentinianischer Gnosis, der sogenannten Pistis-Sophia-Schrift, erwähnt finden.

Die Peraten

Den Sethianern und den Archontikern stehen die Peraten außerordentlich nahe. Mit den Archontikern berührten sie sich sogar in dem besonderen Zuge, daß sie, wie schon hervor gehoben, Kain für die Schlange, also den Satan, das heißt, seinen ihm wesensgleichen Sohn, hielten. Nur ist sie bei den Peraten die gute, bei den Archontikern aber die böse Schlange, so daß zum Beispiele die Peraten für Kain, die Archontiker gegen Kain Stellung nehmen, da ihn jene, schon zum Nihilismus und zur Verehrung Satans neigend, für gerecht, diese für einen Frevler halten. Aber alle drei Sekten berühren sich in dem Glauben an die Befruchtung der jungfräulichen Gebärmutter durch die Schlange und zwar entweder der kosmisch verstandenen „Mutter" im Bereiche der Acht, wie bei den Archontikern, oder der „Mutter alles Lebendigen", also Eva, wie bei den Peraten, oder der Jungfrau Maria, wie eben im besonderen Falle der Sethianer. Ebenso gemeinsam ist ihnen endlich die Annahme einer Dreiteilung des Alls, die bei den Sethianern und Peraten die überein stimmende Form hat, daß Licht und Finsternis von dem vermittelnden Pneuma geschieden wurden, während die Archontiker eine Neun (bloß erschlossen), eine Acht und eine Sieben, etwa wie Basileides oder das heidnische Poimandressystem (Nr. 6), annehmen. Der starke astrologische Einschlag, welcher außerdem der peratischen Lehre ihren eigentümlichen Anstrich gibt, verweist in Übereinstimmung mit der Überlieferung, die einen Euphrates als Gründer der Sekte nennt, nach dem babylonischen Tieflande. Wenn meine Vermutung zutrifft, daß der Name Peraten eben von Perat, dem semitischen Namen des Flusses Euphrat, abgeleitet ist, da sie den Euphrat als den Strom, der durch Babel, das Tor Gottes fließt, verehrten (S. 103), dann wird der Sektengründer Euphrates wohl erst aus irgend einer mißverständlichen Auffassung von der Rolle hervor gegangen sein, die der Euphrat-Perat als Strom der Offenbarung in den Lehren der Sekte spielte. Auch der Name Babylonier, der einer gnostischen Sekte gegeben wird, könnte hieher gehören, da er eben auf Babel als „Tor Gottes" hin zu deuten scheint. Und mit dem Euphrates, den Origenes als Gründer der ophitischen Richtung erwähnt, dürfte es, da die Peraten ja gerade Verehrer der Schlange, also Ophiten, sind und anscheinend eine recht alte Form ophitischer Lehre darstellen, ebenfalls schwerlich eine andere Bewandtnis haben, wie mit jenem Peraten Euphrates. Daher hat sich auch an die Betrachtung der Peraten die der übrigen ophitischen Sekten an zu schließen.

Baruchgnosis Naassener, Ophiten

Eine der ältesten von ihnen ist die unter dem Namen des Justinos (vgl. S. 125ff) überlieferte Baruchgnosis (Nr. 3). Satzbau und Eigennamen in diesem ophitischen Systeme, in dem die Schlange (Nahas) als böses Prinzip gilt, sind semitisch, das System selbst wird also in seiner gegenwärtigen Form aus Palästina, vielleicht aus Samarien, stammen. Aus derselben Gegend leitete Epiphanios auch seine Archontiker her. Freilich aber ist nicht zu verkennen, wie viele fremde Züge gerade den grundlegenden Gedanken dieser Lehre anhaften (vgl. S. 30ff). Einige davon weisen nach Persien, andere nach Ägypten, wieder andere nach Hellas. Trotz ihres semitischen Namens noch weit stärker von hellenischem Denken und Schrifttume beeinflußt sind die Naassener (Nr. 4), von denen schon Irenaios Kunde hatte und deren Lehre wenigstens in der auf uns gekommenen Form verwirrter, bunter und nur zum Teile altertümlich ist. Von den Naassenern wissen wir aber, was von den Baruchgnostikern zu vermuten, von den Ursprüngen der Archontiker aber überliefert ist, nämlich, daß sie der enthaltsamen Richtung der Gnosis angehörten und vor allem jeglichen Geschlechtsverkehr mieden. Das ophitische System endlich, das Irenaios ohne Nennung eines genaueren Namens überliefert hat (Nr. 5), stellt bloß eine stilgerechte Weiterentwicklung und Spaltung des Baruchsystemes dar, während es selbst wieder schon alle Keime des komplizierten Systemes der späteren Valentinianer (Nr. 16) umschließt.

Bennennung gnostischer Sekten

Die Namen der bisher betrachteten gnostischen Systeme suchen meist einen möglichst wesentlichen Teil des Lehrinhaltes zu kennzeichnen (z. B. wenn die Peraten wegen des Flusses Perat, die Babylonier wegen des „Tores Gottes", die Archontiker wegen ihres Glaubens an die Archonten, die Naassener und Ophiten wegen ihrer Verehrung der „Schlange" so hießen), oder den Propheten oder die Gottheit an zu geben, deren Offenbarungen der Lehre zu Grunde lagen (wie z. B. die Harpokratianer auf Harpokrates, oder Epiphanes, die Sethianer auf Seth, die Elchasaiten auf Elchasai ihre Lehre zurück führten). Es gibt zahlreiche Namen gnostischer Systeme, die sich aus dieser Tendenz der Namengebung erklären und sogar auch dann schon eine ziemlich gute Vorstellung von dem Hauptinhalte der betreffenden Lehre vermitteln, wenn über diese selbst nur wenig oder gar nichts überliefert ist. So waren die Noahiten offenbar Gnostiker, welche jenem Teile ophitischer Doktrin besondere Bedeutung zuerkannten, der von Noah und dessen Weibe Noria handelte (vgl. S. 55 Anm. 1 und 335). Die Adamianer wieder dürften Adam etwa im Sinne der Elchasaiten dem Messias gleich gesetzt und diese Lehre, verbunden mit dem Theologeme vom ersten MENSCHEN, vorgetragen haben. Genaueres wissen wir von den Kainiten; aber was wir hier wissen, ist nicht mehr als das, was auch auf dem Wege der Schlußfolgerung hätte gesagt werden dürfen, nämlich daß sie im Sinne der Peraten und im Gegensatze zu den formal sich damit gerade zu deckenden Ansichten der Archontiker für Kain eintraten und ihn für den Propheten des guten Urgottes hielten, der das von dem Weltschöpfer geschätzte blutige Opfer verabscheut. Natürlich standen sie daher auch auf Seiten des Judas, der in der Gnosis so weit vorgeschritten war, daß er Jesum verriet, um dadurch die Erlösung herbei zu führen. Auch die Herodianer gehören hieher, für die doch wohl Herodes, nur weil er Jesum verfolgte und also das böse Prinzip verkörperte, ein Gegenstand der Verehrung sein konnte. Obgleich aber, wie man sieht, alle diese Namen für den der gnostischen Systeme Kundigen meist sehr treffend waren, mußte doch in dem Augenblicke, als sich die gnostische Bewegung in eine große Zahl solcher, verschiedenartige Benennungen heraus fordernder und findender Sekten geteilt hatte, eine arge Verwirrung entstehen, und man konnte sich also mit solchen sachlichen Namen allein nicht mehr helfen. Vielmehr versuchte man, ganze Richtungen nach den Möglichkeiten, die in den gnostischen Systemen selber lagen, zu erfassen und durch Namengebung fest zu halten. Etwas von dieser Tendenz liegt auch schon in dem Namen Kainiten. Man ginge wahrscheinlich sehr fehl, wollte man sich die Kainiten als eine geschlossene Schule vorstellen. Ganz im Gegenteil wird man wohl etliche, sonst ziemlich verschiedene Systeme so genannt haben, welche in ihren Konsequenzen zur Verherrlichung des Bösen führten. Man kann noch förmlich heraus hören, wie ein solcher Name erregter Diskussion über die Bedeutung des Bösen in der Weltordnung entsprungen sein mag, wie der gnostische Lehrer das Theologem vom bösen Weltprinzipe entwickelte und der Orthodoxe als sein Zuhörer entsetzt einwandte, dann müsse ja gerade Kain selig, Seth aber verdammt wor-

Die Noahiten

Die Adamianer

Die Kainiten

Die Herodianer

Kainitische Systeme

den sein, ein Satz, den auch Markion verfocht, der mithin eben so gut wie irgend ein anderer nihilistischer Gnostiker Kainite gescholten werden konnte. Ein anderer tendenziöser Name ist der der Doketen. Das

Die Doketen

System der Doketen, das nur Hippolytos erhalten hat, ist sehr alt, dem des Simon und der übrigen parsistischen Systeme nahe verwandt, also gut gnostisch; aber es wäre schwer zu sagen, weshalb es gerade doketischer sein sollte als ein anderes. Mit Doketismus bezeichnete man nämlich gar nicht eine ganze Lehre, sondern nur eine prinzipielle Stellungnahme zu einem Sonderprobleme der Gnosis, nämlich zur Frage nach der Beschaffenheit des Körpers Christi. Alle Gnostiker, denen es anstößig schien, daß der Heiland gelitten haben solle, alle, die ihn lieber mit einem Scheinkörper ausstatteten oder Jesum als Mensch geboren sein ließen, damit erst bei der Taufe der vor der Kreuzigung wieder zum Himmel aufsteigende Christos auf ihn herab zu kommen und nicht geboren zu werden brauche, waren Doketen; für sie alle war das Leiden Gottes auf Erden nur „Schein" (dokesis). Eine ganze Richtung der Gno-

Antitakten und Antinomisten

sis kennzeichnet auch der Name Antitakten und Antinomisten. So scheinen sich einige Sektiere selbst genannt zu haben; aber die Bezeichnung paßt vortrefflich auf große Schichten der gnostischen Bewegung. Alle Häretiker, welche die Gültigkeit der bestehenden, von dem Weltherrscher gegebenen Gesetze leugneten, sind ihrem Wesen nach Antinomisten, auch dann, wenn wir sie zufälliger Weise nicht ausdrücklich so genannt finden; und alle, die sich daher ausdrücklich dem Weltherrscher widersetzten, sind hierdurch Antitakten. Wir können diese „Widersätzlichen" und „Gesetzesgegner", modernen Begriffen folgend, auch als Nihilisten bezeichnen, wenngleich ihnen freilich das Nichts, auf dessen Seite sie sich stellen, etwas sehr Reales, ja gegebenen Falles der Samen der ganzen Weltordnung, keineswegs aber eine leere Verneinung ist. Kennzeichnender Weise stehen aber diesen Gegnern keine Anhänger von Gesetz und Ordnung gegenüber; ein schwacher Anklang daran, daß auch ein solch positivere Stellungnahme ausdrückendes Kunstwort für eine gnostische Richtung im Schwange gewesen sein könnte, liegt vielleicht vor, wenn der angebliche Stifter der archontischen Irrlehre Eutaktos geheißen haben soll, ein Name, der zu den Antitakten das genaue Gegenstück ist. Die hiernach denkbare Einteilung in Eutakten, die also nur erschlossen, und Antitakten oder Antinomisten, die als solche bezeugt sind, würde sich im Wesen auch so ziemlich mit der üblichen Unterscheidung decken zwischen den enthaltsamen gno-

Die Enkratiten und ihr Widerspiel

stischen Sekten, die man Enkratiten (Enthaltsame) nannte, und der ausschweifenden Richtung, deren Vertreter man bald als Gnostiker schlechthin, bald sachlich als Nikolaiten, Barbeloniten, Archontiker oder verächtlich als Borborianer (Dreckkerle) und ähnlich bezeichnete.

So prinzipiell alle diese Unterscheidungen auch aussehen, und so sehr jede von ihnen geeignet scheint, die ganze Gnosis jedesmal in zwei reinlich geteilte Hälften zu zerlegen, so wenig nützen sie in der Tat angesichts eines einzelnen, historisch überlieferten Systemes. Nirgends liegen die Gegenstände so nahe neben einander wie in moralischen Dingen und nirgends können sie rascher wechselnd gegen einander ausgespielt werden wie gelegentlich einer großen, in das Gemütsleben tief einschneidenden, religiösen Bewegung. So kommt es, daß man innerhalb derselben Sekte, obgleich die wesentlichen theologischen Grundgedanken unverändert beibehalten blieben, diesen reichen Bestand gegensätzlicher Deutungen zu finden vermag. Kein einziger Zug braucht an der Gestalt des Kain geändert zu werden, um ihn zu verehren, statt ihn zu verabscheuen; und der ganze Schöpfungsbericht der Bibel kann beibehalten werden, wenn auch der Weltschöpfer eigentlich der Böse ist. Der moralische Grundton, auf den das einzelne System gestimmt ist, ist also verhältnismäßig von geringem Belange, während vielmehr Gliederung und Ausbau des Systems selber das Interessanteste, ja allein eigentlich Wesentliche sind. Nur muß man bedenken, daß trotz der Mannigfaltigkeit der ursprünglichen anregenden Bilder und Ideen bei der unheimlichen Schnelligkeit, mit der die Sekten damals schier wie Pilze aus dem Boden schossen, und bei dem lebhaften Verkehre, der alle Teile der gebildeten Welt verband, alsbald ein gewisser Ausgleich zwischen den Gegensätzen eintrat, der Abschleifung und Abrundung ähnlich, welche das anfangs auch oft recht wunderlich gestaltete und nur allzu eckige Gestein im Strome erfährt, der es mit der Zeit zu recht gleichartigem Gerölle verarbeitet. Werden Gedanken vom Urgebirge nationaler Weltanschauungen und Kulte losgesprengt und von einer religiösen Bewegung ergriffen, dann verlieren sie natürlich gar bald ihre Eigenart, werden immer unanschaulicher, abstrakter, gliedern sich in umfassende, breit angelegte, zur Aufnahme des Verschiedenartigen geeignete, systematische Zusammenhänge und müssen es sich auch ab und zu gefallen lassen, der Vorstellungskraft des Pöbels nahe gerückt zu werden. Im Falle der Gnosis nennt man das Ergebnis dieses Prozessses Gemeingnosis. Man bezeichnet damit einen Zustand der gnostischen Spekulation, in dem sie eigentlich schon kaum mehr Interesse hat. Das valentinianische System strebt ihm stark zu; noch näher stehen ihm die gnostischen Schriften der Kopten, die, schon arg mit Zaubernamen vermischt und ins Unendliche ausgedehnt, alle ursprüngliche Frische eingebüßt, wohl aber trotz aller Blässe ihrer Gedanken manche Absonderlichkeit bewahrt haben.

Gemeingnosis

III. URSPRUNG DER GNOSIS

Quellen über den Ursprung der Gnosis

Die einzelnen chronologischen Angaben über verschiedene gnostische Lehrer und das Auftreten gewisser Sekten, die, freilich meist recht unbestimmt, auf uns gekommen sind, führen nicht bis zum Ursprung der gnostischen Bewegung. Diese kennen wir vielmehr genauer erst aus jener Zeit, zu welcher die sich in sich zusammen schließende, ihrer grundlegenden Gedanken und ihrer möglichen Machtstellung sich bewußt werdende Kirche alles, was diesem ihrem Ewigkeitsstreben widerstreiten oder ihren Siegesgang hindern konnte, rücksichtslos von sich abstreifte und umso heftiger bekämpfte, je näher er ihr innerlich oder historisch in gewissen Wendepunkten ihrer Entwicklung gestanden haben mochte. Damals hatte die Kirche das vitalste Bedürfnis, alle wilden Schößlinge und Wurzeltriebe neben ihr unter dem Schatten ihrer sich entfaltenden Baumkrone zu ersticken. Das wirksamste Mittel war natürlich die praktische Propaganda; ein anderes aber, die theoretische Polemik, ließ sich um so weniger umgehen, als auch wissenschaftliche Bestrebungen vorlagen, welche eine Auseinandersetzung mit den sich ebenfalls zum Teile wissenschaftlich gebärdenden Gnostikern wünschen ließen. Durch diese literarischen Bekämpfungen und Widerlegungen der Gnostiker ist uns das Meiste über sie selber erhalten, und da nun jene kirchlichen Schriften sich fast stets auf das Tagesinteresse christlicher Propaganda bezogen oder doch wenigstens von demselben in erster Linie beherrscht wurden, läßt es sich begreifen, daß wir über den Ursprung der Gnosis fast eben so schlecht unterrichtet sind wie über den des Christentumes, an dessen Verhüllung der empor strebenden Kirche ja eben so viel gelegen sein mußte wie an der Verdunkelung ketzerischer Überlieferungen. Die Werke der Urchristen oder der Ketzer wurden in gleicher Weise, so weit sie nicht in das Verzeichnis der kanonischen, vom heiligen Geiste eingegebenen Schriften Aufnahme fanden, mit Mißtrauen betrachtet und eigentlich für überflüssig gehalten, da in den kanonischen Schriften doch ohnedies schon die ganze Wahrheit stand. So kommt es, daß wir bloß aus den wenigen Resten der ketzerischen Ansichten, die in jenen polemischen Schriften erhalten sind, uns ein Urteil über die gnostische Bewegung zur Zeit der Konsolidierung der Kirche bilden, jedoch auf die Ursprünge der ganzen Richtung aus diesem Stoffe, dem einzigen, der uns reichlichere Kunde spendet, nur gewisse Schlüsse ziehen können. Diese müssen sich einerseits auf die Beobachtung der Tendenzen gründen, die sich in der uns bekannten Zeit der gnostischen Tradition noch wahrnehmen lassen und anderseits auf die Möglichkeit, heidnische Dokumente verwandter Richtung (vgl. No. 1 und Nr. 6–8) zu vergleichen und danach die oft recht sorglosen Angaben der christlichen Schriftsteller über den Ursprung der Gnosis auf ihre innere Berechtigung zu prüfen und zu berichtigen.

Ursachen der zunehmenden Komplikation in den Systemen

Eine rein äußerliche Tendenz, die schon beim ersten Anblicke sich aufdrängt, ist die Neigung der späteren Systeme zur Komplikation. Sie gestattet jedoch eine gewisse Analyse. Viel Schuld an ihr trägt nämlich offenbar die Absicht, durch verwickelte und dunkle, beziehungsreiche Systeme den neu hinzu Tretenden zu verwirren und zu verblüffen, krause Phantastik für sublime Weisheit an den Mann zu bringen und überhaupt tiefsinnig zu scheinen, während man öde ist. Je näher wir der Gemeingnosis kommen, desto stärker zeigen sich solch klägliche Absichten, die zum Schlusse zum niederen Zauberwesen hinüber leiten. Aber bei dem Ursprunge der Gnosis werden sie wenig oder gar nicht mitgewirkt haben, weil wir gerade die hervor ragenderen Gnostiker von ihnen frei sehen und aus dem Verfalle eben nicht auf den Beginn schließen dürfen. Hier war vielmehr das Streben nach Ausgleich mit anderen, mehr oder minder verwandten Systemen, ja auch mit heidnischen Kulten und philosophischen Anschauungen wirksam. Vielfach wird es auf berechnende Politik gegründet gewesen sein, namentlich als es galt, gegen den Einfluß der erstarkenden Kirche bei allen ähnlich Denkenden Rückhalt zu finden und Niemand ohne Not ab zu stoßen. Doch auch hier wäre es falsch, nur diese eine Erklärung fest zu halten. Vielmehr wissen wir, daß die Gnostiker aus systematischen Gründen einen solchen Ausgleich suchten. Sie gingen von dem Gedanken aus, alle Menschen hätten einen Funken der göttlichen Wahrheit in sich und auch, namentlich in ihren Geheimlehren, Überlieferungen aus der Urzeit sich erhalten, welche, so weit sie nicht verderbt oder entstellt sind, das heißt, so weit sie sich nach unseren Begriffen ausgedrückt, schwerer oder leichter mit der betreffenden gnostischen Doktrin in Einklang bringen ließen, noch von den ersten Menschen oder anderen, den göttlichen Geheimnissen nahe stehenden, mit wahrer Erkenntnis begabten Wesen stammen. Mithin erwuchs für sie die Verpflichtung, fremde Lehren nicht einfach ab zu weisen, sondern auf ihren Wahrheitsgehalt, das heißt auf ihre Übereinstimmung mit der eigenen Lehre zu prüfen und dabei deutend nach zu helfen. Solche Konzilianz hat das Christentum nie geübt, auch dort nicht, wo es sich zum Scheine fremden Sitten und Gebräuchen vorüber gehend anpaßte. Dadurch vermied es das Schicksal, das der Gnosis alsbald widerfuhr, die sich nämlich von den neu assimilierten Lehren das Konzept von Fall zu Fall verrücken lassen mußte und zum Schlusse mehr eine großartige, enzyklopädische Exegese einer erträumten, aber immer doch unvollständig auf die Formel des Systemes gebrachten Weltgeschichte als eine abgeschlossene religiöse oder philosophische Grundansicht entwickelte, so daß sie für genügsamere Geister etwas Unbefriedigendes an sich haben mußte und bloß außerordentlichere, nach dem Absonderlichen und nach unbestimmten Unendlichkeiten dürstende Gemüter verlocken konnte. Solch universalistische Bestrebungen sind sogar das eigentliche Gegenteil jener ersteren, auf Verwirrung und Dunkelheit abzielenden, ins Zauberwesen ausmündenden Richtung, obgleich sie sich freilich in ihren Wirkungen in die Hände arbeiten, und, wie alle Gegensätze, auch gewisse Ähnlichkeiten in Verlauf und Wesen zur Schau tragen. Aber während das Streben nach zusammen Fassen des gesondert Überlieferten immer große Abstraktionsfähigkeit und den Willen, auch Fremdes entgegen kommend zu würdigen, voraus setzt, also von durchwegs hohen und hervor ragenden Gaben des Geistes und des Gemütes eingegeben ist, zeigt sich in jenen anderen Verschlingungen volkstümlichen Aberglaubens mit mißverstandenen Theologenem, in jener unbedenklichen Bereitwilligkeit, die niedrigsten Instinkte der Masse durch die Verheißung magischer Wirkungen zu benützen, ein gut Teil Verkehrtheit, Beschränktheit, ja eigentliche Verworfenheit.

Gnosis und Zauberwesen

Wir stehen an dieser Stelle, noch immer mit dem ersten Überblicke beschäftigt, sogleich vor einer allgemeinen und wichtigen Frage: War etwa diese niedrige Art der Religionsübung, dieses Zauberwesen und dieser sinnlose Formelkram, dieser Schutt versinkender Kulte das Düngerfeld, aus dem die üppige Pflanze der Gnosis erwuchs, um in ihrer Bemühung, die verschiedenartigsten Religionen mit einander zu versöhnen, nur auf einer höheren Stufe das zu wiederholen, was alsdann schon im Wesen ihres Ursprunges in dem Synkretismus der Zauberpapyri und der Amulettschreiber, gelegen gewesen wäre? In der Tat, es sprechen gewichtige Gründe dafür, sich den Ursprung der Gnosis gerade so zu denken, und wir wollen dieselben würdigen, um uns klar zu werden, wie weit sie reichen. Daß die Verfasser der magischen Bücher ihre Weisheit selber Gnosis nannten, bezeugen die Zauberpapyri ausdrücklich und wiederholt. Auch wird in ihnen immer die Ansicht vertreten, man könne mit Hilfe eines solches Wissens einen Zwang auf die Gottheit ausüben, also im eigentlichen Sinne des Wortes zaubern. Und anderseits wieder sehen wir die Gnostiker mancher Richtungen, wie etwa die späteren Simonianer, Karpokratianer, Basileidaner, zum Teil auch die Naassener, vor allem aber die koptischen Valentinianer, Zaubernamen für ihre Äonen gebrauchen, zauberhafte Erschließungen der himmlischen Regionen verheißen und Mittel anpreisen, durch die sich die sündhafte Seele eine Tarnkappe aneignen kann, die ihr ermöglicht, den rächenden Verfolgern zu entgehen. Da sind also zahlreiche sachliche Berührungen gnostischer Übung schon in solch äußerlichen Dingen gegeben. Wäre uns der Kult der gnostischen Sekten bekannter, könnten wir aus ihm sicherlich manche weitere Beziehungen entnehmen. Zu all dem kommt, daß die älteren, noch nicht christlichen sondern vielmehr ganz heidnischen Denkmäler gnostischer Lehre gerade eben in den Zauberpapyri und mit Zauberworten durchsetzt und überliefert sind. Endlich aber scheinen selbst allgemeine Erwägungen die Annahme einer Herkunft der Gnosis aus dem Zauberwesen zu stützen. Es liegt für uns, die wir überall Entwicklungen, Entfaltungen des Vollendeten aus dem Unvollkommenen zu vermuten gewohnt sind, so überaus nahe, auch die himmelstürmenden Systeme der großen gnostischen Lehren aus niederen Anfängen, aus dem Wuste trostlosen Zauberwesens, erwachsen zu lassen. Trotz alle dem aber führt, wie ich glaube, eine eingehendere Prüfung gerade zu dem entgegen gesetzten Ergebnisse. Vor allen sind es, so weit immer unsere ausdrücklichen Zeugnisse reichen, stets die späteren Stadien einer Schule, Sekte oder gnostischen Gemeinde, in denen Zauberwesen und Dämonenverehrung immer reichlicher eindringen, während in den Systemen der Stifter dieses Element entweder vollständig fehlt oder doch erst von der Ferne her als eine drohende Möglichkeit sich zu zeigen beginnt. Hieraus folgt also, daß die kläglichen Verkümmerungen einzelner lehrhafter Gedanken, die uns in den Zauberpapyri begegnen, eben nicht die Keime der großen Systeme, sondern Verfallsprodukte anderer, uns leider meist verloren gegangener, religiöser und philosophischer Lehrgebäude sind, deren reiche, schier unabsehbare Menge auch den Nährboden für die spätere Gnosis abgab und deren Zersetzung in den Zauberpapyri so deutlich beobachtet werden kann. Diese sind weniger ein Düngerhaufen als vielmehr ein Ablagerungsort für Abfälle und unbrauchbar gewordenen Kram, wobei sich in solchem Schutte hin und wieder auch noch bedeutsame, wenngleich arg beschädigte Reste alter Herrlichkeit finden. Für den Forscher ist diese Schuttgrube daher von unschätzbarem Werte. Nur darf er sich nicht in arger Verkennung der wirklichen Verhältnisse einbilden, dieser Auswurf sei keimhaft. Einem solchen Irrtume käme es etwa gleich, wenn ein Prähistoriker künftiger Geschlechter meinen wollte, die modernen Großstädte seien aus den Misthalden hervor gegangen, die ihm an den Rändern dieser Ansiedlungen noch erhalten wären und aus denen er sich von unserer Kultur seine Vorstellungen bilden müßte. Gerade daraus, daß die Zauberliteratur der Papyri und verwandten Denkmäler eine Ablagerungsstätte ist, erklärt es sich auch, daß die gnostische Systeme verunstaltet und zu recht gestutzt in ihr auf uns gekommen sind. Man kann ja an diesen Denkmälern es förmlich noch mit Händen greifen, wie das eigentlich Zaubermäßige erst willkürlich und unorganisch in sie eingefügt wurde. Wenn man dies gehörig beachtet, dann verliert auch der anscheinend entscheidende Umstand, daß solche Zaubermeister sich Gnostiker nennen, jede wirkliche Bedeutung für den Ursprung der Gnosis. Hier maßen sich eben Leute die Gnosis an, welche sie nicht besitzen, deren eigentliches Wesen sie sogar bereits mißverstanden, von deren Glanz sie sich aber selber einigen Bestand erborgen möchten. Fassen wir also all dies zusammen, so müssen wir sagen, daß die Gnosis nicht aus dem Zauberwesen hervor gegangen ist, eher dieses aus ihr, aber das auch nicht ausschließlich, da sich noch außerdem andere religiöse Bestrebungen zersetzen mußten, um Schlacken von so absonderlich mannigfacher Struktur ab zu sondern. Fest zu halten ist hingegen daran, daß in diesem caput mortuum einer langen Umbildung religiöser Bewegungen zahlreiche Niederschläge auch jener Gedankengebäude enthalten sind, welche entweder geradezu als gnostisch bezeichnet werden dürfen, oder aber, wenn vollständiger erhalten oder genauer als bisher untersucht, auch auf die gleichwohl in anderen Kreisen zu Stande gekommene Entstehung der Gnosis ein Licht zu werfen vermöchten.

Reste religionsphilosophischer Systeme in der Zauberliteratur

Zwei unserer „Heidnischen Dokumente verwandter Richtung“ sind aus den Zauberpapyri entnommen, nämlich die Weltschöpfung durch Abraxas (No. 7) und die Mithrasliturgie (No. 8). Trifft also die eben entwickelte Ansicht zu, dann sind dies Reste religiös-philosophischer Systeme oder Kulte, welche selbst eben noch kaum als gnostisch bezeichnet werden können, die uns aber einen Blick tun lassen, welche Gedankengebäude der Gnosis voran gingen oder sich in ihrer unmittelbaren Nachbarschaft fanden. Leider sind wir nicht in der Lage, ein sicheres Datum für die Abfassung, noch weniger für den Ursprung dieser beiden, trotz aller sonstigen Verschiedenheiten durchwegs ägyptisch angehauchten Dokumente zu nennen. Das erste ist eine Schilderung der Weltschöpfung aus dem siebenmaligen Gelächter und anderen mystischen Lauten des Urgottes, an der Ägyptisches, Hellenisches und Jüdisches beteiligt sind (vgl. S. 77). Mit der späteren und eigentlichen Gnosis berührt sich hier die auch bei den Ophiten (S. 49) und Valentinos (S. 343), ja selbst auch teilweise bei den Naassenern (S. 35) wiederkehrende Lehre von der Beziehung zwischen der Weltschöpfung und den Gemütszuständen. A. Dieterich hat diesem Zuge seine besondere Aufmerksamkeit geschenkt. Die Vorstellung, daß das Geschlecht der Menschen aus den Tränen, das der Götter aus dem Lachen einer Urgottheit entstand, wies er auch bei den Ophiten nach, und daß der lachende Gott sich noch viel weiter verfolgen läßt, habe ich S. 78 gezeigt. Daß die Tränen Gottes als befruchtende Tautropfen aufgefaßt wurden, hat er ebenfalls aus den Zauberpapyri, aber auch aus altägyptischen Papyrustexten belegt. Trotzdem kann nicht von dem Nachweise des Ursprunges einer gnostischen Lehre die Rede sein. Alles was hier geleistet wurde, ist die Aufdeckung von Anklängen und einander mannigfach durchkreuzenden Beziehungen. Denn die Gemütszustände waren auch schon lange vorher auf babylonischem Boden zu den Planeten in Beziehung gesetzt worden, und Anklänge solcher Lehren finden wir auch schon im frühen Altertume bei den Hellenen. Noch unbestimmter sind die Ergebnisse, die sich aus der Vergleichung der Mithrasliturgie mit gnostischem Denken ableiten lassen. Hier liegt eine Mysterienhandlung vor und von gnostischem Mysterienwesen wissen wir so überaus wenig. Daher besteht der Wert dieses Denkmals für die Aufhellung des Ursprunges der Gnosis eigentlich weniger in seinem so merkwürdigen Inhalte als darin, daß es zeigt, wie weit der Einfluß der persischen Mithrasreligion reichte und wie sehr sich dieselbe lokalen, hier ägyptisch-hellenistischen, Verhältnissen an zu passen vermochte, daß sie uns ferner auch in die Herzen einer solchen Gemeinde einen Blick tun und erkennen läßt, daß hier im Wesen die nämlichen religiösmystischen Bedürfnisse nach Befriedigung verlangten, welche auch in der Gnosis sich wirksam erweisen.

Die Poimandresgnosis

Noch auf ägyptischem Boden verblieben wir bei Betrachtung der Poimandreslehre (No. 6). Hier wird aber weniger Religion als Philosophie geboten. Jeder Gedanke ist, obgleich ägyptisch angehaucht, doch neuplatonisch beeinflußt und ausgesprochen. Aber einige Grundgedanken sind weder ägyptisch noch neuplatonisch, sondern erinnern unmittelbar an Platons berühmteste Gleichnisse und Allegorien, die jedoch diesmal in einer Form vor uns treten, welche sich ganz ähnlich eigentlich auch in gnostischen Systemen, zum Beispiele dem der Doketen, finden (vgl. S. 67). Dabei hat der schon deutlich hervor tretende Aufbau des ganzen Weltschöpfungssystemes nach der 9, 8 und 7 eine auffällige Ähnlichkeit mit dem Aufbaue des basilidianischen und teilweise auch des valentinianischen und des archontischen Systemes. Hier sind also wirklich nicht nur Anklänge an Gnostisches vorhanden, sondern man kann die Poimandreslehre geradezu als gnostisches System umso eher bezeichnen, als sie sich selbst rühmt, Gnosis zu sein. Unter solchen Umständen wäre es gewiß besonders erwünscht, wenn man das ganze Stück genauer datieren könnte, was aber leider nicht möglich ist. Wir müssen uns daher begnügen, hier einmal ein eigentlich gnostisches, aber rein heidnisches und vom Christentume noch gar nicht beeinflußtes System vor uns zu haben. Der Zeitpunkt, in dem es seine endgültige Form annahm, ist auch in der Tat diesem wichtigen Umstande gegenüber nebensächlich. Denn selbst wenn es etwa erst zur Zeit Christi oder sogar etwas nachher entstanden wäre, ist es trotzdem der deutliche und unumstößliche Beweis für den vorchristlichen, rein heidnischen Ursprung der Gnosis.

Jüdische Gnosis

Ganz denselben Beweis, wenngleich freilich in anderer Art, erbringt auch noch ein anderes in gewissem Sinne ebenfalls „heidnisches" Dokument, das ich in die Sammlung aufnahm, nämlich der spät niedergeschriebene, aber alte jüdische Überlieferung enthaltende Midrasch von der Entstehung des Kindes (No. 1). Die Gedanken, die in ihm entwickelt werden, sind fast durchwegs echt gnostisch, aber ganz unbeeinflußt vom Christentume. Die mannigfachen Schilderungen der Gnostiker von dem Mutterschoße als Paradies, als Gefilde der Entstehung, als Abbild der Weltordnung, decken sich mit den Lehren dieses Midrasch. Aber auch die in ihm ausgesprochene Ansicht vom Embryo als dem eigentlich Wissenden, der das Licht der Gnosis besitzt, ferner die stillschweigend voraus gesetzte Lehre von der Wiedergeburt und Wiedererinnerung sind gnostisch, ebenso gut freilich auch platonisch und überhaupt in den Grundzügen Gemeingut der Völker und gerade deshalb umso schwerer bis zu ihren Ursprüngen zu verfolgen. Ja es ist geradezu wunderbar, daß in dem jüdischen Midrasch nicht minder platonische Lehren anklingen (vgl. S. 195) wie in dem hellenisch-ägyptischen Poimandresstücke. Hier also sehen wir ebenfalls vorchristliche, diesmal jüdische, aber sich bei den Juden nicht ursprünglich stammhafte Lehren in einer Ausprägung auftreten, die der gnostischen so gleicht wie ein Ei dem andern. Auch sind diese gnostischen Anklänge natürlich nicht auf unser Midraschstück beschränkt. Vielmehr sind hier all jene zahlreichen jüdischen Gedanken zu vergleichen, die wir so oft unterwegs (z. B. S. 96) zur Aufhellung gnostischer Ansichten heran zu ziehen hatten. Also haben wir eben auch hier überall vorchristliche, heidnische Gnosis vor uns, deren Herkunft eben zu suchen ist.

Der astrologische Einschlag

Blicken wir, bevor wir weiter schreiten, auf das schon Ermittelte zurück. Unter den eben betrachteten Denkmälern finden sich wesentliche Anklänge an die Gnosis, ja eigentlich gnostische Systeme, ohne daß schon Christliches irgend in Betracht käme. Auch spielt in diesen Systemen das Zauberwesen so gut wie gar keine Rolle. Trotzdem ist das Bild, das wir bisher erhielten, noch unvollständig. Denn wesentlich unterschieden von den soeben betrachteten Dokumenten und in ihnen wohl kaum zufällig fast gar nicht vertreten, für die Gnosis aber sehr wichtig, ist die Astrologie. Sie macht fast den größten Teil des Zauberwesens aus, sie ist auch für die Gliederung der gnostischen Systeme von höchster Bedeutung. Sicherlich wäre es verfehlt, die Gnosis von der Astrologie her zu leiten; aber sie hat die Form der Gnosis sehr tiefgehend beeinflußt und kennzeichnet geradezu jenen Bereich, in dem spätere Gnosis und Zauberwesen einander berühren. Deshalb mußte sie auch hier Erwähnung finden, wo wir von den rein heidnischen gnostischen oder gnostisch gefärbten Urkunden her einen Blick in Wesen und Ursprung der eigentlichen Gnosis zu tun im Begriffe stehen.

Astrologie und babylonische Weltanschauung

Die Astrologie ist ein Erzeugnis der babylonischen Kultur und beruht auf einer umfassenden, zum Teile auch wissenschaftlich begründeten Weltanschauung, die es nicht verdient, um ihrer späteren Entartung willen geringschätzig betrachtet zu werden. Die babylonische Astrallehre und die Astrologie, welche sich aus ihr entwickelt und nach der landläufigen Ansicht als ein wahrer Fluch Gottes und eine der größten Verirrungen menschlichen Verstandes über die ganze Erde ausgebreitet hat, besitzt eine Geschichte, in welcher selbst der parteiischeste Richter neben jeden Grund zur Schmähung einen Ruhmestitel setzen müßte. Ich werfe einen Blick auf die Uhr an der Wand. Jedes Zeichen ihres Ziffernblattes und die Einteilung der Zeit auf ihr verdanken wir Babylon. Der Tag von 12 Stunden, die Stunde von 60 Minuten, die Minute von 60 Sekunden bezieht sich auf die 12 Monate und 360 Tage des alten babylonischen Sonnenjahres. Die 12 Stunden entsprechen den 12 Tierkreiszeichen, welche die Sonne auf der Ekliptik in den 12 Monaten durchwandert. So ist eine der Errungenschaften babylonischer Astrallehre heute mehr denn je Grundlage menschlicher Kultur. Aber die Babylonier hatten nicht nur das System der Zeitmaße, sondern auch das der Raummaße vom Himmel abgeleitet. Den Weg, den ein rüstiger Mann während eines Sonnenaufganges zurück zu legen pflegt, zerlegten sie in 360 Ellen und setzten nach Lehmanns ansprechender Vermutung die Raumelle der Länge des Sekundenpendels gleich. In der Tat stimmt die Länge des Sekundenpendels für Südbabylonien (992,35 cm) mit dem aus zahlreichen Denkmälern zu entnehmenden Werte der babylonischen Doppelelle (992,33 cm) überraschend gut zusammen. Ein Würfel von der Seitenlänge einer solchen Elle war dann die Einheit der Hohlmaße, sein Gewicht die Einheit des Gewichtssystemes, ein Goldstück von gleichem Gewichte (Talent) die Einheit des Wertsystemes. Man wird, wenn man sich in die großartige Schönheit und Einheitlichkeit dieses Gebäudes, hinter dem die heute von uns verwendeten Maßsysteme zum Teile sogar zurück stehen, versenkt hat, wohl zögern, über die Astrologie ab zu urteilen, bevor man rechtmäßig über sie zu Gericht gesessen ist. Auch heute noch richtet sich unser öffentliches und bürgerliches Leben nach der vorbildlichen Gliederung des himmlischen Geschehens, welches die Babylonier zuerst erschaut haben. Nach den 360 Teilen des Tierkreises sind unsere technischen Instrumente verfertigt und unsere Geometer haben ihren trigonometrischen Tabellen die nämliche Einrichtung zu Grunde gelegt.

Entartung der Astrologie zum Zauberwesen

Aber das babylonische System war nicht nur eine äußerliche Formel, bestimmt für das Messen und Wägen, sondern ging von dem uns heute absonderlich dünkenden, damals aber sehr nahe liegenden und zunächst äußerst fruchtbaren Gedanken aus: Die Gottheit offenbart sich in ihrem nach dem Zahlen- und Maßsysteme gegliederten Weltkörper. In verblaßterer Fassung kann man denselben Gedanken auch ausdrücken: Alles irdische Sein und Geschehen ist in dem himmlischen Sein und Geschehen vorgebildet. Und das ist zugleich schon Astrologie. Denn das Falsche an ihr liegt eben darin, daß sie eine ursächliche Abhängigkeit des Irdischen vom Himmlischen annimmt, ein Trug, dem sie unterliegt, da ihr die willkürliche, praktischen und theoretischen Zwecken förderliche Herstellung einer ordnenden Beziehung zwischen beiden so glänzend gelungen ist. Eine wichtige Rolle in der Astrologie spielten vor allem die 7 (mit Sonne und Mond) oder 5 (ohne Sonne und Mond) Planeten, wobei natürlich die 5 „überschüssigen" Tage des Jahres (die sogenannten Epagomenen, die dadurch entstanden, daß das System nur ein Jahr von 360 Tagen berücksichtigt und eine Schaltwoche von 5 Tagen hinzu fügte), zu den 5 Planeten in Beziehung gesetzt und zahlenmäßige Zusammenhänge, wie 5 + 7 = 12 (5 Tierkreiszeichen stehen stets über, 7 unter dem Horizonte von Babylon), berücksichtigt wurden. Auch suchte man bald „Einflüsse" der Sterne und „sympathetische" Beziehungen zwischen ihnen und irdischen Vorgängen oder Gegenständen zu ermitteln, um hieraus Vorbedeutungen, Heilwirkungen und Zauberregeln ab zu leiten. Hier lagen also zahlreiche Zersetzungsmöglichkeiten, welche zunahmen, als allerhand in der Rückbildung begriffene Kulte eindrangen und ungebildeter Pöbel in dem Wirrwarr der durch einander flutenden Meinungen religiöse Befriedigung suchte. Damit war jener Zustand gegeben, in dem Zauberwesen und Astrologie in gegenseitiger Verschmelzung auch in den Zauberpapyri, eine Stufe höher aber in der Gnosis uns entgegen treten. Welch mächtige Wirkung diese „Weisheit" auf phantasiebegabte Menschen haben mußte und wie sie auch ganz vorzüglich befähigt war, „systematische" Anregungen zu bieten und ihre Herrschaft in der Architektonik eines philosophischen Gedankengebäudes geltend zu machen, dafür legen die gnostischen Spekulationen auf Schritt und Tritt Zeugnis ab, und selbst in nächster Gegenwart können wir in Kants 12 Kategorien noch die alte babylonische 12-Zahl unbewußt aber desto entscheidender am Werke sehen.

Das Mysterienwesen und die Orphiker

Ein anderer, wichtiger Zug der Gnosis ist ihre nahe Beziehung zum Mysterienwesen, wie dieselbe auch in der Mithrasliturgie zum Ausdrucke kommt. Der Gnostiker ist ein Eingeweihter und hat durch die Weihe besondere Offenbarungen erhalten, ja er gehört meist einem Kreise anderer, gleich Bevorzugter an, wenn nicht gar die ganze

Gemeinde sich in verschiedenen Graden abstuft. Zur Erreichung dieser Grade oder zur Aufnahme in die Gemeinde oder den Kultverein muß er sich besonderen Zeremonien, die immer äußere und innere Reinheit und die Erregung einer gewissen Exstase bezwecken, unterwerfen, um dann in das Mysterium eingeführt zu werden. Das Wort Mysterium deckt sich dabei zu jener Zeit völlig mit dem uns ungleich geläufigeren Ausdrucke Sakrament. Die ganze Lehre ist eine Geheimlehre, der Kult ein Geheimkult. Dabei kann man gar nicht zweifeln, daß in gnostischen Kreisen vielfach schon besondere Geheimniskrämerei geübt wurde, um die Laien an zu locken und durch sonderbare Einrichtungen zu verblüffen. Das Verhüllte, Verborgene, nur durch Entbehrungen Erreichbare und daher bloß Einzelnen Zugängliche hat immer große Anziehungskraft besessen. Auch wissen wir sehr wohl, daß es im ganzen Umkreise der von der gnostischen Bewegung betroffenen Länder schon vor Alters zahlreiche Geheimkulte aller Art gegeben hat, die aber meist so sorgfältig geheim gehalten wurden, daß wir von ihrem eigentlichen Wesen nur schattenhafte Kunde besitzen. Aber die wichtigsten dieser Mysterien waren die in den orphischen Vereinen und Gesellschaften gepflegten, welche mit gnostischem Mysterienwesen mannigfache Berührungen zeigen. In der Tat finden sich auch orphische Hymnen und Mysterienbräuche in den Zauberpapyri. Der Zauberer muß sich durch Tauchbäder in Flüssen und durch Übung der Keuschheit und Enthaltsamkeit auf die heilige Handlung vorbereiten, ein binsenbestreutes Lager benützen, sich mit Eppich, den man auch bei Totenfeiern benützte, bekränzen, mit Lorbeer, Myrthe oder Palmzweigen; er muß reine, linnene Kleider anlegen, einen Opfertisch, oft aus Erde, herstellen, eine Grube graben, Lampen und Fackeln entzünden, Weihegüsse von Wein, Milch und Honig darbringen wie sonst für die Toten, und allerhand Tiere, meistens ganz schwarze, den unterirdischen Göttern heilige, opfern. Aber abgesehen von dieser mehr äußerlichen Übereinstimmung der Zauberhandlungen mit orphischem Mysterienwesen bestehen auch noch tiefer greifende Beziehungen zwischen orphischer und gnostischer Lehre, die schon den christlichen Schriftstellern auffielen, und von ihnen meist benützt wurden, um zu zeigen, daß die Gnostiker eigentlich nur längst abgetane heidnische Ansichten und Gebräuche wieder in Umlauf setzen wollen. Hippolytos behauptet ausdrücklich, die sethianische Lehre von der Schlange und dem Nabelstrange in der Gebärmutter finde sich wörtlich ebenso in den bakchischen Schriften des Orpheus, ja er beruft sich auf eine mystisch-allegorische Abbildung orphischer Lehre in Phlius, wo vor alters die Mysterien der großen Göttermutter gefeiert wurden (S. 293). Auch glaubten die Orphiker schon früh, als die ganze Richtung etwa im fünften oder sechsten Jahrhunderte in Hellas, wie es scheint aus dem thrakischen Norden, eindrang, an die Seelenwanderung, ganz so wie die meisten gnostischen Sekten, teilten ihre Mysterien nach Graden ein und besassen ein umfangreiches, das ganze Weltsystem umfassendes kosmologisch-theologisches Lehrgebäude, das sich in manchen Punkten schon durch die ihm zu grunde liegende Auffassung, vor allem aber auch durch die äußere Form seiner Gliederung mit den gnostischen Spekulationen berührte. Um dies deutlich hervor treten zu lassen, will ich den Versuch machen, einen verkürzten Abriß der älteren orphischen Lehre hierher zu setzen.

Die Lehre der älteren Orphiker

Das Unbetretene ist die verborgene und geheime Ordnung der Urwesen. In ihm weilt zuerst die Nacht, die in sich selbst verharrt, zusammen mit Phanes, der später aus ihm hervor tritt. Innen nämlich, im Unbetretenen der Höhle der Nacht, sitzt Phanes; in der Mitte weilt die Nacht, den Göttern wahrsagend; im Vorraume gibt Allen die göttlichen Gesetze Adrasteia. – Ursprung aller Dinge ist Chronos. Einmal, dazumal entstehen aus ihm der Lichtglanz und der ungeheure Schlung, der ein großes Klaffen war. Alles war ununterscheidbar unter dunklem Gewölke und in dichter Finsternis. Diese Wolke läßt Chronos zu einem schimmernden Gewande reifen, worein ein schwangeres und geschwängertes Ei gehüllt ist. Aus diesem erstentstandenen Eie geht Phanes hervor, der mit vier Augen nach vorwärts und rückwärts blickt, viele Tierköpfe hat, von Widdern, Stieren, von der Schlange und vom Löwen, und von goldenen Flügeln getragen wird. Einen Geschlechtsteil hat er vorne, einen anderen hinten um den After herum. Er ist der weibliche und männliche, zeugende Gott. Er bringt die mittlere und die dritte Nacht herbei, und die mittlere, seine eigene Tochter, die den lebenspendenden Mischkrug hat, begattet er in der Höhle der Nacht. Sie gebiert den Himmel und die Erde; doch ist die Erde unter dem Dunkel noch nicht zu sehen. Erst später schuf Phanes auf dem Himmel die Sonne, die den Wechsel von Tag und Nacht herbei führte, so daß eben die dritte Nacht entstand, welche später die Gerechtigkeit gebar. Die Sonne setzte Phanes zum Wächter des Alls ein, und auch den Mond schuf er und die Sterne. Auf der Erde bildete er die Menschen, die von ihm ihre denkende Seele empfingen, und die Tiere und Pflanzen. Damals war die Zeit, da die Männer von einander ihr Leben fristeten durch Fleischfraß, indem der Stärkere den Schwächeren auffraß. Aus diesem Zustande der Wildheit ergab sich die Notwendigkeit der Gesetzgebung. Sein Szepter ergreifend verteilte Phanes an Götter und Sterbliche, über die er als Erster herrschte, die Welt nach unterschiedlichen Losen. Dann legte er den Herrscherstab in die Hände der Göttin Nacht. Mit Willen der

Nacht übernahm der Himmel von ihr die Herrschaft. Seine Vereinigung mit der Erde war die erste Ehe. Aus ihr gingen, wie bei Hesiodos, die Titanengeschlechter hervor und Kronos, der seinen Vater im Kampfe um die Weltherrschaft besiegte und entmannte. Ihn wieder bewältigte sein Sohn Zeus, der, dem Vater verborgen, in der Höhle der Nacht heran gewachsen war und dort auch Kunde empfangen hatte, wie er dem Kronos die Herrschaft entreißen solle. Er gab seinem Vater Honig zu trinken, von dem dieser berauscht wurde, so daß er unter den Wipfeln hochlaubiger Eichen einschlief. Da fesselte ihn Zeus und entmannte ihn. Dann verschlang er die ganze Welt und auch den Phanes, so daß er aller Dinge Gestalt in seinem hohlen Bauche hatte. Nun ergreift Zeus das Szepter der Welt, deren Herrschaft ihm nicht wieder entrissen werden kann, ordnet alles Geschehen und bringt die Gottheiten einer vollendeteren Weltordnung hervor. Sein Sohn ist Dionysos, der auch „Schwinge" und „Erlöser" heißt, denn durch ihn wird die Seele so gereinigt wie das Getreide durch die Schwinge. Ihn verbarg Zeus vor dem Zorne der Hera in der Behausung der Baubo, die wohl mit der ersten Nacht zusammen fällt. Bald aber, obgleich er noch ein Kind war, setzte er ihn auf den königlichen Thron, gab ihm sein Szepter und trug den Kureten auf, ihn waffengeschmückt zu umtanzen und so vor den Anschlägen seiner Widersacher zu schützen. Aber die Titanen wissen unter der Führung der Hera den kindischen Sinn des Dionysos zu umgarnen. Zapfen, Kreisel, Gliederpuppen und goldene Äpfel von den Hesperiden geben sie ihm zum Spiele. Aber wie er schließlich auch noch in einen von Hephaistos verfertigten Spiegel blickt, gewinnen sie Macht über ihn und morden ihn. Dann zerteilen sie ihn in sieben Teile; nur sein Herz bleibt ungeteilt durch die Fürsorge der dazwischen tretenden Athena. Mit ihm eilt sie zu Zeus. Die Titanen aber setzten ein Becken auf einen Dreifuß, kochten die Glieder des Dionysos und verzehrten sie. Da kam Zeus und strafte die Titanen auf unterschiedliche Weise. Dann formte er aus Lehm ein Bildnis des Dionysos, und schuf - wir vermuten es, ohne es beweisen zu können - auf diese Art den Menschen zum zweiten Male, dem er das Herz des Dionysos in die Brust setzte, in dessen Körper er aber auch titanische Stoffe bannte. Denn titanische Kräfte wohnen den Menschen inne, damit sie sterblich sind und dem Schicksale unterliegen, dionysische aber wegen der Wiedergeburt. Denn der Körper ist gleichsam ein Grabmal der Seele, worin sie Strafe verbüßt gleichwie in einem Gefängnisse, aus dem sie nicht befreien kann. Die Seelen steigen auf und ab, sind dionysischen Leiden und titanischen Verbrechen unterworfen. Denn die Seele des Menschen wandert im Kreislaufe der Zei-

ten in allerhand Tiere an allerhand Orten. Die gut getan haben unter den Strahlen der Sonne, derart wartet, sobald sie gestorben sind, ein sanfteres Geschick. Aber die Frevler müssen, in Lehm vergraben oder sonst gepeinigt, eine lange Strafe verbüßen, ehe sie wieder unterschiedliche Lose des Lebens erwählen dürfen. Aus diesen Kreisen erlöst und der Schlechtigkeit entrückt zu werden, darum bitten die dem Dionysos Geweihten. Wer uneingeweiht und unvollendet in den Hades kommt, wird im Kote liegen; der Eingeweihte und Vollendete aber unter den Göttern wohnen.

Orpheus, Platon und die Gnosis

Die innere Verwandtschaft dieser Gedanken mit den gnostischen Vorstellungen ist so auffallend, daß ich einen eingehenden Nachweis der gegenseitigen Berührungen für überflüssig halte. Und sie gewinnt noch dadurch an Bedeutung, daß wir schon wiederholt darauf hinweisen mußten, wie Platon sich gerade in seinen Gleichnissen und Allegorien, die er durchwegs aus orphischer Überlieferung hat, mit den gnostischen Gleichnissen und Allegorien berührt. An Stelle vieler Einzelheiten will ich nur einen deutlichen, durch all das hindurch verfolgbaren Zusammenhang hervor heben. Dionysos gerät in die Gewalt der finsteren Mächte, indem er in einen Spiegel blickt; der göttliche Mensch der Poimandresgnostiker wird in die Umarmung des Stofflichen verstrickt, indem er sich hinab beugt und seine Gestalt unten gleichwie in einem Spiegel erblickt. Aber die ganze Anordnung, die dabei voraus gesetzt wird, ist die des Höhlengleichnisses im platonischen Staate (S. 251), das wieder vom Auge handelt. Zu allem Überflusse ist das Auge auch sonst ein ständig in verwandten Zusammenhängen vorkommendes Gleichnis der gnostischen Lehrer.

Gnosis und Zänd

Aus solchen Zusammenhängen auf unmittelbare literarische Abhängigkeit zu schließen, liegt sehr nahe und in diesem Falle um so näher, als auch sonst zahlreiche Anklänge an hellenische Philosophie in der Gnosis sich beobachten lassen und die Benützung philosophischer, namentlich stoischer Schriften, in den gnostischen Kreisen, die fast durchwegs hellenischer Bildung nahe standen, nachgewiesen werden kann. Trotzdem wäre es falsch, alle solche Anklänge auf literarische Benützung, alle Übereinstimmungen in den Grundgedanken und ihrer symbolischen Einkleidung auf platonischen oder orphischen Einfluß zurück zu führen. Man muß sich vergegenwärtigen, daß die Gnosis eben nicht von Hellas ihre Impulse, sondern bloß zahlreiche Ausdrucksmöglichkeiten erhalten hat, daß die Sprache, in der die gnostischen Lehrer schrieben und dachten, entweder schon die hellenische oder doch schon von ihr und hellenischer Bildung beeinflußt war. Vielmehr darf jetzt nicht mehr übersehen werden, daß die hellenische Gedankenentwicklung in allen diesen Dingen ja selbst aus fremden

Überlieferungen schöpfte, deren mächtigste wohl nicht, wie man dies bisher irriger Weise tat, bei den Semiten, sondern den benachbarten arischen Völkern, also vor allem in Kleinasien, bei den Persern und letzten Endes in Iran zu suchen sind. Von diesem Mittelpunkte aus haben die Hellenen orphische und verwandte Gedanken durch mannigfache oft genug auch semitische Vermittlung empfangen und eine besondere Entwicklungskette in ihren Geheimkulten und philosophischen Lehren durchgemacht, die uns verhältnismäßig gut überliefert ist, während der andere Zweig der Entwicklung, der auf kleinasiatischem, babylonischem, palästinensischem und zum Teile auch ägyptischem Boden verlief, uns nur höchst mangelhaft bekannt ist. Trotzdem muß es ihn gegeben haben, und ihn nach zu weisen ist eine Aufgabe der Kulturgeschichte, deren Lösung der Zukunft angehört. Aber die zahlreichen Anklänge der Gnosis an parsistische Lehren, auf die wir im Verlaufe der Darstellung immer wieder hin zu weisen hatten, zeigen, in welcher Richtung eben diese Lösung zu gewärtigen ist. Das Wort Gnosis selbst ist ja nichts Anderes, als die genaue Übersetzung des iranischen Zänd, das auch weiteren Kreisen im üblichen Namen für die traditionellen Schriften der Parsen, Zend-Awesta, nach dem man sogar von einem Zend-Volke spricht, geläufig ist. Von dort stammen die eigentlichen Magier, denen auch Simon, der Vater der Gnosis, bei zu zählen sein wird; dort auch wurzelte die Überzeugung von dem Gegensatze eines guten und eines bösen Weltprinzipes, die einander im Weltgeschehen bekämpfen und die menschliche Seele zum Genossen und zum Schauplatze ihres Streites machen. Ja selbst das anscheinend für die Gnosis so besonders kennzeichnende Schwanken zwischen der Annahme eines guten und eines bösen Urgottes hat dort zu allerst stattgefunden, wie schon Spiegel daraus schloß, daß die Iranier eben jene Daewas, welche den benachbarten Indern als gute Gottheiten galten, als böse Dämonen betrachteten. Eine solche Umdeutung des Überlieferten, die hierdurch voraus gesetzt wird, gibt sich geradezu als Vorbild des nämlichen in der Gnosis auftretenden Vorganges zu erkennen.

Systematische Stellung der Zahlen

Auch eine die ganze Gnosis umfassende Tendenz der Systemgestaltung weist darauf hin, wie mächtig parsistischer Einfluß am Werke gewesen sein, ja das Wesen gnostischer Spekulation ganz grundlegend mitbestimmt haben muß, nämlich die auffällige Erscheinung, daß die älteren und ältesten Lehrsysteme fast insgesamt rein dualistisch gebildet sind, das heißt, einen schroffen, allumschließenden Gegensatz zwischen der guten und bösen, lichten und dunkeln Gottheit annehmen, während die späteren auch schon Übergänge schaffen, einen Mittler einführen und durch mannigfache Zwischenstufen die Gegensätze zu mildern oder gar mit einander unvermerkt zu versöhnen trachten. Bei diesem Werke des Ausgleiches werden sie dann stets vor allem durch systematische, zahlenmäßige Gliederungen unterstützt. Der Mittler selbst ergibt zusammen mit den beiden gegensätzlichen Gewalten eine Dreiheit. Diese wieder kann auf mannigfache Art aufgelöst und weitergeführt werden, zum Beispiele dadurch, daß jeder ihrer Teile in Vielheiten, deren Summe wieder eine systemgerechte Zahl ist, zerfällt wird. So lernt man am einfachsten die 9, 8, 7 Ewigen gewisser gnostischer Systeme verstehen, welche wohl ursprünglich dem Bestreben, zwischen Pleroma (9) und Kenoma (7) den Kosmos (8) ein zu fügen, ihren Ursprung verdankten. Oder man betrachtete die Welt als Fehlgeburt des letzten, aus der Fülle herab gefallenen Ewigen und gliederte dann wieder alles nach dem Schema: 30 Ewige und eine nicht ganz vollzählige Fehlgeburt, welche dem Überschusse des siderischen Mondmonates über einen runden, 30tägigen Monat entspricht. Hier wie sonst dienen also überall zahlenmäßige Anordnungen der Begriffe, göttlichen Namen und Weltteile dazu, den Gegensatz zwischen Licht und Dunkel zu gliedern, nach festen Abständen zu befristen und diese Architektonik der religiösen und moralischen Symbolik dienstbar zu machen.

Herkunft der systematischen Zahlen

Wenn wir nun der Frage, woher die Gnostiker diese besonderen Ausdrucksmittel zahlenmäßiger Gliederung nahmen, nachgehen, entfernen wir uns keineswegs von der Linie, die wir verfolgten, indem wir den iranischen Einfluß auf die Gnosis, ja auf deren Grundgedanken, soeben hervor hoben. Denn diese Zahlen stammen, soferne sie nicht ausdrücklichem Einflusse babylonischer Kultur zu zu schreiben sind, unmittelbar aus dem arischen Mythos. Freilich aber können wir mit den Angaben, welche etwa die Kirchenväter oder manche Gnostiker selbst über den Ursprung dieser systematischen Zahlen machen, wenig anfangen. Denn in diesen Quellen finden wir überall, wo von den gnostischen Spekulationen über die 4 (4 Flüsse des Paradieses, 4 Bestandteile des Baumes u. dgl.) die Rede ist, auf die pythagoräische Verehrung der großen Vierzahl, überall wo die Zahlen 7 (7 Weltherrscher, 7 Planeten usw.) oder 12 (12 Engel des Paradieses, 12 Tierkreiszeichen usw.) zur Sprache kommen, auf den Einfluß babylonischer Astrologie verwiesen. Keiner dieser Hinweise ist falsch, aber trotzdem trifft keiner derselben das Wesen der Sache. Denn mit der Lehre von den 7 Dämonen, Engeln, Weltbildnern usw. ist der Umkreis gnostischer Zahlenarchitektonik noch lange nicht erschöpft, da ja die 3, die 9, die 27 und die 30, ja zum Teile auch die all dies ausgleichende 24 = 9 + 8 + 7 eine weit wichtigere, umfassendere Rolle spielen, auch häufiger vorkommen und vor allem die Systeme viel reichlicher durchsetzen. Diese Zahlen stammen aber nicht von Babylon, da die Babylonier dieselben gar nicht bevorzugten und systematisch mit ihnen überhaupt nichts anfangen konnten. Danach ist also die Angabe zu berichtigen, die Gnostiker hätten alle ihre systematischen Zahlen von Babylon. Die andere Angabe über die Pythagoräer ist ebenfalls in der Form, wie sie gemacht wird, schief. Denn die Paradieses-Konstruktionen, die auf ihr aufgebaut sind, stammen doch nicht erst von den Pythagoräern, sondern wie das Wort Paradies, das iranisch ist, beweist, aus Iran, von wo sie auf Umwegen eben auch zu Pythagoras gekommen sein werden, wobei dann freilich später auch Gnostiker in ihrer synkretistischen Art an Pythagoras von neuem anknüpfen konnten. Und die reichlich überwuchernde Zahlensymbolik der Worte vollends war zu jener Zeit und lange früher schon eben so wohl den Juden wie den Hellenen, ja in anderer Form auch den Babyloniern, bei denen schon früh bestimmte Ideogramme ebenfalls feste Zahlenwerte besaßen, bekannt und allem Anscheine nach an geordnete Zeichenreihen, vor allem aber die Buchstabenreihe überhaupt, gebunden. Und da diese Wandergut ist, dessen Herkunft noch immer nicht fest steht, läßt sich aus solcher Wortsymbolik auf die Herkunft gnostischer Zahlensystematik kein Schluß ziehen. Also bleibt nach wie vor der nicht babylonische Bestand der Zahlen 3, 9, 27 und teilweise auch 30, wobei in der 30 wieder die 3 und die 10 liegen, als wesentliches Anzeichen für Art und Herkunft dieser Systematik übrig. Das sind aber gerade jene Zahlen, die wir auch sonst überall auf arischem Boden und in ältester Zeit bei den Germanen, Iraniern, im hellenischen Altertume und auch bei den Indern antreffen, während sie in den Grenzgebieten und in jüngerer Zeit sich vielfach durch Zahlen des babylonischen Kulturkreises, und zwar gesetzmäßig (die 3 durch die 12, die 9 durch die 7), verdrängt finden.

Die Betrachtung dieser systematischen Zahlen leitet dazu über, nun auch noch die Mythen und mythischen Bestandteile ins Auge zu fassen, welche in der Gnosis eine Rolle spielen. Zahlreiche Nachweise einzelner mythischer Beziehungen findet der Leser in den hinter den einzelnen Stücken folgenden Erläuterungen. Rein Mythisches freilich dürfen wir uns in religiös-philosophischen Systemen nicht erwarten, da der Mythos in der Erzählung einer fortschreitenden, geordneten, gegliederten Handlung besteht, und also in dem festen Gerüste eines Gedankengebäudes nur in verkürzter, naturgemäß unvollständiger, ja oft sogar verkümmerter Form Platz finden kann. Umso sorgsamer müssen die mythischen Anklänge in diesem Stoffe beachtet werden, da sich, sobald die Zugehörigen, wirklich mythischen Motive gefunden sind, meistens auch solche Einzelheiten aufklären, die ohne Benützung der Methoden vergleichender Mythenforschung dunkel geblieben wären. Ein Beispiel solcher Art, wie sich Mythisches in gnostischen Darstellungen nachweisen und von ihnen ausgehend weiter verfolgen lasse, habe ich S.

Die Mythen

194ff. gegeben und verweise hier auf dasselbe, da in dem vorliegenden Zusammenhange die Berechtigung, allgemein arisches Mythengut heran zu ziehen, neues Licht erhält. Aber die anderen zahlreichen Fälle, in denen ich auf Mythen zu verweisen genötigt war, zeigen nicht minder, wie eben Mythisches fast stets dort auftritt, wo sich innig damit verknüpft die zugehörigen, auch dem betreffenden Mythos schon geläufigen, systematischen Zahlen finden.

Überblick

Indem wir soeben bis auf den Mythos zurück griffen, haben wir zur Erklärung der Ursprünge und Antriebe gnostischen Denkens sehr frühe Schichten heran gezogen. Auch die systematischen Zahlen der arischen Völker, und ähnlich die der Babylonier, sind selbstverständlich um Jahrtausende älter als die Gnosis. Wir wollten ja nur zeigen, daß und wie sie in der Gnosis nachwirkten und neue Schößlinge trieben. Den Ursprung der Gnosis haben wir in ihnen eben so wenig gefunden, wie in dem Nachweise auf die Zerfallsprodukte babylonischer Astrologie und Zauberei, in der Betrachtung der orphischen Überlieferungen im Besonderen, die von den Hellenen her, des Mysterienwesens im allgemeinen, das im ganzen Oriente sich geltend machte, oder in den jüdischen Geheimlehren vom göttlichen Wagen (Merkaba) oder gar, wenngleich am nächsten und vielleicht entscheidensten, in den gegensätzlichen Weltprinzipien der Iranier. Es muß vielmehr genügen, alle diese Beziehungen zunächst erkannt, dann aber auch so geordnet zu haben, daß die wechselseitigen Verhältnisse einigermaßen hervor traten und das Verfließen dieser Kulturströmungen ersichtlich wurde. Einen einheitlichen Ursprung der Gnosis erwarten oder gar suchen, hieße ja das Wesen dieser religiösen Bewegung gründlich verkennen. Denn sie ist nicht von einer einzigen Person oder einem einzigen Volke, auch nicht von einem bestimmten Orte ausgegangen; sie ist auch nicht zu einer bestimmten Zeit in ihrer Eigenart zu allererst entsprungen, fertig und ausgewachsen wie Athena dem Haupte des Zeus. Vielmehr ist sie, wie jedes kulturhistorische Ereignis, eben langsam unter dem wechselnden Einflusse verschiedenartiger, oft recht widerspruchsvoller, fördernder und hemmender Einwirkungen heran gereift, so daß sie auch nur aus der Gesamtheit all dieser mannigfachen Zusammenhänge begriffen werden kann.

ZUR EINFÜHRUNG

Stell mir den Leuchter hin und bring mit dar dein Licht;
doch daß ich sein bedarf, du Tor, das glaube nicht!

Der einst die Sonne schuf, Mond, Sterne aus dem Nichts:
sag an, du Menschenkind, bedarf der deines Lichts?

Der dir das Auge gab, die Leuchte des Gesichts:
sag an, du Menschenkind, bedarf er deines Lichts?

Der aus dem Mutterschoß dir wies den Weg des Lichts:
ist nicht vor dem dein Licht gleichwie vor dir das Nichts?

Der das Verborgne weiß am Tage des Gerichts:
Sag an, du Menschenkind – bedarf er deines Lichts?

Stell dir den Leuchter hin und bring mir dar dein Licht:
doch daß ich sein bedarf, du Tor, das glaube nicht!

Die Gedanken, welche ich in diesem Gedichte zusammenfasse, werden in einer traditionellen Schrift des Judentums (Midrasch Leviticus rabba 31, 8) mit folgenden Worten entwickelt:

„R. Berekjah sagte: Mit diesem Augapfel sieht der Mensch nicht durch das Weiße an ihm, sondern durch das Schwarze an ihm. Darum spricht der Heilige, gelobt sei er (d. i. Gott) mit Beziehung auf das Gebot des ewigen Lichtes im Tempel: Wenn ich aus dem Finstern dir Licht schaffen kann: brauche ich da dein Licht?

Ferner sagte R. Berekjah: Und die Erde war wüst und leer. Was steht nachher? Und Gott sprach: es werde Licht. Und es ward Licht. Nun, sagt der Heilige, gelobt sei er: Wenn ich dir aus dem Finstern Licht geschaffen habe: brauche ich da dein Licht?

Und die Rabbinen sagten zwei Dinge: Der Heilige, gelobt sei er, sprach zu dem Kinde: Alle, die neun Monate, die du im Schoße deiner Mutter warst, habe ich dir geleuchtet: brauche ich da dein Licht?

Ferner sagten die Rabbinen: Er deckt die Tiefe und das Verborgene auf, weiß was im Finstern ist, und Licht wohnt bei ihm. Der Heilige, gelobt sei er, spricht: Das Licht wohnt bei mir! Brauche ich da dein Licht?“

Diese Stelle drückt in ihrer klaren Symbolik alle leitenden Gedanken der Gnosis aus. Ja sie enthält dieselben sogar in systematisch richtiger Gliederung. Denn nach jüdischer Vorstellung muß die Gnosis gerade *vier* Grundgedanken haben, deren je einer in jeder der vier mittleren

Strophen unseres Gedichtes, beziehungsweise in jedem der 4 Sätze des Rabbi Berekjah und der Gelehrten, anklingt. Diese 4 Grundgedanken betreffen der Reihe nach den Makrokosmos (1), seine Spiegelung im Mikrokosmos (2), die Entstehung des Menschen (3) und das jüngste Gericht (4).

Die Bedeutung der Vierzahl dieser Themen drückt sich darin aus, daß die Juden die Geheimwissenschaft von den überhimmlischen Dingen, die in der späteren Kabbala ihre phantastische Ausgestaltung gefunden hat, als Kenntnis der Beschaffenheit des vierrädrigen Wagens der Herrlichkeit (Merkaba) auffaßten, auf dem Gott einherfährt (Ezech. I, 4 - 28), daß sie ferner diese Kenntnis als Paradies bezeichneten, das Wort Paradies aber mit 4 Buchstaben (Konsonanten) schrieben (פרדס) und jeden derselben zu einem Worte erweiterten, das mit je einem dieser Buchstaben begann. So erhielten sie die vier Worte: Worterklärung (1), Andeutung (2), Auslegung (3), Geheimnis (4). Damit waren die 4 Vortragsweisen der Merkabalehre gekennzeichnet. Noch erkennt man, daß die *Worterklärung* der wahrnehmbaren Weltordnung entspricht, da sie sich rein äußerlich aber scheinbar vollständig ihres Geschäftes entledigt, während die *Andeutung* dem Mikrokosmos zuzuordnen ist, der ja als bloßes Abbild des Makrokosmos zu dessen Erkenntnis hinführt. Die *Auslegung* wieder ist allegorisch, die Entstehung des Menschen ein Gleichnis für das Wesen der Gottheit; das *Geheimnis* schließlich wird erst am Ende der Dinge offenbart.

Dieser Einteilung entspricht auch die Vierzahl der Lehrer, welche die Geheimwissenschaft übten und das Paradies betraten, in dem nach der bekannten biblischen Auffassung 4 Ströme entspringen, die wiederum symbolisch als Erkenntnisvermögen verstanden wurden. Doch war der Trank aus ihnen verboten, das Kosten der Frucht von dem Baume der Erkenntnis gefahrvoll, die geheime, über den Wortlaut der Schrift hinausgehende Einsicht ein Ringen mit Gott um seine Macht. Erzürnte er sich, dann verwirrte er zur Strafe den Verstand des vorwitzigen Eindringlings, oder entließ ein Feuer, das ihn verzehrte, oder täuschte seine Erkenntnis; und nur selten sandte er auf den wahrhaft frommen Verkünder seiner Geheimnisse den Glanz seiner Herrlichkeit herab. Das Schicksal der vier Merkabalehrer tut dies kund. R. Akiba, der sich an die *Worterklärung* hielt, entkam unbeschädigt aus dem Paradiese, R. Elischa, Sohn des Abuja, auch Acher genannt, verwüstete den Garten und zerbrach sein Gezweige, d. h. er wurde mit Abtrünnigkeit bestraft, da er sich durch die *Andeutung* verführen ließ. Ben Soma wurde geistesumnachtet, da er in der *Auslegung* zu weit ging, und Ben Asi schaute das *Geheimnis* und starb.

Obgleich diese Systematik nicht für *alle* Systeme der Gnosis zutrifft, zeigen sich doch überall die Spuren ihrer Wirksamkeit, da der jüdische Einfluß sich auf die ganze Gnosis schon dadurch erstreckt, daß dieselbe stets auf die Schriften des alten Testamentes Rücksicht nimmt. Aber auch noch aus einem anderen Grunde tut man gut, sich dieses Schema einzuprägen; denn es ist gewissermaßen eine Formel für die antike Weltanschauung überhaupt. So wird es wahrscheinlich, daß diese Formel gar nicht eigentlich jüdisch ist. Ihr Anknüpfen an das biblische Paradies scheint ein wichtiger Wegzeiger für ihren Ursprung. In der Bibel heißt das Paradies: „Garten Eden". Doch die Systematik der Merkabalehre ist auf den 4 Konsonanten des Wortes Paradies, das die Bibel an jener Stelle gar nicht kennt, aufgebaut, und dieses Wort ist *persisch*. Die Gnosis ist eben das Ergebnis von Gedankenprozessen, die in dem breiten Gebiete zwischen Iran und Ägypten, hellenische Kultur stets beeinflussend und daher selbst wieder von ihr ständig beeinflußt, wohl mindestens durch ein Jahrtausend in immer neuen Formen wirksam waren.

I. DER MENSCH UND DIE GNOSIS

1. DAS BUCH VON DER SCHÖPFUNG DES KINDES

Wie geht die Schöpfung des Kindes vor sich?
R. Jochanan sagte: Mit den Schriftworten: „Gott übt Großes, unerforschbar, Wunder, unzählig" (Hiob IX, 10) sind die großen Taten und Wunder gemeint, die der Heilige, gelobt sei er, bei der Schöpfung des Kindes verübt. Denn in der Stunde, da der Mensch sich anschickt, den Beischlaf bei seinem Weibe zu üben, ruft der Heilige, gelobt sei er, den Engel, der über die Schwangerschaft gesetzt ist, und sagt zu ihm: Wisse, dieser Mensch säet diese Nacht für die Bildung des Menschen. Und du geh hin und bewache jenen Tropfen. Tu ihn in ein Becken und zerstreue ihn in einer Scheune zu 365 Teilen.

Der Engel tut so, nimmt den Tropfen, bringt ihn vor den Heiligen, gelobt sei er, und sagt vor ihm: Herr der Welt, ich tat, wie du mich beauftragt hast. Was soll jetzt aus diesem Tropfen werden? Beschließe über ihn nach deinem Willen.
Sofort beschließt der Heilige, gelobt sei er, über ihn, ob er stark oder schwach, lang oder kurz, männlich oder weiblich, töricht oder weise, arm oder reich sein soll. Aber über Frömmigkeit oder Schlechtigkeit beschließt er nicht; denn wir sagen: Alles ist in Gottes Hand, mit Ausnahme der Frömmigkeit.[1]

Alsbald winkt Gott dem Engel, der über die Geister gesetzt ist, und sagt zu ihm: Bringe mir jenen Geist. Sofort kommt er vor den Heiligen, gelobt sei er, und verneigt sich vor ihm. Da sagt der Heilige, gelobt sei er, zu ihm: Begieb dich in diesen Tropfen!
Da öffnet der Geist seinen Mund und sagt: Herr der Welt. Ich bin zufrieden mit der Welt, in der ich war seit dem Tage, da ich geschaffen wurde. Wenn es doch nicht dein Wille wäre, mich in diesen übelriechenden Tropfen zu bringen! Denn ich bin heilig und rein.
Da sagt zu ihm der Heilige, gelobt sei er: Die Welt, in die ich dich bringe, ist besser als die Welt, in der du warst. Und als ich dich bildete, bildete ich dich nur für diesen Tropfen.

Sofort bringt ihn Gott gegen seinen Willen in den Tropfen, und der Engel kehrt zurück und bringt den Geist in dem Tropfen wieder zurück in den Leib der Mutter und bestellt dort zwei Engel, die ihn hüten, daß er nicht falle, und sie setzen ein brennendes Licht über sein Haupt.
Und er schaut und sieht vom Anfang der Welt bis zu ihrem Ende.

Und des Morgens nimmt ihn der Engel und führt ihn in das Paradies und zeigt ihm die Frommen, die da in Ehren sitzen und sagt zu ihm:

[1] Andernfalls wäre der Mensch für seinen Wandel nicht verantwortlich.

Weißt du, wessen jener Geist war? Er antwortet: Nein. Da sagt zu ihm der Engel: Jener, den du in jener Ehre und in jenem hohen Range siehst, ist wie du im Leibe seiner Mutter gebildet worden, und ebenso dieser und dieser. Und sie beachteten die Gesetze und Rechte des Heiligen, gelobt sei er. Wenn du so getan haben wirst, wie sie getan haben, und wenn du so gestorben sein wirst, wie sie gestorben sind, wirst du diesen Rang und diese Ehre verdienen, wie du es siehst. Wenn aber nicht, wirst du hingehen in den Ort, den ich dir zeigen werde.

Und des Abends führt er ihn in die Hölle und zeigt ihm die Frevler, die von den bösen Engeln gequält werden und die geprügelt und geschlagen werden mit Ruten von Feuer. Und sie schreien O und Weh, und man erbarmt sich ihrer nicht. Und da sagt der Engel zu ihm: Mein Sohn, weißt du, wer diese sind, die da verbrannt werden? Und er sagt: Nein. Und der Engel sagt zu ihm: Wisse, daß diese geschaffen wurden aus einem übelriechenden Tropfen im Leibe ihrer Mutter, und sie kamen in die Welt hinaus und beachteten nicht die Gesetze und die Zeugnisse des Heiligen, gelobt sei er, und deshalb verfielen sie in diese Schande. Und nun, mein Sohn, wisse, daß du einst aus diesem Orte, aus dem Schoße deiner Mutter, hervorgehen wirst. Deshalb sei nicht schlecht, sondern sei gerecht, und du wirst ewig leben.

Und der Engel führt ihn umher vom Morgen bis zum Abend, und man zeigt ihm jeden Ort, den sein Fuß einst betreten wird, und den Ort, wo er wohnen wird, und den Ort, wo er wird begraben werden. Und hernach zeigt man ihm die Welt des Guten und des Bösen. Der Engel führt ihn aber immer wieder in den Leib seiner Mutter zurück, und der Heilige, gelobt sei er, macht ihm Türe und Riegel. Und der Heilige, gelobt sei er, sagt zu ihm: Bis hierher sollst du kommen und nicht weiter. Und es liegt das Kind in dem Schoße seiner Mutter neun Monate.

Die ersten drei Monate wohnt es in der untersten Kammer, die drei mittleren in der mittleren Kammer, und die drei letzten in der obersten Kammer. Und es ißt von allem, wovon seine Mutter ißt, und es trinkt von allem, wovon seine Mutter trinkt, und führt keinen Kot ab; denn sonst würde seine Mutter sterben.

Und sobald jene Zeit gekommen ist, daß es hinausgehe, kommt jener Engel und sagt zu ihm: Gehe hinaus; denn die Zeit ist gekommen, daß du hinausgehest in die Welt. Und der Geist des Kindes antwortet: Ich habe bereits vor demjenigen, der da sprach, und die Welt ward, gesagt, daß ich es mir genügen lasse an der Welt, in der ich gewohnt habe. Und der Engel antwortet ihm: Die Welt, in die ich dich bringe, ist schön. Und ferner: Wider deinen Willen bist du im Leibe deiner Mutter gebildet worden und wider deinen Willen wirst du geboren, um hinauszugehen in die Welt.

Gott mit Menschenbeinen, Schlangenkörper und Hahnenkopf. 14,5 mm hoher gnostischer Stempelabdruck.

Vielgestaltige gnostische Gemme, 20 mm hoch

Acephalischer Gott mit zwei Tierköpfen. 25 mm hoher gnostischer Stempelabdruck.

Magische Gemme, 3. Jhdt. n. Chr. Dämon mit Hahnenkopf und Schlangenbeinen, peitschenschwingend.

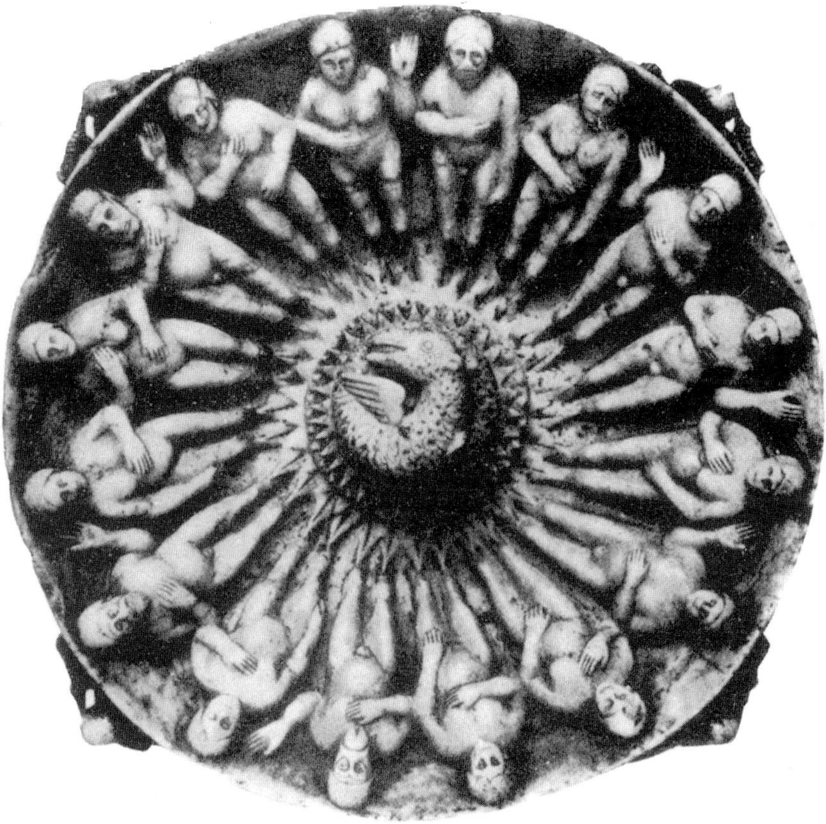

Alabasterschale mit Darstellung einer kultischen Szene, 3./5. Jhdt. n. Chr., Syrien oder Kleinasien. Wahrscheinlich Kult der Ophiten: 16 nackte Mysten in Verehrung einer geflügelten Schlange, die von Sonnenstrahlen umgeben ist.

Epiphanius von Salamis (315–403), Bekämpfer des Manichäismus. Fresko aus der Kathedrale von Faras, Nubien, Ende 11. Jhdt.

Magische Gemme, ca. 3. Jhdt. n. Chr. Abraxas mit Hahnenkopf und Schlangenbeinen, peitschenschwingend.

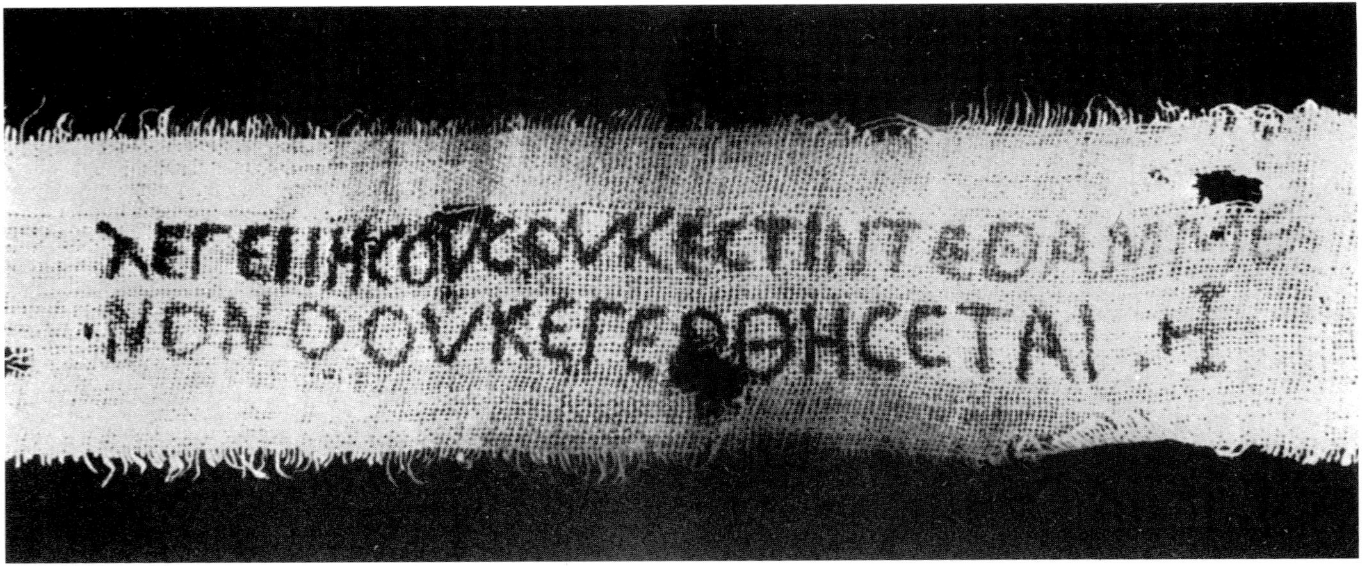

Streifen von einem Totenlaken aus Behnesa, dem alten Oxyrhynchos, 5. oder 6. Jhdt. n. Chr. Die Inschrift lautet: Jesus sagt, es darf nichts begraben werden/was nicht auferstehen wird.

Sofort weint das Kind. Und weshalb weint es? Wegen jener Welt, in der es war und die es jetzt verläßt.
Und wie es hinausgeht, schlägt es der Engel unter seine Nase und verlöscht das Licht über seinem Haupte. Er bringt es gegen seinen Willen hinaus, und es vergißt alles, was es gesehen hat. Und wie es hinauskommt, weint es.
Und weshalb weint es? Weil man ihm sieben Welten in jener Stunde austauscht.
Die erste Welt gleicht einem Könige, den alle grüßen, die ihn sehen. Alle küssen das Kind und wollen es umarmen, weil es ein Jahr alt ist.
Die zweite Welt gleicht einem Schweine, das beständig im Kote lebt. So ist das Kind im Alter von zwei Jahren immer in Kot und Unrat.
Die dritte Welt gleicht einem Bocke, der auf der Welt herumhüpft. So hüpft das Kind hin und her, bis es fünf Jahre alt wird.
Die vierte Welt gleicht einem Pferde, das mit Stolz einhergeht. So geht das Kind stolz einher und prahlt mit seiner Jugend, wenn es achtzehn Jahre alt ist.
Die fünfte Welt gleicht einem Esel, dem man einen Sattel auf die Schulter legt. So belastet man den Menschen, gibt ihm eine Frau, er erzeugt Söhne und Töchter und geht die Nahrung für seine Kinder und das Hausgesinde suchen.
Die sechste Welt gleicht einem Hunde, der seinem Unterhalte nachgeht und von hier mit Frechheit für sein Mal raubt und von dort stiehlt und von einem anderen Orte errafft, ohne Scham.
In der siebenten Welt gleicht der Mensch dem Nichts; denn er ist von allem entfremdet, auch sein Gesinde flucht ihm, und sie begehren seinen Tod, und selbst kleine Kinder verspotten ihn.
Und wenn schließlich die Zeit des Sterbens da ist, kommt der Engel zu ihm und fragt ihn: Kennst du mich? Und er sagt: Ja, und fragt: Warum bist du heute zu mir gekommen? Und der Engel antwortet: Um dich aus dieser Welt zu führen. Da beginnt der Mensch zu weinen und läßt seine Stimme hören vom Angang der Welt bis zum Ende der Welt. Und kein Geschöpf kann seine Stimme hören, mit Ausnahme des Hahnes.
Und der Mensch sagt zum Engel: Du hast mich doch aus zwei Welten heraus und in diese Welt hereingeführt, in der ich wohne. Und der Engel spricht: Ich habe dir doch gesagt, daß du gegen deinen Willen gebildet und geboren wurdest und ebenso sterben und einst Rechenschaft geben wirst vor dem Könige der Könige, vor dem Heiligen, gelobt sei er.

Der vorstehende Text, der von Rabbi Joachanan unter Benützung der schon im Talmud niedergelegten Lehren von der Entstehung des Kindes, aber sicherlich auch unter Berücksichtigung mündlicher Tradition zusammengestellt wurde und heute einer Sammlung traditioneller jüdischer Schriften, kleine Midraschim genannt, angehört, spricht mit schlichten Worten eine ergreifende Sprache. Aber schon auf den ersten Blick gibt er zu zahlreichen Fragen Anlaß. Was bedeutet die Tenne mit den 365 Teilen des Samentropfens, weshalb vermag bloß der Hahn die Stimme der sterbenden Seele zu hören? Und je genauer man zusieht, desto mehr Probleme ergeben sich. Nur die wichtigsten, deren Erläuterung für das wirklich eindringende Verständnis unerläßlich ist, sollen hier besprochen werden.

Zwei Grundgedanken treten hervor: erstens daß der Mensch im Mutterleibe das höchste Wissen über alle Dinge (wie die Juden zu sagen pflegen, die ganze Thora) durch unmittelbare, übernatürliche Anschauung empfängt und mit diesem Lichte von einem Ende der mikrokosmischen Welt, in der er sich befindet, bis zum anderen sieht, aber bei der Geburt diese Leuchte verliert; zweitens daß seine Lebensalter zu einer Reihe von Tieren in Beziehung stehen. Beide Gedanken sind umrahmt von zwei ehedem nahe verbundenen mythischen Motiven, nämlich von der Dreschtenne mit den 365 Samenkörnern und dem Hahn, der den Schrei der Seele aushält. So systematisch durchdacht die Darlegung des R. Jochanan ist, so deutlich sieht man doch auch, daß sie erst durch zwei fernere, in ihr bloß leise angedeutete Lehren ihre völlige Aufklärung erhält, die wir aus anderen Überlieferungsketten kennen, nämlich durch die Lehre von der Wiedergeburt und durch die gedanklich enge mit ihr verknüpfte von der Wiedererinnerung. Und diese sechs „Bestandteile" unseres Stückes bedürfen eben weiterer Aufklärung.

Anklänge an die jüdische Lehre begegnen uns auf ägyptischem Boden. „Man sagt," berichtet Plutarch, „daß Heraiskos aus der Gebärmutter hervorkam und den Schweigen gebietenden Finger an die Lippen hielt, ganz wie die Ägypter fabeln, daß Horus geboren wurde, und noch vor Horus Re. Da ihm jedoch der Finger an die Lippen angewachsen war, bedurfte es eines Schnittes. Und für immer blieb die abgeschnittene Lippe bei uns allen als Zeichen für die Geheimnisse der Geburt zu sehen." Während also die Juden das Grübchen unter der Lippe aus dem Fingerdrucke des Engels erklärten, mit dem er dem Kinde den Mund zum Schweigen verschließt, leiteten es die Ägypter davon ab, daß der Finger des Kindes losgeschnitten werden mußte. Und Heraiskos war auch eins mit Harpokrates, zu dem man beim Opfer betete: „Die Zunge ist Fügung, die Zunge ist Verhängnis". Ferner finden wir in jüdischer Überlieferung selbst (Talmud, Traktat Niddah 30 b) die

Ansicht, daß „das Kind im Mutterschoße einer zusammengelegten Schreibtafel gleiche. Die Hände liegen an den Schläfen, die Ellenbogen an den Fußknöcheln, die Fersen an den Lenden und das Haupt ruht zwischen den Knieen." Nun ist aber die wächserne Schreibtafel ein uns in hellenischer Philosophie, nämlich bei Platon, wohl bekanntes Gleichnis für das Gedächtnis, und noch heute halten wir an dem Bilde fest, wenn wir von einem „unbeschriebenen Blatte" (tabula rasa) sprechen. Sonst aber läßt Platon die Seelen über die ewigen Wahrheiten nicht, wie die jüdische Doktrin, im Mutterschoße, sondern in der Unterwelt, bevor sie ein neues Lebenslos erlangen, belehrt werden. Daraus folgt, daß eben die Gebärmutter identisch ist mit der Unterwelt, d. h. vielmehr richtiger, daß sich in ihr die ganze Weltordnung nachgebildet findet, also auch die Unterwelt – wie ja auch der Engel dem Kinde im Mutterleibe Himmel und Hölle zeigt. Wir werden noch an zahlreichen Stellen diese Gleichsetzung immer von neuen Gesichtspunkten bestätigt finden. Aber auch das weitere Vorstellungselement, daß das Leben erlost wird, ist wichtig; denn wenn auch in einer ganz anderen Kulturschichte, kennen wir doch eine Erzählung, die von der Begabung der Menschen und der Tiere mit ihren Alterslosen berichtet. Sie findet sich unter den Grimmschen Kinder- und Hausmärchen als Nr. 176, und die Methode, welche wir, indem wir dieses „Märchen" heranziehen, anwenden, ist die der vergleichenden Mythenforschung.

Um aber nicht mißverstanden zu werden, sei hier ein Wort über dieses Verfahren eingefügt. Niemand denke, daß die Forschung heute noch wie bis vor kurzem die Märchen für Ergebnisse einer willkürlich schaltenden Volksphantasie hält. Ganz im Gegenteil hat sich vielmehr gezeigt, daß diese Stoffe eine über die weitesten Kulturgebiete und Epochen hinwegreichende Beständigkeit aufweisen und eigentlich nur durch das Fluktuieren in der Aneinanderreihung der festen Motive sowie durch mancherlei Mißverständnisse und Verwirrungen, welche die mündliche Überlieferung zur Folge hatte, sich von den ältesten Mythen der Menschheit unterscheiden, für die sie trotzdem, da alle in ihnen vorkommenden Störungen meist nur zufälliger Natur sind, sogar fast stets eine bessere Quelle sind als die absichtlich deutend und symbolisierend umgestalteten Mythen der Kultgötter, denen der Mythologe bisher die allermeiste Beachtung zu schenken gewohnt war. Eben deshalb auch weil diese Märchen uralte Themen behandeln, sind Übereinstimmungen zwischen mythologischen Motiven, die sich aus der Märchen- und Mythenvergleichung ergeben, beileibe nicht im historischen Sinn als Anzeichen literarischer Abhängigkeit zu deuten. Niemand wird annehmen wollen, R. Jochanan habe aus deutscher Volkssage oder diese aus palästinensischen Erzählungen geschöpft, wenngleich sich auch hier wie dort zu so ganz verschiedenen Zeiten bis in Einzelheiten hinein verwandte Vorstellungen finden. Vielmehr weisen diese Übereinstimmungen wohl bloß auf Zusammenhänge in der Urzeit hin, bei deren Beurteilung man allerdings äußerst vorsichtig sein muß.

Treten wir nun nach dieser Abschweifung an das erwähnte Grimmsche Märchen heran, so finden wir in demselben geschildert, daß Gott jedem Wesen 30 Jahre als Lebenszeit zuteilen wollte. Zuerst kam der Esel, aber ihm dünkte diese Zeit zu lang, und Gott ließ ihm 18 Jahre nach. Dann kam der Hund, dem 12 Jahre geschenkt wurden, endlich der Affe. Auch ihm schienen 30 Jahre zu lang, da er viele Verspottungen zu erdulden habe. So erläßt ihm Gott 10 Jahre. Als aber der Mensch kam, war er mit seinen 30 Jahren nicht zufrieden. Da gab ihm Gott noch die 18 Jahre des Esels, die 12 Jahre des Hundes und die 10 des Affen, so daß seine Lebenszeit 70 Jahre beträgt. Vergleicht man jetzt die jüdische Fassung, so sieht man, daß alle ihre Abweichungen Einstellungen sind. Der König gehört wohl kaum unter die Tiere, und auch das Nichts muß auf einem Irrtum beruhen. Aber noch ist davon die Rede, daß der Mensch in seinen letzten Jahren verspottet wird, also offenbar dem Affen gleicht. Dann folgen aber auch in der jüdischen Überlieferung früher Esel, Hund, Affe genau so auf einander wie im deutschen Märchen, dann waren die 70 Jahre des Menschen der Anlaß, 7 Lebensalter einzuführen, dann sind König, Schwein, Bock und Pferd jüngere Auslegung, während in dem Mythos von der Begabung der Wesen mit den Schicksalslosen die Tiere nur durch Esel, Hund und Affe vertreten sein konnten.

Jetzt erst ist es auch an der Zeit, den Rahmenelementen unseres Textes nachzuspüren. Da derselbe die Lehre von der Wiedergeburt voraussetzt, gehört der Hahn zur Tenne, auf welcher ja der neue Körper für die eben verschiedene Seele vorbereitet wird. Und wenn der Hahn ihren Schrei aushält, wird er wohl ihr Widersacher sein. Auch hierüber gibt die Mythengleichung Aufschluß. Wieder ist es ein deutsches Märchen, das am allernächsten anklingt. Man findet es in der bekannten Bechsteinschen Sammlung unter dem Titel „Der alte Zauberer und seine Kinder". Brüderchen und Schwesterchen suchen, ihm zu entfliehen. Wie er sie das erste Mal einzuholen droht, verwandeln sich die Geschwister in Teich und Fisch, beim zweiten Male in Kapelle und Altar, beim dritten Male in ein Korn, das von ungefähr auf der Tenne liegt. Da verwandelt sich der Zauberer in einen schwarzen Hahn, um das Korn aufzupicken, der Bruder aber aus der Tenne in einen Fuchs, der ihm den Hals abbeißt. Auch in 1001 Nacht klingt das Motiv in der Geschichte des dritten Bettlers im Märchen von dem Lastträger und den drei Schwestern (Reclam, Universal-Bibliothek I, 113) an. Dort verwandelt ein Ifrite einen Königssohn in einen Affen, und ein Mädchen unternimmt es, ihn zu entzaubern. Da erscheint der Ifrite, und es beginnt ein Kampf zwischen ihm und dem Mädchen. Die Gestalten, in die sie sich verwandeln, sind: Löwe-Schwert, Skorpion-Schlange, Adler-Geier, Kater-Wolf; dann verwandelt sich der Kater in einen Granatapfel, der auf dem Estrich des Schlosses zerspringt und seine Kerne über den Boden zerstreut, und der Wolf in einen Hahn, der sie aufpickt. Der Kampf in den vier Elementen, der dann folgt, interessiert uns nicht. Auch sind offenbar die Rollen vertauscht, da das Mädchen dem Fruchtkern feindlich ist und nicht der Zauberer. Immerhin aber sehen wir unser Motiv vom Fruchtkerne, den der Hahn aufpicken will, auch im Orient bekannt. In die arabische Märchensammlung dürfte es wohl durch persische Vermittlung geraten sein. Am deutlichsten aber, und vereint mit einem Motiv, welches wieder in der jüdischen Fassung fehlt, nämlich mit dem des Würfelns um die Seele, ursprünglicher wohl um das Lebenslos, begegnet das Thema im nordischen Mythos, wie er sich in einem farörischen Liede erhalten hat (in Übersetzung bei Rosa Warrens, Germanische Volkslieder der Vorzeit, Bd. IV. S. 183 – 194). Dort heißt es:

Würfelt der Ries, und der Bauersmann,
verlor der Bauer, der Riese gewann.
„Gewonnen hab ich im Wettstreit hier,
nun begehr ich den Sohn von dir.
Nun begehr ich den Sohn von dir,
es sei denn, daß du ihn birgst vor mir!"

Zuerst birgt ihn Odin als Korn in einer Ähre. Der Riese mäht das Feld ab, aber das Körnlein entspringt ihm. Dann birgt ihn Hönir als Flaum an dem Halse eines Schwanes. Der Riese fängt den Schwan, beißt ihm den Hals ab, aber die Flaumfeder entschwebt ihm. Endlich wandelt ihn Loki in ein Roggenkorn im Bauche eines Fisches. Der Riese fängt den Fisch, aber Loki entreißt ihm behende das Korn und tötet den Riesen. Nun ist aber Loki im Märchen allüberall der Fuchs, wie dies auch sein Name zu bedeuten scheint. Also entspricht der Riese dem Hahn, der Sohn dem Mädchen im Kindermärchen, dessen hilfreicher Bruder eben Loki ist. – Dem ursprünglichen Sinn des Mythos nachzugehen, dessen Umrisse immer deutlicher vor unser geistiges Auge treten, ist hier nicht der Platz. Es genügt, zu erkennen, daß Hahn und Fuchs, Tenne und Korn, mythologisch eng zueinander gehören, so daß man aus der jüdischen Quelle wohl den Schluß ziehen darf, daß irgend einmal der Hahn als Satan, der Fuchs als der gute Engel, der Samenkorn als der unsterbliche Teil der Seele gegolten habe (vgl. Nr. 15).

Da nun aber das Korn auf der Tenne nicht vereinzelt liegt, da auch der Granatapfel in viele Körner zerfällt, ist die Nachricht, daß der Engel den

Samen auf der Tenne in 365 Teile, d. h. doch wohl Körner, zu zersprengen hat, sehr bedeutungsvoll. Auch der astrologische Hintergrund dieser Zahl wird jetzt klar. Unter den Tagen des Jahres ist nur einer, der letzte, fast vergessene, unvollständige, *keimhaft,* da aus ihm das neue Jahr, d. h. im mikrokosmischen Sinne das neue Menschenleben, hervorgeht.

2. DER HYMNUS VON DER SEELE

Im Königreich des Vaters,
da ruht ich lange Zeit
als ein ganz kleines Kindlein
in Reichtum, Seligkeit.
Noch konnt ich gar nicht sprechen,
da schickt man mich hinaus
mit prächtigen Geschenken
aus meinem Vaterhaus,
aus meinem Reich des Aufgangs,
aus meinem Kinderglück.
Die lieben Eltern gaben
mir manches schöne Stück
von ihren reichen Schätzen,
von Gold und Edelstein,
von indischen Karfunkeln,
von Perlen, schimmernd rein,
von strahlenden Demanten
und kostbarem Geschmeid.
So wurde denn der Ranzen
allmählich schwer und breit.
Doch mir schien er zum Wandern
noch immer leicht genug.
Jedoch die Prachtgewandung,
die ich bis dahin trug,
die sie für mich gefertigt
in liebendem Verein,
die mich in meiner Kindheit
umstrahlt im hehrsten Schein,
die meinem Maß entsprechend
bis dahin mich umhüllt,
die taten sie zur Seite
und sprachen ernst und mild:
Jetzt ziehst du in die Fremde.
Ägypten heißt das Land,
wohin von deinen Eltern
du jetzto wirst entsandt.
Präg tief in deine Seele
den Auftrag, der dir wird,
daß du ihn stets bedenkend
erfüllest unbeirrt.
Dort gibt es einen Brunnen,
davor ein Drache wacht,

und eine Perle ruht dort
tief in dem Brunnenschacht.
Kannst du die Perle heben
und kehrst mit ihr zurück,
dann findest du zu Hause
dein altes Kinderglück;
dann findest du den Mantel,
die Königsherrlichkeit,
herrschend mit deinem Bruder
allhier die ganze Zeit.
So sprachen sie und gaben
mir zwei Geleiter mit,
die mich behüten sollten
bei jedem Schritt und Tritt.
Ich war ja noch ein Kindlein,
der Weg war rauh und schwer,
rings drohten viel Gefahren –
da braucht ich sie gar sehr.
An Maishans Hafenplätzen
zog ich vorbei im Flug,
durchwanderte auch Babel,
betrat die Stadt Sarbug
und kam dann nach Ägypten
an den ersehnten Ort.
Die beiden Weggefährten
verließen mich alldort.
Da sah ich auch dem Drachen
schon in sein Angesicht
und blieb verlassen, harrend
und wartend, ob mir nicht
es doch vielleicht gelänge,
dem Untier, wenn es schlief,
die Perle zu entreißen,
die ruht im Brunnen tief.
So ward ich fremd und einsam
in einem fremden Land
bis ich an dieser Stelle
den Weggenossen fand.
Ein frei geborner Jüngling,
voll Liebenswürdigkeit,
ein Reis von meinem Stamme,
der war mir hilfsbereit,

der kam zu mir und wurde
mein allerbester Freund.
Was ich erwarb, genoß er
gar treu mit mir vereint.
Ich warnt ihn vor den fremden
Ägyptern, ihrem Schmutz,
und sann dann, für uns beide
zu finden rechten Schutz,
daß man mich nicht verfolge,
daß es nicht werde kund,
daß ich die Perle suche
auf tiefen Brunnens Grund.
So tat ich um die Schultern
ägyptisches Gewand,
daß man mich nicht erkenne
in diesem fremden Land.
Doch währt' es nicht zu lange,
so ward ich doch erkannt.
Da haben ihre Listen
sie alle aufgewandt.
Da ich von ihrer Speise,
die sie mir boten, aß,
da war's, daß ich die Eltern
und auch mein Ziel vergaß,
daß ich vergaß die Perle,
um die man mich gesandt,
daß ich sie heimwärts bringe
aus dem Ägypterland.
Ich diente ihren Herrschern
und lag in tiefem Bann.
Das hatte mir die Speise
und ihre List getan.
Doch meine Eltern wußten
sogleich, was mir geschehn,
und ließen einen Aufruf
durchs ganze Reich ergehn,
es möchten alle Großen
zu Hof sich finden ein,
die Fürsten und Vasallen
des lieben Vaters mein.
Sie kamen und berieten
mit sorglichem Bedacht,

wie ich zu retten wäre
aus der Ägypter Macht,
und schrieben einen Brief mir,
mit Siegeln wohl versehn,
darauf die Unterschriften
von allen Großen stehn:
Der Herr des Reichs, dein Vater,
der aller Herrscher Zier,
die Königin des Aufgangs,
die Mutter, und nach ihr
dein Bruder, unser Zweiter:
dir ins Ägypterland
als unsrem lieben Sohne
sei unser Gruß entsandt!
Erwach aus deinem Schlafe
und höre unser Wort:
Gedenke deiner Herkunft,
wirf alle Fesseln fort!
Sieh, welchen Herrn du frohnest
dort im Ägypterland;
gedenke doch der Perle,
nach der wir dich entsandt,
gedenke deines Mantels,
der Weltenherrscherzier,
die du zurückgelassen
in unsrem Reiche hier,
daß du sie einst besitzest,
kehrst du zu uns zurück,
an deines Bruders Seite
in ungetrübtem Glück.
So ward der Brief versiegelt
von meines Vaters Hand,
von königlichen Zeichen
beschützt an mich entsandt.
Dem König aller Vögel,
dem Adler gleich im Flug,
blieb er verschont von Babel,
den Bösen von Sarbug,
und ließ sich zu mir nieder
und ward vor mir zum Wort.
Vor seinem Heimatrauschen
schwand aller Schlummer fort.

Ich nahm ihn auf und küßte
sein Siegel tief bewegt;
denn was sie mir da schrieben,
das war mir eingeprägt
seit je in meine Seele,
da ich mich jetzt entsann,
daß ich, ein Königssprößling,
ein großes Werk begann,
daß ich die Perle suchte,
die ruht auf tiefem Grund.
Das hatt ich ganz vergessen;
jetzt war's mir wieder kund.
Den Drachen, der als Hüter
zischend der Born umschlang,
begann ich einzuwiegen,
indem ich Lieder sang
und zauberstarke Namen,
den trauten Vater rief,
die Mutter, meinen Bruder,
bis daß der Drache schlief.
Da raubte ich die Perle
und floh das fremde Land.
Auch ließ ich den Ägyptern
mein unreines Gewand.
Der Heimat galt mein Pilgern;
dem Licht des Aufgangs zu
nahm ich den Weg zum Vater.
Geleiter warst mir du,
mein Brief, mein teurer Mahner,
auf dessen Seidengrund
in wohlbedachten Zügen
die Heimatsbotschaft stund.
Du warst mein lieber Leiter,
du warst mein heller Stern,
du mahntest mich zur Eile
nach meiner Heimat fern.
So zog ich rasch des Weges,
seitab vom Land Sarbug
und auch vorbei an Babel
trug mich der Reise Flug
nach Maishans Hafenplätzen,
dem großen Handelsort.

Da traf ich zwei Gesandte
von meinen Eltern dort.
Die brachten mir den Mantel
der Königsherrlichkeit,
den ich zurück gelassen,
das lichte Sternenkleid.
Ich war ja noch ein Kindlein,
da ich's zuletzt geschaut,
und seine Bildung war mir
nicht mehr, wie einst, vertraut.
Doch als ich es jetzt plötzlich
vor mir entfaltet fand,
da hab ich wie im Spiegel
mich selber drin erkannt.
Ich stand mir gegenüber,
da das Gewand mir glich,
und fand trotzdem als einen
gerade damals mich.
Das was ich selber schaute,
ward auch den Boten klar:
sie sahen mich verdoppelt
als einen, der ich war.
Denn meines Vaters Zeichen
war sichtbar im Gewand,
aus seinen Königshänden
kam mir das Unterpfand,
durch seine Boten sandte
er mir's mit Gold verziert,
in glänzend schönen Farben
höchst kunstreich ausgeführt.
Es blinkte von Achaten,
Rubinen, Demantschein,
Beryllen und Onyxen,
von Perlen, schimmernd rein,
Des höchsten Königs Bildnis
trug es zu seiner Zier,
das glänzte schillernd mitten
in bläulichem Saphir
und war in jedem Teile
als Ganzheit eingewebt.
Auch waren seine Züge
von höchstem Geist belebt.

Ich hörte Klang von Tönen,
und sprechend ward es laut:
„In allen Taten tätig
„bin ich dir wohl vertraut.
„Mein Vater, der vollzieht es
„und übt das Werk der Tat;
„in mir siehst du entfaltet,
„was er geschaffen hat."
Und siehe – es umfloß mich
das herrliche Gewand,
so daß ich herrschermächtig
von ihm umflutet stand.
So trat ich hin zum Tore,
wo man mich froh empfing;
doch dünkte ich mir selber
in Demut gar gering.
Ich ehrte meinen Vater,
der mich voreinst entsandt,
zu dem ich jetzt gehorsam
mich wieder heim gewandt,
von dem mein Glanz entstammte,
von seinem nur ein Teil,
der mich ermahnt, geleitet
zu meinem Seelenheil.
Und an dem Tore trat ich
hinzu zur Fürstenschaar
und brachte vor dem Throne
die Huldigung ihm dar.
Da freute sich mein Vater
und nahm mich auf bei sich,
und alle die Getreuen,
sie priesen ihn und mich
mit ihres Geistes Stärke,
der sie jetzt überkam,
da mich ihr Herr, der Vater,
an seine Seite nahm.
Auch hat er mir versprochen
sein schirmendes Geleit,
wenn ich zum König trete,
dem Herrn der Herrlichkeit,
und ihm als Opfer bringe
die Perle, die ich fand,

da ich auf Erden weilte,
fern im Ägypterland.

Dieses Gedicht wurde früher dem Bardaisan zugeschrieben. Aber ob es wirklich von diesem gnostischen Poeten stammt, bleibt zweifelhaft. Meine Übersetzung richtet sich hauptsächlich nach dem originaleren syrischen Texte und zieht die hellenische Übersetzung nur aushilfsweise heran.

Obgleich der Gedankengang überaus schlicht ist und die Gleichnisse schon beim ersten Durchlesen einen tiefen Sinn ahnen lassen, konnte ich doch in der ganzen Literatur über dieses Stück bisher noch kein Zeichen finden, daß es wirklich jemals wäre verstanden worden. Doch nach den zur Einführung vorangeschickten Bemerkungen läßt sich der Hymnus leicht verstehen. – Das Königreich des Vaters ist das Paradies im Mutterschoße. Es wird als Reich des Aufgangs bezeichnet, weil der Garten Eden „gegen Aufgang" gepflanzt war. Der Königssohn ist das Kindlein. Wie es das Haus der Eltern, nämlich den Mutterleib verläßt, kann es noch nicht sprechen. Der mit Gaben gefüllte Ranzen ist sein eigener Körper, der ihm gar leicht zu tragen dünkt. Seine Prachtgewandung ist die Eihaut, die den Embryo umgibt, und die schon Empedokles unter dem Namen Schafhaut kannte (vgl. Nr. 12). Sie muß das Kind, wenn es aus dem Mutterleibe hervortritt, abstreifen. Im System des Dichters nimmt sie zugleich als Symbol für die vor der Geburt vorhandene tiefere und größere Erkenntnis des Kindes eine ähnliche Stelle ein wie bei R. Jochanan das Licht, das über dem Haupte des Kindes befestigt ist und bei der Geburt erlischt. Daß der Mensch die Prachtgewandung nach dem Tode wieder erhält, erklärt sich sodann daraus, daß er eben geistig wiedergeboren wird. Die Ermahnung durch die himmlischen Eltern entspricht der Belehrung durch den Engel. Aber die Lebensaufgabe des Menschen wird anders gedeutet. Er soll in der Fremde, in Ägypten, d. h. in seinem Erdenwallen, die Perle der Gnosis aus dem Brunnen des Lebens emporholen, den der Drache, das Symbol der Begehrlichkeit (vgl. Nr. 19), bewacht. Die beiden Geleiter sind die leiblichen Eltern des Kindes, die es durch die Gefahren der Jugend hindurch auf den Schauplatz des Lebens bringen und dort verlassen. Der Gefährte, der sich nun dem Königssohne gesellt, mag die Gattin oder die Freunde vertreten, und die Speise der Ägypter bedeutet die Sinnengenüsse des Lebens, die da bewirken, daß der Auftrag der himmlischen Eltern vergessen wird. Die Beratung der Eltern und die Versammlung der Fürsten findet im Himmel statt, der ja in der Gebärmutter nur sein Abbild hatte, so daß die Fürsten, die Beherrscher der Gestirne sind, für welche schon den alten Babyloniern, namentlich wenn sie die Planeten meinten, der Ausdruck „Fürst" geläufig war. Der Brief ist die Heilslehre, die dem Menschen vom Himmel her zukommt, um ihn an sein früheres Wissen und seine überirdischen Pflichten zu erinnern. Denn statt, wie die jüdische Lehre, den Menschen durch Gottes Ratschluß sein himmlisches Wissen bei der Geburt verlieren zu lassen, nimmt unser Dichter an, daß diese Kenntnis durch die Verfehlungen der Seele, die von der Speise der Ägypter ißt, also durch ihre eigene Schuld, entschwinden. Eigenartig ist der Zug, daß ein Adler die Heilslehre bringt (Über die „Adler" in der Mithraslehre vgl. Nr. 8), während der andere, daß sie zum Worte (Logos) wird, sich ganz in dem Bereiche der üblichen Gedankengänge vom Erlöser-Logos hält. Auch das Siegel, ein Hinweis auf die geheimnisvolle Verschlossenheit der Lehre, besaß einen Sinn, der in späteren Stücken, die ich daher zu vergleichen bitte, wiederholt anklingen wird, so z. B. in Nr. 10. Die Namen, mit denen der Drache bezaubert wird, sind geheime Gottesnamen, vielleicht auch solche Christi, Mariae, des heiligen Geistes usw., wie sie zu Nr. 7 noch genauer besprochen werden. Der Bruder des Königssohnes ist Christus selbst, das unreine Gewand, das den Ägyptern verbleibt, der Körper. Die von ihm losgelöste Seele eilt der Heimat zu, geleitet vom Glauben an die Heilslehre, nämlich von dem Briefe der himmlischen Eltern, bis sie die beiden Todesengel trifft, die ihr das Gewand ihrer früheren Herrlichkeit wieder antun. Aber da die Seele nicht mehr körperlich sondern bloß noch vollkommene Erkenntnis ist, ist ihre Hülle, das Gewand, auch ihr Inhalt, den es aus sich selbst heraus in Worten verkündet, deren Anklang an die Erdgeistszene in Goethes Faust wohl nicht eigens hervor gehoben werden muß. Auch hier besteht natürlich keine literarische Abhängigkeit, wohl aber liegt die Beziehung auf den nämlichen mystischen Grundgedanken von der Seele oder Natur als Gewand der Gottheit vor. Die Vereinigung der durch dieses Gewand wieder zum Weltall erweiterten und also gewissermaßen wieder geborenen Seele mit dem Vater könnte den Schluß des Gedichtes bilden. Trotzdem überreicht der heimgekehrte Sohn nicht schon seinem Vater die Perle sondern hofft vielmehr, daß dieser ihn erst zu dem Herrn der Herrlichkeit empor führen werde, dem er das Kleinod darbringen will. Hieraus ist zu schließen, daß der Vater des Königssohnes in dem Systeme unseres Dichters noch nicht die höchste Gottheit sondern erst selbst wieder deren Sohn ist, wie wir ein solches Verhältnis in mehreren gnostischen Systemen, am verwandtesten aber wohl in Nr. 6, ausgeprägt finden.

II. JUDAISTISCHE SYSTEME

Drei Prinzipien des All sind unentstanden; zwei männliche, ein weibliches. Das erste, männliche, heißt Guter. Es hat nur diesen einen Namen, und der Gute weiß alles vorher. 3. DIE GNOSIS DES „JUSTINOS„

Das zweite, männliche, ist der Vater aller entstandenen Dinge. Er wird Eloëim genannt und besitzt weder Voraussicht noch Sehvermögen.

Das dritte, weibliche, ist ohne Voraussicht, erzürnbar, doppelter Meinung, doppelten Körpers, bis zur Scham Jungfrau, unten eine Schlange. Dieses Mädchen heißt Edem (Erde) und Israel.

Das sind die Prinzipien des All, die Wurzeln und Quellen, von denen alles entstand. Etwas anderes gab es nicht.

Als nun der Vater jene doppeltgestaltete Jungfrau, nämlich die Edem, unwissend der Zukunft, sah, geriet er in Begierde zu ihr.

Nicht minder aber begehrte auch die Edem das Eloëim. Und die Begierde führte sie zusammen zum Wohlgefallen einer Liebe.

Aus dieser Liebe zeugt der Vater von der Edem sich zwölf Engel.

Und in gleicher Weise sind der mütterlichen Engel, welche die Edem sich aus der Liebe des Eloëim erzeugt hatte, zwölf.

Von diesen vierundzwanzig Engeln stehen die väterlichen auf der Seite des Vaters und tun alles nach seinem Willen. Die mütterlichen sind bei der Mutter Edem.

Die Gesamtheit dieser Engel ist das Paradies, von welchem Moses sagt: „Es pflanzte Gott einen Garten in Edem gegen Aufgang“ (Gen. II. 8), das ist vor dem Antlitze[1] der Edem, damit die Edem den Garten sehe, das heißt die Engel, durch alle Zeit.

Die Engel des Gartens werden auch Hölzer genannt. Und das Holz des Lebens ist der dritte väterliche Engel, Baruch.

Aber das Holz des Wissens von der Kenntnis des Guten und des Bösen ist der dritte mütterliche Engel, Nahaš (Schlange).

In versteckter Weise hat Moses es gesagt, weil nicht alle der Wahrheit zu folgen vermögen.

Als das Paradies aus dem gemeinsamen Wohlgefallen des Eloëim und der Edem entstanden war, nahmen die Engel des Eloëim von der besten Erde, das heißt nicht von dem tierischen Teile der Edem sondern aus den über ihrer Scham gelegenen und gepflegten Gebieten der Erde, und machten den Menschen.

Aus den tierischen Teilen entstanden die wilden Tiere und die übrigen Lebewesen.

---

[1] Dem hebräischen Worte des Bibeltextes kann sowohl die Bedeutung „gegen Aufgang“, wie „vor dem Antlitze“ unterlegt werden.

Den Menschen machten sie zum Symbol ihrer Vereinigung und ihres Wohlgefallens und legten ihre Fähigkeiten in ihn, Edem die Seele, Eloëim das Pneuma.
Und es entstand gleichsam als Siegel und Merkzeichen der Liebe und als ewiges Symbol der Ehe der Edem und das Eloëim der Mensch, der Adam. Entsprechend entstand auch Eva als Bild und Symbol zur ewigen Bewährung des Siegels der Edem.
Dem entsprechend wurde auch in die Eva die Seele von der Edem gesetzt, das Pneuma von dem Eloëim.
Und es wurde ihnen der Auftrag gegeben: „Wachset und mehret euch, und füllet und unterwerfet die Erde" (Gen. I. 28), das ist die Edem.
Denn so soll man es schreiben; denn ihre ganze Macht, gleichsam als eine Wesenheit, hat die Edem in der Ehe dem Eloëim hingegeben.
Daher bringen in Nachahmung jener ersten Ehe bis auf den heutigen Tag die Weiber den Männern eine Ausstattung mit, gehorsam dem väterlichen Gesetze, welches von Eloëim gegen Edem erfloß.

Als nun das All gegründet war, wie es bei Moses geschrieben steht, der Himmel und die Erde und alles in ihnen, da wurden die zwölf Engel der Mutter in vier Prinzipien geteilt.
Und jeder Vierteil derselben wurde als Fluß bezeichnet: Pheison und Geon und Tigris und Euphrates, wie dies Moses schreibt.
Diese Engel schreiten umher, in Vierteile unter einander verschlagen, und steuern die Welt, im Besitze der Herrschaft über das Weltall, und mit Satrapengewalt ausgestattet von der Edem.
Sie bleiben aber nicht immer an denselben Orten, sondern wie in einem kreisenden Tanze schreiten sie umher, wechseln Platz um Platz und räumen einander in Zeit und Abstand die zugemessenen Orte ein.
Wenn der Pheison die Herrschaft über die Plätze ausübt, entsteht Hunger, Mangel, Unglück in dem betreffenden Teile der Erde. Vernichtend nämlich wirkt die Stellung dieser Engel.
Und ebenso entstehen bei jedem einzelnen Teil von den vieren nach der Gewalt und Natur eines jeden Unglücksfälle und Seuchen.
Und nach dem Vorherrschen der Vierteile umkreisten für ewig gleichsam fließende Ströme der Schlechtigkeit nach dem Willen der Edem ohne Unterlaß die Welt.

Der Zwang zur Schlechtigkeit entstand aber aus folgendem Anlasse. Der weltschöpferische Eloëim hatte aus gemeinsamen Wohlgefallen das Weltall bereitet und wollte in die erhöhten Teile des Himmels eindringen und schauen, ob nicht in der Gründung etwas mangelhaft geworden sei.
Dabei nahm er seine Engel mit sich; denn er bewegte sich nach oben und ließ die Edem unten zurück.

Denn da sie Erde war, wollte sie ihrem Gatten nicht nach oben folgen. Als nun der Eloëim zu der oberen Grenze des Himmels kam und ein Licht sah, das stärker war als das, welches er selbst geschaffen hatte, sagte er: „Öffnet mir die Tore, damit ich eintrete und den Herren anerkenne; denn ich glaubte, selbst der Herr zu sein" (Ps. CXVII, 19f.).
Ihm wurde von dem Lichte eine Stimme, welche sagte:
„Diese Türe ist des Herren: Gerechte treten durch sie ein."
Und sogleich öffnete sich die Türe, und der Vater trat ein, getrennt von den Engeln, zu dem Guten und sah, was das Auge nicht gesehen und das Ohr nicht gehört hat und was in das Herz des Menschen nicht eingedrungen ist (I. Cor. II, 9).
Da sprach zu ihm der Gute: „Laß dich nieder zu meiner Rechten" (Ps. 109, 1). Der Vater aber antwortete dem Guten: „Laß mich, Herr, die Welt, die ich gemacht habe, bekehren! Denn mein Pneuma ist an die Menschen geknüpft und ich will es zurücknehmen."
Da sprach zu ihm der Gute: „Du kannst nichts Schlimmes tun, da du bei mir bist; denn aus gemeinsamem Wohlgefallen habt ihr die Welt gemacht, du und die Edem. Laß also die Edem die Gründung behalten, so lange sie will, du aber bleibe bei mir."

Damals erkannte die Edem, daß sie von dem Eloëim verlassen war. Und traurig darüber stellte sie sich ihre Engel zur Seite und schmückte sich herrlich, woferne der Eloëim in Begierde zu ihr geriete und zu ihr herab käme. Als aber der Eloëim, vereint mit dem Guten, nicht mehr zu ihr herab kam, trug die Edem dem Babel, das ist der Aphrodite, einem der mütterlichen Engel, auf, Ehebruch und Ehescheidungen unter die Menschen zu bringen, damit, wie sie von dem Eloëim getrennt sei, auch das Pneuma des Eloëim, das sich in den Menschen befindet, durch derartige Trennungen schmerzhaft geprüft werde und das Nämliche erleide wie die zurückgelassene Edem. Und die Edem gab große Macht ihrem dritten Engel, dem Nahaš, auf daß er mit allen Qualen quäle das Pneuma des Eloëim, das in den Menschen ist, damit durch das Pneuma Eloëim selbst gequält werde, da er gegen die getroffenen Vereinbarungen seine Gattin zurück gelassen hatte.

Als dies der Vater Eloëim sah, entsandte er den Baruch, den dritten seiner Engel, dem Pneuma zu Hilfe, das in den Menschen ist.
So kam Baruch wieder und stellte sich in die Mitte der Engel der Edem, das heißt in die Mitte des Paradieses, und verkündete dem Menschen:
„Von jedem Holze, das in dem Garten ist, darfst du essend genießen; aber von dem Holze der Erkenntnis des Guten und des Bösen darfst du nicht genießen" (Gen. II, 17). Denn es ist der Nahaš.
Das heißt: den anderen elf Engeln der Edem darf man gehorchen; denn die elf bringen Unglücksfälle, Gesetzesverletzung bringen sie aber nicht.

Der Nahaš jedoch bringt auch Gesetzesverletzung. Denn er kam zur Eva, täuschte sie und brach mit ihr die Ehe, was gesetzwidrig ist.
Er kam auch zu Adam und gebrauchte ihn als Lustknaben, was ebenfalls gesetzwidrig ist.
So entstand der Ehebruch und der Verkehr mit Männern.

Damals herrschte das Übel unter den Menschen und das Gute, beide aus dem einen Prinzipe des Vaters entstanden.
Denn der Vater, der zu dem Guten emporgestiegen war, zeigte den Weg denen, die emporsteigen wollen.
Aber indem er sich von der Edem trennte, veranlaßte er den Ursprung des Bösen für das Pneuma, das in den Menschen ist.

Gesendet wurde Baruch zu Moses, und durch ihn sprach er zu den Kindern Israels, sie möchten sich zuwenden dem Guten.
Der dritte Engel der Edem aber, welcher wegen der Seele, die von der Edem stammt, in Moses wohnte wie in allen Menschen, verhüllte die Aufträge des Baruch und bewirkte, daß die seien vernommen wurden.
Denn die Seele ist dem Pneuma untergeordnet und das Pneuma der Seele; denn die Seele ist Edem und das Pneuma Eloëim, wechselweise in allen Menschen, in Weibern und Männern verteilt.

Wieder hernach wurde Baruch zu den Propheten entsandt, damit durch die Propheten das Pneuma, das in den Menschen wohnt, die Botschaft vernehme und die Edem und das böse Blendwerk fliehe, wie sie geflohen hatte der Vater Eloëim.
Dem entsprechend und in demselben Sinne aber setzte Nahaš vermittels der Seele, die in den Menschen zusammen mit dem Pneuma wohnt, die Propheten herab.
Und sie alle frevelten und folgten nicht den Worten des Baruch, die ihnen aufgetragen hatte Eloëim.

Endlich wählte sich Eloëim aus den Unbeschnittenen Herakles zum Propheten und sagte ihm, daß er die zwölf Engel der Edem nieder kämpfe und den Väter befreie von den zwölf bösen Engeln der Schöpfung.
Das sind die zwölf Kämpfe des Herakles, die Herakles kämpfte vom ersten bis zum letzten, der Löwe, die Schlange, der Eber und die übrigen.
Denn in diese Namen der Heiden sind die Namen der mütterlichen Engel umgeändert infolge der Macht des Nahaš, damit die Menschen die wahren Namen nicht vernehmen.
Wie es aber den Anschein hat, als hätte er sie nieder gekämpft, verbindet sich mit ihm Omphale, das ist Babel, die Aphrodite, und setzt den Herakles herab und vernichtet seine Gewalt, die Aufträge des Baruch, die ihm aufgetragen hatte Eloëim, und entkleidet ihn der Gewalt und

zieht ihm an ihr eigenes Gewand, d. h. die Gewalt der Edem, der unteren Gewalt.
Und so blieb die Prophetie des Herakles zusammen mit seinen Werken unvollendet.

Zum Schlusse aber in den Tagen des Königs Herodes ward Baruch entsandt, nieder gesandt von Eloëim, und als er nach Nazareth kam, fand er Jesus, den Sohn des Joseph und der Maria, beim Schafehüten, ein zwölfjähriges Knäblein.
Und er verkündete ihm von Anfang alles von Edem und Eloëim, was geschehen war, und alles, was nachher sein wird, und er sprach:
„Versuche also, da alle Propheten vor dir gefrevelt haben, nicht zu freveln, du Jesus, Sohn des Menschen.
Sondern künde dieses Wort den Menschen und melde ihnen von dem Vater und dem Guten und steige empor zu dem Guten und laß dich dort nieder mit Eloëim, dem Vater von uns allen!"
Und es folgte dem Engel Jesus und sprach: „Herr, ich will alles tun." Und er verkündete.
Aber auch diesen wollte der Nahaš herab setzen; es gelang ihm aber nicht. Denn Jesus blieb treu dem Baruch.
Erzürnt jedoch, daß er ihn nicht herabzusetzen vermochte, bewirkte Nahaš, daß Jesus an den Pfahl (Kreuz) kam.
Jesus jedoch ließ den Körper der Edem bei dem Holze zurück und stieg empor zu dem Guten.
Zur Edem jedoch sagte er: „Weib, du hältst ab deinen Sohn", das ist den seelischen Menschen und den irdischen Menschen.
Er selbst aber legte seinen Geist in die Hände des Vaters und kam hinauf zu dem Guten.

Der Gute aber ist Priapos, der, bevor etwas war, geschaffen hat. Deshalb heißt er Priapos, weil er alles zuvor geschaffen hat.[1]
Deshalb steht er in jedem Tempel, verehrt von aller Schöpfung, und trägt die Früchte ober sich, das sind die Früchte der Schöpfung, deren Ursache er ist, indem er die Schöpfung vorher gegründet hat, die früher nicht war.

Und hört einer von den Menschen, wie sie sagen, daß der Schwan zur Leda kam und Kinder mit ihr zeugte, so ist der Schwan der Eloëim und Leda die Edem.
Und wenn die Menschen sagen, daß der Adler zu Ganymedes kam und Kinder aus ihm zeugte[2], so ist der Adler der Nahaš, Ganymedes aber der Adam.

---

[1] Der Name wird durch ein Wortspiel in der hellenischen Sprache so gedeutet.
[2] Offenbar galt Ganymedes für manche Mythen als mannweiblich.

Und wenn sie sagen, daß das Gold zur Danae kam und Kinder aus ihr zeugte, so ist das Gold der Eloëim, Danae die Edem.

Wenn also die Propheten sagen: „Höre Himmel und lausche Erde, der Herr hat gesprochen" (Jes. I, 2), so meinen sie mit dem Himmel das Pneuma, das in den Menschen ist und dem Eloëim zugehört, und mit der Erde die Seele, die in den Menschen zusammen mit dem Pneuma ist, mit dem Herren jedoch den Baruch, mit Israel die Edem. Denn die Edem, die Gattin des Eloëim, wird auch Israel genannt. „Denn Israel kannte mich nicht" (Jes. I, 3). Denn wenn sie mich gekannt hätte, daß ich bei dem Guten bin, hätte sie nicht aus ihrer ursprünglichen Unkenntnis das Pneuma, das in den Menschen ist, bestraft.

Vernimm auch den Eid, den diejenigen schwören, welche diese Geheimnisse hören und vollendet sein wollen vor dem Guten.

Diesen Eid schwur unser Vater Eloëim, als er zu dem Guten kam, und es reute ihn nicht der Schwur, von dem geschrieben steht: „Es schwur der Herr, und es wird ihn nicht reuen" (Ps. CIX. 4).

Der Eid aber ist folgender:

Ich schwöre bei dem Guten, der oberhalb aller Dinge ist, zu bewachen diese Geheimnisse und sie niemandem zu sagen, und auch nicht von dem Guten weg mich zuzuwenden der Schöpfung.

Wer diesen Eid geschworen hat, kehrt zu dem Guten ein und sieht, „was das Auge nicht gesehen und das Ohr nicht gehört hat und was in das Herz des Menschen nicht eingedrungen ist" (I Kor. II, 9).

Und er trinkt von dem lebendigen Wasser, das das Reinigungsbad und die Quelle des sprudelnden, lebendigen Wassers ist.

Denn es ist in der Mitte zwischen Wasser und Wasser geschieden, und es gibt ein Wasser, das unterhalb des Raumes der bösen Schöpfung ist, in welchem sich die irdischen und seelischen Menschen waschen.

Und es gibt ein Wasser, welches oberhalb des Raumes des Guten ist, ein lebendiges, in welchem sich die geistigen, lebendigen Menschen waschen, in dem sich Eloëim gewaschen hatte, und den es nicht reute, nachdem er sich gewaschen hatte.

Und wenn der Prophet sagt: „Nimm dir ein Weib der Unzucht, damit die Erde durch Unzucht unzüchtig sei im Rücken des Herrn" (vgl. Gen. I, 6, 7), so ist das die Edem im Rücken des Eloëim.

Er spricht deutlich das ganze Geheimnis aus, und nur wegen der Schlechtigkeit des Nahaš wird es nicht vernommen.

Die Sekte, deren System unser Text nach dem Auszuge des Hippolytos entwickelt, hatte zahlreiche Schriften, darunter auch eine, die das „Buch des Baruch" betitelt war und aus welcher vielleicht auch die Vorlage des Hippolytos schöpfte. Hippolytos benennt sie nach einem gewissen Justinos, der sonst nicht wieder erwähnt wird. Da sie aber das einfachste unter allen gnostischen Systemen verwandten Baues ist, und wohl auch eben deshalb eines der ältesten, halte ich dafür, daß Hippolytos einen anderen Namen der Sekte als den, mit welchem sich ihre Mitglieder selbst bezeichneten, nämlich „Gnostiker", gar nicht kannte und daß seine Erwähnung des Justinos auf einem groben Mißverständnisse beruht. Justinos hieß, soviel wir wissen, einer der ersten Schriftsteller gegen die Gnostiker. Nichts ist wahrscheinlicher als daß das hier vorliegende System ohne besonderen Titel einfach als „Gnosis" in dem Buche des Justinos beschrieben und auch widerlegt war, daß aber später, zu einer Zeit, da Gnosis immer mehr der Name für die ganze Richtung und das Werk des Justinos selten geworden war, Abschreiber, welche dieses Kapitel bei Justinos exzerpierten, seinen Namen darüber setzten und so den Hippolytos verleiteten, seinen eigenen Glaubensbruder für den Urheber der Irrlehre zu halten. In diese Meinung konnte er um so eher verfallen, als in seinen Schriften sich keine Spur einer direkten Benützung des Buches des Justinos findet, so daß es sogar zweifelhaft ist, ob selbst sein Lehrer Irenaios, dem er in vielen Punkten folgt, den Justinos vor sich liegen hatte. Diese literarhistorische Vermutung ermöglicht es erst, die Wichtigkeit unseres Dokumentes richtig einzuschätzen. Dasselbe enthält wohl in der Tat die Lehre einer der ältesten Sekten, deren Mitglieder sich selbst als „Gnostiker" bezeichneten.

Schon ein erster Überblick über das Exzerpt zeigt, wo die Wiege dieser „Gnosis" stand. Gleich der Buchtitel „Baruch" bringt uns ein hebräisches Wort; denn Baruch heißt der Gebenedeite, der hier die Rolle des göttlichen Mittlers (Logos) spielt und sich unter den Menschen 1. Moses, 2. die Propheten, 3. Herakles, 4. Christus, also, ganz im Sinne der Merkabalehre, vier Arten von Verkündern, erwählt. Der Weltschöpfer heißt Eloëim, das entsprechende weibliche Prinzip Edem, wieder zwei hebräische Worte, deren erstes „Gott" bedeutet, während das zweite „Erde" heißt. Auch die Schriftstellen, die erwähnt werden, gehören ausschließlich dem alten Testament an, und was von Jesus vorkommt, setzt noch nicht die Textgestalt der Evangelien voraus. Diese Tatsachen, noch mehr aber der Stil der Darstellung, sprechen für jüdischen Ursprung. Ja an manchen Stellen drängt die eigentümliche, im Hellenischen ungewöhnliche Wortfolge geradezu den Gedanken auf, daß der Schrift eine Übersetzung aus einem semitischen Idiom, also wohl entweder aus dem Hebräischen oder Aramäischen, zugrunde liegt. Dies das Ergebnis der äußeren Prüfung.

Bei der Betrachtung des Inhaltes hinwieder fällt auf, daß das Paradies mit seinen vier Strömen und den ihnen entsprechenden viermal sechs Engeln im Mittelpunkte des Systemes steht. Wie vertraut dieser Gedanke gerade der jüdischen Geheimlehre war, wurde oben betont. Ob das in dem Texte häufig vorkommende Wort Paradies der Übersetzung zuzuschreiben ist, oder schon im Originale stand, läßt sich nicht mehr ausmachen, aber wahrscheinlich dünkt es mir, daß schon hier jener fremde, persische Einfluß eingesetzt habe, dessen Merkzeichen dieses Lehnwort eben ist. Und in solchem Zusammenhange gewinnt die Ansicht des Hippolytos über den Grundgedanken des Systemes an Gewicht. Hippolytos wies nämlich auf den Anklang der Lehre seines „Justinos" an eine Erzählung von „Herakles" hin, welche Herodotos schon als bei den „Skythen" heimisch überlieferte. Den Inhalt der Erzählung bespreche ich später; denn zunächst fragt es sich: woher hat Hippolytos diese Wahrnehmung? Wohl kaum aus eigener Kombination. Seine Quelle ist ja wohl in unserem Falle, ohne daß er es selbst ahnte, Justinos. Aber woher nahm Justinos die Angabe? Nun, unser Exzerpt selbst erkennt dem Heraklesmythos Offenbarungswert zu. Mir scheint es daher am richtigsten, der Angabe des Hippolytos, daß unsere Gnostiker selbst sich auf die Geschichte bei Herodot beriefen, Glauben zu schenken. Diese Erzählung knüpft daran an, daß Herakles sich im Skythenlande auf der Fahrt nach den Rindern des Geryones befindet. Trifft unsere Annahme zu, dann müßte auch Geryones hierher gehört haben. Obgleich aber seiner zwar nicht in der „Justinos"häresie Erwähnung geschieht, läßt sich doch nachweisen, daß er in der Tat in dem Gedankenkreise dieser Sekte vorkam. Denn die Naassener, welche im Folgenden als Weiterbildner der betreffenden Lehren sich kennzeichnen werden, haben dem Geryones ausdrücklich eine prägnante Stelle in ihrem Systeme zugewiesen. Aber während die anderen Bestätigungen seiner Gnosis, die unser Pseudojustinos aus der Deutung heidnischer Mythen gewinnt, sich besser gelegentlich der Darlegung der naassenischen Lehre, bei der wir schon sozusagen ein Stück Geschichte der Gnosis überblicken werden, würdigen lassen, hatte die Geschichte von Herakles bei Herodotos nach den Angaben des Hippolytos einen anderen Charakter. Sie soll ja eine Quelle für den Lehrinhalt dieses Systemes, nicht eine Bestätigung desselben gewesen sein, so daß also unsere Gnostiker selbst sie als solche angaben und wohl auch diskutierten. Wer dies zugibt, muß aber auch einräumen, daß offenbar ein „skythischer", d. h. in diesem Falle, wo es sich um das Paradies handelt, ein iranischer Mythos, von ihnen als wesensverwandt mit ihrer Lehre hingestellt wurde. Wie es scheint, befinden wir uns wirklich an jener Stelle, an der noch eine Spur zu dem Ursprunge der für das gesamte Gebiet der Gnosis so wichtigen Vorstellung vom Paradiese hinüberleitet. Und nun erst wollen wir uns der Betrachtung des Mythos bei Herodot zuwenden.

Nach den Erzählungen der Hellenen am Pontos (schwarzes Meer) berichtet er: Als Herakles auf seiner Wanderung mit den Rindern des Geryones im Skythenlande eingeschlafen war, kamen ihm die Pferde vom Wagen abhanden. Auf der Suche nach ihnen gelangte er in das Land Hylaia und fand dort in einer Höhle ein Wesen mit Namen Echidna, Jungfrau bis zu den Hüften, unterhalb Schlange, das ihm die Pferde versprach, wenn er ihr beiwohne. Herakles zeugte mit ihr drei Söhne und hinterließ ihr drei Gaben: Bogen, Gürtel, Becher. Ursprünglich war wohl je eine dieser Gaben für je einen der drei Söhne bestimmt, Bogen und Herrschaft für den, der ihn spanne, Gürtel für den, dem er passe, Becher für den, der ihn leeren könne. Ferner war Echidna, wie eine ganz ähnliche, von einer „Keltine" erzählte, also auf die Kelten gedeutete Parallelsage zeigt, die Tochter des Geryones, und Herakles hatte nicht seine Pferde, deren er zum Weiden der Rinder kaum bedurfte, sondern eben die Rinder selbst verloren.

In dieser Erzählung mußten unsere Gnostiker den Geryones als Okeanos, als das Urwesen des Wassers, verstehen; denn so taten auch die Naassener. Ferner bot der Name des Landes, in dem sich Echidna befand, nämlich Hylaia, einen willkommenen Anklang an Hyle, das hellenische Wort für „Stoff", „Materie". Endlich war auch einer späteren orphischen Theogonie eine Echidna als Tochter des selber schlangengestalteten, aber auch geflügelten Urweltgottes Phanes bekannt. Auch sie wird als Schlange mit Mädchenkopf geschildert. Aber ich glaube nicht zu irren, wenn ich vermute, daß dieses Mädchen selbst einmal als geflügelte Schlange gegolten habe. Dann aber reicht sie wohl mit den Flügeln in die Luft, ihr Körper bildet die Erde, ihr Schlangenleib erstreckt sich in die Tiefe des Urmeeres, das unterhalb der Erde liegt. Ihr Gürtel wäre dann Okeanos als Randstrom, die Höhle, in der sie wohnt, die Welt, sie selbst die Mitte der Welt. Noch Kaiser Julianos Apostata kannte den Mythos in diesem Sinne, nur daß bei ihm der Gott nicht Herakles sondern Attis heißt, der an das Ende der Welt vordringt und sich dort in einer Höhle mit einem zwiegespalteten Mädchen begattet, das als „Stoff" gedeutet wird. – Bei unseren Gnostikern finden wir nur mehr Spuren dieser mythischen Gedanken. Aber wieder die Naassener, die ihren Namen von Nahaš, dem dritten der mütterlichen Engel unseres Textes, herleiten, dem sie eine weit prägnantere Stellung zuteilen, kennen ein merkwürdiges Mischwesen, den Meersperber, der als Vogel in den Luftbereich ragt, als Schlange in die Tiefen des Urmeeres hinabreicht und dessen Zentrum das (Schwerste, nämlich das) Gold anstrebt. Dieser Meersperber also scheint in jenen anderen gnostischen Systemen, die dem vorliegenden in vielen Punkten verwandt sind, der hier vorkommenden, nicht mehr Echidna, sondern Edem oder Israel genannten Jungfrau zu entsprechen. Anläßlich der Beleuchtung des Systemes der Peraten (Nr. 9) soll das Thema wieder aufgenommen werden, aber schon hier möge nicht unerwähnt bleiben, daß dieser Meersperber nachgewiesen persischen Ursprunges ist.

Aber noch ein anderes, fremdes Element dieser Gnosis darf nicht übersehen werden. Der Gute, der als Urgott auftritt, und der immerhin prägnante dualistische Charakter des Systemes kann zwar im Grunde ebenfalls unter persischer Fernwirkung entstanden sein, worauf auch die Himmelstore deuten würden, durch die Eloëim zur Anschauung des Guten gelangte, aber seine spezifische Färbung als Priapos, als Gott der Fruchtbarkeit, ist, wie die Naassener zeigen, ägyptisch. So stellt sich denn heraus, daß vielfach wichtige Aufklärungen erst aus den weitergebildeten Lehren der Späteren gewonnen werden können, daß aber die Komponenten, aus denen sich das Gesamtbild dieser Art Gnosis ergab, auch jetzt schon ersichtlich sind.

4. DIE NAASSENER

Die Naassener leiten ihren Namen von dem hebräischen Wort Nahaš her, das „Schlange“ bedeutet. Denn, sagen sie, Naas ist die Schlange, von der alle Tempel unter dem Himmel ihren Namen haben. Denn der Tempel heißt hellenisch naós und aus der lautlichen Verwandtschaft des hebräischen mit dem hellenischen Worte ergab sich für diese Sekte ein sprachlich-sachlicher Zusammenhang zwischen dem Naas (Nahaš), der als Schlange das Urwesen, und dem naos, der als Tempel die Verehrungsstätte dieses Urwesens darstellen sollte. Und auch der Geist, der am Anfang der Weltbildung steht, heißt hellenisch nûs, ein Wort, das neuerlich an Naas anklingt. Wenn aber, obgleich Gottesverehrung überall in Tempeln stattfindet, dennoch in den meisten Tempeln nicht der Naas verehrt wurde, so erwuchs eben seinen Anhängern die Aufgabe, durch deutende Vergleichung der religiösen Vorstellungen aller Völker zu erhärten, daß die von diesen Völkern tatsächlich verehrten verschiedenartigen Gottheiten nur scheinbar nicht der Naas seien, während die zu jeder dieser Kultstätten gehörigen Mysterien, wenn man sie recht verstehe, eigentlich die naassenische Lehre enthielten. Dann war aber auch ein Grund nachzuweisen, durch den sich begreifen ließ, wieso die ursprüngliche, reine naassenische Lehre getrübt und derart verunstaltet werden konnte, daß die heidnischen Kulte in ihrer bunten Mannigfaltigkeit aus ihr hervorgingen. Ganz ähnlich aber wie die Juden, als sie ihre Sprache für die Ursprache der Menschheit ausgeben wollten, den sündhaft vermessenen Turmbau zu Babel als Grund ausfindig machten, um zu erklären, wie aus dieser einheitlichen Ursprache die tatsächlich vorhandene Mannigfaltigkeit der Sprachen sich ergab, haben wohl auch die Naassener, wie wir aus den verwandten gnostischen Lehren mit aller Sicherheit schließen dürfen, eine Verfehlung gegen ein göttliches Gebot als die Ursache der für die Menschheit verhängnisvollen heidnischen Irrlehren, die erst durch ihre Lehre verstanden werden können, geltend gemacht. Nur haben sie nicht den Menschen, sondern selbst wieder einer Gottheit diese Verfehlung zugeschrieben, nämlich dem Schöpfer dieser Welt, der sich im Gegensatze zu dem Urgotte in seiner Unwissenheit selber für den Urgott hält, und nun dem Urgott in jeder Weise entgegenwirkt. Dieser Gedankengang wird sich noch deutlicher weiter unten ergeben. Hier genügt es, den scheinbar eklektischen oder synkretistischen Charakter der naassenischen Lehre als eine naturgemäße Folge ihrer Auffassung vom Wesen der Heilslehre überhaupt und von deren Verhältnis zu den heidnischen Kulten angedeutet zu haben.

Es ist selbstverständlich, daß von den zahlreichen Schriften, die, wie wir wissen, auch diese gnostische Sekte besaß, der überwiegende Teil weniger der theoretischen Darstellung der Lehre, als vielmehr ihrer historisch-religiösen Erläuterung, d. h. also dem Nachweise des naassenischen Grundgedankens in den Kulten und Mythen der Völker, gewidmet sein mußte.

Von dem systematischen Aufbau des Lehrgebäudes hat uns Hippolytos nur einige Trümmer überliefert. Wohl das wichtigste Stück ist der nach einem arg verstümmelten Texte hier wiedergegebene Psalm.

a) NAASSENISCHER PSALM

Allgemeines Gesetz im All war als erster der Geist,
als zweites das vom Erstentstandenen ausgeschüttete Chaos,
als Dritterschienenes die Seele, die die Welt schafft,
hernach aber, umhüllt von nichtiger Gestalt,
des Todes Andrang mühevoll besiegt.
Bald ist sie Königin und sieht das Licht,
bald weint[1] sie, in die Finsternis verstoßen.
Sobald sie weint, freut sie sich,
sobald sie sich freut, stirbt sie,
sobald sie stirbt, wird sie gerichtet,
sobald sie gerichtet wird, wird sie geboren,
sobald sie geboren wird, hat die Unselige ohne Ausweg
irrend das Labyrinth der Sünde betreten.
Da sagte Jesus: Siehe Vater!
Die Sucht der Bösen auf der Erde
wird von deinem Hauche verscheucht werden.
Sie sucht das bittere Chaos zu fliehen
und vermag es nicht zu durchwandern.
Deshalb entsende mich, Vater!
Mit dem Siegel will ich hinab steigen,
alle Ewigkeiten durchwandern,
alle Geheimnisse aufschließen,
die Gestalten der Götter weisen
und das Verhüllte des heiligen Weges
Erkenntnis vollendend verkünden.

Von der Hauptschrift der Sekte, in der alles enthalten war, was Jakobos, der Bruder des Heilands, einer weiter nicht bekannten Mariamne überliefert haben soll, kennen wir nicht einmal den Titel, wohl aber scheinen die nicht allzu umfangreichen Auszüge, die Hippolytos *nicht* aus der später zu besprechenden Schrift „Vom Menschen“ entnahm, aus diesem Werke zu stammen. Vielleicht aber ist dieses Buch mit dem „Ägypterevangelium“, welches Hippolytos gelegentlich ebenfalls erwähnt, identisch. Den wesentlichen Inhalt der naassenischen Lehre, so weit er für das Verhältnis der nachfolgenden Stücke erforderlich und zugleich der Schlüssel zu der verkürzten Darstellung des obigen Psalmes ist, wiederhole ich daher in möglichstem Anschluß an die dieser Schrift entstammenden Angaben des Hippolytos, wobei ich aber gedankliche Lücken nach der Analogie der nächstverwandten gnostischen Systeme zu überbrücken trachte, wie folgt:

[1] Vgl. Nr. 16, wo die Entstehung der Elemente aus den Gemütszuständen der Sophia, welche hier direkt als Seele auftritt, dargelegt ist.

b) SYSTEMATISCHER LEHRINHALT

Anfang der Vollendung ist die Erkenntnis des Menschen; Gottes Erkenntnis ist die unbedingte Vollendung.

Der Mensch heißt Adam, ist der Ursprung des All, männlich und weiblich zugleich. Deshalb heißt es im Liede von ihm:

Von dir ist „Vater" und durch dich ist „Mutter", sind die beiden unsterblichen Namen, die Eltern der Ewigen, von dir die Bürger des Himmels, du berühmter MENSCH!

Dieser Mensch zerfällt in drei Teile: in den geistigen, irdischen, seelischen. Der erste Teil, der geistige, ist der älteste und reinste. Er ist der Stoff des Wassers und die Schlange; und kein Ding, nichts Unsterbliches und nichts Sterbliches, nichts Beseeltes und nichts Unbeseeltes, kann ohne ihn bestehen. Der zweite ist das von dem Erstentstandenen ausgeschüttete Chaos, dem der Stoff der irdischen Welt entstammt; der dritte ist die Seele (Sophia).

Die Naassener müssen, wie die Ophiten, angenommen haben, daß diese Seele von dem Menschen, d. h. von der Schlange weg, aus der sie entstanden ist, in das Wirrsal des Chaos hinabgeriet, daß die Welt von der Seele in ihrer Trauer über ihren Fall geschaffen wurde und daß sie also ebenfalls aus drei Teilen besteht, nämlich aus dem Anteile der Schlange (des MENSCHEN), den die Seele mit sich in das Chaos hinabzog, aus dem Anteile des Chaos, den sie zu sich emporhob, und aus der Seele selbst. So daß die Seele gewissermaßen die Mittlerin ist und die Mitte hält zwischen dem ewigen MENSCHEN und dem Chaos, indem sie die Welt bildet. Auch müssen von ihr jene herrschenden Götter abstammen, deren vierter (und als Feuergott, wegen der systematischen Bedeutung der Vierzahl und ihrer Beziehung zu den vier Elementen, wohl auch letzter) Esaldaios ist, der die Welt gebildet hat, die wir bewohnen, und der wohl auch im Vereine mit anderen, von ihm hervorgebrachten Gewalten den irdischen, unbeseelten Menschen schuf, welcher die Seele erst durch die Gnade jener von dem ersten MENSCHEN getrennten, in das Chaos herabgesunkenen SEELE erhalten konnte. Ferner muß dieser Esaldaios ohne Erkenntnis seines Ursprunges gehandelt und den irdischen Menschen nur deshalb geschaffen haben, weil die SEELE ihm zurief, daß nicht er der Gott des Alls sei, sondern jener MENSCH. Um sich aber seinen Kreaturen gegenüber dennoch als der Gott zu bewähren, schuf er den (irdischen) Menschen, da er den Sinn des von der SEELE gebrauchten Wortes MENSCH nicht verstand, nach seinem eigenen Ebenbilde, welches dem MENSCHEN nur mehr in entfernter Weise glich. Kurz, die ganze Systematik der naassenischen Lehre muß sich in allen wesentlichen Zügen mit der nur etwas komplizierteren, aber ihrem Aufbaue nach streng entsprechenden Lehre der Ophiten (oder der noch verwickelteren des Valentinos; s. Nr. 16) gedeckt haben.

Der Mensch aber, den Esaldaios nach seinem eigenen Ebenbilde schuf, hat, sofern Esaldaios von Naas stammt, auch mit Naas eine Ähnlichkeit, und ferner besitzt er außer dem irdischen Körper die Seele von jener ersten SEELE, die von Naas stammt. Auch er also ist dreigeteilt, nämlich geistig, seelisch, irdisch. Und seine Seele ist, je nachdem sie dieser oder jener Seite zuneigt, ebenfalls dreigeteilt, so daß es nach dem Überwiegen der betreffenden Teile drei Arten von Menschen gibt, nämlich engelhafte, seelische, irdische. Und diese Menschen sind der Schauplatz, auf welchem der Kampf zwischen der SEELE, die den irdischen Menschen zum ersten MENSCHEN an das Irdische zu fesseln sucht, stattfindet. Denn der Mensch gleicht in seiner Beschaffenheit dem All und vermag durch das in ihm Enthaltene zu erkennen, daß dieses seinem Inhalte verwandt ist. Denn durch seine, wenngleich entfernte Ähnlichkeit mit dem ersten MENSCHEN waltet auch in ihm der Nahaš, die Schlange.

Und der Nahaš ist der Gute und umschließt alles in sich gleichsam wie in dem Horne des eingehörnten Stieres (vgl. Deuteron. XXIII 17), nämlich in dem Füllhorne[1], dergestalt daß er Schönheit und Jugendreiz gemäß ihrer eigenen Veranlagung und Beschaffenheit an alle verteilt und gleichsam das All durchwandert wie der Strom, der da „ausging von Edem und sich teilte in vier Quellen" (Gen. II 10). Edem aber ist das Gehirn, gebunden und umhüllt von den es umgebenden Häuten gleichwie der Himmel von seinen Wölbungen. Und nur so weit der Kopf reicht, entspricht der Mensch dem Paradiese. Und dieser Fluß, der da ausgeht von Edem, nämlich von dem Haupte, „teilte sich in vier Quellen. Und der Name des ersten Flusses hieß Pheison, der das ganze Land Euilat umkreist, allwo das Gold ist. Und das Gold jenes Landes ist schön. Und dort ist auch die Kohle und der Smaragd" (Gen. II 11, 12). Dieser Strom ist das Auge. In seinem hohen Werte und seiner Farbenpracht liegt das Zeugnis für diese Lehre. Der Name des zweiten Stromes ist Geon, der das ganze Land Äthiopien umkreist. Er entspricht dem labyrinthisch verschlungenen Gehöre. Und der Name des dritten ist Tigris. Er ist es, der den Assyrern entgegen fließt. Er entspricht dem Geruche, der da im raschesten Flusse dahin fließt. Den Assyrern strömt er entgegen, da beim Ausstoßen des Atems der von außen beim Einatmen eingezogene Hauch[1] schärfer und gewaltsamer wieder heraustritt. Denn das ist dem Aufatmen eigen. Aber der vierte Fluß heißt Euphrates. Es ist der Mund, durch den das Gebet hinaus und die Nahrung eintritt,

[1] Vgl. S. 230, Anm. 3.

die Pforte[2], die erfreut, nährt und gestaltet den geistigen und vollendeten MENSCHEN.

Diesem Wasser naht jede Kreatur und entnimmt ihm, was ihres Wesens ist, und aus diesem Wasser strömt auch jeglichem Wesen das ihm Heimische zu, heftiger noch als das Eisen dem Steine des Herakles (Magneten), oder das Gold dem Mittelpunkte des Meersperbers, oder die Schnitzel dem Bernsteine zustreben. Ist aber einer von Geburt an blind und schaut er nicht das wahre Licht, „das da erleuchtet jeden Menschen, der in die Welt kommt" (Joh. I 3), dann möge er auf Grund dieser unserer Lehre seine Augen aufschlagen und betrachten, wie aus ein und demselben Wasser der Ölbaum die Feuchtigkeit des Öles, die Rebe den Wein und überhaupt jedes Gewächs den ihm eigenen Saft an sich zieht.

Wer aber an diese Lehre glaubt, der gehört zu den geistigen Menschen, zu den vom lebendigen Wasser Auserwählten, von dem Wasser des Euphrat, der mitten durch Babel[2] fließt. Und er wird eintreten in die Heimat des Paradieses durch die wahrhafte Pforte[2], die Jesus ist. Denn Jesus, der Sohn der Maria, war ein irdischer Mensch, ausgezeichnet durch besondere Tugenden, da er auch ein seelischer Mensch war. Aber zum engelhaften, geistigen, d. h. zum dritten Menschen, wurde er erst dadurch, daß aus dem Wasser des Jordan bei der Taufe dieser geistige Mensch in ihn einzog. Und das sind die drei Pforten zum Paradiese: die irdische, die seelische, die geistige, denen auch die drei Kirchen entsprechen: die irdische, nämlich die Gefangenen (Gemeinde), die seelische, nämlich die Berufenen (Priesterschaft), die geistige, nämlich die Auserwählten. Und nur diese sind die wahren Christen, nämlich die Auserwählten, die vor der dritten Pforte das Mysterium vollzogen und mit dem geheimnisvollen Öl aus dem Horne gesalbt wurden wie David, aber nicht aus dem irdenen Gefäße wie Saul, der Gemeinschaft pflog mit dem Geiste der fleischlichen Begierde.

---

[1] Es liegt ein Wortspiel zwischen syro, d. h. ziehen, und As-syr-rer zu Grunde.

[2] Der Euphrat fließt durch Babel, und „Bab-el" heißt „Tor Gottes".

c) AUS DER SCHRIFT: „VOM MENSCHEN“

Die naassenische Lehre unterscheidet sich nicht wesentlich von jener, welche uns Irenaios als „ophitisch“ überliefert hat, und bildet wohl nur durch die Schuld dieser Überlieferung kein so geschlossenes System wie diese. Trotzdem wird dem Leser, der die vorangehenden Stücke durchgenommen hat, die Eigenart gnostischen Denkens schon genügend vertraut sein, daß seine Begriffe jetzt nicht verwirrt sondern geklärt werden, wenn wir ihm eine Schrift vorlegen, welche älter ist als die naassenische Sekte und von dieser im Sinne ihrer Lehre umgedeutet wurde.

Hippolytos bietet nämlich als wesentlichen Inhalt einer „Vom Menschen“ handelnden Schrift der Naassener im Anschlusse an ein Kultlied an Attis, das irgend einem Kreise von Attismysten entstammen dürfte, eine Art „Predigt“, die sich dadurch kennzeichnet, daß sie dem Verlaufe des Liedes Zeile für Zeile folgt und so dasselbe erklärt. Die Zahlen, welche an den Rand des „Liedes“ gestellt sind, entsprechen den zugehörigen Zahlen, mit denen die Abschnitte der „Predigt“ von mir bezeichnet wurden. Die Predigt selbst aber ist nicht genau in dem Wortlaute erhalten, in dem sie hier erscheint, sondern Hippolytos hat sie offenbar einem jener naassenischen Werke entnommen, in denen heidnische Lehren als Offenbarungen des Naas zu recht gedeutet wurden. Dort aber war sie schon eben nicht mehr rein wieder gegeben, sondern ihr Zusammenhang ist durchbrochen von zahlreichen Zitaten aus dem alten und neuen Testamente, die vielfach den ursprünglichen Zusammenhang empfindlich verdunkeln. Es ist R. Reitzensteins Verdienst, in seiner Studie über Poimandres (vgl. Nr. 6), diese Zitate abgesondert und dann den alten Text heraus gearbeitet zu haben. Da noch an anderer Stelle (vgl. Nr. 16) sattsam Gelegenheit sein wird, gnostische Schriftdeutung vorzuführen, sei hier auf nähere Beleuchtung dieser naassenischen, oft gezwungenen, oft aber auch geistvollen Interpretationen verzichtet.

I. Ob dem Kronos entstammt,
oder selig dem Zeus,
oder der großen Rhea:
sei mir gegrüßt,
du gedämpfter Sang
der Rhea, o Attis!

II. Dich nennen die Assyrer
den dreifach ersehnten Adonis,
III. alle Ägypter Osiris,

IV. das himmlische Horn des Mondes
die Weisheit der Hellenen,

V. Samothrake den verehrungswürdigen Adamnas,

VI. die um den Haimonfluß Korybas,

VII. und die Phryger
1. bald Papa,
2. bald den Toten,
3. oder den Gott,
4. oder „Fruchtlos",
5. oder den „Hirten",
6. oder die „grün gemähte Garbe",
7. oder den, welchen als „Fruchtreich"
8. die „Mandel" zeugte,
9. den „(Syrinx-)Bläser",

I Die Hellenen sagen, die Erde habe den Menschen sprießen lassen, als sie nicht mehr fühllose Pflanzen und auch nicht mehr unvernünftiges, wildes Getier, sondern gesittete und gottesfürchtige Wesen als Mutter hervorbringen wollte.

Aber es ist schwer zu ermitteln:

ob bei den Boiotern oberhalb des Sees Kephissos Alalkomeneus als erster Mensch ward,

oder das göttliche Geschlecht der idäischen Kureten,

oder ob die phrygischen Korybanten, die aus der Erde baumgleich emporsproßten, die Sonne als erste anblickte,

oder vor dem Monde Arkadien den Pelasgos erzeugte,

oder die Beherbergerin der Raria, die Dysaule, Eleusis,

oder ob Lemnos in unaussprechlicher Verzückung den Kabiros mit seiner schönen Nachkommenschaft gebar,

oder Pellene den Alkyoneus, den ältesten der Giganten.

Die Libyer aber sagen, Jarbas sei als Erstgezeugter aus dem trockenen Boden aufgetaucht und der süßen Eichel des Zeus entstammt.

In Ägypten soll der Nil, wie auch jetzt noch, fetten Schlamm ausgeworfen und mit der feuchten Hitze Lebewesen erzeugt haben.

Die Assyrer aber sagen, der fischgestaltete Jannes[1] sei bei ihnen entstanden. Die Chaldäer nennen Adam.

---

[1] Gleich Oannes, der als Fisch aus dem Meere kam und den Menschen die ganze Kultur brachte.

Und von diesem MENSCHEN, den die Erde hervorgebracht habe, sagen sie, er sei bloß Körper gewesen, habe aber unbeseelt und unbewegt dagelegen wie eine Bildsäule (als Abbild jenes himmlischen Adam, der von vielen Gewalten hervorgebracht ward, von denen im Einzelnen zu sprechen zu umständlich wäre).
Man ist sich nun im Zweifel, ob die SEELE von früher her ist, oder ob sie von selbst entsteht, oder ob sie aus dem ausgeschütteten Chaos stammt.

Die Assyrer sind die ersten, welche die Seele des Menschen für dreigeteilt und doch für eine hielten. II

Nach Seele, sagen sie, strebt alle Natur, die eine so, die andere anders. Denn Alles, das ernährt wird, wird auch vermehrt und bedarf also der Seele. Nichts vermag sich zu ernähren oder zu vermehren, ohne Seele. Auch die Steine sind beseelt, weil sie die Fähigkeit besitzen, zu wachsen. Wachstum ohne Vermehrung ist jedoch unmöglich. Durch Hinzufügung nämlich mehrt sich das Vermehrte, Hinzufügung aber ist Nahrung für das Ernährte. Jedes Wesen himmlischer, irdischer oder unterirdischer Art strebt also nach Seele.
Die Assyrer nennen dies wunderliche Wesen Adonis oder Endymion.

1. Und wenn er Adonis heißt, liebt ihn Aphrodite, die Göttin der Geburt, und trägt Begehr nach der Seele, welche diesem eigentümlichen Namen inne wohnt.
2. Doch wenn Persephone (oder Kore) den Adonis liebt, dann ist seine Seele sterblich und getrennt von den Zeugungen der Aphrodite.
3. Wenn aber Selene zu Endymion in Leidenschaft gerät und in seine Gestalt sich verliebt, dann trägt selbst auch die höhere Schöpfung nach seiner Seele Bedarf.

[4. Wenn aber die Mutter der Götter (Kybele) den Attis verschneidet, den auch sie zum Geliebten hat, dann beruft die in der Höhe befindliche selige Wesenheit der überweltlichen und ewigen Dinge die männliche Kraft der Seele zu sich.]

Die Ägypter, welche nach den Phrygern das älteste Volk sind, und welche eingestandener Maßen allen anderen Menschen die Geheimnisse der Gottheit insgesamt verkündet haben[1], besitzen die III

[1] Herodot (II 2) erzählt hierüber, König Psammetichos habe, um zu erfahren, welches Volk das älteste sei, neugeborene Kinder in einer einsamen Höhle fern von den Menschen groß ziehen lassen, um zu sehen, welche Sprache sie sich selbst erfinden würden. Als nach zwei Jahren Hirten zu ihnen kamen, riefen die Kinder „bekos" und streckten die Hände aus. Da ließ der König nachforschen, in welcher Sprache dies Wort Bedeutung habe, und es fand sich, daß die Phryger das Brot so heißen. Da war denn nun auch der König Psammetichos überzeugt, daß die phrygische Kultur älter sei als die ägyptische.

Mysterien der Isis und des Osiris, das heißt der siebenfach bekleideten Natur und des männlichen Gliedes. Osiris nennen sie das Wesen, sieben Gewänder aber hat die Natur, nämlich sieben Sphärenhüllen, die den sieben Planeten entsprechen.

Von dem Samen sagen sie, daß er die Ursache aller Dinge und von ihnen verschieden sei. Daß er alles erzeuge, was wird, drücken sie mit den Worten aus: Ich werde, was ich will, ich bin, der ich bin. Deshalb sagen sie, unbewegt sei das, was alles bewegt. Und sie nennen es das Gute. Und das ist das große Geheimnis des All und das unergründliche, verborgene Mysterium der Ägypter.

Er (Osiris-Same) ist es nicht[2], der in dem Tempel vor dem Aufgange steht, und er steht nicht[2] als verhülltes Verborgenes, von unten nach oben gerichtet, bekränzt mit den Früchten, die er getragen hat. Und das steht nicht nur an den heiligen Orten, in den Tempeln, sondern in allen Gassen und Straßen, daß jeder es sehen kann. Und er (der Same) wird von allen das Gute genannt; Träger des Guten aber von den Unwissenden der Phallos[3].

Und dieses Mysterium haben die Hellenen von den Ägyptern übernommen und bewahren es noch bis auf den heutigen Tag. Die Hermen sehen wir bei ihnen dieser Gestalt verehrt. Vornehmlich aber von den Einwohnern Kyllenes werden dieselben hochgehalten. Denn sie sagen: Hermes ist Logos. Als Erklärer und Erzeuger dessen, das war, ist und sein wird, steht er bei ihnen in Verehrung, gekennzeichnet durch das Gebilde eines männlichen Gliedes, welches von unten nach oben blickt. Und daß er die Seelen führt, und Seelengeleiter ist und die Seelen hervorbringt, entging auch den Dichtern nicht, die da sagen:

> Hermes derweil, der kyllenische, rief der getöteten Freier
> Seelen heraus;

aber nicht die der Freier der Penelope, sondern die Seelen jener, die aus dem Schlafe erwacht sind und sich erinnern „aus welcher Ehe und Glücksfülle“ (Empedokles Fr. 119), nämlich von dem seligen MENSCHEN in der Höhe, sie hinabgebracht wurden in das tönerne Gebilde, um dem Feuergotte Esaldaios, dem vierten seinem Range nach, dem Schöpfer dieser Schöpfung, dienstbar zu sein.

> ... denn er hielt in der Hand den goldenen, schönen
> Stab, mit dem, wenn er will, er die Augen der Menschen bezaubernd
> schließt und eben so leicht auch die Schlafumfangenen aufweckt.

---

[2] Diese Verneinung ist natürlich als besonders kräftige und dadurch rhetorisch wirkungsvollere Bejahung dessen zu verstehen, was um seiner mystischen Bedeutsamkeit willen anscheinend in Abrede gestellt wird.

[3] Das männliche Glied im Zustande der Erektion.

Er bezaubert aber die Augen der Toten, und die sind es, die er wieder aus dem Schlafe erweckt, nämlich die aus dem Schlafe emporgescheuchten und erwachten Freier. Das ist auch das große und geheime Mysterium der Eleusier, nämlich: „Hye, Kye“[1]. Und durch die Bewegung des Stabes führt Hermes die Seelen an, die ihm schwirrend im Schwarme folgen, wie dies der Dichter im Gleichnisse sagt:

> Führend schwang er den Stab, und die Seelen folgten ihm schwirrend.
> Ähnlich wie Fledermäus' in der Tiefe schauriger Höhlen,
> wo sie zusammengekrallt an der Felsenwölbung gehangen,
> [flattern mit feinem Geschwirr, wenn eine heruntergefallen, -]

„Von der Felsenwölbung“, damit ist gemeint: von Adamas. Das ist der Eckstein, „den ich eingliedern will in die Grundfeste von Zion“ (vgl. Jes. XXVIII 16 und Ps. CXVIII 22). Im Gleichnisse ist damit die Bildung[2] des Menschen ausgedrückt; denn der eingegliederte Adamas ist der innere Mensch, während die Grundfeste von Zion die Zähne[2] sind, wie auch Homeros (Ilias IV 350) sagt: „Der Zaun der Zähne“, nämlich die Mauer und Umwallung, in der der innere Mensch ist, jener der von dem MENSCHEN herabgefallen ist, nämlich von dem Adamas, er, der „geschnitten wurde ohne Hände, die ihn schnitten“ (Dan. II 45), und der herabkam in das Gebilde des Vergessens[2], in das irdene, tönerne. Und der Dichter sagt, daß die Seelen dem Hermes schwirrend folgten, mit den Worten:

> surrte von dannen ihr Schwarm, und voran zog ihnen als Führer
> Hermes, der Wehrer des Leids, hinunter die modrigen Pfade.

Das bedeutet, daß er sie in die ewigen, jeder Schlechtigkeit entrückten Gefilde führte. Und wo sie vorbeikamen, sagt er:

> Am Okeanosstrom und zugleich an Leukas, dem Felsen,
> dann am Sonnentor und am Lande der Träume vorüber
> [ging ihre Fahrt, und bald war erreicht die Asphodelosaue;
> denn da wohnen die Seelen, die Scheingestalten der Müden.[1]]

Dieser Okeanos aber ist der Ursprung der Götter und Ursprung der Menschen und strömt im Kreislauf immer wieder zurück, bald aufwärts, bald abwärts. Aber wenn der Okeanos abwärts strömt, ist das der Ursprung der Menschen; wenn er jedoch aufwärts strömt, zur Mauer

---

[1] Ein vielfach gedeuteter, aber undeutlicher kultischer Ruf. [2] Das tönerne Gebilde des Vergessens ist der Körper des Menschen, der in der Wölbung der Gebärmutter gebildet wird, welche ihrerseits der Mundhöhle analog ist. Auch im Munde findet eine Geburt statt: die des logos. Der Gaumen hieß der „kleine Himmel“. Dadurch war auch die makrokosmische Beziehung gegeben.

und zur Umpfählung und zum leukadischen Felsen, so ist das der Ursprung der Götter; denn das Geschlecht der Sterblichen ist insgesamt unten, das der Unsterblichen aber oben .... Dieser (Okeanos?) ist der durchweg mannweibliche MENSCH, den die Unwissenden den dreileibigen Geryoneus nennen, wobei sie[2] den Namen so deuten, als sei Geryoneus der aus der Erde Fließende.

IV Die Hellenen nennen ihn das himmlische Horn des Mondes, da er alle Dinge mit einander vermengt und vermischt[3] hat. Das ist das große und unaussprechliche Geheimnis der Samothraker, welches nur Vollendete wissen dürfen.

V Ausdrücklich bezeichnen die Samothraker in den bei ihnen vollzogenen Mysterien den Adam als Erstentstandenen. Auch standen in dem Allerheiligsten der Samothraker die Bildnisse zweier nackter Menschen, welche beide Hände und auch ihre Schamglieder, wie Hermes in Kyllene, zum Himmel emporreckten. Es waren dies Bildnisse des Urmenschen und des von ihm gezeugten geistigen Menschen, der in
VI allem ihm wesensgleich ist. Diesen nennen die Thraker, die um den Haimonfluß herum wohnen, ähnlich wie die Phryger, Korybas, weil er von oberhalb des Hauptes seinen Ausgang nimmt und durch alle Reiche herab schreitet[4], ohne daß wir wahrnehmen, wie er zu uns kommt.

VII Eben ihn nennen die Phryger

1. auch Papa, weil er der Umordnung der Bewegung, die vor seinem Erscheinen geherrscht hatte, Einhalt tat. Den Namen Papa nämlich haben die himmlischen, irdischen und unterirdischen Wesen im Gebrauch, die da sagen: Tu Einhalt, Einhalt[1] dem Mißklang des Weltalls.
2. Eben ihn nennen die Phryger auch den Toten, der wie in einem Grabmal oder Leichenhügel in dem Körper bestattet ist[2].
3. Eben ihn nennen die nämlichen Phryger nach dem, worin er sich verändert, Gott[3].
4. Eben dieser wird von den Phrygern „Fruchtlos“ genannt.
5. Eben ihn nennen die Phryger Hirte, aber nicht weil er Ziegen und Böcke weidet, sondern weil er der ewig Geschwungene ist, das heißt der sich stets Drehende und Wendende und das ganze All in der Runde Herumbewegende; denn Drehen, das ist Wenden und die Dinge verändern. Daher nennt man auch die zwei Drehpunkte des Himmels Pole.

---

[1] Odyssee XXIV 2 ff. Die Verse stammen aus der Jordanschen Übersetzung. [2] Durch ein Wortspiel. [3] Das „Horn des Mondes“ ist hier als Trink- oder Füllhorn gedacht, in dem der Mischtrank zubereitet wird, dessen Bestandteile den Elementen entsprechen. Da er scheinbar ursachlos in Gärung und dadurch in wirbelnde Bewegung gerät, dient es dazu, das ebenfalls scheinbar ursachlose Entstehen der wirbelnden Bewegung im Weltall zu veranschaulichen. [4] Korybas wird wortmystisch zerlegt in apò korybhâs bâs, d. h. vom Haupte (Scheitel) Herabschreitender

Auch die Städte haben ihren Namen davon, daß wir uns in ihnen wenden und drehen. So nennen also die Phryger diesen Hirten den, der immer und überall alles dreht, wendet und verändert.[4]

6. Es nennen ihn die Phryger auch „grün gemähte Garbe". Und wie die Phryger zeigen auch die Athener bei den eleusinischen Festen als großes, wunderbares und vollkommenes Geheimnis schweigend die gemähte Garbe. Diese Garbe ist bei den Athenern auch der vollkommene, große Leuchter, wie auch der Priester nachts in Eleusis bei viel Feuer das große und unaussprechliche Geheimnis heult und schreit:

Einen heiligen Sproß die Herrin gebar: Brimo den Brimos!

Und dieses Mysterium ist ELEUSIS und ANAKTOREION, und zwar Eleusis (Aufgang), weil wir aufwärts wandern, weg von Adam, der abwärts fließt, und Anaktoreion (Auftrieb) wegen des auf den Gipfel des Gebirges Emporgetrieben-Werdens. Das ist's, was die Eingeweihten die großen eleusinischen Mysterien nennen.

7. Es nennen ihn auch die Phryger „Fruchtreich".

8. Ferner sagen die Phryger, der Vater des Alls sei Amygdalos (Mandel), aber nicht der Baum, sondern jene Mandel, die in sich die reife Frucht enthält, das Ei, das sich spaltet und bewegt in der Tiefe und das zersprengt hat den Schoß der Erde und gezeugt hat sein unsichtbares und unnennbares und unaussprechliches Kind, von dem wir sprechen. Zerreißen nämlich, das ist Zersprengen oder Zerschneiden[5]. So nennen die Phryger die Mandel.

9. Auch „(Syrinx-)Bläser" nennen die Phryger das von da Entstandene, weil es das harmonische Pneuma ist. Und das sind die unaussprechlichen Geheimnisse des Pneuma, die nur wir wissen; denn sehr schwer ist dies große und unaussprechliche Geheimnis zu erlangen und zu erhalten.

Dies Wesen ist Attis, der Vielgestaltige, von dem man singt:

Den Attis will ich besingen, der Rheia Sohn,
doch nicht mit Schellengeklirre
noch mit Flötengebläse idäischer Kureten,

---

[1] Pa-ye, Pa-ye, tu Einhalt, Einhalt, wird als akrophonischer Anklang an Pa-pa gedeutet.
[2] Die Lehre vom Körper als Seele ist besonders durch Platons Gorgias (493 A) bekannt. Platon hat sie von dem Pythagoreer Philolaos übernommen, dem auch die Menschen als Weidevieh der Gottheit galten. Siehe S. 46 Anm. 1. [3] Das sich Verändern ist hier als „laufen" (theïn) gedacht, ein Wort, in dem schon Platon (Kratylos) einen Anklang an „Gott" (theós) fand. [4] Dieser Abschnitt ist voll Wortspielen. Der „Hirte" heißt ai-pólos, was als der „ewig Geschwungene" (aèi-pólos) gedeutet wird. „Drehen" heißt nämlich polëin, der „Pol" (Himmelshut) pólos, die „Stadt" pólis. Fast dieselben Wortspiele finden sich schon in Platons Kratylos. Vgl. meine Studien zur antiken Kultur I: Pythagoras und Heraklit S. 112. [5] Wieder ein Wortspiel: amygdalos (Mandel) und amyttein (sprengen).

sondern von Poibos begeistert
möge das Saitenspiel tönen:
Euoi Euan!
Dir als Pan,
dir als Bakchos,
dir als Hirten der weißen Sterne!

Der MENSCH ist der Gott der Götter, der als seliges, unvernichtbares, grenzenloses Licht im Urgrund ewiglich verharrt.
Sein Gedanke aber geht von ihm aus und ist sein Sohn, den er entsendet.
Dieser Sohn des MENSCHEN ist der zweite MENSCH.

Nach ihm kommt das heilige Pneuma.
Unterhalb dieser drei, so daß das Pneuma über ihnen ist, sind die vier Elementargewalten: Wasser, Finsternis, Abgrund, Klaffen.
Über ihnen schwebt das Pneuma, das das erste WEIB ist.

Der erste MENSCH und der zweite MENSCH entbrannten in Liebe in Folge der Schönheit des Pneuma, das heißt des WEIBES.
Und sie bestrahlend zeugten sie von ihr eine unvergängliche Leuchte, das dritte männliche Wesen, das der GESALBTE[1] heißt:
den Sohn des ersten und des zweiten MENSCHEN und des heiligen Pneuma, des ersten WEIBES, wobei Vater und Sohn dem WEIBE, das deshalb auch Mutter der Lebenden heißt, beiwohnten.

Da aber das WEIB die Macht des Leuchtens weder ertragen noch in sich aufnehmen konnte, schäumte sie, übermäßig erfüllt, nach den linken Gegenden der Weltordnung hin auf.
Und so sonderte sich ihr Sohn, der GESALBTE, gleichsam auf der rechten Seite ab.
Er wurde im Wirbel nach oben emporgerissen, mitsamt seiner Mutter, hinauf zu dem unvergänglich Ewigen.

Die Mutter des GESALBTEN ist zugleich auch die wahre und heilige KIRCHE; denn KIRCHE ist der Name, die Zusammenkunft und die Vereinigung: des Vaters aller, des ersten Menschen, ferner des Sohnes, des zweiten Menschen, endlich des Gesalbten, ihres und jenes Weibes gemeinsamen Sohnes.

Die Kraft, welche aus dem WEIBE zur Linken emporsprudelte, die Schwester des Gesalbten, fiel, von einem Lichtschimmer benetzt, von dem Orte der Väter zur Tiefe hinab.
Sie heißt Weisheit, Hure und Mannweib.
Und sie schwamm in den Wassern und brachte sie, die bisher unbewegt waren, in Bewegung.

Und sie drang heftig vor bis zum Abgrunde hinab.
Und sie nahm von den Wassern Körper an und wurde damit belastet, da alles an ihre Benetzung des Lichtes sich herandrängte und sich an sie heftete, so daß sie in Gefahr geriet, von den Wassern ertränkt zu werden. Und sie wäre beinahe von dem Stofflichen aufgezehrt worden, wenn sie nicht mit Licht benetzt gewesen wäre.

---

[1] Christós = Messias = Gesalbter.

Vom Körper gefesselt, der von dem Stoffe war, sah sie sich aufs äußerste beschwert.
Und sie besann sich eine Zeit.
Dann versuchte sie, das Wasser zu fliehen und zur Mutter empor zu steigen.

Aber wegen der Schwere des sie umgebenden Körpers vermochte sie es nicht. Und sie war äußerst unglücklich und versuchte, jenes Licht, das von oben stammte, zu verbergen; denn sie fürchtete, wie sie selbst, könne auch jenes Licht durch die unteren Elementarkräfte Schaden nehmen.

Und als sie nach dieser Sammlung von der Benetzung des Lichtes, das in ihr war, Kraft empfangen hatte, sprang sie zurück.
Und sie wurde in die Höhe gehoben und breitete sich aus.
Und sie hüllte sich in das Weltall ein und bildete ihren Sohn, den Himmel, den wir sehen und der ihr Körper ist.

Und unter dem Himmel blieb ihr Erzeugnis zurück, die Erde, die noch jetzt die Gestalt eines schwimmenden Nachens hat.
Denn da sie die Sehnsucht nach dem oberen Lichte empfangen und die Kraft, über dem Wasser zu bleiben, für immer erhalten hatte, legte sie den Körper ab, von ihm befreit.
Der Körper aber, den sie, das Weib, ablegte, wird nach ihr als das Weib[1] bezeichnet.

Aber auch der Sohn des Weibes, nämlich der Weisheit, hatte nicht minder von der Mutter her ein Streben nach Unverderbtheit, das ihn zum Handeln trieb.
Mächtig geworden entließ er selbst aus den Wassern einen Sohn, ohne Hülfe der Mutter.
Und sein Sohn entließ die Nachahmung des Vater einen ferneren Sohn.

Dieser dritte wieder zeugte einen vierten. Der vierte zeugte wieder einen Sohn. Vom fünften wurde ein sechster gezeugt, und der sechste zeugte den siebenten.
So entstand eine Siebenheit, während die Mutter die achte ist. Und das ist die obere Siebenheit.
Und nach der Reihenfolge ihrer Entstehung sind auch ihre Ehren und Kräfte fortschreitend verteilt.

Der erste nach der Mutter heißt Ialdabaoth, der nach ihm Iao, der nach ihm Sabaoth, der vierte Adoneus, der nach ihm Eloëus, der sechste Oreus, der siebente und jüngste von allen Astapheus.
Diese Himmel, Fähigkeiten und Kräfte, diese Engel und Weltgründer, sit-

---

[1] Die Formung der Menschen (Adam und Eva) erfolgt, wie sich zeigen wird, erst durch Ialdabaoth. Hier ist unter dem Weibe überhaupt alles Stoffliche, der unbeseelte Körper des All, zu verstehen.

zen der Reihe nach in dem Himmel nach ihrer Entstehung und beherrschen unsichtbar himmlisches und irdisches Geschehen.

Ihnen geht voran Ialdabaoth, der jetzt Erzengel, Engel, Kräfte, Fähigkeiten und Herrschaften zeugte, wie er zuvor, ohne irgend eine Erlaubnis, Söhne und Enkel gezeugt hatte.

Da gerieten um dieser seiner Vorherrschaft willen mit ihm in Streit und Kampf die übrigen Söhne.

Hierüber betrübt und verzweifelt blickte Ialdabaoth in den unten liegenden Satz des Stofflichen und verkörperte seine Sehnsucht darin, und hieraus ward ein Sohn.

Dieser Sohn hieß Nûs (Geist) und hatte die Gestalt einer zusammengeringelten Schlange, die auch Geist genannt wird, dann die Seele und überhaupt alles Irdische bezeichnet.

Von da entstand alles Vergessen, Bosheit, Hoffart, Neid und Tod.

Dieser schlangengestaltete und zusammengeringelte Nûs verstrickte seinen Vater noch mehr in die Windungen der Sünde.

Denn er war mit ihm zusammen im Himmel und im Paradiese und bewunderte seinen Vater als den Schöpfer.

So kam es, daß Ialdabaoth sich vor allem, was unter ihm war, rühmte und sprach:

Ich bin der Vater und Gott, und über mir ist niemand!"

Die Mutter (das erste Weib) aber vernahm dies und rief gegen ihn:

„Lüge nicht, Ialdabaoth; denn über dir ist der Allvater, der Mensch, und der Mensch, der Sohn des Menschen!"

Und alle waren über das neue Wort und die unerwartete Benennung verwirrt und frugen, woher der Ruf stamme.

Da sagte Ialdabaoth, um sie abtrünnig zu machen und zu verführen:

„Wohlan, lasset uns den Menschen machen, nach unserem Ebenbilde!"

Sechs Mächte, denen die Mutter den Gedanken an den Menschen gegeben hatte, um durch ihn den Ialdabaoth seiner Herrschermacht zu entäußern, kamen zusammen und formten den Menschen, ungeheuer an Länge und Breite.

Da er sich aber bloß schlängelte und nicht aufrecht zu stehen vermochte, brachten sie ihn zu seinem Vater – auch dies auf Betreiben der Weisheit, damit sie den Ialdabaoth der Benetzung mit dem Lichte entäußere, daß er sich nicht erheben könne gegen die, so über ihm sind, im Besitze der Macht. Dadurch aber, daß Ialdabaoth ihm den Lebensgeist einhauchte, wurde er unvermerkt seiner Macht verlustig.

Daher hat der Mensch Geist und Gedanken.

Und die sind es, durch die er gerettet wird.

Und sogleich dankte er dem ersten Menschen, ohne sich um seine Erzeuger zu kümmern.

Eifernd wollte jetzt Ialdabaoth den Menschen seiner Macht entäußern durch das Weib.
Und er führte aus seinem Gedanken das Weib herbei, welches jene Hure aufnahm und unvermerkt der Tugend entäußerte.
Die übrigen aber kamen und bewunderten ihre Wohlgestalt und nannten sie Eva und trugen nach ihr Begehr und zeugten von ihr Söhne, die Engel.

Ihre Mutter aber sann darauf, durch die Schlange den Adam und die Eva zur Übertretung der Vorschrift des Ialdabaoth zu verführen.
Eva aber, die dies ihrer Meinung nach von dem Sohne Gottes vernahm, glaubte es leicht.
Und sie überredete den Adam, von dem Baume zu pflücken, von dem Gott gesagt hatte, man solle nicht von ihm pflücken.

Indem sie aber von ihm pflückten, erkannten sie die Macht über allem. Und sie fielen ab von denen, die sie gezeugt hatten.
Die Hure aber, die sah, daß diese Erzeuger durch ihr eigenes Gebilde besiegt waren, freute sich sehr und rief neuerlich:

Da der Vater unvernichtbar ist, hat dieser Ialdabaoth, da er sich Vater nannte, gelogen!"
„Und da ehedem der MENSCH war und das erste WEIB, hat auch das erste WEIB durch Ehebruch gefrevelt!"
Ialdabaoth aber achtete infolge des Vergessens, das um ihn war, hierauf nicht.

Und er verbannte Adam und Eva aus dem Paradiese, da sie sein Gebot übertreten hatten.
Denn er wollte, daß ihm Söhne von Eva geboren würden.
Aber er erreichte es nicht.

Denn seine Mutter war ihm in allem entgegen.
Und insgeheim entäußerte sie Adam und Eva von der Benetzung mit dem Lichte: so daß das von Anfang an ihnen eigene Pneuma weder an Verfluchung noch Schmach teil hatte.

Derart entäußert des göttlichen Stoffes wurden sie von Ialdabaoth verflucht. Und sie wurden aus dem Himmel in diese Welt verbannt.
Aber auch die Schlange, die gegen ihren Vater gehandelt hatte, wurde von ihm in die Welt hinab geschleudert.

Adam und Eva hatten vordem leichte und glänzende, gleichsam geistige Körper, entsprechend ihrer Entstehung.
Als sie aber hierher kamen, wurden ihre Körper dunkler, dichter und träger. Auch ihre Seele wurde aufgelöst und matt, da sie von ihrem Schöpfer nur einen irdischen Lebenshauch besaßen.

Aber die Mutter erbarmte sich ihrer und gab ihnen den Wohlgeruch[1] der Benetzung des Lichtes zurück.

Dadurch kam ihnen die Selbsterinnerung, und sie erkannten, daß sie nackt und körperlich waren.
Und sie erkannten den Grund für Todesverachtung und Seelengröße, nämlich daß sie nur für eine begrenzte Zeit mit dem Körper umhüllt sind.

Unter der Anleitung der Weisheit erfanden sie Speise, und gesättigt vermischten sie sich fleischlich.
Und sie zeugten den Kain, den die gefallene Schlange zusamt seinen Söhnen aufnahm und sofort zu Schanden machte.
Und sie erfüllte ihn mit irdischem Vergessen und riß ihn zu Torheit und Frechheit hin, so daß er seinen Bruder Abel tötete und zugleich Neid und Tod in die Welt brachte.

Hernach wurde gemäß der Voraussicht der Hure Seth geboren, später Norea[2]; von ihnen stammte die übrige Menge der Menschen.
Und von der unteren Siebenheit wurde dieses Menschengeschlecht zu allem Elend gebracht, zum Abfalle von der oberen Siebenheit, zum Götzendienst und zu jeder Art der Mißachtung.
Doch unsichtbar trat ihnen die Mutter immer von neuem entgegen und rettete das ihr Eigene, nämlich die Benetzung des Lichtes.

Aber erzürnt, daß sie ihn nicht als Vater und Gott verehrten und priesen, sandte Ialdabaoth den Menschen die Flut, um sie alle auf einmal zu vernichten. Aber auch hier wurden in Folge des Widerstandes der Weisheit Noah und die um ihn waren, in der Arche gerettet.
Und in Folge der Benetzung des Lichtes, die von ihr war, wurde wieder die Welt mit Menschen erfüllt.

Aus diesen Menschen wählte sich Ialdabaoth den Abraham.
Und er stellte den Bund mit ihm auf, ihm die Erde als Erbe zu geben, falls sein Same ihm dienen werde.
Hernach ließ er durch Moses herausführen aus Ägypten, die so von Abraham stammten, und gab ihnen das Gesetz und machte sie zu Juden.

Und die Juden erwählten sieben Tage, welche sie die heilige Woche nannten. Und jeder von ihnen wählte sich einen Herold zur Lobpreisung und Verkündung Gottes, auf daß auch alle Anderen den Preis vernehmen und ebenfalls den von den Propheten verkündeten Göttern dienen sollte.

---

[1] Die Benetzung des Lichtes ist das Pneuma (Geisteshauch), dem ein Wohlgeruch eigen ist, welcher sich gleichwie der Wohlgeruch der Spezereien beim Rauchopfer durch das All verbreitet. Vgl. Nr. 10.

[2] Der Name ist wohl identisch mit Noria, dem Weibe Noahs, über die man vgl. Nr. 15. Sie wurde der Weisheit-Sophia gleichgesetzt.

Und folgendermaßen verteilten sie die Propheten: Propheten des Ialdabaoth waren Moses und Jehoschuah und Amos und Habakuk. Propheten des Iao waren Samuel, Nathan, Jonas, Micha. Propheten des Sabaoth waren, Elias, Joël und Zacharia. Propheten des Adonai waren Jesaias, Ezechiel, Jeremias und Daniel.

Propheten des Eloëus waren Tobias und Haggai. Propheten des Oreus waren Micha und Nahum. Propheten des Astapheus waren Esra und Sophonia.

Von ihnen pries ein jeder seinen Vater und Gott; und auch die Weisheit selbst sprach viel durch ihren Mund: vom ersten MENSCHEN, von dem unvergänglichen Ewigen und von jenem GESALBTEN, der oben ist und der ermahnt und zurück führt die Menschen zu dem unvergänglichen Lichte und dem ersten MENSCHEN, und ferner von der Herabkunft des GESALBTEN.

Die Fürsten um Ialdabaoth aber wurden hierdurch erschreckt, und sie wunderten sich ob der Neuheit dessen, was von den Propheten verkündet wurde.

Und Ialdabaoth bewirkte, ohne zu wissen, was er tat, daß aus zwei Menschen Wesenheiten ausströmten: aus der unfruchtbaren Elisabeth und aus der jungfräulichen Maria.

Und da die Hure selbst nirgends Ruhe fand vor den Anschlägen des Ialdabaoth, weder im Himmel noch auf der Erde, rief sie, tief betrübt, die Mutter zu Hülfe.

Die Mutter aber, das erste WEIB, erbarmte sich der Reue ihrer Tochter und verlangte vom ersten MENSCHEN, er solle ihr den GESALBTEN zu Hülfe schicken.

Und entsendet stieg er hinab zu seiner Schwester und zur Benetzung des Lichtes.

Als aber die Weisheit, die unten war, erkannte, daß ihr Bruder zu ihr herabsteige, ließ sie seine Ankunft durch Johannes verkünden und die Taufe der Buße vorbereiten.

Und sie selbst richtete den Jesus ein, auf daß der herabsteigende GESALBTE ein reines Gefäß finde[1], auf daß durch diesen Sohn des Ialdabaoth das WEIB, das ist das Pneuma, vom GESALBTEN verkündet werde.

Der aber stieg herab durch die sieben Himmel, indem er die Gestalten der sieben Söhne der Weisheit annahm und diese der Reihe nach ihrer Kräfte entäußerte.

Denn die ganze Benetzung des Lichtes strömte zu ihm.

Und der GESALBTE bekleidete sich im Herabsteigen zu dieser Welt mit seiner Schwester, der Weisheit.

[1] D. h. sie schuf den leiblichen Jesus als Körper für den von der Höhe herab steigenden Christos.

Und beide jubelten in ihrer gegenseitigen Berührung.

Und so waren sie Bräutigam und Braut.
Jesus aber war, da er infolge der Veranstaltung des Ialdabaoth von der Jungfrau geboren war, weiser, reiner und gerechter als alle Menschen.
In ihn stieg herab der GESALBTE verbunden mit der Weisheit, so daß Jesus der GESALBTE wurde.

Viele seiner Schüler merkten nicht, daß der GESALBTE in Jesus herabgestiegen war.
Aber als er herabgestiegen war, begann Jesus seine Tugenden zu vollenden und den unerkennbaren Vater zu ehren und zu verkünden.
Und er bekannte sich unverhohlen als Sohn des ersten MENSCHEN.

Hierdurch erzürnt wirkten die Fürsten und sein Vater Jesus Tod.
Und als es dazu kam, entrückten sich der GESALBTE und die Weisheit zu dem unvergänglichen Ewigen.
Jesus aber wurde gekreuzigt.

Aber er vergaß seinen GESALBTEN nicht.
Vielmehr sandte er von unten zu ihm eine Kraft empor, welche ihm im Körper inne wohnte, nämlich seinen geistigen Körper.
Doch das Irdische ließ er in der Welt zurück.

Als aber seine Schüler sahen, daß er auferstanden war, da erkannten sie nicht nur ihn selber nicht, sondern nicht einmal jenen Jesus, um deswillen er von den Toten auferstanden war.
Und das war der größte Irrtum, der unter seinen Schülern entstand, daß sie meinten, er sei in seinem irdischen Körper auferstanden, da sie nicht wußten, daß „Fleisch und Blut das Reich Gottes nicht erben" (I. Kor. XV 50).
Aber daß der GESALBTE herab gekommen und wieder hinauf gestiegen ist, erkennt man daraus, daß weder vor der Taufe noch nach der Auferstehung von den Toten Jesus Großes vollbracht hat.

Achtzehn Monate verweilte er nach seiner Auferstehung, und sobald die Erleuchtung über ihn kam, lehrte er, was erhalten ist.
Und nur wenige seiner Schüler, die er für diese Geheimnisse empfänglich wußte, lehrte er sie.
Und dann wurde Jesus in den Himmel aufgenommen.

Dort sitzt er rechts von seinem Vater Ialdabaoth, um die Seelen jener, die ihn anerkannt haben, nachdem sie ihr irdisches Fleisch zurück gelassen haben, in sich aufzunehmen zu seiner Bereicherung, ohne daß dies sein Vater merkt, oder daß er es auch nur sieht.
So daß, je mehr Jesus sich selbst mit den heiligen Seelen bereichert, auch sein Vater in Folge der Verluste abnimmt und vermittelst der Seelen seiner Macht entäußert wird.

Denn alsbald wird er keine heiligen Seelen mehr haben, die er neuerlich in den Weltenlauf entsenden könnte, sondern nur mehr solche, die aus seinem Stoffe sind, das heißt aus seinem Anhauche.

Das Ende aber tritt ein, sobald die ganze Benetzung mit dem Hauche des Lichtes gesammelt und in die unvergängliche Ewigkeit entführt ist.

Irenaios hat die Urheber des obigen Systemes als Ophiten bezeichnet, also als Verehrer der Schlange. Sie selbst nannten sich wohl eher Gnostiker. Schlangengestaltet ist nach ihrer Lehre der Mensch, den die sechs Fürsten unter Ialdabaoth formen, schlangengestaltet der Geist (nûs), den Ialdabaoth hervorbringt. Aber da der Mensch wohl auch hier „im Ebenbilde und in der Ähnlichkeit", zwar nicht des MENSCHEN sondern des Ialdabaoth zu denken ist – denn die ganze biblische Geschichte kehrt wieder –, da ferner Ialdabaoth von dem MENSCHEN stammt, den wieder sein Name mit dem Menschen verbindet, so muß auch der MENSCH als Schlange vorgestellt gewesen sein. Hierauf ist alles so deutlich angelegt, daß Irenaios in seinem Berichte diesen Zug füglich übergehen konnte.

Das System selbst ist wesentlich komplizierter als jenes der Gnostiker des „Justinos", zeichnet sich aber vor diesem durch die innere Geschlossenheit aus, mit der es das ganze Weltgeschehen umfaßt und den neuen Bund mit dem alten in einem, nicht noch durch die Rücksicht auf heidnische Nebenoffenbarungen durchbrochenen Zusammenhang bringt. Trotzdem sind auch hier die Propheten unter die sieben Fürsten der Welt verteilt, und man kann ahnen, daß in anderen Systemen auch die heidnischen Religionen den Weltherrschern unterstanden. Auch sonst sind die Übereinstimmungen zwischen „Justinos" und unseren Ophiten nicht all zu prägnant. Denn die Schlange (Naas) jener Gnostiker, die dort nur ein dem Baruch entsprechendes Prinzip zweiten Ranges, u. z. eine böse Macht war, tritt hier als das Gute und in den bevorzugtesten Stellen auf. Es haben eben eine ganze Reihe fremder Elemente Platz gefunden und sind so einheitlich mit einander ausgeglichen worden, daß alles Frühere ganz neue Formen erhielt und sich dadurch auch inhaltlich vielfach änderte. So ist Sophia, die Weisheit, als weibliches Prinzip der Echidna-Edem bei „Justinos" analog, nimmt auch eine Mittlerrolle an Christi Seite ein und befindet sich sogar kosmologisch in der Mitte zwischen den oberen Wesen und dem unteren Stoffe. Aber mehr hat sie von jener konkreteren Gestalt nicht an sich. Selbst wenn man auch sie sich schlangengestaltet zu denken hätte, käme man zu dieser Vorstellung von ihr doch erst durch eine Folgerung aus der Gestalt der übrigen Urwesen. Und daß diese Schlangengestalt von der Echidna-Edem auf den MENSCHEN übergegangen wäre, ist gewiß nicht anzunehmen, so daß wir vor der Frage stehen: woher haben diese Gnostiker ihren schlangengestalteten Menschen? Und noch weiter muß man fragen: Woher kommt es, daß Sophia als Mannweib, ja schließlich auch sowohl als Jungfrau wie als Mutter, wie als Hure gedacht wird? Denn auch Jungfrau muß sie sein, wenn Jesus von der Jungfrau Maria dem Ialdabaoth, und Christus von der Sophia dem zweiten Menschen, der auch Gesalbter heißt, geboren wird; denn nach der ganzen Anlage des Systemes muß das Körperliche dem Geistigen streng entsprechen, und alle Unklarheit in diesem Punkte kann nur auf der Flüchtigkeit des Exzerptes bei Irenaios beruhen, da auch sonst die Jungfrau Maria der Jungfrau Eva in den gnostisch ophitischen Systemen entsprach und die Sophia selbst wieder ebenso nur eine Parallelgestalt der Eva-Edem, wie Ialdabaoth oder der durch Generationen von ihm getrennte erste MENSCH eine solche von Adam-Eloëim ist. So kommen eigentlich nur drei Gestalten in Frage: 1. Vater, 2. Mutter, 3. Sohn. Auch zeigt sich hierbei, daß der heilige Geist in der christlichen Dreifaltigkeit bei den gnostischen Systemen durch eine weibliche Muttergottheit ersetzt ist.

Ist aber Sophia mannweiblich (obgleich das weibliche Prinzip in ihr vorherrscht), dann müssen alle Personen des Systemes mannweiblich sein (obgleich im Vater und Sohn das männliche Prinzip vorherrscht), wie dies auch in zahlreichen gnostischen Systemen gelehrt wird. Also ist der Mensch ebenso wie der MENSCH nicht nur dort, wo dies ausdrücklich betont wird, sondern auch hier, wo bloß für Sophia der Name Mannweib überliefert ist, mannweiblich gedacht. Dann bedarf der „Vater" nicht mehr der „Mutter" zur Zeugung, dann muß auch der mannweibliche MENSCH aus einem anderen Gedankenkreise stammen als die Dreiheit Vater, Mutter und Sohn, dann müssen also zwei verschiedene Gedankenkreise in dem ophitischen Systeme mit einander verflossen sein. Es gilt, dieselben ausfindig zu machen.

Wir beginnen mit der Dreiheit: Vater, Mutter, Sohn. In unserem ophitischen Systeme ist Sophia die „Mutter", diese Muter aber ist Jungfrau, Mutter und Hure. Nur die große Göttermutter, die durch Jahrhunderte in Vorderasien verehrt wurde, kann dieser Gestalt zu Grunde liegen. Denn diese Göttermutter ist tatsächlich die „Mutter der Lebenden", von den Ägyptern Isis, von den Babyloniern Istar, von den Juden Chawwah (hellenisiert Eva, vgl. Nr. 9), von den Hellenen Rhea, von den Phrygern Kybele geheißen, und stets mit Sophia erkennbar identisch. Sie ist Jungfrau, bevor sie Mutter wird, sie wurde an unzähligen Stellen in beiden Gestalten verehrt, sie aber war es auch, die in zahlreichen Tempeln der sakralen Prostitution vorstand. Diese Einsicht in das Wesen der Sophia-Eva-Maria-Edem haben gerade in der letzten Zeit eine ganze Anzahl von Forschern von einander unabhängig gewonnen und auf verschiedenen Wegen begründet, so daß dieselbe als gesichertes Ergebnis der Wissenschaft zu betrachten ist. Jedoch unter allen diesen Muttergottheiten ermöglicht es nur Kybele mit Hilfe des phrygischen Mythos, den auch die Naassener benützten, den Sinn der Dreiheit Vater, Mutter und Sohn zu verstehen. Denn nach der Lehre der Phryger entstand aus dem Samen des Zeus (phrygisch Papa?), der ihm im Schlafe zur Erde entfloß,

Agdistis, ein Zwitterwesen von solcher Macht, daß die Götter davor in Furcht gerieten, und es entmannten, so daß es nur mehr weiblich blieb. Und als weibliches Wesen heißt Agdistis Kybele. Doch aus dem Schamteile der Agdistis sproßte ein Mandelbaum (oder auch ein Granatapfelbaum) empor, von dessen Frucht Nana, die Tochter des Flusses Sangarios, schwanger wurde, so daß sie den mannweiblichen Attis gebar, zu dem die Mutter Kybele in Liebe entbrannte. Aber Attis fand bei seinem Vordringen in die äußeren Gebiete der Welt in einer Höhle eine gleich der Echidna zwiegestaltete Nymphe, die Tochter des Gottes Midas, mit der er sich begattete. Da verhängte Kybele aus Eifersucht über Attis Wahnsinn, und er ermannte sich selbst. Sein späterer Tod durch einen Eber wird kaum echt phrygisch sein. Vielmehr muß der Mythos doch wohl darauf hingezielt haben, daß aus dem Gliede des Attis wieder ein neues Wesen, wie ich vermuten möchte, eben neuerlich Agdistis, hervorgeht, so daß sich das Weltgeschehen wiederholt und wohl auch nur ein begreifliches Mißverständis der Hellenen den Samen des schlafenden Zeus statt des Schamteiles des ersten Attis an den Anfang gesetzt und den Baum, der aus der Kybele-Erde erwächst, übergangen, also den Kreislauf des Mythos gewissermaßen aufgerollt und begrenzt hat. Aber wie dem auch sein mag, festzuhalten ist daran, daß die Mutter mannweiblich ist, daß ferner Vater wie Sohn einmal ihre im Systeme ihr selbst gegen über gestellte Mannheit waren.

Denkt man sich diesen Mythos in sein Gegenteil gewendet, so erhält man einen vorwiegend männlichen, göttlichen Urmenschen, der nun seinerseits als Zwitterwesen auftreten muß. Aber in dieser Form ist er allen arischen Mythen, dem germanischen von Ymir, dem hellenischen von Phanes und Dionysos, dem persischen von Gayomard, dem indischen von Purusha, gemein und also Stammgut dieser Völker. Zu untersuchen, aus welcher Veranlassung dem phrygischen Mythos die inverse Auffassung zu grunde liegt, würde hier zu weit führen. Für das Verständnis des ophitischen Systemes dürfte es genügen, daß gezeigt wurde, wie in ihm eben diese beiden gegensätzlichen Lehren vom Urmenschen ihren systematischen Ausgleich gefunden haben.

II. HEIDNISCHE DOKUMENTE VERWANDTER RICHTUNG

6. POIMANDRES

Als ich einst über das Wesen der Dinge nachdachte und meine Vorstellungskraft mächtig in die Höhe gehoben wurde, da meine körperlichen Wahrnehmungen ähnlich wie bei denen, die in Folge der Sättigung mit Nahrung oder der Ermüdung des Körpers in Schlaf befangen sind, in Banden lagen, schien es mir, als ob ein Riese, der ein unüberblickbares Körpermaß besäße, meinen Namen riefe und zu mir spräche:

Was willst du hören und schauen und denkend lernen und erkennen?

Und ich: Wer bist du denn?

Ich, sprach er, bin Poimandres, der Geist der Herrschermacht; ich weiß, was du willst, und bin bei dir allüberall.

Und ich: Lernen will ich das Seiende, erdenken seine Beschaffenheit und erkennen Gott. Das, sprach ich, will ich hören.

Er sprach hinwieder zu mir: Halt fest in deinem Geiste, was du lernen willst, und ich werde es dich lehren.

Bei diesen Worten veränderte er die Gestalt, und sogleich tat sich mir alles auf im Fluge, und siehe: ein unbegrenztes Gesicht, da Alles zu fröhlichem, freudigem Lichte ward. Und ich war entzückt von dem Anblicke. Doch alsbald fiel ein schreckliches, trauriges Dunkel, das an einer Stelle entstanden war, herab, gesäet in schiefem Wurfe, dergestalt, daß ich es einer Schlange verglich. Alsdann schlug das Dunkel in feuchte Beschaffenheit um, die unsäglich verwirrt war und einen Qualm emporsandte, gleichwie Feuer, und einen Schall hervorbrachte, einen unfaßbaren, zauberhaften. Alsdann ward aus ihr ein ungegliederter Schrei entsandt, der Stimme des Feuers vergleichbar. Doch aus dem Fenster trat das seiner Beschaffenheit nach heilige Wort hervor, und reines Feuer sprang aus der feuchten Beschaffenheit zur Höhe empor. Leicht war es und scharf, zugleich auch wirksam. Und war behende folgte die Luft dem Feuer und schritt bis zum Feuer empor von der Erde und dem Wasser, so daß sie an ihm zu hängen schien. Doch Erde und Wasser blieben mit sich gemischt, derart, daß man die Erde nicht ohne das Wasser sehen kann. Bewegt aber wird dies alles durch den Geisteshauch des Wortes.

Und Poimandres sprach zu mir: Hast du erfaßt, was dies Gesicht will? Und ich sagte: Ich werde es erkennen.

Das Licht, sprach er, bin ich, der Geist, dein Gott, der vor jener aus dem Dunkel stammenden feuchten Beschaffenheit erschien. Aber der strahlende Logos, der aus dem Geiste stammt, ist der Sohn Gottes.

Wieso? frug ich.

Folgendermaßen: Was in dir sieht und hört, ist der Logos des Herrn, der Geist in dir aber ist Gott, der Vater. Denn sie sind nicht von einander verschieden; denn ihre Einheit ist das Leben.

Ich danke dir, sprach ich.

Und Poimandres sagte: Doch nunmehr erdenke das Licht und erkenne es! Nach diesen Worten starrte er mich längere Zeit hindurch an, dergestalt, daß ich vor dem Anblicke erzitterte. Doch gewährte er mir, daß ich in meinem Geiste schaute das Licht, das in unzähligen Kräften war, und die Welt, die unbegrenzbar entstand, und wie das Feuer mit höchster Gewalt sie umschloß und wie sie, von ihm bewältigt, ihre Verfassung erhielt. Dies durchdachte ich, schauend, vermittelst des Logos des Poimandres.

Da ich jedoch von Staunen hingerissen war, sprach er hinwieder zu mir: Du sahest in dem Geiste die ursprüngliche Gestalt, den Uranfang des unbegrenzten Anfanges.

So sprach Poimandres zu mir.

Aber, sagte ich, woher entstanden die Grundstoffe der Natur?

Und er erwiderte darauf: Aus dem Ratschlusse Gottes, der das Wort (den Logos) mit dem Auge erfaßte und in der schönen Weltordnung nachbildete. Doch der Geist, der Gott, war mannweiblich, bestand aus Leben und Licht, und gebar einen anderen, weltbildenden Geist, der als Gott des Feuers und des Geisteshauches sieben Begründer schuf, die in Kreisen das wahrnehmbare Weltall umschließen. Und ihre Gründung heißt Verhängnis.

Alsbald sprang aus den niedersinkenden Grundstoffen der Logos Gottes zur reinen Schöpfung der Natur empor und vereinte sich mit dem weltschöpferischen Geiste; denn er war ihm gleich. Und unvernünftig (ohne Logos) blieben die niedersinkenden Grundstoffe zurück, so daß sie nur Stoff waren. Doch der weltschöpferische Geist zusamt dem Logos, der die Kreise umfaßt und sausend umschwingt, drehte seine Schöpfungen und ließ sie sich drehen von einem unbestimmten Anfang bis an ein unbegrenztes Ende. Denn dort, wo er aufhört, beginnt der Umschwung nach dem Willen des Geistes. Doch die unvernünftige Natur brachte aus den niedersinkenden Elementen unvernünftige Wesen hervor. Aber den Logos hatte sie nicht. Die Luft trug Geflügel, das Wasser Schwimmer. Auch sind Erde und Wasser von einander getrennt nach dem Willen des Geistes. Und die Erde brachte aus sich Vierfüßler und Gekreuch hervor, wilde Tiere und zahme.

Doch der Vater aller, der Geist, der Leben und Licht ist, gebar den MENSCHEN, sich selbst gleich, den er liebte als sein eigen Kind. Denn er war überaus schön, da er des Vaters Form hatte. Denn in Wahrheit liebte Gott seine eigene Gestalt. Ihm übergab er all seine Schöpfungen.

Und der MENSCH wieder wollte, als er die Gründung des Weltbildners gewahr wurde, auch selber in seinem Vater schöpfen, nämlich im Geiste, und dies wurde ihm auch von dem Vater gestattet. Und als er, da er alle Macht besaß, sich in der Kugel der Weltschöpfung befand, wurde er der Schöpfungen des Bruders, nämlich der von dem zweiten Geiste geschaffenen sieben Begründer, gewahr, die von Liebe zu ihm ergriffen wurden, so daß jeder ihm seine Stelle einräumte. Und als er ihr Wesen erfaßt und an ihrer Beschaffenheit teilgenommen hatte, da wollte er den Umkreis der Kreise zerreißen und die Macht des auf der Erde lastenden Feuers überwinden.

Und er, der die Gewalt der ganzen Welt in sich vereinte, sprang durch die Harmonie der sieben Kreise hindurch, so daß sie zerriß. Und er zeigte der niedersinkenden Natur die schöne Gestalt Gottes. Sie jedoch lächelte, als sie ihn in unsäglicher Schönheit, im Besitze aller Wirksamkeit der Begründer und in der Gestalt Gottes erblickte, in Liebe ihm zu, da sie ja gleichsam das Spiegelbild der allerschönsten Gestalt des MENSCHEN im Wasser erblickte und seinen Schatten auf der Erde. Aber auch er begann, als er die ihm gleiche Gestalt auf ihr entworfen und emportauchen sah in dem Wasser, sie zu lieben: Und er wollte dort wohnen. Doch zugleich mit dem Wollen wurde auch die Wirklichkeit, und er nahm Wohnung in der unvernünftigen Gestalt. Doch die Natur umstrickte den Geliebten vollends, und sie begatteten sich; denn sie waren verliebt.

Und das ist der Grund, weshalb im Gegensatze zu allen anderen Wesen auf der Erde der Mensch doppelt ist, sterblich dem Körper nach, unsterblich jedoch wegen des wesenhaften MENSCHEN; denn obgleich er unsterblich ist und die Gewalt hat über alles, erleidet er die Schicksale der Sterblichen, dem Verhängnisse unterlegen.

Und darauf sprach ich: Lehre mich alles, o du mein Geist; denn auch ich liebe den Logos.

Poimandres jedoch sprach: Das ist das Geheimnis, das bis auf diesen Tag verborgen ist, daß nämlich die Natur, als sie sich mit dem MENSCHEN begattet hatte, hervorbrachte das Wunder der Wunder. Denn da er den Einklang der sieben Begründer in sich umfaßte, hielt ihn die Natur nicht aus, sondern gebar alsbald sieben Menschen, den Beschaffenheiten der sieben Begründer entsprechend, alle mannweiblich und in die Luft ragend.

Und darauf ich: O Poimandres, eine große Begierde ist in mir erwacht, und mich verlangt es, zu hören. Weiche mir nicht aus!

Und Poimandres sprach: Darum schweige; denn noch habe ich meine frühere Lehre nicht völlig dargelegt.

Siehe, ich schweige, sagte ich.

Und er fuhr fort: Das also war der Ursprung dieser sieben Menschen: Das Weibliche war die Erde, und das Wasser das Brünstige; die Reife stammte aus dem Feuer, aus dem Äther empfing er den Geisteshauch. Aber nach der Gestalt des MENSCHEN brachte die Natur ihre Körper hervor. Entsprechend dem Leben und dem Lichte aber wurde der Mensch zu Seele und Geist; denn aus dem Leben wurde ihm die Seele, aus dem Lichte der Geist. Und so verblieben alle Teile der wahrnehmbaren Welt bis zum Ende des Umlaufes und zur Entstehung neuer Anfänge.

Nun höre ferner das Wort, das du zu hören wünschest!

Als der Umlauf erfüllt war, wurde die Fessel, welche alles umschlang, nach Gottes Ratschluß gelöst. Denn alle Wesen, die mannweiblich waren, wurden zugleich mit dem Menschen entzwei geteilt, und der eine Teil wurde männlich, der andere weiblich. Gott aber sprach sogleich mit heiligem Worte: „Mehret euch in Menge, und füllet in Fülle alle Gründungen und Schöpfungen. Und wieder erkennen möge der geistbegabte Mensch seine unsterbliche Beschaffenheit und die Liebe, die Ursache des Todes, und alle Dinge." Als er dies gesagt hatte, vollzog die Vorsehung auf Grund des Verhängnisses und des Einklanges die Begattung und schuf die Geschlechter. Und alle Wesen wurden zu Arten vermehrt. Und er, der sich selber wieder erkannte, nämlich der Mensch, wandte sich dem umfassenden Guten zu. Doch wer von der Liebe zum Irrtum verleitet dem Körper anhängt, der bleibt irrend in dem Dunkel und erleidet mit seinen Sinnen den Tod.

Worin, frug ich da, fehlen denn diese Menschen so sehr, daß sie der Unsterblichkeit entäußert wurden?

Du scheinst nicht zu erwägen, was du vernahmst. Sagte ich dir denn nicht, du solltest es denken?

Ich denke es, und rufe es mir in Erinnerung, und zugleich danke ich dir.

Wenn du es bedacht hast, dann sage mir, weshalb jene des Todes würdig sind, die im Tode verharren.

Weil im stofflichen Körper das verhaßte Dunkel vorherrscht, aus dem die feuchte Beschaffenheit stammt, aus der wieder der in dieser Sinneswelt befindliche Körper besteht, aus dem der Tod geschöpft wird.

Du hast es recht gedacht; doch weshalb kehrt, wer sich selbst gedacht hat, zu ihm zurück?

Und ich antwortete: Weil der Vater des Alls aus Leben und Licht besteht, woraus der Mensch geworden ist.

Du hast gut geantwortet. Licht und Leben ist der Gott und Vater, von dem der Mensch stammt, so daß also, wenn du erkennst, daß du aus Leben und Licht bestehst, und auch treulich glaubst, daß du aus ihnen zusammengesetzt bist, du wieder zum Leben zurückkehren wirst.

Dies sagte Poimandres, und ich sprach: O du mein Geist, sage mir aber auch wie ich zu dem Leben zurückkehren werde.

Und er erwiderte: So, wie Gott es sagte: Der geistbegabte Mensch möge wieder erkennen, daß er unsterblich ist.

Haben denn nicht alle Menschen Geist?

Lästere nicht mit deiner Rede! Denn ich selbst, der Geist, komme nur zu den Frommen, Guten, Reinen, Mitleidigen und Ehrfürchtigen, und meine Anwesenheit bringt Hülfe, und alsbald erkennen sie alles und versöhnen den Vater durch Liebesgaben und sagen ihm Dank durch Lobpreisungen und Gesänge, von Liebe zu ihm hingezogen. Und bevor sie den Körper seinem Todesschicksale überlassen, ertöten sie die Sinne, da sie deren Macht genau kennen. Vielmehr will ich, der Geist, nicht zulassen, daß die auf den Körper treffenden Einwirkungen zur Reife kommen, sondern als Türhüter will ich die Pforten schließen und ausrotten die Begierden nach schlimmen und schändlichen Handlungen. Aber den Gedankenlosen und Schlechten, Verruchten und Gehässigen, den Habsüchtigen, Mördern und Gottlosen bin ich fern, da ich sie dem rächenden Dämon ausliefere, der die Schärfe des Feuers in diese Welt werfen wird, um sie zu quälen, und der das Feuer wider sie noch vermehren wird, der sie verletzen wird in allen ihren Sinnen und der sie noch zu ihren Widersetzlichkeiten wappnen wird, auf daß sie (die Welt) noch größerer Strafe verfalle. Und er wird nicht ablassen, seine Begierde an unerfüllbares Trachten zu heften, unersättlich im Kampfe für die Finsternis.

Trefflich hast du mich, wie ich es wünschte, alles gelehrt, o du mein Geist. Unterrichte mich aber jetzt auch, wie der Aufstieg von statten geht.

Darauf entgegnete Poimandres:

Bei der Auflösung des stofflichen Körpers überläßt der Mensch ihn selbst der Umwandlung, die Gestalt, die er besaß, verschwindet, und seine kraftlose Gesinnung liefert er dem Dämon aus. Auch die Sinne des Körpers kehren als Teile zu ihren Quellen zurück und treten wieder an anderer Stelle in Wirksamkeit. Und auch das Streben und das Begehren kehren zu der vernunftlosen Natur zurück. Und derart dringt schließlich der Mensch zur Höhe durch den Einklang hindurch und übergibt

> dem ersten Gürtel seine Zunahme und Abnahme bewirkende Kraft,
> dem zweiten Gürtel seine Anlage zur kraftlosen Schlechtigkeit,
> dem dritten Gürtel die kraftlose, begehrliche Verblendung,
> dem vierten Gürtel die kraftlose, herrschsüchtige Eitelkeit,
> dem fünften Gürtel die kraftlose Zudringlichkeit der Frechheit,
> dem sechsten Gürtel die durchaus nicht bereichernden, schlimmen Antriebe zur Habgier,
> dem siebenten Gürtel die kraftlose Lüge, die auf der Lauer liegt.

Dann aber gelangt sie, befreit von den Einflüssen des Einklanges zur Beschaffenheit der Acht, im Besitze ihrer ureigenen Macht; und sie lobpreist zugleich mit den wahrhaft Vorhandenen den Vater. Und diese Anwesenden wieder freuen sich ihrer Anwesenheit. Und angeglichen den Anwesenden hört sie auch den Sang jener Kräfte, die oberhalb der Beschaffenheit der Acht mit eigener Stimme den Gott lobpreisen. Und dann steigen sie ihrem Range nach zu dem Vater empor, und die Kräfte selbst liefern sich dem Vater aus und werden zu Kräften in Gott. Das ist das gute Ende derer, so die Erkenntnis haben, nämlich daß sie zu Gott werden. Was willst du noch mehr? Willst du denn nicht all dies in dich aufnehmen und ein Wegweiser sein für die Würdigen, auf daß der Menschheit Geschlecht durch dich von Gott gerettet werde?

Bei diesen Worten vereinte sich Poimandres mit mir durch die Kräfte. Aber ich, ich sagte Dank dem Vater des Alls und pries ihn und wurde von ihm entsandt, bekleidet mit den Kräften, unterrichtet über die Beschaffenheit des Alls, sowie über das gewaltige Gesicht, das mir geworden war.

Und ich begann, den Menschen die Lehre der Frömmigkeit und der Erkenntnis zu künden:

Ihr Völker, ihr Erdentstandenen, die ihr euch der Trunkenheit und dem Schlafe ausgeliefert habt und der Unkenntnis Gottes! Werdet nüchtern, tut Einhalt und besinnet euch, die ihr von unvernünftigem Schlafe berückt seid!

Und sie vernahmen mich und kamen zu Hauf. Und ich sprach:

Ihr Erdentstandenen, was liefert ihr euch dem Tode aus, da ihr doch die Macht habt, an der Unsterblichkeit teil zu nehmen? Ändert euren Sinn; denn ihr schreitet alle zusamt einen Irrpfad dahin und pflegt Gemeinschaft mit der Unwissenheit. Trennet euch von eurem finstern Lichte und lasset das Verderben fahren und nehmt statt dessen die Unsterblichkeit in Empfang!

Und einige unter ihnen wandten meine Worte zu törichtem Geschwätz und fielen ab, sich dem Pfade des Todes ausliefernd. Die anderen hingegen riefen mir, ich möge sie belehren, und warfen sich nieder zu meinen Füßen. Doch ich hieß sie aufstehen und wurde der Wegweiser meines Geschlechtes und lehrte sie die Lehren davon, wie sie würden gerettet werden. Und ich säete unter sie die Worte der Weisheit, und sie nährten sich von dem Wasser der Unsterblichkeit.

Als aber der Abend anbrach und das Licht der Sonne sich anschickte, gänzlich unterzugehen, empfahl ich ihnen, Gott zu danken. Und nachdem ihrer ein jeglicher seine Dankespflicht erfüllt habe, wandten sie sich zu ihrer Lagerstatt. Aber dem Schlafe des Körpers entsprach die Ernüchterung der Seele, dem Schließen der Augen das wahre Schauen.

Dieses geschah, da ich von meinem Geiste, von Poimandres, das Wort der Herrschermacht empfing. Denn gottbegeistert drang ich bis zu dem Kreise der Wahrheit, und deshalb preise ich Gott den Vater aus der ganzen Kraft meiner Seele:

Heiliger Gott, Vater des Alls;
heiliger Gott, dessen Ratschluß von geeigneten Kräften vollführt wird; *heiliger* Gott, der erkannt sein will und von den Seinen erkannt wird;
heilig bist du, der durch den Logos das Vorhandene schuf;
heilig bist du, dessen Abbild die ganze Natur ist;
heilig bist du, den die Natur nicht gestaltete;

heilig bist du, der über alle Kraft erhaben ist;
heilig bist du, der jede Größe überragt;
heilig[1] *bist du, der* jedes Lob übertrifft!

Nimm heilige Opfer des Gebetes entgegen,
die aus der Seele und dem Herzen zu dir empor steigen,
du Unaussprechlicher, Geheimer, durch Schweigen Tönender, –

von mir, der dich bittet, die meinem Wesen mögliche Erkenntnis nicht irre zu leiten,
sondern mir sie zu gewähren und mich mit der Macht zu bekleiden,
und mich mit dieser deiner Gnade zu erfüllen,

daß ich erleuchte die Unwissenheit dieses Geschlechtes,
das da besteht aus meinen Brüdern und deinen Söhnen,
da ich glaube und Zeugnis gebe:

daß ich zum Leben und Lichte zurückkehre,
dieweil in Heiligkeit dein Mensch mit dir vereint sein will,
da du mir alle Macht übergeben hast.

---

[1] Die Neunzahl der Heiligpreisung dürfte einen geheimen Hinweis auf die Bedeutung der Neun im Vereine der Urgottheiten enthalten. Der Hymnus ist „strophisch" gegliedert. Doch hat man hierbei nicht an Strophen im Sinne unserer Metrik zu denken, wo dieselben in rythmische Zeilen zerfallen. Vielmehr ist in diesen „Strophen" keine Spur von Versmaßen, wohl aber ein streng architektonisch geregelter Bau der Strophenglieder zu finden. Es ist D. H. Müllers Verdienst, diese Art Strophen in ihrer weiten Vorbereitung durch das gesamte Gebiet orientalischer und orientalisch beeinflußter Literatur erkannt und nachgewiesen zu haben. In unserem Hymnus besteht das Prinzip des Strophenbaues darin, daß gleichlautende Versanfänge, die ich durch Kursivdruck hervorhob, die Strophengliederung anzeigen.

Poimandres heißt der „Hirte". Und als solcher hat er eine Herde, eine Gemeinde, deren Heilsbote er war. Der nachfolgende Text ist eines der Schriften dieser Gemeinde, die nach dem Urteil R. Reitzensteins nicht vor dem zweiten Jahrhundert v. Chr., aber auch nicht nach dem zweiten Jahrhundert n. Chr., am wahrscheinlichsten aber etwa zur Zeit Christi, auf ägyptischem Boden entstanden ist. Ihr Gedankengang ist älter, aber nahe verwandt mit dem anderer Gemeinden, die statt des Hirten Poimandres den Hirtengott Hermes zum Mittler und Logos der obersten Gottheit machten, und von denen uns umfangreiche, aber weit jüngere Schriften in demselben, dem dreimal größten Hermes als Verfasser zugeschriebenen Korpus erhalten sind.

Das Dokument selbst ist schon durch seine literarische Form interessant. Es ist ein Dialog, eine Unterweisung des als Lehrer gedachten Gottes an seinen Schüler, den Menschen. Diese Darstellungsart ist aber für die gesamte ägyptische Offenbarungsliteratur charakteristisch. Schon Platon hatte Kenntnis von solchen Schriften, in denen geschildert wurde, wie der ägyptische Hermes (Dhoute, der als Affe und Gott der Schreiber galt) den König Thammun unterwies.

Der Inhalt der Poimandresvision ist streng heidnisch; nur an einer einzigen Stelle (S. 246) findet sich ein leiser Anklang an das alte Testament. Die Tendenz ist ähnlich wie bei den Naassenern asketisch. Im Mittelpunkte des Gedankenganges steht wieder die mannweibliche Urgottheit, nämlich der MENSCH. Aber wichtig sind zwei unverkennbare Anklänge an Platons Gedankenwelt, die beide nicht aus der Benützung platonischer Schriften, welche gleichwohl in jenen Kreisen zur Hand waren, erklärt werden können. Einer derselben betrifft den MENSCHEN, der die Sphärenhülle durchreißend, sich in der Höhlung des Weltalls spiegelt, die andere den mannweiblichen, irdischen Menschen, der erst nach Ablauf der ersten Weltperiode in Mann und Weib zerteilt und zur Vermehrung aufgefordert wird.

Platon sagt nämlich im siebenten Buche seines Staates etwa Folgendes: „Siehe, die Menschen sind gleichsam in einer unterirdischen, höhlenartigen Behausung, welche entlang der ganzen Höhle einen großen, gegen das Licht zu offenen Eingang hat. In ihr befinden sie sich von Kindheit an, gefesselt an Gliedern und Nacken, so daß sie dort selbst bleiben müssen und nur geradeaus sehen, da sie in Folge der Fesseln nicht im Stande sind, die Köpfe im Kreise zu drehen. Oberhalb, ferne von ihnen und hinter ihrem Rücken, brennt ein Feuerlicht; zwischen dem Feuer und den Gefesselten erstreckt sich der Weg nach oben. Um ihn siehe eine Mauer aufgeführt, wie die Gaukler vor die Zuschauer einen Vorgang setzen, oberhalb dessen sie ihre Wunder zeigen. Siehe ferner Leute entlang dieser Mauer allerhand Geräte vorbei tragen, und Bildsäulen und andere, steinerne, hölzerne, oder auf sonst eine Art angefertigte Tiere, wie es sich trifft .... Glaubst du, daß diese Gefesselten von sich selber und von einander Anderes sehen als Schatten, welche von dem Feuer auf die ihnen gegenüber liegende Wand der Höhle fallen? Und gilt nicht auch von den vorüber getragenen Gegenständen dasselbe?" Setzen wir hier an Stelle der gefesselten Menschen die Natur, an Stelle der äußeren Gegenstände den MENSCHEN, so haben wir Punkt für Punkt die Szenerie unserer Vision vor uns. Aber die Höhle ist dann nicht nur das Weltall, sondern auch sein Abbild, das Auge. Darüber kann kein Zweifel mehr walten; denn ausdrücklich verglichen auch die Doketen (s. Nr. 11) die von den Menschen bewohnte Welt zuerst mit einer Höhle, in welche der Strahl des Logos dringt, dann aber Höhle und Lichtstrahl mit dem Auge, seinen dem Himmel gleichenden Hüllen und dem Blicke, der daraus in die Höhe dringt. Auch kann schon bei Platon die „Mauer" nur als Iris, der Weg nur als Pupille verstanden werden. Schließlich aber vergesse man nicht, daß unser Poimandrestext aus Ägypten stammt, das von den Ägyptern selbst als Mitte des Weltalls, als das Schwarze im Auge der Gottheit, verstanden wurde.

Die zweite Stelle bei Platon ist die berühmte Scherzrede des Euryximachos im Symposion. Dort erzählt dieser Arzt in launiger Form, daß die Menschen ursprünglich doppelgeschlechtlich, aber auch doppelgestaltet waren, daß jeder zwei Häupter, vier Ohren, vier Hände und vier Füße, also acht Gliedmaßen hatte. Wollen diese Wesen laufen, dann überschlugen sie sich mit ihren Gliedern, indem sie gleichwie Räder sich im Kreise fortrollten. Aber die Götter fürchteten die Macht dieser Geschöpfe (ähnlich wie die des Zwitters Agdistis. Vgl. S. 243) und teilten sie in Männer und Weiber, die nun in Liebessehnsucht zu einander entbrannten, wovon die Vermehrung des Menschengeschlechtes durch Zeugung ihren Ausgang nahm. – Zwar werden die Zwittermenschen des Poimandres nicht zur Strafe zerteilt, sondern die Maßregel erstreckt sich auf die ganze Natur; aber ein Grund für sie ist nicht angegeben. Selbst der Anbruch des neuen Zeitalters wird nicht näher begründet, und es muß daher irgend ein Stück des Systemes bei dieser Niederschrift verloren gegangen sein. Die Trennung der Wesen ist die Ursache des Todes; vorher gab es nichts Sterbliches. Ferner wurde die Fessel, die das All umschlang, gelöst und dadurch das Zerfallen aller Welt in zwei Teile herbei geführt, aber damit auch der Tod. Woher stammt nun dieses Übel? Soll es von dem traurigen Dunkel, das in schiefem Wurfe in das Licht der Welt herabgesäet ward, einem Drachen ähnlich an Gestalt, wirklich verschieden sein? Sollte dieses Böse sich nicht von außen, also aus dem Nichts, in die Weltordnung gedrängt haben? Dann ist aber dieses Stück der Lehre, wie schon der Zwittermensch vermuten ließ, iranisch gefärbt; denn die Perser waren es, die sich das Böse von außen in Drachenform in das einem Ei ähnlich gedachte Weltall eingedrungen vorstellten.

Auch sonst ist in dem Poimandressystem, wie es hier vorliegt, nicht alles so klar, wie es einmal gewesen sein dürfte. Denn während die von dem Weltbildner geschaffene Welt als *Acht* hingestellt wird, finden wir die himmlische Welt nirgends als *Neun*, die Menschheit nur andeutungsweise als *Sieben* gekennzeichnet. Trotzdem kann man die richtigen Glieder noch mit leichter Mühe finden, namentlich wenn man beachtet, daß offenbar schon der Urgott ebenfalls als MENSCH, und zwar mit acht Gliedern und dem Körper als neunter Einheit gedacht war, wobei jedem Gliederpaare ein Element entsprechen sollte. Denn der Urgott besteht aus Leben-Licht (1), Mann-Weib (2), ferner aus Seele-Geisteshauch (3) und Ratschluß-Wort (4). Diesen vier Paaren entsprechen aber auch Feuer (1), Wasser (2; vgl. den Ursprung der Brunst aus dem Wasser), Luft (3; resp. Äther), Erde (4). Ferner hat jedes der Glieder der beiden Paare doppelte Namen, u. z. heißt offenbar die *Seele* auch *Verhängnis,* der *Ratschluß* (eine weibliche Gottheit, da im Hellenischen das Wort dieses Geschlecht besitzt) auch *Natur,* und hinwieder entsprechend der Geisteshauch *(Pneuma)* auch *Geist* (nûs), nämlich als *Weltbildner,* das Wort *(Logos)* auch *Mensch.* Daher dürfte wohl folgende Systematik der Urwesen vorauszusetzen sein:

1. GEIST

2. u. 3. umschließt

LEBEN – LICHT

WEIB – MANN

und zeugt:

6. u. 7. VERHÄNGNIS = SEELE – PNEUMA = GEIST als Weltbildner.

Aus ihnen geht durch Vereinigung von Geist und Verhängnis

die Acht hervor

und zwar:

1. erster Begründer	:	WACHSTUM 1.
2. zweiter Begründer	:	SCHLECHTIGKEIT 2.
3. dritter Begründer	:	VERBLENDUNG 3.
4. vierter Begründer	:	EITELKEIT 4.
5. fünfter Begründer	:	FEIGHEIT 5.
6. sechster Begründer	:	HABGIER 6.
7. siebenter Begründer	:	LÜGE 7.
8.	Einklang	8.

8. u. 9. NATUR = RATSCHLUSS – LOGOS = MENSCH.

Aus ihnen geht durch Vereinigung von Mensch und Natur

der Sieben hervor

und zwar:

DIE SIEBEN MENSCHEN.

Wir haben in diesen Begriffen überall zugleich Personen vor uns und sehen so ziemlich schon die ganze Systematik der späteren Gnosis in unserem Texte vorausgesetzt. Aber woher stammt sie? Dieser Frage werden wir anläßlich des nächsten Stückes näher zu treten haben.

I. Hermes, dich rufe ich an,
der du das All umfassest,
mit jeglicher Stimme, in jeglicher Sprache;

dich besinge ich, wie dich zuerst besang,
den du bestelltest und dem du bewährtest
all deine Kunde von dir,[1]

ferner die Sonne - ACHEBUKROM -, die da die Flamme zeigt,
und den Strahl, dessen Ruhm ist AAA EEE OOO,
dieweil sie durch dich in der Luft erschien,

dann auch dich, der du die anderen, herrlich gestalteten Sterne befestigt und mit dem göttlichen Lichte das Weltall gegründet
und in ihm alles befestigt hast: III AAA OOO SABAOTH ARBATH IAO ZAGURE.

II. Die ersterschienenen Engel sind: Araga (1), Adonai (2), Basem (3),...[2] (4), Iao (5).

1. Der erste Engel preist dich in der Vogelsprache: ARAI, d. h. wehe dem Feinde von mir. Und du setzest ihn ein zum Rächen.

2. Die Sonne preist dich in der heiligen Sprache: LAILAM, hebräisch mit dem nämlichen Namen: ANOK BIATHIARBARBERBIRSILATUBUPHRUMTROM in 36 Buchstaben und sagt: ich gehe dir vor Herr, ich, die Sonne, die durch dich an dem Nachen aufgeht.

3. Der an dem Kahne mit ihm emporsteigend erscheint, der Hundskopfaffe, begrüßt dich in der eigenen Sprache der Hundeköpfe mit den Worten: du bist die Zahl des Jahres ABRAXAS.

4. Der Sperber begrüßt dich in der eigenen Sprache und schreit, daß der Nahrung empfange: CHI CHI CHI CHI CHI CHI CHI TIP TIP TIP TIP TIP TIP TIP.

5. Der Neungestaltige begrüßt dich in der heiligen Sprache: MENEPHOIPHOTH und sagt dreimal damit: ich gehe dir vor, Herr! Dies sagt er und klatscht dreimal.

III. Und der Gott lachte siebenmal: CHA CHA CHA CHA CHA CHA CHA. Da aber der Gott lachte, entstanden sieben Götter, die das All umfassen. Das aber sind die Ersterschienenen:

1. Als er zum ersten lachte, erschien das Licht, und der Glanz durchglänzte das All. Es entstand der Gott im Weltall und im Feuer: BESSEN BERITHEN BERIO.

---

[1] Nämlich der von Hermes erwählte Prophet.

[2] Der Name des vierten Engels ist ausgefallen.

2. Er lachte zum zweiten. Alles war Wasser, und die Erde hörte den Hall und sah den Glanz und erstaunte darob und wölbte sich, und das Feuchte ward dreigeteilt, und es erschien der Gott in der Abyssos (Urtiefe). Denn getrennt von ihm vermehrt sich weder das Feuchte, noch versiegt es. Sein Name ist ESCHAKLEO; denn du bist OE, ewig währender BETHELLE!
3. Als er zum dritten lachen wollte, erschien aus der Bitterkeit des Gottes der Geist im Besitze des Herzens und ward genannt Hermes, durch den das All verkündet wird. Aber der, durch den das All verwaltet wurde, ist im Innern. Er wurde genannt SEMESILAMP.
4. Es lachte zum vierten der Gott, und es erschien, aller Dinge Samen waltend, Urmutter, durch die das All gesäet ward. Genannt wurde sie BAATETOPHOTH ZOTHAXATHOZ.
5. Er lachte zum fünften und lachend trauerte er, und es erschien Moira mit der Wage in der Hand, anzeigend, in ihr sei das Gerechte. Hermes aber widerstritt ihr und sprach: in mir ist das Gerechte! Als sie stritten, sprach der Gott zu ihnen: aus beiden wird das Gerechte erscheinen; alles im Weltall sei unter dir. Und sie nahm als erste das Zepter der Welt, dessen Name aufgeschrieben groß ist und berühmt und hehr. Er lautet:

THORIOBRITITAMMAORAGGADRIOIRDAGGAROAMMATITIRBOIROTH,

der Buchstaben 49, des Poles starkes Name.
6. Er lachte zum sechsten und ward mächtig erfreut, und es erschien Kronos mit dem Zepter, dem Zeichen der Herrschaft, und gab das Zepter dem erst gründenden Gotte, und dieser nahm es und sprach: du wirst den Ruhm des Lichtes umtun nach mir, da du als erster mir gabst das Zepter. Alles Vergangene wird unter dir sein und alles Künftige. In dir wird alle Macht sein, der du dir umtust alles Lichtes Ruhm. Der Umwurf des Lichtes zeigte aber einen Schein, und dieser Schein wurde die Gemahlin des Kronos, und der Gott sprach zu der Königin: du tust dir um den Schein und wirst sein, die mit ihm das All umfaßt. Vermehrt wirst du werden durch das Licht, das du nimmst von ihm, und alles wirst du verlieren durch ihn. Mit dir wird alles vermehrt und vermindert werden. Der Name aber ist groß und wunderbar: ANOK BIATHIARBARBERBIRSILATUBUPHRUMTHROM, der Buchstaben 36.
7. Er lachte zum siebenten, atemschöpfend, und im Lachen weinte er, und es ward die Seele. Der Gott sprach: alles wirst du bewegen, und alles wird erheitert werden, da Hermes dich führt. Als dies der Gott sprach, ward alles bewegt und unbehindert durchhaucht.

IV. 8. Als er die Seele sah, neigte er sich zur Erde und pfiff gewaltig, und die Erde öffnete sich, den Schall aufnehmend, und gebar ein eigenes Wesen, den pythischen Drachen,[1] der alles vorher wußte, durch den

Schall des Gottes. Es nannte ihn der Gott: ILLILU ILLILU ILLILU ITHOR, lichtglänzender PHOCHOPHOBOCH.

V. 9. Als er erschien, wand sich die Erde und schwoll mächtig an. Der Pol stand still und wollte bersten. Gott sah den Drachen und erschrak und schnalzte, und es erschien durch das Schnalzen Phobos (Furcht) in Waffen. Genannt wird er: DANUP CHRANTOR BERBALIBARBITHI, der Buchstaben 26.

VI. 10. Der Gott sah ihn und erschrak abermals, da er ihn noch stärker sah, es möchte die Erde den Gott von sich geben. Der Gott sah herab zur Erde und sprach: IAO, und alles stand still, und es ward aus dem Hall der große Gott, der größte, der aller Herr ist, der das Vergangene im Weltall und das Künftige befestigte – und nie wieder geriet ein Lüftchen in Wirrsal.

Als Phobos ihn sah, stärker als er, trat er ihm entgegen und sprach: ich bin früher denn du! Jener sprach: aber ich brachte alles zum Stehen! Der Gott sprach zu dem Starken: Du fandest dich aus dem Schnalzen, dieser aus dem Hall. Ihr sollt beide sein bei allem Zwang. Die Kraft aus euch beiden wird dein sein, der du später getönt wurdest, auf daß alles stehe. Und von da ward der große und wunderbare Name genannt DANUP CHRANTOR BERBALIBARBITHI IAO.

VII. Da er dem, der ihm beigestanden, Ehre bieten wollte, als sei er mit ihm erschienen, gab er ihm die Macht der neun Götter (1 – 9), die sie haben, und den Ruhm. Er ward aber mit der Macht der neun Götter, indem er die Hörner[2] ihrer Namen an sich zog, genannt BOSBEADID, und vermittelst der sieben Sterne:

---

[1] Der pythische Drache soll in der Urzeit die Orakelstätte von Delphi inne gehabt haben. Der Mythos berichtet, daß Apollon ihn tötete.

[2] Die Anfangsbuchstaben. Siehe S. 260.

Α Ε Η Ι Ο Υ Ω
Ε Η Ι Ο Υ Ω
Η Ι Ο Υ Ω
Ι Ο Υ Ω
Ο Υ Ω
Υ Ω
Ω
Ω Υ
Ω Υ Ο
Ω Υ Ο Ι
Ω Υ Ο Ι Η
Ω Υ Ο Ι Η Ε
Ω Υ Ο Ι Η Ε Α[1]

aufgeschrieben, groß und wunderbar. Sein größter Name aber ist dieser, groß und hehr, der Buchstaben 27:

ABORCHBAO CHRAMMAOTH PROARBATH IAO.

[1] Die sieben Vokale entsprechen den sieben Planeten. Der siebente unter ihnen, *Ω*, kommt in der obigen Schreibung 13 mal vor, was den vierten Teil der 52 Wochen des Jahres ausmacht. Aller Vokale zusammen sind 55 = 1 + 2 + 3 + 4 + 5 + 6 + 7 + 8 + 9 + 10. Um dieser ihrer Eigenschaft willen wurde die Zahl 55 schon von alters her von den Zahlensymbolikern mit Vorliebe verwendet.

Es ist ein Verdienst von A. Dieterich, die Bedeutung dieser Weltschöpfungstheorie, welche in einem in hellenischer Sprache verfaßten, aber aus Ägypten stammenden Zauberpapyrus erhalten ist, dar gelegt zu haben. Diese Zauberpapyri waren in den ersten nachchristlichen Jahrhunderten in Ägypten weit verbreitet und enthielten Rezepte, Zauberworte, Zaubertexte, Anweisungen für die Anfertigung von Amuletten u. dgl. zu allen möglichen Zwecken. Sie lehrten, wie man sich Liebe erwirbt, den Geliebten zur Treue zwingt, den Treulosen straft, Tote beschwört, Götter bannt, Dämonen austreibt, wahrsagt und noch vieles der Art. Die Verfasser dieser Zauberformeln errafften alles, was nur genügend fremdartig schien, um den Adepten ihrer Kunst oder gar den Laien zu verblüffen, entnahmen aber dieses Rüstzeug häufig genug den alten liturgischen Schriften und Ritualen untergegangener Religionen und Kulte. Dann taten sie diese Brocken in das Spülicht des Volksaberglaubens ihrer Umgebung und bauten daraus einen gar wunderlichen Trank. Mitunter hat sich aber in diesen Büchern noch der alte Bestand der von den Zauberern für ihre Zwecke adaptierten Schriften, freilich nur zu oft von Zauberformeln und sinnlosem Zeug durchbrochen, erhalten. Einem solchen glücklichen Zufalle verdanken wir auch unser Stück. Ob es je den Gefühlen einer Gemeinde oder Sekte Ausdruck gegeben hat, ist zweifelhaft. Nirgends trifft in ihm ein moralisches Interesse an den Weltereignissen zu Tage, nirgends sind dieselben auf den Menschen bezogen. Von Heil und Erlösung ist nicht die Rede. Geboten wird uns vielmehr reine Kosmogonie, ganz im Sinne der Antike, wohl aber in der absonderlichsten und fremdartigsten Form.

Hebräische, ägyptische, hellenische Elemente sind mit einander vermischt und durch sonderbare, überhaupt keiner Sprache angehörige Namen bereichert. Hebräisch ist der Anfang des 36 (= 6^2) Buchstaben umfassenden Namens in II (und III 6); denn anok ist eine, in dieser Literatur häufige Umgestaltung des anoki gleich „ich bin", womit die 10 Gebote der Juden beginnen. Auch Adonai (= Herr), der Name des zweiten Engels, ist hebräisch. Ägyptische Gestalten sind der Hundskopfaffe (der ägyptische Hermes-Dhoute) und der Sperber. Hellenisch ist fast alles übrige, ausgenommen die Phantasienamen. Viele von diesen sind Palindrome, d. h. von vorwärts nach rückwärts und umgekehrt gleichlautend zu lesen, so z. B. III 4 Zothaxathoz (da th im hellenischen Alphabete ein Buchstabe ist), ähnlich III 5 der Name des Poles von 49 (= 7^2) Buchstaben. Die Buchstabenanzahl dieser Wortungetüme ist zahlensymbolisch berechnet; denn eines derselben ist auf 6 x 6, das andere auf 7 x 7 Buchstaben angelegt. Ferner ist der letzte Name, den Iao, der Neugestaltige, erhält, aus 9 (= 3^2) Buchstaben zusammen gesetzt, u. z. als Akrostichon; denn Bosbeadid setzt sich in folgender Weise zusammen:

III 1 Bessen usw.

III 2 Oe usw.

III 3 Semesilamp.

III 4 Baatetophoth usw.

III 5 E; hier fehlt ein entsprechender Name in unserer Aufzählung. Aber der Buchstabe müßte sich auf die Moira mit der Wage beziehen. Nun war E selbst, liegend als ш gedacht, ein Symbol der Wage und kam vielleicht deshalb in den Namen.

III 6 Anok,

III 7 D; auch hier fehlt ein Name, nämlich der der Seele. Aber da sie unter Weinen entstand, begann ihr Name vielleicht mit „Thräne“ (dakry).

III 8 Illilu usw.

III 9 Danup usw.

Dies also ist gemeint mit dem „an sich Ziehen der Hörner ihrer Namen“.

Auch der Name Abraxas hat zahlensymbolischen Sinn. Denn bei den Hellenen entsprach jedem Buchstaben des Alphabets eine Zahl (siehe das Zahlenalphabet zu Nr. 17), und die Zahlen der sieben Buchstaben von Abraxas, nämlich 1, 2, 100, 1, 200, 1, 60 geben zusammen die Zahl der Tage des Jahres, nämlich 365, ganz wie der Hundskopfaffe II 3 behauptet.

Zu den Namen gehört noch das Vokalspiel; aber die Vokale wurden freilich gesungen, und leiten also zu den übrigen Lauten über, von denen unser Text strotzt. Auch der Name Iao selbst ist ein solches Vokalspiel.

Schon eigentlich mystische „Laute“ sind aber das Schreien und Flügelschlagen des Sperbers (II 4), das siebenmalige Lachen des Gottes (III), das III 5 mit Trauer, III 6 mit Freude, III 7 mit Atemlosigkeit kombiniert wird; dann sein Pfeifen III 8 und III 9 sein Schnalzen. Öfter wurde auch Heulen, Schnauben, Ratschen, Brüllen (vgl. die nächste Nummer), ja schließlich auch im weiteren Sinne „Schweigen“ der Zahl dieser Laute einverleibt. Wir sehen aus unserer Stelle, daß denselben kosmologische Bedeutung zugeschrieben wurde. Über Sinn und Ursprung dieser absonderlichen „Laute“ haben wir in der Einleitung gesprochen.

Der Grundgedanke, durch den der ganze Inhalt bestimmt wird, ist der daß jeden Tag die Weltschöpfung sich wiederholt, da das Chaos der Nacht, die Weltordnung dem Tage entspricht, daß ferner auch Winter und Sommer sich analog zu einander verhalten und also Abraxas, der Gott des Jahres, auch der des Tages und der Weltschöpfung ist. Daher beginnt die Stelle mit dem Dienste der 5 Engel (die Zahl vielleicht von der Vorstellung der 5 Planeten beeinflußt) vor dem Sonnenachen.

Jeder Engel preist den Schöpfer, indem er ein geheimes Wort spricht.

Eine eigenartige Anschauung kommt ferner darin zum Ausdrucke, daß es ein siebenmaliges *Lachen* ist, wodurch die Welt entsteht. Der lachende Gott ist eine ganz bestimmte Mythenfigur. Dadurch, daß er bei seiner Geburt lacht, entgeht er nämlich den Verfolgungen seiner Feinde. Das Lachen hat aber die Kraft, Unheil abzuwenden. Daß dem so ist, lehrt die Legende von Zarathustra, der bei seiner Geburt lachte, lehrt die Kyrossage, nach welcher der neugeborene Kyros sich durch sein Lächeln die Liebe der Pflegemutter gewann, und lehrt endlich und am deutlichsten auf hellenischem Boden die korinthische Sage von Kypselos. Als Kypselos geboren war, wollten zehn Korinther, da ein Orakel ihnen verkündet hatte, daß er über ihre Stadt die Tyrannis ausüben werde, ihn töten. Sie gingen also in das Haus seines Vaters und verlangten von der Mutter, die eben niedergekommen war, sie sollte ihnen das neugeborene Kindlein zeigen. Dabei hatten sie sich verabredet, derjenige, welcher den Knaben zuerst in die Hand bekomme, solle ihn zu Boden schleudern und dadurch töten. Aber das Kind lächelte den ersten so hold an, daß er nicht das Herz hatte, die Tat auszuführen und es an den zweiten weiter gab. So ging das Kind von einem Arm zum andern, ständig lächelnd, bis es der letzte der Verschworenen wieder der Mutter zurückgab und alle zehn ganz verwirrt abzogen. Man sieht hier deutlich, wie ein zehnmaliges Lachen des neuerschienenen Gottes von diesem Mythos vorausgesetzt wird, das nur den zehn Tagen der ersten Mondwoche im dreißigtägigen Monat entsprechen kann. Dem Mythos lag aber die Absicht zu Grunde, daß der Mondgott durch zehnmaliges Lachen über die zehn Gefahren der zehn ersten Tage seiner Kindheit hinweg kommt. Auch in unserem Texte ist ja die Siebenzahl des Lachens, ersichtlich genug, nicht das Ursprüngliche, da die weiteren mystischen Laute des Pfeifens und Schnalzens sich recht fremdartig angliedern und schließlich doch eben zehn Schöpfungstaten vorgenommen werden. Also ist zu vermuten, daß ein zehnmaliges Lachen in einer älteren Fassung dieser Kosmogonie das Vorbild war, aus dem die auf uns gekommene Gestaltung derselben erst recht zu verstehen ist.

Was wir haben, ist aber ersichtlich in Unordnung geraten. Denn ordentlicher Weise mußten doch dem zehnmaligen Lachen auch zehn mystische Laute entsprochen haben. Gleichwohl sind ihrer nur zwei überliefert (Pfeifen und Schnalzen). Glücklicher Weise jedoch wissen wir aus anderen Zauberpapyri, daß sowohl dem zunehmenden als auch dem abnehmenden Monde je 15 mystische Laute entsprechen; leider aber sind die betreffenden Listen uns so unzuverlässig erhalten, daß sich weitere Schlüsse aus ihnen nicht ziehen lassen. Kann man also auch nicht mehr fest stellen, welche Laute den zehn Schöpfungstaten, die unser Hymnus erwähnt, dereinst zugehörten, so wissen wir doch wenigstens, daß solche gerade in der richtigen Zahl zur Verfügung standen. Man kann also hieraus nicht nur auf die Verwirrtheit, sondern auch auf die Unvollständigkeit der vorliegenden Abraxaskosmogonien schließen. Nur ein Drittel der ursprünglichen Kosmogonie scheint auf uns gekommen zu sein, nämlich jenes, das dem ersten Drittel des Monates, der ersten zehntägigen Mondwoche, entsprach. Genau so wie diese Mondwoche dem zunehmenden Gestirne angehört, dient sie in ihrer makroskosmischen Bedeutsamkeit auch zur Darstellung der *Weltschöpfung*. Also entspricht die letzte Mondwoche dem abnehmenden Gestirne und dem *Weltuntergange*. Dazwischen liegt die mittlere Mondwoche, welcher die *Weltordnung* zugehört. Unser Text umfaßt nur die Weltschöpfung; von Weltordnung und Weltuntergang aber berichtet er nichts mehr. Diese Teile des Systems sind eben nicht auf uns gekommen.

Doch wenn man auch von solchen Vermutungen absehen will, so läßt unser Stück trotzdem, auch so wie es vorliegt, noch die Spuren einer ferneren Systematik erkennen. Bei fünf Schöpfungstaten sind auch Gemütszustände genannt, die ihnen entsprechen sollen, u. z. der dritten „Bitterkeit", der fünften „Trauer", der sechsten „Freude", der siebenten „Weinen", der neunten „Erschrecken". Bei den übrigen fünf Taten ist offenbar die Nennung der zugehörigen Gemütszustände weg gefallen. Nun läge es nahe, bei den fünf genannten Gemütszuständen daran zu denken, daß schon eine alte, anscheinend von Babylon ausgegangene Lehre der Astrologen fünf oder sieben Gemütszustände (Todsünden u. dgl.) den fünf oder sieben Planeten (je nach dem ob man Sonne und Mond zur Planetenzahl hinzu rechnete oder nicht) zu zu teilen pflegte. Man könnte also meinen, daß eine solche Liste in den fünf Gemütszuständen unserer Abraxaskosmogonie nachklinge. Allein genauere Prüfung zeigt, daß dies nicht möglich ist. Denn einerseits macht es den Eindruck reinster Zufälligkeit, daß gerade bei der 3., 5., 6., 7. und 9. Schöpfungstat Gemütszustände erwähnt sind, bei den andern aber nicht, so daß die hierbei zu Tage tretende Fünfzahl wohl ganz zufällig und nicht systematisch beabsichtigt ist, und anderseits wird Kronos mit Freude und Licht in Zusammenhang gebracht, was der babylonisch-astrologischen Anschauung, die Kronos, Weinen und Wasser auf das Festeste mit einander verknüpft hat, geradewegs widerspricht. So dünkt es mir denn wahrscheinlich, daß hier Reste einer nicht babylonischen und auch nicht planetarischen, vielmehr auf die erste zehntägige Mondwoche bezüglichen Liste von Gemütszuständen vorliegen.

Daß es der Sonnennachen ist, in dem Abraxas erscheint und daß Abraxas selber durch seinen Namen die Zahl der Tage des Sonnenjahres angibt, braucht uns nicht in den oben entwickelten Ansichten von dem recht eigentlich lunaren Charakter der Abraxaskosmogonie irre zu machen; denn einerseits zerfällt ja auch das Sonnenjahr in Monate und anderseits ist es eine dem Mythologen geläufige Erscheinung, daß fest gegliederte Reihen, welche sich ursprünglich nur auf den Mond bezogen haben, durch spätere Deutung mit passenden, meist ziemlich äußerlichen Änderungen auf die Sonne übertragen wurden.

Eine Illustration zu den Vorstellungen unseres Textes liefert die Gemme, nach der die Titelvignette unseres Buches gezeichnet ist. Sie zeigt den Gott auf einer Lotosblüte im Sonnennachen, von Hundskopfaffe und Sperber angebetet. Sonst wurde Abraxas als dämonisches Mischwesen abgebildet, schlangengestaltet, mit Geißeln in den Händen, selber hahnenköpfig. Erfreut über die Huldigung lacht der Gott und vollzieht dadurch die Weltschöpfung, d. h. er bewirkt das Tagesgeschehen und Jahresgeschehen. Aber höchst rätselhaft ist hierbei die Stellung des Neungestaltigen. Er geht dem Gotte vor und zieht alle anderen Namen, deren neun sind, an sich. Ja er hat schließlich einen Namen von 27 = 3 x 3 x 3 Buchstaben. Hierin verrät sich sein Wesen. Denn 27 Tage hat der Lichtmonat, der also in drei 9tägige Wochen zerlegt werden konnte; und eine solche Woche und nichts Anderes, umfaßt der Neungestaltige, der als Zehnter auftritt und also der Mond ist. Sehen wir nun auf unserer Gemme den Affen links, den Sperber rechts, den Mond links, die Sonne zu Häupten des Gottes abgebildet, so kann der Stern rechts nur mehr dem einzigen, noch übrigen ersten Engel entsprechen, wenn wir auch nicht wissen, welcher Stern er sein soll. Dann sind aber die 9 Götter der Schöpfung die 9 Gestalten der Mondwoche, die ihren 9 Tagen entsprechen, dann ist die Siebenzahl des Lachens auf die Planetenwoche zu beziehen, dann muß aber auch eine Acht vorhanden sein, die zwischen 9 und 7 die Rolle des „Mittlers" zu spielen hat. Und die findet sich, wenngleich auch nicht gerade in unserem Texte, so doch sonst überall in Ägypten in Gestalt der acht Hundskopfaffen, welche die Sonne anbeten, wobei der Affe Dhoute selber, d. h. Hermes, der Mittler, ist. Wir erkennen an dieser Stelle mit einem Schlage, wo die Symbolik der Weltentstehung nach 9, 8, 7, die wir schon in dem Poimandresstück beobachten konnten und die für die Systematik aller gnostischen Systeme charakteristisch ist, heimisch war.

8. MITHRAS Beginn der heiligen Handlung:
Zum Untergang der Sonne gewendet, mit Moderstoff vom Grabmal in den Händen, bete:

Der du reitest auf luftdurchschreitender Winde Wehen,
Helios, golden gelockter: nie rastenden Feuers Flammen
jagst du und drehst den Himmelshut in ätherischen Angeln,
bringst alle Dinge hervor und lösest sie wieder im Nichts auf;
denn dein sind die Stoffe, geordnet nach deinen Gesetzen,
Höre, Seliger, dich, den Führer der himmlischen Dinge,
rufe ich an, glückseliger, ewiger Herrscher des Weltalls
und der Erde und Unterwelt und der Orte der Toten,
die vordem als Menschen das Licht der Sonne erblickten:
wohnst du wirklich im Grunde der Erde, im Totengefilde,[1]
siehe, dann schick deinen Dämon, gebannt durch deine Befehle,
nachts herab, daß er alles vollführt, was immer ich wünsche.
Sanft und gnädig sei er gesinnt, nicht störrischen Wesens!
Und du zürne mir nicht von wegen der zwingenden, starken
Sänge, der du doch selbst die Menschen die Kenntnis dieser
Moirengeflechte[2] gelehrt hast. Und deine Lehre benutzend
rufe ich auch deinen Namen, den Stunden(Jahres-)zeiten an
Zahl gleich:[3]

---

[1] Die Sonne hatte nach ägyptischer Anschauung über Nacht den Weg durch die Totenwelt hinter und unter der Erde zurück zu legen, um wieder an ihre Aufgangsstelle zu kommen.

[2] Unter den Moirengeflechten sind wohl die Zauberworte und Zaubersänge zu verstehen, z. B. gleich das palindromische Zauberwort der nächsten Zeilen (siehe Anm. 3), das zugleich hexametrisch gebaut war. Die Vorstellung, daß die Schicksalsgöttinnen (Moiren, Parzen, Nornen) unter Gesang das Schicksalsgewebe flechten oder sonst herstellen, liegt auch hier vor.

[3] Dem nachfolgenden mystischen Namen liegt ein kompliziertes Zahlenspiel zu Grunde. Er besteht aus 42 Buchstaben. Denkt man sich den Tageskreis (von 360 Graden) in Halbgrade zerlegt, so erhält man deren 720, welche den 720 Tagen und Nächten eines mit 360 Tagen gerechneten Sonnenjahres entsprechen. Diese 72 Zehnheiten von Stundenteilen zerlegte man in 72 = 42 + 30, d. h. 6 x 7 und 6 x 5, wobei die 42 dem Nachtlaufe, die 30 dem Tageslaufe, jene der Unterwelt, diese der Oberwelt entsprechen sollten. Da Helios Mithras als Unterweltsgott angerufen wird, paßt aber gerade nur ein Name von 42 Buchstaben auf ihn. Die Buchstaben hatten auch Zahlenwerte (siehe oben S. 260 und später das Zahlenalphabet zu Nr. 17), und dadurch entsprach diesem mystischen Namen auch eine bedeutsame Zahl, nämlich 9360 = 52 x 180. Hierin ist 52 die Zahl der siebentägigen Wochen des Jahres. Also hat der Zaubername wirklich seine Beziehung nicht nur zu den Stunden, welche die Sonne in der Unterwelt zubringt, sondern auch zu der Zahl der Wochen des Jahres, also zu sämtlichen Jahreszeiten, denen es mithin gewissermaßen „an Zahl gleich" ist.

[4] Diese Worte lauten nach vorwärts und rückwärts gelesen gleich. Außerdem zerfällt jede der beiden Verszeilen in zwei Teile, derer jeder wiederum die Eigenschaft besitzt, vorwärts und rückwärts gelesen gleich zu lauten.

á ch a i ph ó th o th ó ph i a ch á i é e í a
á i e é i a á ch a i ph ó th ó ph i á ch a[4].
Sei mir gnädig, Urvater, du Sproß der Welt, der sich selbst zeugt,
goldrot strahlender, sterblichen Augen leuchtender Herrscher,
Dämon nie verziehenden Feuers, unsterblicher Goldkreis,
der du rein erglimmende Strahlen zur Erde herabschickst;
und auch ihr, Vorsehung und Glück, verzeiht mir die Bitte!

Als ich dieses Gebet gesprochen hatte, erschien mir der Dämon; und das sind die erstüberlieferten Geheimnisse, ihr Mysten, die dieser unserer Kraft wurden, die der große Gott Helios Mithras seinen Erzengeln mir übergeben hieß, auf daß ich allein als Adler den Himmel beschreite und alles erschaue.
Dieses ist des Gebetes Anrufung:

Ursprung des Ursprunges, des Ursprunges in mir erster!
- a e ē i o y ō -

Anfang des Anfanges, des Anfanges in mir erster!
- dreimaliges Schnalzen -

Geisteshauch des Geisteshauches, des Geisteshauches in mir erster!
- dreimaliges Heulen -

Feuer des Feuers, des Feuers in mir erstes!
- Schnauben -

Wasser des Wassers, des Wassers in mir erstes!
- r .... -

Erdstoff des Erdstoffes, des Erdstoffes in mir erster!
- dreimaliges Brüllen -

Mein vollendeter Leib,
gebildet von einem ehrenreichen Arme
und einer unvergänglichen Rechten
in lichtloser und durchleuchteter Welt,
an einem unbeseelten und seelenvollen Orte,
bewirkt durch die ihm zu Grunde liegende Beschaffenheit,

daß ich nach der gegenwärtigen und mich arg drängenden Not schaue
infolge meines sterblichen Ursprunges
den unsterblichen Anfang

vermittelst des unsterblichen Geisteshauches,
vermittelst des unsterblichen Feuers,
vermittelst des unsterblichen Wassers,
vermittelst des überaus festen Erdstoffes,
daß atme in mir der heilige Geisteshauch,
daß ich bewundere das heilige Feuer,
daß ich erschaue das unergründliche Wasser,
daß ich verkoste die irdene Mischung,
daß mich höre der lebenspendende, ringsum ausgeschüttete Lichtglanz,

da ich heute mit unsterblichen Augen schauen will
ich, ein Sterblicher, geboren aus sterblichem Mutterleibe,
verbessert von einer viel vermögenden Kraft
und einer unvergänglichen Rechten,
durch den unsterblichen Geisteshauch den unsterblichen EWIGEN,
geheiligt in heiligen Heiligungen,
da heilig geworden ist meine menschliche Seele,
die ich wieder erlangen werde
nach der gegenwärtigen und mich bedrängenden, bitteren Not,
die jedes Zwanges nach dem Beschlusse Gottes bar ist und unverrückbar,
da es mir, dem sterblich Geborenen ansonst nicht gegeben wäre,
mit dem goldenen Strahlenglanze der unsterblichen Leuchte in die Höhe zu steigen.«

Und sogleich wirst du schauen einen überquellenden Glanz; und du hole von den Strahlen Atem, dreimal einziehend, so stark du kannst, und du wirst dich schauen aufgehoben, so daß du glaubst, in mitten der Luft zu sein. Keines wirst du hören, weder Mensch noch Tier, aber auch schauen wirst du Keines von den Sterblichen auf Erden in jeder Stunde, sondern lauter Unsterbliche wirst du schauen.

Denn schauen wirst du an jenem Tage und zu jener Stunde die göttliche Stellung der Gestirne und die Götter in der Himmelshöhe und solche, die den Himmel hinauf steigen, und andere, die ihn herab steigen. Aber die Wanderung der geschauten Götter wird durch die Scheibe meines Vaters, Gottes, sichtbar werden: in gleicher Weise wird aber auch die Röhre der Ausgang des diensttuenden Windes sein: denn du wirst es erschauen von der Scheibe wie eine Röhre gegen Westen herab hängen, die unendlich ist, wie du auch, wenn es gegen Osten gerichtet ist, das Gegenbild der Erscheinung von dort her schauen wirst. Auch wirst du schauen, wie die Götter dich ins Auge fassen und auf dich einstürmen. Doch du lege sogleich den rechten Finger auf den Mund und bete:

»Schweigen! Schweigen! Schweigen!
Bewahre mich, Schweigen.«
Dann pfeife kräftig zweimal,
dann schnalze kräftig zweimal.

Und du wirst schauen, wie die Götter wohlwollend auf dich blicken und nicht mehr auf dich einstürmen, sondern an die Stelle ihrer Tätigkeit gehen. Wenn du nun die obere Welt rein schaust und einsam und keinen der Götter oder Engel heran stürmend, versieh dich, zu hören gewaltigen Donners Krachen, so daß du erschüttert wirst. Du aber bete wiederum:

„Schweigen! Schweigen!
Ich bin ein Stern, der mit euch die Wandelbahn geht
und der da aufleuchtet aus der Tiefe:
oxyr oxer thuth."

Wenn du das gebetet hast, wird sich sofort die Scheibe entfalten. Und sobald du das zweite Gebet gesagt hast, mit dem zweimaligen Schweigen und dem, was darauf folgt, pfeife zweimal und schnalze zweimal: Und sogleich wirst du schauen Sterne, die von der Scheibe herab kommen, fünfzackige, welche die ganze Luft erfüllen. Du aber bete wiederum:

„Schweigen! Schweigen!"

Und da sich die Scheibe öffnet, wirst du schauen einen unendlichen Umkreis und verschlossene Türen von Feuer. Doch du sage eilends folgendes Gebet her mit geschlossenen Augen:

„Erhöre mich, Herr, der du verschlossen hast mit dem Geisteshauche die Feuerschlösser des Himmels,

Zweitheiliger	Feuerwaltender	Schöpfer des Lichtes
Feuerhauchender	Feuermutiger	Geistleuchtender
Feuerfreudiger	Schönleuchtender	Lichtherrscher
Feuerleibiger	Lichtspendender	Feuersäender
Feuertosender	Lichtlebendiger	Feuerwirbelnder
Lichterreger	Blitztosender	Ruhm des Lichtes
Lichtmehrer	Feuerlichthälter	Gestirnbezwinger,

öffne mir; denn ich rufe an um der niederdrückenden und bittern und unerbittlichen Not willen
die Namen, die noch nie eingingen in sterbliche Natur,
die noch nie in gegliederter Sprache ausgesprochen wurden von menschlicher Zunge,
oder von sterblichem Laute oder von sterblicher Stimme,
die unsterblichen, lebendigen, hoch geehrten Namen:

eee e eeo ioo eeo o eeo ioo
oee eoe o oee eie o ooe ie ooe

ooe ie ooe ie eoe oe i oe oeo
io eo oie oie eo oi iii
eoe ooe eoe ooe eoe aea aea ee ee eee eee
ieo ieo oee oee eeo eeo eo eo oe oe
a ee eee iiii ooooo yyyyyy ooooooo[1]

| : All das bete, indem du mit Feuer und Geisteshauch das erste beendest, hernach in gleicher Weise das zweite beginnst, bist du die sieben unsterblichen Götter des Weltalls beendet hast: |

Wenn du dies gebetet hast, wirst du Donner hören und ein Krachen der Umfassung, und entsprechend wirst du dich selber erschüttert fühlen. Hernach öffne die Augen, und du wirst schauen geöffnet die Tore und die Welt der Götter, die innerhalb der Tore ist, daß von der Lust des Anblickes dein Geisteshauch mitgerissen wird und in die Höhe steigt. Tritt nun hin sogleich und ziehe von dem Göttlichen, gerade hin blickend, in dich den Geisteshauch. Sobald nun deine Seele wieder zur Ruhe gekommen ist, bete:

„Komm herzu, Herr, Urmanner, Lichterer, Feuerlichterer, Gründling."

Wenn du dies gebetet hast, werden sich wenden gegen dich die Strahlen und du wirst ihre Mitte sein und schauen einen Gott, einen jugendlichen, wohlgestaltet, mit feurigen Locken, in weißem Gewande und in scharlachrotem Mantel mit einem feurigen Kranze. Sogleich begrüße ihn mit dem Feuergruße:

„Sei gegrüßt, Herr, großmächtiger, hoch gewaltiger König, größter der Götter!
Helios, Herr des Himmels und der Erde, Gott der Götter:
Mächtig ist dein Hauch!
Mächtig ist deine Kraft!
Herr, wenn es dir gefällt, melde dem höchsten Gotte,
der dich gezeugt und geschaffen hat, Folgendes:
Ein Mensch, geboren aus sterblichem Mutterleibe
und flüssigem Samen, der heute von dir wieder geboren wurde,
aus so vielen Tausenden zur Unsterblichkeit berufen
in dieser Stunde nach Gottes Ratschluß:
er verlangt, dich anzubeten
und bittet nach menschlicher Kraft."

[1] Ich unterlasse es, anzuzeigen, welche von diesen Vokalen lang und welche kurz sind, da wir die richtige Art, wie sie vorgetragen wurden, doch nicht kennen. Übrigens habe ich mich bemüht, aus der recht unordentlichen Schreibung, in der das Vokalspiel überliefert ist, doch noch eine gewisse Regelmäßigkeit zu entnehmen.

Wenn du das gebetet hast, wird er zur Himmelshöhe ziehen, und du wirst ihn schauen, schreitend wie auf einem Pfade.
Doch du fasse den Gott ins Auge und an ein Gebrüll, ein mächtiges, wie aus einem Horne tönendes, gib hin deinen ganzen Geisteshauch, presse deine Seite und brülle und küsse die Amulette und bete, nach rechts gewandt:

„Bewahre mich, prosymeri".

Wenn du das gebetet hast, wirst du schauen Tore, geöffnet, und heraus schreiten aus ihrer Tiefe sieben Jungfrauen in Byssosgewändern, mit Schlangengesichtern: die mächtigen Schicksalsgöttinnen des Himmels. Wenn du sie siehst, begrüße sie so:

„Seid gegrüßt, *ihr* sieben Schicksalsgöttinnen des Himmels,
ihr würdigen und guten Jungfrauen,
ihr heiligen mit Minimrophor zusammen lebenden Mädchen,
ihr hochheiligen Wächterinnen der vier Säulen:
sei gegrüßt du erste Chrepsenthaes
sei gegrüßt du zweite Meneschees
sei gegrüßt du dritte Mechran
sei gegrüßt du vierte Ararmaches
sei gegrüßt du fünfte Echommie
sei gegrüßt du sechste Tichnondaes
sei gegrüßt du siebente Erurombries".

Und es treten hervor auch andere sieben Götter mit den Gesichtern schwarzer Stiere in Linnenschürzen, mit sieben goldenen Diademen: die Herrscher der Himmelshöhe, die du in gleicher Weise begrüßen mußt:

„Seid gegrüßt, *ihr* Zapfenwächter,
ihr heiligen und starken Jünglinge,
ihr, die ihr umdreht die drehbare Axe des Himmels
und Donner
und Blitze
und Erdbeben
und Wetterschläge
auf die Scharen der Frevler herab sendet,
doch auf mich, den frommen Liebling Gottes,
Gesundheit des Leibes
und Unversehrtheit der Seele,
Stärke des Gehöres
und Schärfe des Blickes

sowie Seelenruhe in den gegenwärtigen guten Stunden,
ihr meine Herren und hoch gewaltigen Götter:
sei gegrüßt du erster Aieronthi
sei gegrüßt du zweiter Mercheimeros
sei gegrüßt du dritter Achrichius
sei gegrüßt du vierter Mesargilto
sei gegrüßt du fünfter Chichroalitho
sei gegrüßt du sechster Ermichthathops
sei gegrüßt du siebenter Eorasiche".

Wenn sie aber antreten hier und dort nach der Ordnung, blicke geradeaus in die Luft, und du wirst schauen herab kommen Blitze und Lichter, die funkeln, und die Erde beben, und herab kommen einen übergewaltigen Gott mit leuchtendem Antlitz, jung, mit goldenem Haupthaar, in weißem Gewande mit weiten Beinkleidern und einem goldenen Kranze, in der rechten Hand eines Rindes goldene Schulter, die das Bärengestirn ist, das bewegt und zurück wendet den Himmel nach den Stunden hinauf und hinab wandelnd.

Dann wirst du schauen aus seinen Augen Blitze und aus seinem Leibe Sterne springen. Doch du presse sogleich deinen Leib, auf daß du mit erregest deine fünf Sinne, und mächtig, bis du absetzen mußt, brülle und küsse deine Amulette und bete:

»Mokri mopheri mophere rizon
bleibe bei mir in meiner Seele.
Verlaß mich nicht: denn dir befiehlt
enthophenenthropioth.«

Und fasse den Gott ins Auge, mächtig brüllend, und begrüße ihn so:

»Sei gegrüßt, Herr, Herrscher des Wassers,
sei gegrüßt, Herr, Anführer der Erde,
sei gegrüßt, Herr, Machthaber des Geisteshauches,
sei gegrüßt, Herr, Gewalthaber des Feuers!
Wieder geboren verscheide ich;
ich wachse, und gewachsen ende ich;
aus Leben zeugendem Ursprunge geboren
werde ich aufgelöst zum Verscheiden.

Ich gehe den Weg, Herr,
wie du es gestiftet hast,
wie du es zum Gesetze erhoben hast,
wie du es geschaffen hast zum Geheimnisse.«

Wenn du das gesagt hast, wird dir der Gott sogleich den Orakelspruch geben. Aber du wirst mit deiner Seele entrückt und nicht

bei dir selbst sein, sobald er dir antwortet. Er sagt dir jedoch den Orakelspruch in Versen, und dann wird er weggehen. Du aber wirst wie entgeistert da stehen und das alles von selbst erfassen und dich untrüglich erinnern der Worte des großen Gottes, auch wenn der Orakelspruch tausend Verse hätte.
Willst du aber einen Gefährten der Weihe haben, der bloß die Worte mit dir zusammen hören soll, dann soll er sieben Tage mit dir keusch sein und sich beseelter Sprache enthalten und des Bades.
Willst du ihm jedoch nur zeigen, was du selber siehst bei der Erhebung zur Unsterblichkeit, dann diktiere ihm das Gebet, welches beginnt: „Ursprung des Ursprunges, des Ursprunges in mir erster – aeēioyō –."
Das Übrige aber sprich wie ein Eingeweihter zu seinem Kopfe mit mattem Tone, daß er es nicht höre, und salbe sein Antlitz mit Myrrhe.
Diese Erhebung zur Unsterblichkeit findet dreimal des Jahres statt.

Sämtliche bisher vorgeführte Texte suchen religiöse Begriffe und philosophische Gedanken in systematischem Aufbau theoretisch zu entwickeln. Unsere Mithrasliturgie ist völlig anders geartet. Sie ist bestimmt, dem Mitgliede einer mithräischen Gemeinde, das die höchste der mehrfach abgestuften Weihen dieses Kultes empfangen soll, den heiligen Vorgang des „Sakramentes", auf das es sich vorbereitet, mit zu teilen, damit es sich all die Zeremonien und Gebete in der gehörigen Abfolge für den Gebrauch einpräge. Da sie also auf die Vornahme einer heiligen Handlung vorbereitet, ist sie aus der Umsetzung des theoretischen Gedankengehaltes dieses Religionssystemes in die Praxis des Kultes hervor gegangen. Und hieraus ergibt sich auch der Gesichtspunkt, unter dem sie an dieser Stelle zu betrachten ist. Sie führt uns eben in Gestalt dieser Kulthandlung die Grundgedanken der mithräischen Religion, die auf die gesamte Gnosis in mannigfacher Hinsicht mächtig eingewirkt haben, in dramatisch bewegter Form vor Augen.

Bevor ich aber auf das Dokument eingehe, muß ich etlicher äußerer Umstände, Erwähnung tun. Überliefert ist diese, wohl aus dem Anfange des zweiten nachchristlichen Jahrhunderts stammende Liturgie in dem großen Pariser Zauberpapyrus; A. Dieterich war es wieder, der sie aus dem Schutthaufen dieser Überlieferung heraus gehoben und so eingehend gewürdigt hat, daß alle Bemerkungen, die ich hier gebe, im Wesentlichen auf seine Ausführungen zurück greifen müssen. Doch weiche ich in der Textgestaltung namentlich dadurch von ihm ab, daß ich versucht habe, den streng systematisch-begrifflichen Aufbau, der insbesondere in den einzelnen Gebeten zum Ausdrucke kommt, und bei der poetisch gehobenen Sprache vielfach geradezu den Eindruck strophischer (wenn auch nicht metrischer) Gliederung erweckt, in aller Deutlichkeit heraus zu arbeiten und auch äußerst ersichtlich zu machen. Ferner habe ich nicht nur die Liturgie, sondern auch ihre, m. E. noch erkennbare allernächste Umrahmung in dem Zauberpapyrus mitgeteilt, in der Absicht, hierdurch den Vorgang dieser Art Überlieferung ersichtlich zu machen. Der roh geschnitzte Rahmen, in den der Zaubermeister die Liturgie gefaßt hat, macht ihm wenig Ehre. Der Sonnengott wird in Version beschworen, seinen Dämon, der die Befehle des Zauberers entgegen nehmen soll, des Nachts zu entsenden. Auch eines jener sinnlosen, symmetrisch gestalteten, wohl auch als Hexameter gedachten Zauberworte muß dabei mithelfen. Dann erscheint - nicht der Dämon, sondern ein Erzengel, der - nicht den Befehlen gehorcht, sondern zunächst eine Anleitung überbringt, wie man von dem zitierten Gotte einen Orakelspruch - auch tausend Verse lang - haben kann. Und dazu ist eben in den Augen unseres Zaubermeisters der Text gerade gut, dem wir uns nunmehr wieder zuwenden wollen.

So wie künftige Jahrtausende den Verlauf einer katholischen Messe kaum mehr zu verstehen vermöchten, wenn ihnen bloß der liturgische Text, nach dem sie der Priester zelebriert, vorläge, nicht aber auch die Einrichtung der Kirche und der heiligen Geräte bekannt wäre, so hängt das Verständnis unserer Mithrasliturgie davon ab, daß wir uns dieselbe in unserer Phantasie möglichst anschaulich in einem Mithräum, d. h. einer dem Mithras geweihten Grotte, deren Einrichtung aus manchen Funden zur Genüge bekannt ist, aufgeführt denken. Die Grotte selbst war ein Abbild der Welt. Ihre Decke war mit Lampen verziert, die den Sternen entsprechen sollten und mittelst Löchern in der Decke eingelassen waren. Der Raum gegen das Allerheiligste zu war in zahlreiche, stufenweise auf einander folgende Etappen gegliedert, die der Reise der Seele zum Himmel entsprachen. Auch waren diese Stufen durch Tore von einander getrennt, die wieder von verschiedenartigen, auf die Elemente und die Planeten durch ihre Beschaffenheit hinweisenden Metallen gebildet waren. Noch nahe dem Eingange befand sich das Bild des Ewigen (Aion), auf den schon das erste Gebet unserer Liturgie Bezug nimmt. Er pflegte als von einer Schlange umwundene, löwenköpfige Männergestalt dargestellt zu werden, die meist Schlüssel in den Händen hielt. Eine mehrfach gewundene Röhrenleitung, die durch die Steinfigur hindurch ging und in dem Munde endete, diente dazu, aus dem Rachen dieses Gottes allerhand Feuerspiel hervor gehen zu lassen. Andere Darstellungen der Elementargötter, der Winde und astralen Dämonen folgten von Stufe zu Stufe. Helios selbst, der Mittler, der den Mysten vor Mithras führen soll, mochte von einem Priester, der zugleich als Mystagoge fungierte, dargestellt werden. Ebenso traten die schlangen- und stiergesichtigen Gottheiten, von anderen Priestern agiert, gewiß persönlich auf. Waren doch auch viele Mitglieder der Gemeinde, ihrem Range entsprechend, als Raben, andere als Löwen verkleidet. Mit treffender Anschaulichkeit hat Cumont, der bewährte Kenner mithrastischer Religionsdenkmäler, den Eindruck aller dieser Kultelemente etwa mit folgenden Worten geschildert: Wenn der Myste „die Vorhalle des Tempels durchschritten hatte und die Stufen der Krypte hinabstieg, bemerkte er ... die monströsen Figuren des löwenköpfigen Kronos, überladen mit mystischen Symbolen, deren Sinn ihm noch verschlossen war. Zu beider Seiten knieten die Teilnehmer auf Steinbänken, beteten und sammelten sich im Halbdunkel. Lampen, um den Chor aufgestellt, warfen ein lebhafteres Licht auf die Gesichter der Götter und auf die Offizianten, die, in seltsame Gewänder gehüllt, den Neubekehrten empfingen. Unerwartete Lichtspiele, geschickt geleitete, überraschten ihm Augen und Geist. Die religiöse Erregung, von der er ergriffen war, verlieh den eigentlich kindlichen Schauspielen den Anschein der Furchtbarkeit. Die eiteln Blendwerke, die man ihm gegenüber stellte, erschienen ihm als ernste Gefahren, über die sein Mut triumphierte. Der gärende Trank, den er einnahm, überreizte seine Sinne und verwirrte seine Vernunft". Dazu kam die Wirkung der Flöten und Schellen, endlich der fremdartige Klang der von ihm angegebenen und im Chorus wiederholten mystischen Laute: Vokalgesang, Zauberworte, Schnalzen, Heulen, Schnauben, Ratschen, Pfeifen und Tiergebrüll. Waren über alle Hindernisse überwunden und alle Tore durchschritten, dann wurde auch von dem Allerheiligsten der Vorhang hinweg gezogen und unter Blitz und Donner erschien das Bildnis des stiertötenden Mithras.

Welche kosmologischen Vorstellungen dem Aufbaue der Liturgie zu Grunde lagen, läßt sich wohl am besten an der Hand eines Schemas überblicken, in welchem die einzelnen Gebete die willkommenen Abschnitte der Kulthandlung darbieten.

Eingang: Wechselgesang zwischen Myste und Chor, worin die Elemente angerufen und durch mystische Laute dargestellt werden.

I. Gebet: der Myste beruft sich auf die Entstehung und Zusammensetzung seines irdischen Körpers aus den ewigen Elementen und verlangt Anteil an der göttlichen Weltordnung.

Der Glanz erscheint. Durch Einatmen des Glanzes wird der Myste aus der irdischen Welt in die Luftregion empor gehoben.

Nebengebet: Schweigen, Beschütze mich usw.
Die Gestirngötter werden beschwichtigt.

Erster Donnerschlag.

1. Entrückung aus der Luftregion in die Planetenregion.
2. Nebengebet: Schweigen. Ich bin ein Wandelstern usw.
   Fünfzackige Sterne kommen aus der Sonnenscheibe.
3. Nebengebet: Schweigen! Schweigen!
   Die Sonnenscheibe öffnet sich und Feuertore werden sichtbar.

II. Gebet: 21 Namen des Kronos und 7 Vokalnamen der Planeten.

Zweiter Donnerschlag.

Entrückung aus der Planetenregion in die Polarregion.

4. Nebengebet: Komm herzu, Urmannerer usw.
   Helios erscheint.

III. Gebet: Begrüßung und Anliegen um Vermittlung.

Helios entschreitet.

5. Nebengebiet: Bewahre mich, prosymeri.
   Neue Tore werden sichtbar.
   Aus den Toren treten die Sonnenjungfrauen.

IV. Gebet: Begrüßung der Sonnenjungfrauen.

Aus den Toren treten die Wächter des Himmelspoles (Zapfenwächter).

V. Gebet: Begrüßung der Wächter.

Dritter Donnerschlag.

Entrückung aus der Polarregion in die außerhimmlische Welt.
Mithras erscheint.

VI. Gebet: Bitte um Festigung der Seele.

VII. Gebet: Begrüßung, Inhalt des Mysteriums, Ergebung in das göttliche Gesetz.

Man beachte, daß der Myste 5 Regionen durchschreitet (irdische Welt, Luftregion, Planetenregion, Polarregion, außerhimmlische Welt) und daß auch 5 Nebengebete verrichtet werden, daß der größeren Gebete 7, aller zusammen also 12 sind. Ferner findet der Aufstieg in die höheren Regionen immer unter Donnerschlägen statt, deren sich drei zählen lassen. Aber auch drei Arten Tore scheinen ihnen zu entsprechen, deren erstes die Sonnenscheibe selber wäre, das zweite das Feuertor, das zur Fixsternsphäre führt, das dritte aber wohl das von der Seele des Mysten nunmehr ganz erfüllte Weltall ist, das sich in den Zapfen der beiden Himmelspole dreht und dem die Sonnenjungfrauen und die Polwächter entschreiten. Es führt aus der sichtbaren Welt hinaus in den außerhimmlischen, unendlichen Raum, von wo aus Mithras, in seiner Wartburg thronend, das Weltgeschehen überwacht und mit der rechten Hand das Bärengestirn, und damit den ganzen Himmel, in Bewegung setzt.

Der gedankliche Inhalt des ganzen Mysteriums wird in dem ersten und letzten Gebete (I, VII) am klarsten ausgesprochen. Der Mensch ist durch Gottes Ratschluß in lichtloser und durchleuchteter Welt, nämlich im dunkeln Mutterschoße, mit dem Lichte der Erkenntnis auf seiner Stirne gebildet worden, an einem unbeseelten und doch seelenvollen Orte, da die Seele der Mutter zwar nicht, wohl aber die des Kindes an dieser Stätte weilt. Er ist aus den Elementen entstanden, und die sind der ewige Körper der Gottheit. Durch Vollzug des Mysteriums wird das wiederholt, was im Mutterleibe geschah. Der Myste durchdringt Hülle um Hülle, um schließlich in dem außerweltlichen Raume zur Anbetung Gottes zu gelangen, also in der außerhimmlischen Welt als Wiedergeborener Aufnahme zu finden und das große Gesetz der ewigen Wiedergeburt im All zu erkennen. – Leider bricht an dieser Stelle der Text der Liturgie ab. Vielleicht ist das 12. Gebet nur teilweise überliefert. Vielleicht schloß auch noch irgend eine fernere liturgische Einheit sich an. Immerhin möchte man die Darlegung einer Möglichkeit noch erwarten, durch die ein Entrinnen aus diesem Kreise der Wiedergeburt in Aussicht gestellt wird. Aber wie immer dem auch sein mochte – auch der erhaltene Teil genügt, um uns zum ersten Male eine eingehende Aufklärung über Sinn und Vollzug eines heidnischen Mysteriums (Sakramentes) zu geben.

IV. PARSISTISCHE SYSTEME

9. DIE PERATEN

Die Welt ist Eine, in drei Teile geteilt.
Aber vor der Dreiteilung liegt der einheitliche Anfang, der gleichsam eine große Quelle ist, welche in unendlich viele Stücke nach der Dreizahl gespalten werden kann.

Das Ergebnis der ersten Teilung ist jene Dreizahl, deren vorzüglichstes Glied den Namen führt: Vollkommen Gutes, väterliche Größe, während das zweite gleichsam eine unendliche Menge selbst gewordener Kräfte, das dritte aber besonders ist in seiner Art. Denn das erste ist das Unentstandene, nämlich das Gute, das zweite das selbst entstandene Gute, das dritte das Entstandene.

So ist das All: Vater, Sohn und Stoff.
Jedes von diesen drei Stücken der Welt hat unendliche Kraft in sich. In mitten zwischen Vater und Stoff thront der Sohn, das Wort.

Er ist die Schlange, welche sich immer bewegt zum unbewegten Vater, der Anstoß für die Bewegung des Stoffes.
Und sobald er sich zum Vater wendet, nimmt er auch die Kräfte auf in sein Antlitz[1], hat er aber die Kräfte aufgenommen, dann wendet er sich zu dem Stoffe; und der Stoff, der ohne Beschaffenheit und Gestalt ist, drückt die Gedanken des Sohnes aus, die der Sohn von dem Vater zum Ausdrücken empfangen hat. Doch auch der Sohn wird von dem Vater ausgedrückt, aber in geheimem Schweigen und ohne Veränderung.

So wie Moses[2] sagt, daß von den Stäben an den Tränken die Farben der von den geschwängerten Schafen geworfenen Jungen erflossen, ebenso erflossen auch von dem Sohne die Kräfte, entsprechend der Schwängerungskraft, welche von den Stäben zu den empfangenen Jungen erfloß.

---

[1] Er nimmt sie dadurch in sein Antlitz auf, daß er sie sieht. Man vergleiche später Nr. 11 bei den Doketen die Ansicht, der Logos gleiche dem Sehstrahle, welcher nach der Meinung der Alten dadurch, daß er aus dem Antlitze hervor tritt, zu den Dingen hinstrebt, diese berührt und zurück kehrend dem Auge vermittelt. [2] Gen. XXX, 31 ff.: „Laban sprach: ‚Was soll ich dir geben?‘ Jakob antwortete: ‚Du sollst mir nicht das Geringste geben; sondern wenn du mir Folgendes gewährst, will ich wiederum deine Schafe weiden und hüten: Ich will gehen durch alle deine Schafe. Wegschaffen werde ich daraus jedes gesprenkelte und gefleckte Lamm unter den Schafen und gefleckte und gesprenkelte unter den Ziegen. Und wenn solche wieder vorkommen, mögen sie mein Lohn sein‘. Laban sprach: ‚Wohl, es geschehe nach deinem Worte‘. ... Aber Jakob nahm sich frische Stäbe von Weißpappel, Mandelbaum und Platane, schälte darein weiße Streifen, das Weiße entblößend, das an den Stäben ist, und stellte die Stäbe, die er geschält, an die Tröge der Wassertränken, wohin die Herden kamen zum Trinken, gerade vor die Herden und dorthin, wo sie brünstig wurden, wenn sie kamen zu trinken. Als nun die Herden brünstig wurden an den Stäben, da gebaren die Herden bunte, gesprenkelte und gefleckte“.

Der Unterschied und die Ungleichheit der Farben jedoch, die von den Stäben durch das Wasser zu den Schafen erfloß, ist der Unterschied zwischen vergänglichem und unvergänglichem Werden.
Ähnlich wie der Zeichner, der Tiergestalten auf eine Tafel zeichnet, bei dieser Übertragung mit seinem Stifte von den Tieren selbst nichts hinweg nimmt, so überträgt auch der Sohn durch seine Kraft vom Vater zum Stoffe, die väterlichen Gebilde, so daß alles, was hier ist, und doch wieder nichts davon, vom Vater stammt.

Und wer allhier die Kraft hat, zu erkennen, daß ein väterliches Gebilde von der Höhe hierher übertragen und verkörpert ist, der ist gleich jener Schwängerung, die von dem Stabe erfloß, weiß und vom selben Wesen wie der Vater, der in den Himmeln thront, und kehrt unversehrt bei ihm ein. Doch wer diese Lehre nicht erkennt, ja nicht einmal die Notwendigkeit des Geschehens einsieht, der wird gleich einer Ausgeburt der Nacht durch die Nacht zu Grunde gehen.

Und diese Lehre heißt „Hindurchgang", da keines von den durch Werden entstandenen Dingen dem ihm durch seine Geburt verhängten Schicksal zu entgehen vermag – denn was entstanden ist, vergeht, wie auch die Sibylle sagt.
Die Bekenner dieser Lehre aber, die „Hindurchgehenden", sind jene, die den Zwang der Notwendigkeit erkennen und die Pfade, auf denen der Mensch in die Welt gekommen ist, so daß auch nur sie auf Grund dieser genauen Kenntnis durch den Untergang hindurch zu gehen vermögen.

Denn alles Entstandenen Ursache sind das Unentstandene und das Reich der Höhe.
Und die Weltordnung, die uns umgibt, ist gleichsam ein Abfluß, aber von besonderer Art.
Und alle die Sterne da, die wir auf dem Himmel sehen, sind Ursachen dieser Weltordnung.
Denn so wie die Weltordnung durch den Abfluß von der Höhe her entstand, so stammen alles irdische Vergehen, Entstehen und alle Einrichtungen von dem Einflusse der Sterne.

Doch in den Tagen des Herodes kam aus der Höhe von dem ungewordenen und ersten Stücke des Weltalls der MENSCH herab, welcher der Gesalbte hieß und drei Wesenheiten, drei Körper und drei Kräfte in sich vereinte[1] und daher alle Absonderungen und Kräfte von den drei Teilen des Weltalls besaß.
Und das ist es, was geschrieben steht: „Es gefiel, daß die ganze Fülle in ihm körperlich wohnte, daß alle Gottheit in ihm war" (vgl. Kolosserbrief II 9 und I 17).

---

[1] Er ist also neungestaltig. Vgl. den „Neungestaltigen" in Nr. 7, S. 263.

Dieser Gesalbte stieg von der Höhe aus dem Ungewordenen herab, auf daß er durch sein Herabsteigen alles Dreigeteilte errette.

Denn was von der Höhe in die Tiefe hinab geriet, wird durch ihn empor steigen, und was dem von der Höhe Herabgekommenen Nachstellungen bereitet hat, wird abgeschüttelt und zur Bestrafung ausgesondert.

Das ist es, was geschrieben steht: „Denn nicht ist der Sohn des MENSCHEN in die Welt gekommen, um die Welt zu vernichten, sondern auf daß die Welt durch ihn gerettet werde" (Joh. III 17).

Unter Welt sind aber hier die zwei oberen Teile des Weltalls zu verstehen, der Ungewordene und der Selbstgewordene.

Wenn jedoch die Schrift sagt: „Auf daß wir nicht zusammt der Welt gerichtet werden" (Korinther XI 32), ist der dritte, besonders geartete Teil der Welt gemeint.

Denn dieser dritte Teil, der die Weltordnung ist, muß zu Grunde gehen, während die beiden anderen, ihm übergeordneten, der Vernichtung entgehen.

Sagt jedoch der Retter: „Euer Vater, der in den Himmeln ist", so meint er jenen, von dem der Sohn die Gestalten nimmt und hierher überträgt. Sagt er aber: „Euer Vater ist von Anfang an ein Mörder", dann meint er den Herrscher und den Bildner der stofflichen Welt, der die ihm von dem Sohne übergebenen Gestalten in Empfang nahm und zur Geburt brachte, und der von Anfang ein Mörder ist, da sein Werk Verderben und Tod bewirkt.

Und keiner kann gerettet werden und in die Höhe gelangen ohne den Sohn, der die Schlange ist.

Denn so wie er von der Höhe die väterlichen Gestaltungen herab gebracht hat, so wird er auch die aus dem Schlafe erweckten und für den Vater gewonnenen, aus Unstofflichem verstofflichten Gestaltungen verändert von hier in die Höhe empor führen.

Das ist es, was geschrieben steht: „Ich bin die Pforte" (Joh. X 7).

Diese Schlange aber verpflanzt das Licht, das in seinem urentstandenen Gebiete das All durchleuchtet, unter die Menschen, wenn sie ihr Auge öffnet. Aber Finsternis entsteht, wenn ihre Augenlider sich schließen, gleichwie auch der Naphta das Feuer überall her an sich zieht, noch mehr aber wie der Stein des Herakles (Magnet) das Eisen, aber nichts Anderes, oder wie der Stachel des Meersperbers das Gold anzieht, aber nichts Anderes. Auch so wie der Bernstein die Schnitzel mit sich führt, führt die Schlange aus dem Weltall das zu ihrem Bilde gewordene, wesensverwandte Geschlecht, sonst aber nichts, ebenso wieder empor, wie sie dasselbe herab geschickt hat.

Einen Beweis hierfür liefert das Gehirn, wenn man es durch Schnitte bloßlegt. Das Großhirn selbst gleicht in seiner Unbeweglichkeit dem Vater, das kleine Hirn dem Sohne, da es in Bewegung und schlangengestaltet ist und in verborgener und unkenntlicher Weise durch die Zirbeldrüse die aus dem Schädelgewölbe abfließende pneumatische und Leben spendende Wesenheit an sich zieht, die das Kleinhirn, so wie der Sohn die vom Vater empfangenen Gestalten schweigend an den Stoff weiter gibt, auch seinerseits an das Rückenmark weiter gibt, durch das der Samen und die Arten des fleischlich Gearteten abfließen.

Der Untergang aber ist das Wasser. In nichts Anderem geht die Welt eher unter als in Wasser. Jedoch Wasser ist das, was Chronos im Raume vor der Himmelsstadt zum Umkreise zusammen schließt[1].

Das ist die Macht „von der Farbe des Wassers", und dieser Macht, das heißt, dem Chronos, vermag Keiner, der da geworden ist, zu entfliehen. Denn für alle Kreatur ist Chronos die Ursache ihres Verfalles an den Untergang, und kein Entstehen gibt es, dem Chronos nicht hindernd entgegen träte.

Das ist es, was die Dichter (Odyssee V 184) den Schrecken der Götter nennen:

> Wissen soll es die Erde, der Himmelsdom über der Erde
> und das triefende Wasser der Styx. Denn das ist der größte
> und der schrecklichste Schwur, der Eid der unsterblichen Götter.

Aber nicht nur die Dichter sagen das, sondern auch die Weisen der Hellenen, z. B. Herakleitos (fr. 36), mit den Worten: „Denn für die Seelen ist es Tod, Wasser zu werden".

Dieser Tod ergriff auch die Ägypter zusamt ihren Streitwagen im roten Meere. Und alle Unwissenden sind Ägypter.

Und der Auszug aus Ägypten ist das Verlassen des Körpers; denn der Körper ist ein kleines Ägypten[2].

Und der Zug durch das rote Meer bedeutet den Weg durch das Wasser des Unterganges, das Chronos ist.

---

[1] Die Himmelsstadt (vgl. Matth. IV 14) liegt auf dem Weltenberge, der von der Sonne umkreist wird. Der Raum vor ihr ist die Himmelswölbung, die Sterne sind die „Vorstädter". Der ganze Himmel galt den Alten als Wasserfläche. Sie dachten die Erde vom Randstrome Okeanos umflossen, hinter dem nur ab und zu Inseln (das Land der Aethiopen im Süden, der Hyperboreer im Norden, Atlantis im Westen, Thule im Osten usw.) lagen, aber kein Festland mehr folgte. Die nahe liegende Frage, wieso diese Wassermassen sich über der Erde schwebend erhalten können, scheint die alten Physiker nicht beunruhigt zu haben. Da nun die Drehung des Himmelsgewölbes zur Bestimmung der Zeit dient, die Zeit aber hellenisch chronos heißt, ist Chronos sowohl derjenige, welcher die Gewässer zum Umkreise zusammen schließt, als auch der Gott des Verderbens, dem niemand entgehen kann.

[2] Vgl. oben Nr. 2, wo „Ägypten" in verwandter Symbolik für das Erdendasein gebraucht ist.

Und jenseits des roten Meeres in die Wüste kommen, bedeutet an jenen Ort jenseits des Werdens gelangen, wo die Götter des Verderbens und der Gott der Rettung sind.
Die Götter des Verderbens sind aber die Sterne, welche die Notwendigkeit des Geborenwerdens verhängen.
Sie nannte Moses die Schlangen der Wüste, die da jene beißen und töten, die der Meinung sind, das rote Meer durchschritten zu haben.

Doch den in der Wüste gebissenen Söhnen Israels zeigte Moses die wahre, vollendete Schlange, und die, so an sie glauben, wurden von den Schlangen in der Wüste, das heißt von den Kräften der Gestirne, nicht gebissen[1].
Und keiner ist im Stande, die aus dem Lande Ägypten, das heißt aus dem Körper und aus dieser Welt Ausgezogenen, zu schützen, es sei denn diese vollendete, von aller Fülle erfüllte Schlange.
Wer auf sie hofft, wird von den Schlangen der Wüste, das heißt von den Göttern des Werdens, nicht getötet.

Und in dem Buche des Moses steht geschrieben, daß diese Schlange die ihm folgende Kraft, nämlich sein in eine Schlange verwandelter Stab war (Exod. IV 2 - 17).
Aber der Kraft des Moses traten in Ägypten die Schlangen der Magier entgegen, nämlich die Götter des Verderbens. Aber sie alle unterwarf und vernichtete der Stab des Moses (Exod. VII 9 - 12).

Und diese allgemeine Schlange ist auch das weise Wort der Eva.
Das ist das Geheimnis von Edem[2].
Das ist der Fluß aus Edem[2],
das ist das auf Kain gesetzte Zeichen, auf daß Keiner, der ihn finde, ihn töte.

Sie ist Kain, dessen Opfer der Gott dieser Welt nicht annahm, während er das blutige Opfer des Abel annahm; denn am Blut hat der Herrscher dieser Welt seine Freude.

Sie ist es, die in den letzten Tagen in der Gestalt eines Menschen zur Zeit des Herodes erschien, gebildet nach dem Vorbilde des aus der Macht seiner Brüder verkauften Joseph, der allein ein buntes Kleid hatte.

Sie ist es, die nach dem Vorbilde des Esau gebildet ist, dessen Gewand auch in seiner Abwesenheit gepriesen wird, der keine blinde Seg-

[1] Numeri XXI, 6 ff: „Da ließ der Herr (Gott) gegen das Volk giftige Schlangen los, die das Volk bissen. ... Da kam das Volk zu Moses und sprach: ‚Wir haben gefehlt, daß wir geredet haben wider den Herrn und dich! Bete zum Herrn, daß er von uns die Schlangen abwende'. Moses betete für das Volk. Der Herr sprach zu Moses: ‚Mache dir eine Schlange und setze sie auf eine Stange; und wer gebissen wird, der sehe sie an, und er bleibe leben'. Moses machte eine kupferne Schlange usw."

[2] Vgl. oben Nr. 3 S. 215.

nung empfing, sondern draußen mit Reichtum begabt wurde, ohne etwas von dem Erblindeten zu erhalten, dessen Antlitz Jakob ebenso sah, wie etwa ein Mensch Gottes Antlitz sehen würde[1].

Von ihr steht geschrieben: „Wie der Riese Nimrod, ein Jäger vor dem Herrn" (Gen. X 9).

Doch hat sie auch viele Widersacher, so viele, als das Volk Israel in der Wüste Schlangen sah, vor denen die von ihnen Gebissenen wieder jene vollendete Schlange schützte, welche Moses aufstellte.

Das ist es, was geschrieben steht: „Und so wie Moses die Schlange in der Wüste erhöhte, so muß der Sohn des Menschen erhöht werden" (Joh. III 14).

Ihr Abbild aber war die eherne Schlange, welche Moses in der Wüste aufstellte. Aber auch nur ihr Abbild ist es, das auf dem Himmel in der ganzen Welt leuchtend zu sehen ist.

Sie ist jener große Ursprung, von dem Schrift berichtet; denn von ihr heißt es: „Im Anfange war das Wort, und das Wort war bei Gott, und Gott war das Wort. Dieses war im Anfange bei Gott. Alles war durch dasselbe und getrennt von ihm war nichts. Was in ihm war, war das Leben" (Joh. I 1 - 4). Das Leben aber war Eva; denn Eva ist das Leben.

Eva aber ist die Mutter *alles* Lebendigen, das gemeinsame Wesen, nämlich der göttlichen Engel, der menschlichen Sterblichen, der unvernünftigen Vernunftwesen; denn wer da sagte: „Alles" meinte auch „Alles".

Und wessen Augen glückbegabt sind, der wird, wenn er empor blickt zum Himmel, die schöne Gestalt der Schlange sehen, die sich im großen Ursprungspunkte des Himmels dreht, und bestimmt ist zum Anfange aller Bewegung für alle Kreaturen; und er wird erkennen, daß ohne sie weder im Himmel, noch auf der Erde, noch in der Unterwelt etwas besteht: weder Nacht noch Mond, weder Früchte, noch Geburt, weder Reichtum, noch Wanderung, noch irgend ein anderes Ding, ohne daß sie es wüßte.

Darin besteht das große Wunder, das am Himmel zu schauen ist für die mit Sehkraft Begabten; denn bei ihrem allerhöchsten Haupte - den Unwissenden ganz unglaublich - vermengen sich mit einander Anfang und Untergang.

---

[1] Der Abschnitt ist voll symbolistischer Anspielungen. Gepriesen wird Esaus Gewand auch in seiner Abwesenheit dadurch, daß Rebekka es nachahmt. Das Gewand ist die behaarte Haus Esaus. Die Segnung Jakobs durch den blinden Isaak ist nur deshalb blind, weil Isaak nicht weiß, daß es nicht Esau ist, den er segnet. Mit Reichtum wurde Esau draußen nach biblischer Auffassung wenigstens nicht begabt, es sei denn, daß man seine Jagdbeute in diesem Sinne deuten wollte. Der Erblindete ist wieder Isaak. Die letzten Worte scheinen voraus zu setzen, daß Jakobs Gesicht, nicht nur sein Hals (Gen. XXVII 16), ebenfalls mit Fellen verhüllt war, so daß er den Vater nur durch diese Hüllen sehen konnte. Auch der Mensch sieht ja Gott nur durch die Hülle seines Körpers.

Sie ist es, von der die Unwissenheit[1] sagte:

auf dem Himmel
windet sich ein großes Wunder, der Drache des furchtbaren Schrecknisses.

Beiderseits neben dieser Schlange sind Kranz und Lyra, und oberhalb der Spitze ihres Hauptes der bejammernswerte Mensch, der „in den Knieen" liegt[2], dessen rechten Fußes Spitze den gewundenen Drachen berührt.

Im Rücken des „in den Knieen" Liegenden wird die unvollkommene Schlange von dem Schlangenträger mit beiden Händen zusammen gehalten und daran gehindert, den Kranz zu berühren, der neben der vollendeten Schlange ist.

Nach den Angaben des Hippolytos stammt der peratische Zweig der Gnosis von zwei Schulhäuptern ab, deren eines Euphrates der Perate hieß, was darauf hin zu deuten scheint, daß dieser Lehrer aus einem Orte gleichen Namens stammte. Ob aber wirklich deshalb das in der Nähe von Basra gelegene, also dem babylonischen Tieflande angehörige Forat-Maishan als Geburtsstätte dieser Häresie an zu nehmen ist, mag zweifelhaft bleiben. Hieß doch der Euphrat selbst in den hebräischen und aramäischen Idiomen jener Gegenden Prat oder Perat, so daß Euphrates einfach die hellenische Form des Flußnamens selber sein könnte. Leiteten dann später die Peraten ihren Namen vom „Hindurchgehen" ab, so ist das eben einer jener künstlichen Wortdeutungen, die allen Gnostikern überaus geläufig waren und die hier noch darin ihre Stütze finden konnte, daß der Euphrat der Strom ist, welcher durch Babel, das Tor Gottes (vgl. S. 224 Anm. 2), hindurch fließt.

Statt des schlangengestalteten MENSCHEN, den die Ophiten und Naassener lehrten, steht bei den Peraten die Schlange selbst in der Mitte des Systemes. Sie ist die *gute* Schlange und hat Feinde, die *bösen* Schlangen, die Götter des Verderbens, nämlich die Sterne, d. h. die Planeten, durch deren Einfluß auch die irdische, unvollkommene und böse Welt entstanden ist, die der Erlösung durch die gute Schlange bedarf. Der mächtigste unter diesen Widersachern der guten Schlange ist Kronos-Saturn, der Gott des Wassers, der sonst den Gnostikern mit einem Anklange an mithriastische Lehren als Ialdabaoth bekannt ist und von ihnen häufig dem jüdischen Jehowah gleichgesetzt wurde. Wie der „Gott dieser

[1] Aratos, der Verfasser des Lehrgedichtes von den „Himmelserscheinungen" dessen v. 46 hier zitiert wird, ist, da er der Heidenzeit angehört (ca. 300 v. Chr.) ein „Unwissender", und seine Worte sind also ein Ausdruck der „Unwissenheit". Er schildert nur die äußere Erscheinung des Poldrachens, ohne sein inneres Wesen zu kennen.

[2] Herakles ist also hier Repräsentant der Menschheit. Vgl. seine Bedeutung für die „Justinos"-häresie S. 212. Zur Form des Sternbildes s. S. 286.

Welt“ heißt, d.h. derjenige Gott, der die Menschen von der wahren Erkenntnis und von der Einsicht in das Wesen der guten Schlange zurück zu halten strebt, ist nicht überliefert. Jedenfalls aber ist die ganze Tendenz der Peraten durch diesen Gegensatz zu Gunsten des Urgottes und zu Ungunsten des Weltherrschers im Wesen nihilistisch geworden. Die Aufgabe der Menschheit kann nur mehr darin bestehen, die Gebote des Weltherrschers zu mißachten und den Weg zu betreten, der zur guten Schlange führt.

Aus den Beispielen, mit denen die Peraten diesen Grundgedanken ihrer Lehre belegten, darf nicht auf den Ursprung derselben geschlossen werden. Ähnlich wie die Naassener scheinen auch sie alle prägnanten Gestalten sowohl des biblischen Vorstellungskreises als auch der Mythen aller anderen Völker als Verkörperungen ihres Schlangenprinzips und seiner Gegner gedeutet, also eine symbolische Erläuterung der heiligen Geschichten gegeben zu haben. Daß sie dabei nicht an dem Bibelwort festhielten, sondern allerhand außerbiblische Traditionen auf dasselbe bezogen und in die Bibel hinein lasen, ist eigentlich selbstverständlich und tritt deutlich in ihrer Auffassung von Eva zu Tage. Eva als „Mutter der Lebendigen“ stand besonders für gewisse talmudische Überlieferungen in außerordentlich naher Beziehung zur Schlange. Eva ist ja nur die hellenistische Schreibung für den hebräischen Namen Chawwah, der direkt „Leben“ bedeutet und von der Bibel Gen. III 20 als „Mutter aller Lebenden“ erläutert wird. Rabbi Schimeon verstand dies wörtlich und gab dazu die Erklärung: „Die ganzen 130 Jahre, da Chawwah von Adam gesondert war, haben sich die Geister der männlichen Wesen an ihr erwärmt, und sie gebar von ihnen. Und die Geister der weiblichen Wesen erwärmten sich an Adam, und sie gebaren von ihm“ (Midrasch Genes. rab. XX 11). Andere Talmudisten wieder verstanden das Wort der Bibel symbolisch und betrachteten Chawwah selbst als Schlange. Auch der eben angeführte Midrasch tut dies mit den Worten: „Sie wurde dem Adam zu seinem Leben (Wortspiel mit ihrem Namen: Chawwah) gegeben und sie beriet ihn wie eine Schlange“ (Schlange heißt aramäisch Chawija und klingt also an Chawwah an). Auf die Befruchtung durch diese als Gott selber gedeutete Schlange wird auch die Entstehung des Kain zurück geführt: „Es überkam sie (die Chawwah) reitend die Schlange, und sie wurde schwanger mit Kain. Und nachher beschlief sie Adam, und sie wurde schwanger mit Abel; denn es heißt: ‚Und der Adam erkannte sein Weib Chawwah‘. Was bedeutet: ‚er erkannte‘? Es bedeutet: ‚Er erkannte, daß sie schwanger war‘. Und als sie des Kain Bildung sah und bemerkte, daß er nicht von den Untern sondern von den Obern war, begriff sie es und sagte: ‚Ich kaufte einen Mann von Gott‘.“ Auf dieser Anschauung war auch die Häresie der Kainiten aufgebaut; nur deshalb weil Kain als Sohn der Schlange und also als Logos galt, nahm auch der Gnostiker Markos an, daß Kain einer Seeligkeit teilhaftig werde, die nicht einmal die Gerechten erlangen. Da aber die Schlange ein männliches Prinzip ist, konnte Chawwah nur symbolisch wegen ihres Rates (Logos) als Schlange gedeutet werden. Rabbi Acha sagte: „Dadurch daß Adam seinem Weibe den Namen Chawwah gab, drückte er aus: Die Schlange ist deine Schlange, und du bist die Schlange des Adam“ (Genes. rab. a. a. O.). Wir sehen also, daß ein breiter Strom talmudischer Überlieferung die Voraussetzungen der peratischen Lehre enthält. Hat wirklich ihr Name selber die oben vermutete Beziehung zum Strome Euphrat, so ist das Vorkommen verwandter Spekulationen im Talmud der Juden gewiß nicht verwunderlich. Stammt doch die talmudische Literatur ebenfals zu ihrem größten Teile aus dem babylonischen Tieflande.

Die Lehre vom Wesen des Gesalbten, des MENSCHEN, den die Jungfrau Maria gebiert, setzt dann weiterhin eine innere Identität zwischen Maria und Eva voraus, da ja der Gesalbte als Sohn der Schlange und mithin eigentlich selber wieder als Schlange galt, und da, wie wir bei den Sethianern sehen werden (vgl. Nr. 10), die Schlange es ist, welche die reine Gebärmutter der Jungfrau Maria befruchtet. Ja Eva wurde geradezu, ebenso wie die Jungfrau Maria, die Himmelskönigin, als Säugeamme dargestellt, wie wir wieder aus talmudischen Nachrichten wissen. Alle diese Züge sind Erweiterungen des biblischen Vorstellungsbestandes vom ersten Menschenpaare, vom Baume und von der Schlange im Paradiese, die zu einem großen Teile wohl sogar auf alte Überlieferungen zurück gehen dürften. Die Schlange, welche der Ferse des Weibes nachstellt und von Maria nach der kirchlichen Auffassung zertreten wird, muß, wenn sie den gnostischen Sekten als Befruchterin der Maria galt, dieselbe eben symbolisch durch ihren Biß befruchtet haben. Gedanken solcher Art habe ich schon für eine vororphische Kulturschichte auf Kreta im Mythos von der Jungfrau Britomartis, welche, vom Bisse einer Schlange befruchtet, den später in Gaza anscheinend geradezu mit Christus identifizierten Marnas (wörtlich: den von der Jungfrau Geborenen) gebiert, also für die Zeit des 7. oder 8. vorchristlichen Jahrhunderts, nachgewiesen (Memnon II 52), und ich glaube, daß verwandte Vorstellungen so ziemlich im ganzen Orient, auch außerhalb des biblischen Kreises, schon von Alters her im Schwange waren.

Eine andere Seite der peratischen Lehre bekommen wir zu Gesicht, wenn wir das Erlösungswerk selber ins Auge fassen. Der Gesalbte soll einen Körper besitzen, der alle drei Wesenheiten, Körper und Kräfte in sich vereinigt, also neunfach gestaltet ist. Die geheime Eigenschaft dieser Gestaltung besteht aber darin, daß er das Gute an sich zieht, das

Zweifelhafte aussondert, das Wertlose abstößt, ganz so wie man etwa mit Staub und Abfällen untermischte Eisenspäne mit Hilfe eines Magneten aussondert. In der Tat haben die Peraten und, wie wir sehen werden, auch die Sethianer ebenso wie die Naassener, gerade dieses Bild als Gleichnis für die Wirksamkeit der Schlange, die sie in dieser Funktion sich in der Gestalt des fabelhaften Meersperbers dachte, gewählt. Der Meersperber soll unten eine Schlange sein, welche in die Tiefen des Weltenmeeres hinab reicht, oben ein Vogel, dessen Flügelschlag den Himmelsraum erfüllt. Aber die Spitze seines Schwanzes oder die Mitte seines Leibes - unsere Quellen drücken sich in dieser Hinsicht nicht genügend deutlich aus - soll das Gold an sich ziehen wie der Magnet das Eisen oder der Bernstein die Schnitzel. Der Magnet ist der Stein des Herakles, und zwar in dessen Eigenschaft als Däumling, da er eiserne Fingerringe, die Daktylen, an sich zieht. Denn man pflegte die Wirksamkeit des Magneten an Fingerlingen von Eisen vor zu führen, und Herakles selber galt als einer der Daktylen (Fingerlinge). Man erinnere sich an den „Däumling" des deutschen Märchens, der nach manchen Fassungen der Erzählung ganz wie Herakles zu riesenhafter Größe und Kraft erwächst. Das Elektron, der Bernstein, der hingegen nur die nutzlosen Schnitzel, den Unrat an sich zieht, ist wohl zu dem Zentrum des Meersperbers, dem das Gold zustrebt, in besonderem Gegensatze gedacht. Die Wesensverwandtschaft des Meersperbers mit der mischgestalteten Jungfrau Echidna, die Herakles in einer Höhle begattet haben soll, wurde schon oben (S. 217) hervor gehoben. Daher ist es auffällig genug, daß der Stein des Herakles in Verbindung mit dem Meersperber vorkommt. Einen Stein, den das Gold anstrebte, kennt das Altertum nicht, wohl aber heißt der Prüfstein für das Gold der lydische, wobei man zwar zunächst an den Fundort, nämlich das Land Lydien, dachte, vielleicht aber auch einen Mythos kannte, der von einer Jungfrau namens Lyde berichtete. Obgleich das alles nur Vermutungen sind, möchte ich doch noch hinzu fügen, daß auch das Elektron zum Mythos hinzu gehört haben könnte, daß es vielleicht einmal dem Herakles den Weg aus der dunklen Höhle der Echidna heraus durch sein Leuchten gewiesen hat. Aber wie dem auch sei: jedenfalls knüpfte die Vorstellung von der prüfenden, sichtenden, rettenden Macht des Meersperbers an eine Überlieferungsreihe an, die von der biblischen ganz verschieden ist, uns auf phrygisch-lydischen Boden zu führen scheint, und ihre Wurzeln in iranischen Mythen gehabt haben mag.

Eine dritte Seite des peratischen Systemes tritt in der Lehre von den Abflüssen zu Tage. Sie nimmt an, daß in dem dunkeln Wasser, aus dem das Verderben stammt, sich die Lichtgestalten der Höhe spiegeln und daß diese Spiegelungen selber stoffliche Wesen sind. Sofort wird man an die Poimandresschrift erinnert, wo ebenfalls die göttliche Gestalt sich in den Wassern spiegelt. Hier tritt derselbe Gedanke auf, aber das Spiegelbild ist das Pneuma selbst, das über die Wasser dahin zieht. Daß die Schafe Jakobs, welche von den Wassern trinken, mit diesen Spiegelbildern geschwängert werden, ist ein Symbol dafür, daß das Pneuma an der Zeugung der Menschen teilnimmt. Innig verknüpft mit solchen Vorstellungen von den dinglichen Abbildern ist jedoch die entsprechende Annahme überdinglicher Vorbilder, wie sie schon in Platons Ideenlehre ihre bekannteste und vollständigste Ausbildung erfahren hat. Alles Irdische ist nur ein Abdruck des Siegels, dessen Form der Sohn vom Vater zum Zwecke des Abdrückens empfangen hat. Aber weshalb jene himmlischen Wesenheiten in irdischen Stoff gekleidet werden, sagt der Auszug aus dem Systeme der Peraten, der uns vorliegt, nicht. Man kann bloß vermuten, daß die guten oberen Wesenheiten durch ihr Spiegelbild im Wasser getäuscht, wie Narziß ihre eigene Schönheit in der dunkeln Tiefe suchten.

Seinen eigentümlichen Anstrich erhält das System der Peraten durch die astrologische Szenerie, der es eingegliedert und auf die es deutend bezogen ist. Der Leser nehme eine der üblichen Sternkarten zur Hand. Dort findet er im Gebiete der Zirkumpolarsterne zwischen den beiden, der großen Göttermutter in ihrer Eigenschaft als Jungfrau heiligen Bärengestirnen das Bild des Drachen eingezeichnet, daneben den Herakles (in unserem Texte seiner archaischen Laufstellung halber als „der in den Knieen" bezeichnet) auch Kranz und Lyra als Sternbilder. So endet denn das System der Peraten mit einer philosophisch-astrologischen Erläuterung der Umgebung des Himmelspoles, und dem entsprechend ist auch der mythische Gehalt der Sternsagen, welche ehedem dieser Spekulation zu Grunde lagen, schon ziemlich verflüchtigt. Was man da auf dem Himmel zu finden meinte, lautete im Mythos des fünften vorchristlichen Jahrhunderts, und sicherlich auch schon lange vorher, etwa so: Als Hera und Zeus sich mit einander vermählten, und alle Götter ihnen Gaben darbrachten, stellte sich Gaia, die Erde, mit goldenen Äpfeln ein. Die gefielen der Hera überaus gut, und sie befahl, dieselben im Garten der Hesperiden, dort wo auch Atlas ist, zu pflanzen. Aber die Töchter des Atlas, die Hesperiden, pflegten diese Äpfel für sich zu behalten, so daß Hera zur Bewachung der Früchte des Wunderbaumes den Drachen bestellte, der auf dem Himmel zwischen beiden Bären zu sehen ist. Den Peraten ist der Poldrache zwar nicht mehr der Wächter der goldenen Äpfel, wohl aber der Verwahrer und Verwalter „der väterlichen Gestaltungen", die er auf die Erde verpflanzt und wieder zum Vater empor führt. Und wenn Nacht, Mond, Früchte, Reichtum und Wanderung nur durch ihn bestehen, so stammen die Früchte eben von dem Weltenbaume und sind wohl selber nichts Anderes als die Phasen des Mondes, des Wanderers, des Spenders des Reichtums. Daß die Gestirne nur die feurigen Ranken und Blätter des Weltenbaumes sind, lehrte schon der Jonier Anaximenes, und der Baum selber kommt fast in jedem Märchen vor. Auch hier sieht man überaus deutlich, daß dieser, allen arischen Mythen gemeinsame Weltenbaum doch erst recht spät auf den biblischen Baum der Erkenntnis bezogen worden sein kann.

Drei bestimmte Ursprünge gibt es, und jeder von ihnen ist begabt mit unendlichen Kräften. 10. DIE SETHIANER

Zu allem was einer durch Erkenntnis erkennt oder unerkannt lassen muß, kann jeder dieser Ursprünge vermöge der ihm inne wohnenden Kräfte werden, ganz so wie die Seele des Menschen jede Kunst zu erlernen vermag. Gibt man das Kindlein zu einem Flötenspieler, so wird es auch ein solcher, wenn es länger bei ihm bleibt, oder ein Geometer, wenn es bei einem Geometer verweilt, ein Grammatiker bei einem Grammatiker, ein Baumeister bei einem Baumeister, und ebenso bei jedem Anderen, in dessen Nähe es bleibt, das, was dieser ist.

Die Wesenheiten dieser Ursprünge sind Licht und Dunkel und in ihrer Mitte das unvermischte Pneuma.

Das Pneuma jedoch, das sich in mitten zwischen dem Dunkel, das unten, und dem Lichte, das oben ist, befindet, ist nicht ein Pneuma, das etwa dem Zuge des Windes oder einem leichten Hauche ähnlich gedacht werden kann, sondern es gleicht vielmehr dem zarten Geruche der Myrrhensalbe oder eines durch Zusammensetzung hergestellten Räucherwerkes, der eine Kraft ist, welche bei der Entfaltung ihres Wohlgeruches rascher als jeder Gedanke und mächtiger als jede Schilderung das All durchdringt.

Indessen da das Licht oben, das Dunkel unten und das Pneuma derart in der Mitte ist, des Lichtes Beschaffenheit aber dahin geht, wie der Sonnenstrahl von der Höhe herab das unten liegende Dunkel zu erleuchten, während der Wohlgeruch des Pneuma die Mitte hält, sich ausspannt und überall hin dringt, wie wir ja auch wissen, daß der Wohlgeruch des ins Feuer getanen Räucherwerkes überall hin dringt – da also diese Kraft aus den dreifach geteilten Ursprüngen stammt: so ist sie denn die Kraft des Pneumas und des Lichtes zugleich in dem unter beiden gelagerten Dunkel.

Doch das Dunkel ist schreckliches Wasser, in dessen traurige Beschaffenheit hierdurch vermittelst des Pneuma auch das Licht hinab gerissen und verpflanzt wurde.

Das Dunkel aber ist durchaus nicht unverständig, sondern vielmehr von vollendeter Besonnenheit und weiß daher, daß, wenn das Licht dem

Dunkel entzogen würde, das Dunkel einsam, unsichtbar, lichtlos, machtlos, tatlos, kraftlos bliebe.

Deshalb strengt es all sein Sinnen und Trachten dahin an, in sich die Leuchte und den Funken des Lichtes zusamt dem Wohlgeruche des Pneuma zu umfassen.

Und ein Abbild dieser Beschaffenheit der Welt kann man im Antlitze des Menschen sehen, nämlich die Pupille im Auge, die finster ist in Folge der unter ihr lagernden Wasser, jedoch erleuchtet durch das Pneuma.

Genau so wie das Dunkel der Leuchte entgegen wirkt, auf daß es den dienenden Funken habe und sehe, so wirken auch das Licht und das Pneuma der Macht des Dunkels entgegen.

Und sie suchen empor zu heben und zu sich in die Höhe zu bringen ihre in das dunkle und schreckliche, unten lagernde Wasser vermischten Kräfte.

Eine jede von allen den Kräften der Ursprünge, die ihrer Zahl nach drei sind, ist nun mit einer ihrem Wesen nach unendlichmal unendlichen Kraft des Geistes und des Gedankens ausgestattet.

Aber obgleich dieser besonnenen und denkenden Kräfte eine unendliche Menge ist, bleiben sie alle in Ruhe, so lange sie in sich selbst verharren.

Naht aber eine der anderen, dann bewirkt die Ungleichmäßigkeit ihres bei einander Lagerns eine Art Bewegung und eine Wirksamkeit, welches aus dieser Bewegung gestaltet ist, entsprechend der gegenseitigen Lagerung der zusammen treffenden Kräfte.

Das Zusammentreffen der Kräfte erfolgt jedoch wie bei einem Siegel, das durch sein Auftreffen auf die, einen der Gestalt des Siegels gleichenden Abdruck entgegen nehmende Masse ein Abbild seiner selbst erzeugt. Da es nun unendlich viele Kräfte jener Ursprünge gibt, die ihrer Zahl nach drei sind, entstehen aus diesen unendlich zahlreichen Kräften unendlich viele Begegnungen und also auch notwendig unendlich viele Gestaltungen von Siegeln.

Diese Gestalten nun sind die Formen der unterschiedlichen Lebewesen.

Durch das erste große Zusammentreffen der drei Ursprünge entstand die eine große Siegelform[1]: Himmel und Erde.

Doch haben Himmel und Erde eine Gestalt ähnlich der Gebärmutter, in deren Mitte der Nabel ist.

Will man sich aber diese Gestalt vor Augen führen, dann erforsche man kunstgerecht die geschwängerte Gebärmutter welches Tieres immer: man wird darin den Abdruck des Himmels und der Erde finden und aller Dinge, die in der Mitte unabänderlich zu Grunde liegen.

Diese der Gebärmutter gleichende Gestaltung von Himmel und Erde entstand aber bei dem ersten Zusammentreffen.

In der Mitte zwischen Himmel und Erde entstanden unendlich viele Begegnungen der Kräfte.

Und keine dieser Begegnungen schuf etwas Anderes sondern brachte das der Gebärmutter gleichende Siegel des Himmels und der Erde[2] zum Ausdrucke. Und auf der Erde sprossten wieder aus den unendlich vielen unterschiedlichen Siegeln unendliche Mengen von Lebewesen empor.

Und in diese ganze Unendlichkeit der unterschiedlichen Wesen unter dem Himmel ist verstreut und verteilt zunächst dem Lichte der Wohlgeruch des Pneuma von der Höhe her.

Es entstand aber aus dem Wasser als unentstandener Anfang ein starker und heftiger Wind, der Urheber alles Entstehens.

Dadurch daß er nämlich in den Wassern ein Sieden erregte, schuf er in ihnen Wellen. Und die Bewegung der Wellen war gleichsam ein Antrieb, durch den die Gebärmutter schwanger wurde mit dem Menschen.

Sobald jedoch diese Woge des Windes aus dem Wasser erwacht ist und, ihrer Beschaffenheit nach schwanger geworden, als Weib zum Gebären empfangen hat, umschließt sie den zunächst dem Lichte von der Höhe herab gestreuten Wohlgeruch des Pneuma, nämlich den Geist, der da, in unterschiedlichen Formen gestaltet, der vollendete Gott ist, der aus dem unentstandenen Lichte von der Höhe her und aus dem Pneuma in die menschliche Natur gleichwie in einen Tempel durch den natürlichen Antrieb und die Bewegung nieder gelegt und zwar gezeugt ist aus dem Wasser, aber vermengt und vermischt mit dem Körper, gleichsam als das Salz der Dinge und seinem Wesen nach ein Licht im Dunkel, das von den Körpern befreit werden will, aber nicht im Stande ist, seine Erlösung und den Ausweg zu finden.

Alles Sinnen und Trachten des aus der Höhe stammenden Lichtes geht nun dahin, wie und auf welche Weise der Geist des Vaters, der in der Tiefe weilt, von dem Tode des bösen und dunkeln Körpers befreit werden kann.

---

[1] Dem Himmel entspricht der Embryo, der Erde der Mutterkuchen, in dessen Mitte der Nabelstrang entspringt, der den Embryo mit dem Mutterleibe verbindet. Gedacht ist also an einen Durchschnitt durch die geschwängerte Gebärmutter, der eine Gestalt in der Form eines liegenden Theta (⦶) voraus setzt, dessen obere Wölbung dem Himmel (Embryo), dessen untere der Erde (Mutterkuchen), dessen Querstrich dem Nabelstrange (Weltenbaume) entspricht. Dabei galt den alten Kosmologen, wenn die Figur makrokosmisch gedacht wurde, der Nabelstrang als Phallos, mit welchem der Himmel seine Gattin befruchtete, oder als Weltenbaum, unter dem das erste Menschenpaar sich begattete.

[2] Siehe die Anmerkung auf der voran gehenden Seite.

Das ist jener Geist, der als Wind im Kochen und Wirbeln Wellen erregt und den vollendeten Geist sich als Sohn erzeugt, der seinem Wesen nach nicht sein eigener Sohn ist. Denn ein Strahl des vollendeten Lichtes in der Höhe war jenem dunkeln, schrecklichen, bittern und schmutzigen Wasser beigemengt; und dieses Licht ist das leuchtende Pneuma, das oberhalb des Wassers dahin schwebt[1].

Aber der heftige und rasch wehende Wind gleicht dem Zeichen einer Schlange.

Von diesem Winde also, das heißt von dieser Schlange, hat demnach das Entstehen derart seinen Ausgang genommen, indem alles zugleich zu entstehen begann.

Sobald nun das Licht und das Pneuma aufgenommen sind in die unreine, leidvolle und unordentliche Gebärmutter, dringt die Schlange in sie hinein, nämlich der Wind in das Dunkel, dieser Erstentstandene der Wasser, und zeugt den Menschen: und eine andere Gestalt liebt die unreine Gebärmutter nicht, und sie kennt auch keine andere.

Darum also hat der vollendete Logos des Lichtes, der von der Höhe stammt, die Gestalt der tierischen Schlange angenommen, als er in die unreine Gebärmutter eindrang, um sie durch seine Ähnlichkeit mit diesem Tiere zu täuschen, auf daß er die Fesseln löse, die den vollendeten Geist umschließen, der entstanden war in der Unreinheit und Gebärmutter durch den erstgebärenden, schlangengestalteten Wind über den Wassern.

Das ist die Gestalt dieses Tieres, nämlich die dienende Gestalt, und das ist die Notwendigkeit, welche den Logos Gottes zwingt, in die Gebärmutter der Jungfrau hinab zu steigen.

Aber es genügte nicht, daß der vollendete Mensch, nämlich der Logos, in die Gebärmutter der Jungfrau hinab stieg und die Geburtswehen in jenem Dunkel auslöste, sondern nachdem er jene schmutzigen Geheimnisse durchwandert hatte, wusch er sich und trank den Becher des sprudelnden, lebendigen Wassers[2], das unbedingt trinken muß, wer immer die dienende Gestalt ablesen und das himmlische Gewand anziehen will.

---

[1] Dieser ganze Abschnitt ist schwer verderbt überliefert. Unheilbare Lücken mußte ich weglassen; den Rest konnte ich nur seinem wahrscheinlichen Sinne nach wieder zu geben trachten.

[2] Hiermit ist einerseits auf das Fruchtwasser angespielt, das der Embryo vor seinem Austritte aus dem Mutterleibe verschlucken muß, anderseits aber wohl auch auf einen Mysterienbrauch der Sethianer, welcher der christlichen Kommunion nicht unähnlich gewesen zu sein scheint.

Das System der Sethianer ist dem der Peraten nahe verwandt, allerdings aber noch unvollständiger überliefert als dieses. Gemeinsam ist beiden Lehren die Dreiteilung der Welten, die Annahme daß das Pneuma der Stoff ist, der zwischen den Gegensätzen vermittelt, endlich der Glaube an die Befruchtung der Gebärmutter durch die Schlange. Aber besser als bei den Peraten vermögen wir bei den Sethianern den Ursprung ihres Systemes zu ermitteln. Insbesondere W. Boussets Arbeiten sind es, denen ich bei der Darlegung dieses Ursprunges zum Teile wörtlich folgen muß. Denn er hat nachgewiesen, daß Seth, auf den die Sethianer ihre Lehre zurück führten, niemand Anderer ist als Zarathustra.

In der „Biene" des Salomo von Basra weissagt Zarathustra dem großen Perserkönig Hystaspes von dem Messias, der da kommen soll: „Ein Kind soll empfangen werden im Leibe der Jungfrau. Die Bewohner der Erde sollen sich versammeln, es aus zu rotten, aber dies nicht vermögen. Dann werden sie ihn kreuzigen, und er wird in die Tiefen der Erde hinab steigen und von dort erhöht werden und wieder kommen mit den Heeren des Lichtes." Auf die Frage des Hystaspes, von wem der Betreffende seine Macht haben werde und ob er größer sein werde als Zarathustra, antwortet dieser: „Er soll aus meiner Familie stammen. Ich bin er und er ist ich; er ist in mir und ich bin in ihm." Daran schließt sich eine Ermahnung Zarathustras an seine Söhne, welche aus den Schätzen des Lichtes und des Geistes stammen, und die gesäet sich im Lande des Wassers und des Feuers, daß sie auf die Ankunft des großen Königs warten sollen. „Wartend habt acht; er und ich sind eins!" Ein Stück dieser Überlieferung findet sich auch in der „syrischen Schatzhöhle". Danach sollen die Magier zwei Jahre vor der Geburt des Herrn einen hellstrahlenden Stern gesehen haben. „Und in seiner Mitte war eine Jungfrau, welche einen Knaben trug, und auf dessen Haupt war eine Krone gesetzt." Darauf suchten sie in ihren gelehrten Büchern nach der Deutung des Zeichens und fanden, daß ein König in Juda geboren werden solle. Sofort verließen sie gemäß der Tradition, die sie von ihren Vätern erhalten hatten, den Osten, stiegen von dem Berge, den sie bewohnten, herab und zogen nach Bethlehem. Die Namen dieser drei Könige sind die persischen: Hormizd, Jezdegerd, Peroz. Die Kette des Beweises ist geschlossen, wenn wir nun unter dem Titel: „Weissagung des Seth" in dem fälschlich dem Chrysostomos zugeschriebenen Opus imperfectum in Mathaeum folgenden Bericht lesen: Bei einem Geschlechte, das fern im Osten am Ozean seine Wohnung hat, ist eine gewisse Schrift unter dem Namen des Seth überliefert, die von dem bei der Geburt des Messias erscheinenden Sterne und den Geschenken, die dem Messias dargebracht werden sollen, handelt. Diese wurde durch Generationen vom Vater auf den Sohn überliefert, und daher haben sich bei ihnen Männer, die der himmlischen Geheimnisse beflissen waren, abgesondert und der Erwartung des Sternes gewidmet. Und wenn einer von ihnen starb, trat sein Sohn an seine Stelle. Diese Männer stiegen zu einer bestimmten Zeit des Jahres auf einen Berg, der den Namen „Siegesberg" (mons victorialis) führt, auf dem sich eine Höhle mit Quellen und auserwählten Bäumen befand. Dort pflegten sie sich zu waschen und in Stillschweigen zu beten. So warteten sie auf den Stern, bis er schließlich erschien und sich auf ihren Berg hernieder ließ. Doch enthielt dieser Stern in sich die Gestalt eines kleinen Knaben, und über ihm die Gestalt eines Kreuzes. Daran knüpft sich dann die Erzählung von der Reise der Magier nach Bethlehem.

Die genealogische Verknüpfung Christi mit Seth-Zarathustra ergab sich ebenfalls aus persischen Vorstellungen. Die Perser glaubten, Zarathustra habe, als er sich seinem Weibe nahte, dreimal seinen Samen fallen lassen, und dieser sei in einem See aufbewahrt. In der Nähe dieses Sees befinde sich ein Berg, welcher der „Berg Gottes" genannt wird. An ihm leben immer viele Fromme. Diese reinen Männer senden in jedem Jahre zu einer bestimmten Zeit ihre Töchter aus, um in dem See zu baden, und am Ende eines jeden der drei letzten Milennien des Weltverlaufes wird je eine Jungfrau mit dem Samen des Zarathustra schwanger werden und je einem Erlöser für die betreffende Periode gebären. Die drei Erlöser aber, auf die unsere Sethianer Bedacht nehmen, sollten offenbar eben Seth, Zarathustra und Jesus sein. Daraus erklärt sich auch die Äußerung des Zarathustra, wonach der kommende König aus seinem Geschlechte stammen und mit ihm eins sein soll.

In dem sethianischen System, das uns vorliegt, scheint dieser See bereits physiologisch umgedeutet zu sein. Er ist die Tiefe der Gebärmutter, welche von dem Winde, der das Wasser in ihr in Bewegung versetzt, geschwängert wird. Aber auch die Schilderung vom Wesen der Söhne des Zarathustra scheint einen physiologischen Sinn zu haben. Diese Söhne sollen aus den Schätzen des Lichtes und des Geistes stammen und im Lande des Wassers und des Feuers gesäet werden. Das Feuer ist doch wohl nur eine Dublette zum Licht und steht an Stelle der Erde. Daher dürften die Söhne des Zarathustra eher in Erde und Wasser gesäet und dem Feuer und Pneuma entstammt sein. Das wäre aber gerade unsere sethianische Lehre bei Hippolutos, u. z. in überraschend guter Annäherung. Auch ist zu beachten, daß in unserem sethianischen Texte der Wind, der die Schlange ist, anscheinend sorgfältig von dem Pneuma unterschieden wird, das vielmehr bloß das Wasser erleuchtet, also eine Spiegelung und Durchstrahlung von der Höhe her auf ihm und in ihm hervor ruft. Man kann hieraus neuerlich entnehmen, daß der biblische Wind, der nach der Erzählung des ersten Buches Mosis über den Wassern schwebt, mit diesem Pneuma der peratischen und sethianischen Lehre wirklich kaum etwas zu tun hat und erst durch äußerliche Sucht nach Belegen und Deutungen aus der jüdischen Lehre dazu in Beziehung gesetzt werden konnte.

Interessant ist im Falle der Sethianer das Verhalten des Hippolytos, der das nachfolgende Exzerpt überliefert hat. Auch er macht sich seine Gedanken über den Ursprung ihrer Lehre, bezieht jedoch ihr System nicht auf persische Traditionen, von denen ihm offenbar wenig bekannt war, sondern folgt einer anderen Kombination. „Ihre ganze Lehre", sagt er, „stammt von den alten Theologen, von Musaios und Linis, sowie von Orpheus, der zu allermeist Weihen und Mysterien eingeführt hat. Denn ihre und des Orpheus Lehre von der Gebärmutter und daß der Nabel die Harmonie ist, findet sich wörtlich so in den bakchischen Schriften des Orpheus. Als geheime Mysterienlehre wurde dies den Menschen noch vor der eleusinischen Weihe des Keleos, des Triptolemos, der Demeter, der Kore und des Dionysos in Phlius in Attika überliefert. Denn die Orgien der sogenannten großen Mutter in Phlius sind älter als die eleusinischen Mysterien. Dort ist ein Torpfeiler, und auf ihm ist die Darstellung all der obigen Lehren bis auf den heutigen Tag aufgezeichnet zu sehen. Sehr viel ist auf diesem Torpfeiler aufgezeichnet ..... darunter auch ein geflügelter Graukopf mit aufgerecktem Schamgliede, der ein bläulich gemaltes Weib, das ihn flieht, verfolgt. Bei dem Alten steht geschrieben: Phaos rhyentes (d. h. „fließendes Licht"), bei dem Weibe: Phereë phikola (der Name ist vielleicht verstümmelt überliefert und gibt keinen erkennbaren Sinn). Nach der sethianischen Lehre nun ist der Phaos rhyentes das Licht und Phereë phikola das finstere Wasser, der Abstand beider von einander aber die Harmonie des dazwischen gelagerten Pneuma. Der Name des Phaos rhyentes bezeichnet dabei das Aufwärtsströmen des Lichtes, der Name Phereë phikola aber das Herabsinken der Finsternis des Wassers." Es ist mir sehr wahrscheinlich, daß unser Kirchenvater nicht aus eigenem auf diese Zusammenhänge gekommen ist, sondern dieselben in irgend einer Schrift der Sethianer aus einander gesetezt gefunden hat. Auch wäre nichts begreiflicher, als daß diese Gnostiker, etwa ähnlich wie die Naassener, außer dem biblischen Vorstellungskreise auch den der orphischen Schriften und der ältesten attischen Mysterien in ihre Spekulationen einbezogen und auf ihre Gedanken umgedeutet hätten. Dies war ihnen sicherlich dadurch erleichtert, daß z. B. die große Göttermutter von Phlius an sich wirklich niemand Anderer war als die in ganz Kleinasien verehrte große Himmelsgöttin, deren Mythen, philosophisch umgestaltet, ja auch der ältere Grundstock ihres eigenen Systemes in der Lehre von der Befruchtung der Jungfrau durch die Schlange enthalten hat.

11. DIE DOKETEN

Der erste Gott gleicht dem Samen der Feige: seine Größe ist verschwindend klein, seine Macht unbegrenzt.
So ist er eine verächtliche Größe, eine Masse, die nicht zählt, einer dem zur Zeugung nichts fehlt, der eine Zuflucht ist für die Erschreckten, eine Decke für die Nackten, eine Hülle für die Scham (vgl. Gen. III 7), eine gesuchte Frucht, zu der jener (Jesus) kam, der sie dreimal suchte und nicht fand. Und deshalb fluchte er dem Feigenbaume, weil er jene süße Frucht, die gesuchte Frucht, an ihm nicht fand[1].
Und aus diesem so kleinen und unbedeutenden Gotte entstand das Weltall, folgender maßen:

Als die Zweige des Feigenbaumes grünten, schlugen die Blätter aus, und dann entstand die Frucht, in welcher der Schatz der unendlich zahlreichen und unzählbaren Samen der Feige aufgespeichert ist.
Drei Dinge nun sind aus dem Samen der Feige zu aller erst geworden: Der Stamm, nämlich der Feigenbaum, die Blätter und die Frucht. So wurden auch drei Ewige, jeder für sich ein Ursprung, aus dem ersten Ursprunge des All. Und Moses hat das nicht verschwiegen, indem er sagte, daß der Worte des Herren drei sind: „Finsternis, Dunkel, Wirbel; und Nichts fügte er hinzu" (Deut. V. 19). Denn Nichts fügte Gott zu den drei Engeln hinzu, sondern sie sind es, die allen entstandenen Dingen Genüge taten und tun werden.
Gott selbst aber an sich bleibt weit von den drei Engeln gesondert.

Jeder von den drei Ewigen aber nahm den Ausgang seines Werdens aus sich und vergrößerte sich und wurde vollendet. Das Vollendete jedoch wird mit zehn gezählt[2].
So wurden der Ewigen, einander an Zahl und Vollendung Gleichen im Ganzen dreißig.
Die drei Ewigen aber haben an sich selber nur einen Wert, unterscheiden sich jedoch durch ihre Stellung, da der eine der erste, der andere der zweite, der letzte der dritte ist.
Diese ihre Stellung gibt ihnen unterschiedliche Kräfte. Denn der, welcher dem ersten Gotte, der gleichsam der Samen ist, am nächsten steht, hat eine höhere Zeugungskraft als die Anderen, da er, der Unmeßbare, sich selber an seiner Größe zehnmal maß, während der, welcher an zweiter Stelle steht, er der Unfaßbare, sich selber sechsmal nahm, und der dem Platze nach dritte, welcher schon unendlich weit in Folge der Zunahme seiner Brüder von dem ersten Gotte entfernt war, sich selber dreimal dachte und sich gleichsam als ewige Fessel der Einheit um sie herum schlang.

---

[1] Vgl. Luc. XIII 6, 7; Matth. XXI, 19, 20; Marc. XI 13, 14; XX 21.

[2] So lehrten schon die Pythagoreer, indem sie darauf hinwiesen, daß alle Zahlen über zehn aus den Zahlen unter zehn (nach dem dekadischen Systeme) zusammen gesetzt werden, und daß alle Völker so zählen.

Und das ist es, was der Retter gesagt hat: „Der Säemann ging aus, um zu säen seinen Samen; und was davon auf schöne, gute Erde fiel, trug hier hundertfach, dort sechzigfach und dreißigfach.“[1] Und deshalb sagte er auch: „Wer Ohren hat, zu hören, der höre“,[2] weil der Sinn dieser Worte nicht von jedem vernommen wird.

Und diese drei Ewigen und die unendlichmal unendlich zahlreichen, welche von ihnen stammen, sind insgesamt mannweiblich.

Und nachdem sie alle, die aus jenem ersten Samen entstanden, vermehrt worden waren und vergrößert, da zeugten sie aus ihrem Einklange und aus ihrer Einheit, indem sie zusamt in einem Ewigen, der in ihrer Mitte war, sich versammelten, alle gemeinsam ein Erzeugnis aus einer Jungfrau, nämlich aus Maria, die in der Mitte war, den Retter aller Dinge, dessen Macht gleich ist derjenigen des Samens der Feige, nur daß er entstanden, jener erste Samen aber, aus dem die Feige wurde, unentstanden ist.

Als nun jene drei Ewigen mit allen Tugenden und allen Heiligkeiten geschmückt waren, und jenes eingeborene Kindlein, da schmückte sich die ganze gedachte Natur ohne Fehl, und alle diese gedachten und ewigen Wesen waren Licht, und dieses Licht war weder gestaltlos, noch träge, noch irgend einer Zutat bedürftig, sondern hatte nach der Art der Feige, welche eine unendlichmal unendliche Fülle von Samen besitzt, auch eine unendliche Fülle überaus mannigfacher Gestalten von Lebewesen, die es dort gibt, in sich, und leuchtete so aus der Höhe herab in den unter ihr gelegenen Urschlund.

Und dieser wurde zugleich erleuchtet und gestaltet von jenen überaus mannigfachen Gestalten aus der Höhe, und erhielt Festigkeit und nahm alle die Gestalten aus der Höhe von jenem dritten Ewigen in sich auf, der sich aber verdreifacht hatte.

Als aber dieser dritte Ewige seine Gestalten insgesamt und zu Hauf in das unten liegende Dunkel aufgenommen sah, da ließ er, da er die Macht des Dunkels wohl kannte, und nicht minder die Schlichtheit und Neidlosigkeit des Lichtes, es nicht zu, daß auch noch fernerhin die leuchtenden Gestalten von der Höhe in die Tiefe hinab gezogen würden, sondern bildete unter den Ewigen die Feste.

Und indem er sie nun nach unten befestigte, „trennte er in mitten zwischen dem Dunkel und in mitten zwischen dem Lichte, und nannte das Licht, das oberhalb der Feste war, Tag, und das Dunkel nannte er Nacht“ (Gen. I 4, 5, 7). Doch da alle unendlichen Gestalten dieses dritten Ewigen in das unterste Dunkel aufgenommen waren, ist auch dieses Ewi-

[1] Vgl. Matth. XIII 3, 8; Marc. IV 3, 8; Luc. VIII 5, 8.
[2] Matth. XIII 9; Marc. IV 9; Luc. 8, 8.

gen Bildnis und damit auch das der übrigen ausgedrückt durch das lebendige Feuer, das vom Licht gezeugt ist, und aus dem der große Herrscher entstand, von welchem Moses sagt: „Im Anfange schuf Gott den Himmel und die Erde" (Gen. I, 1).

Diesen feurigen Gott läßt Moses aus dem Dornbusch sprechen, nämlich aus der finsteren Luft.

Er nannte sie Dornbusch, weil von oben nach unten alle Gestalten des Lichtes hindurch gingen, so daß die Luft ihr Pfad[1] war.

Nicht minder aber wird uns auch der Logos nur durch den Dornbusch kenntlich; denn die Stimme, welche das Wort bildet, ist nichts Anderes als gestoßene Luft, ohne welche keines Menschen Wort verstanden werden kann.

Doch auch nicht bloß das Wort gibt uns durch den Dornbusch, nämlich durch die Luft, seine Gesetze und verkehrt mit uns, sondern auch die Gerüche und Farben offenbaren uns ihre Macht durch die Vermittelung der Luft.

Dieser feurige Gott nun, der da Feuer ist, das aus dem Lichte ward, schuf die Welt so, wie dies Moses berichtet, und bediente sich, da er selber nicht bestand, des Dunkels als Stoff, und spottete dadurch immerdar der von oben in die Tiefe aufgenommenen ewigen Lichtgestalten.

Und bis daß der Retter von dem Gotte des Lichtes offenbart wurde, hat der feurige Schöpfer ein großes Irrsal der Seelen herbei geführt. Denn Seelen heißen jene Gestalten, da sie abgekühlt, aus der Höhe stammend, in der Tiefe verbleiben, von Körper zu Körper wandernd, und bewacht von dem Weltschöpfer.

Daß dem so ist, kann man auch aus den Worten des Buches Hiob entnehmen: „Auch ich bin eine Irrende, die von Ort zu Ort wandert und von Haus zu Haus" (Hiob II 9), oder wenn der Retter sagt: „Und wenn ihr ihn aufnehmen wollt, ist es Elias selbst, der kommen wird. Wer Ohren hat, zu hören, höre" (Matth. XI 14, 14).

Vom Retter aber geschieht der Seelenwanderung Einhalt und der Glaube wird verkündet, um die Sünden zu erlassen.

Auf diese Art also wollte jener eingeborene Sohn, der die Gestalten des Ewigen in der Höhe aus dieser Höhe hinab geschleudert sah in die finstern Körper, sie durch sein Herabkommen befreien.

Da er aber wußte, daß nicht einmal die Ewigen selbst die ganze Fülle der Ewigen zu Hauf zu sehen vermögen, und daß daher die Vergänglichen dadurch vergingen, vernichtet von der Größe und Herrlichkeit dieser Gewalt, zog er sich wie der allergrößte Blitz in den allerkleinsten

---

[1] Hier liegt das Wortspiel: pátos (Pfad) und bátos (Dornbusch) zu Grunde.

Körper zusammen, oder noch besser so, wie das unter das Augenlid zusammen gezogene Licht des Sehstrahles bis zum Himmel hinaus dringt und die Sterne in der Höhe berührt, dann aber sich wieder unter die Augenlider zurück zieht, wenn man will.
Und doch vermögen wir dieses Licht des Sehstrahles, das überall hin dringt, nicht zu sehen, und was wir sehen, sind vielmehr bloß die Augenlider, die hellen Augenwinkel, ein breites Häutchen mit vielen Wölbungen und Adern, einen hornartigen Mantel und unter ihm eine strahlige, netzartige, scheibenförmige Pupille, und alle sonst noch etwa vorhandenen Hüllen des Lichtes des Sehstrahles, mit denen angetan er verborgen bleibt.

In dieser Art also hat das ewige, eingeborene Kind bei seiner Herabkunft von der Höhe das Wesen eines jeden der drei Ewigen der Reihe nach sich umgetan, und derart kam er bekleidete mit der Dreißig der Ewigen in diese Welt in solcher Größe herab, unsichtbar, unkenntlich, unansehnlich, unglaublich.

Dazu nun, daß der Retter sich das Dunkel außen umtue, nämlich das Fleisch, kam als sein Weggefährte mit ihm aus der Höhe der Engel herab, der ihn der Maria verkündete, wie dies geschrieben steht.
Auch wurde er so von ihr geboren, wie es geschrieben steht.
Und er tat auch alles so, wie es in den Evangelien geschrieben ist.

Er badete im Jordan, und indem er sich badete, drückte er die Gestalt und das Siegel jenes Körpers in dem Wasser ab, den die Jungfrau geboren hatte, damit wenn der Weltherrscher seinem eigenen Gefilde, nämlich dem irdischen Körper den Kreuzestod zuerkenne, die in diesem Körper großgezogene Seele ihn ablege und an das Kreuzesholz hefte, dann aber, wenn sie über die Gewalt und Macht des Weltherrschers und seiner Scharen triumphiert hätte, nicht nackend befunden werde, sondern sich vielmehr an Stelle des Fleisches mit jenem Körper bekleide, den sie als Abdruck in dem Wasser bei der Taufe zurück gelassen hatte.
Das ist es, was der Retter sagt: „Was nicht aus dem Wasser und Geisteshauche geboren ist, wird nicht eingehen in das Königreich des Himmels; denn alles aus dem Fleische Geborene ist Fleisch" (Joh. III 5, 6).

Und von den dreißig Ewigen bekleidete er sich mit dreißig Gestalten. Deshalb wandelte dieser Ewige dreißig Jahre auf Erden, da eines jeden Ewigen Gestalt sich in einem Jahre offenbarte.

Auch die Doketen gehen von der Dreiteilung des All aus. Nur werden, sonderbar genug, als drei Ewige vier Dinge aufgezählt: Stamm, Baum, Blätter und Frucht, ferner dem Bibelworte entsprechend: Finsternis, Dunkel, Wirbel und Nichts. Also ist die Frucht dem Nichts analog, das Gott hinzu gefügt hat. Damit treffen wir offenbar den innersten Sinn dieser eigenartigen Lehre, welche ja selbst die Frucht als verschwindende Größe bezeichnete, obgleich sie in ihr den Keim der neuen Weltordnung erkennt. Da aber der Baum jedesmal, nachdem er Frucht getragen hat, abgehauen und verbrannt, aus der Frucht aber offenbar ein neuer gezogen wird, müssen die Doketen einen Weltuntergang im Feuer, dem das Verbrennen des Baumes entsprach, gelehrt und eine darauf folgende Weltentstehung aus der Frucht, also eine periodische Abfolge der Welten, angenommen haben. Gewiß hing auch ihre Lehre von der Wiedergeburt mit derselben zusammen; denn sie mußten doch wohl voraus setzen, daß jeder neue Weltverlauf im Prinzipe nur eine genaue Wiederholung des voran gehenden darstellen können, daß sich also in ihm auch alle Ereignisse wiederholen und daß auch alle Wesen wieder zur Welt kommen. Denn die Welten müssen einander doch ebenso gleichen wie die Früchte. Die Frucht aber ist gewissermaßen das Überzählige an dem Baume, das Vierte, das zu den drei Ewigen hinzu tritt, das eigentlich Verdienstliche, das aus einem verschwindend kleinen Anstoße, so zu sagen aus dem Nichts, erwächst.

Der Baum selber kommt in dem System der Doketen doppelt vor; das eine Mal als Feigenbaum, der nützlich ist und süße Früchte trägt, das andere Mal als Dornbusch, der nichts taugt und Dornen trägt. Der Feigenbaum ist das Symbol der guten Urgottheit, der Dornbusch das Symbol des bösen Weltschöpfers. Der Feigenbaum steht durch seine Bestandteile zu den drei Ewigen und durch seine Frucht zur Weltschöpfung in Beziehung, der Dornbusch aber zerfällt in die Elementarbestandteile: Feuer, Luft, Pneuma, und diese setzen ihn zu den Sinnen: Gesicht, Gehör und Geruch, in Beziehung; jener also betrifft die übersinnliche Welt der Ewigen, dieser die sinnliche Welt des Vergänglichen. Wichtig ist auch die Lage, welche diesem Baume zuerkannt wurde. Er wurzelt oben in der Gottheit und ragt in die Finsternis herab mit seinem Gezweige; denn er ist der Pfad, auf dem die Gestalten des Lichtes in das Dunkel der Tiefe hinab steigen. Mithin ragt er mit dem Gipfel nach unten, mit den Wurzeln nach oben. Diese Stellung hat aber merkwürdiger Weise der Weltenbaum in allen arischen Kosmogonien.

Dieser Baum zerfällt in 3 + 1 Bestandteile. Ebenso merkwürdig ist der weitere Zug, daß der erste Ewige sich verzehnfacht, der zweite sich versechsfacht, der dritte sich verdreifacht; denn es ist 10 + 6 + 3 = 19, und die Zahl 19 drängt sogleich die Erinnerung an den sogenannten metonischen Zyklus auf, durch den Sonnen- und Mondjahr mit einander in Einklang gebracht werden sollten und der eine Dauer von 19 Jahren umfaßt. In all diesen Momenten gibt sich der astrale Bestand des doketischen Systemes recht deutlich zu erkennen. Es ist aufgebaut auf den drei zehntägigen Wochen des Monates, deren jede einem der drei je als Zehn geltenden Ewigen zugeteilt ist. Aber diese dreimal zehn Tage wurden als Ausgleichung einer älteren Rechnung empfunden, welche den Lichtmonat, der nur 27 Tage zählt, in drei neuntägige Wochen zerlegte und daher drei überzählige Tage der Neumondzeit als unvollständige, vierte Woche übrig behielt, die sogenannten Monatsepagomenen. Der Baum ist also der Mond oder der Monat selber, der „wächst"; sein erstes Drittel ist der Stamm, sein zweites das Geäst, sein drittes das Laub; damit ist der Lichtmond zu Ende. Die drei Neumondtage als Monatsepagomenen entsprechen der Finsternis, die auf den Weltenbrand folgt, während welcher die Frucht keimt, um einen neuen Baum zu treiben. Freilich werden die Doketen durchaus nicht geglaubt haben, daß sich eine Weltperiode wirklich in so kurzer Zeit abspiele. Vielmehr war es schon seit den frühesten Zeiten üblich, die schlichten Zahlen des Mondkalenders mit anderen, meist aus den Sonnenzyklen gewonnenen Zahlen zu multiplizieren, gegen die Umlaufszahlen der Planeten, welche man schon früh beobachtet zu haben scheint, aus zu gleichen und ungeheuer lange Perioden heraus zu rechnen. Aber so wie die periodische Abfolge von Wachsen und Schwinden, von Licht und Dunkel, in der Tat nur an die Phasen des Mondes anknüpfen konnte, und, wie alle Mythen beweisen, auch tatsächlich angeknüpft hat, muß auch das doketische Weltenjahr, falls es eine besondere Tradition darüber gab, im Grunde auf dem, im System selbst so klar zu tage tretenden Wechsel der Mondwochen und ihrer Ausgleichung gegen das Sonnenjahr durch den metonischen Zyklus beruht haben. Wahrscheinlich hatten die Doketen von dieser Struktur ihres Lehrgebäudes noch eine mehr oder minder klare Vorstellung. Daß sie den Lichtbaum doppelt auffaßten und deuteten, spricht nicht gegen eine solche Kenntnis, da sie ja auch jeden einzelnen in der Gebärmutter heran wachsenden Menschen als Baum betrachten mußten, der im Gefilde der Entstehung der Frucht zu strebt. Ja da der Mond allen alten Völkern geradezu als Vorbild und Ursache jeglichen Wachstumes galt, ist ihre Lehre in sämtlichen Beziehungen ein Beweis dafür, daß sie sich des astralen Sinnes ihres grundlegenden Gleichnisses wohl noch bewußt waren.

Daß der feurige Weltenbaum, wie er in allen arischen Mythen im Schwange ist, mit dem biblischen Feigenbaume im Paradiese, dessen Blätter Adam und Eva verwenden, um ihre Blöße zu bedecken, und mit dem Dornbusche, aus dem der Weltschöpfer sein Gesetz der Bosheit verkündet, erst künstlich verknüpft werden konnte, sieht man jetzt wohl auf den ersten Blick. Organischer ist die Lehre von dem Gesalbten in das System eingefügt. Da die Sinne als Bestandteile des wertlosen, schlechten Dornbusches gelten, kann das Erlösungswerk nur in einer vorbildlichen Anleitung bestehen, diesen Sinnen zu widerstreiten, ihre Verführungen von sich zu weisen, das Gesetz des Weltschöpfers - das Gesetz des Gottes der Juden, der aus dem Dornbusche gesprochen hat - zu mißachten. Das ist wohl der Kern der doketischen Lehre von dem Gesalbten, dessen Körper nur gekreuzigt wird, dessen Seele aber den Nachstellungen des Weltherrschers entgeht. Merkwürdiger Weise hat man bisher immer auf einen anderen, in Wirklichkeit wohl nebensächlichen Zug das Hauptgewicht gelegt, nämlich auf die doketische Vorstellung von dem Scheinkörper Christi, der durch den Abdruck seines wirklichen Körpers im Wasser des Jordan zu Stande gekommen sein soll. Ich meine, daß hier nur die schlechte Fassung, in der uns die Lehre überliefert ist, daran Schuld trägt, daß man sich sogleich ein Analogon zu den Spiegelbildern der Stäbe in der Tränke der Schafe Jakobs, wie die Peraten sie auffaßten, hierin erkannte. Wahrscheinlich war gar nicht von einem räumlichen Abdrucke des Körpers im Wasser sondern von seinem Spiegelbilde in den Fluten des Flusses die Rede. Darauf deutet auch die Vergleichung des Erlösers mit dem Sehstrahle, der in die Häutchen des Auges gehüllt ist, hin. Haben wir doch bisher noch überall, wo von der Herabkunft des göttlichen Lichtes in das finstere Wasser gesprochen wurde, die Vorstellung vom Spiegelbilde und von der Höhlung des Augeninnern, in dessen feuchten Grund das Licht fällt, gefunden, und war doch der Jordan gewiß für die Doketen nicht minder, wie etwa für die Naassener der Okeanos, geeignet, als Symbol für die Gewässer des Weltalls gedeutet zu werden. Demnach ist der Scheinkörper des Gesalbten schwerlich ein zentraler Gedanke der doketischen Lehre sondern nur ein nebensächlicher Zug in ihr, der sich übrigens auch im peratischen Systeme gefunden haben könnte und wohl bloß durch die Laune der Überlieferung ein einziges Mal in unseren Quellen erwähnt wird. Es ergab sich eben aus der Ideenlehre, welche diese Sekten, verknüpft mit dem Gedanken an eine Wiedergeburt, sogar auf die jüdische Vorstellung von einer „Feste", die zwischen Licht und Finsternis scheiden soll, zu beziehen wußte. Dieses Fest, welche die Lichtfülle des überhimmlischen Raumes vor dem weiteren Herabsinken in die Finsternis bewahren soll, ist anscheinend wieder biblisch. Aber wenn man z. B. den Poimandrestext (S. 246, vgl. S. 252) vergleicht, sieht man, daß sie in durchaus nicht jüdischen Traditionen der harten Umhüllung des Augapfels oder auch der Wölbung der Höhle im platonischen Höhlengleichnisse entspricht, während die eigentlich jüdische „Feste" (rakia) nicht das Licht von der Finsternis sondern die oberen von den unteren Gewässern scheiden soll und also ganz anderen kosmologischen Voraussetzungen entsprungen ist.

Versucht man nach diesen Darlegungen neuerlich, sich das doketische System als Einheit zu vergegenwärtigen, so bemerkt man immer deutlicher, daß die biblischen Deutungen, ja auch die Erlöserfigur und der asketische Grundton, ihm wohl schwerlich ursprünglich eigentümlich waren, daß es vielmehr auf irgend eine rein heidnische Doktrin zurück gegriffen haben dürfte.

12. SIMON MAGUS

Aller Dinge, der offenbaren und der verborgenen, Schatz ist das überhimmlische Feuer, gleichsam ein großer Baum, aus dem alles Fleisch seine Nahrung zieht. Und das Offenbare am Feuer sind der Stamm, die Zweige, die Blätter, die ihn außen umgebende Rinde. Alle diese Teile des großen Baumes werden, von der allverzehrenden Flamme des Feuers entzündet, vertilgt werden. Aber die Frucht des Baumes wird, wenn sie zum Bilde geworden ist und ihre Gestalt abgeworfen hat, in die Kammer getan und nicht in das Feuer. Denn dazu ward die Frucht, daß man sie in die Kammer tue, die Spreu aber, daß sie dem Feuer übergeben werde, ... nämlich der Stamm, der nicht um seiner selbst willen sondern um der Frucht willen erwuchs.

. . . .

Der Ausspruch aber ist der im Munde geborene Ausspruch und das Wort; denn nirgend anderswo ist das Gefilde der Entstehung.

. . . .

Es entstand aber die entstandene Weltordnung von dem unentstandenen Feuer. Doch begann sie auf folgende Art zu entstehen:

Sechs Wurzeln sind die ersten, von denen die entstehende Welt den Ausgang für ihre Entstehung sind diese Wurzeln zu Paaren entstanden, und selbige Wurzeln heißen: *Geist* und *Verstand, Stimme* und *Name, Überlegung* und *Erwägung.*

Doch ist in diesen sechs Wurzeln die ganze, unbegrenzte Kraft zusammt, doch nur in ihrer Möglichkeit, nicht ihrer Wirklichkeit nach. Diese unbegrenzte Kraft ist *Der, so da stand, steht und stehen wird.* Dieser wenn er in den sechs Kräften befindlich, zum Bilde wird, wird an Wesen, Kraft, Größe, Vollendung als Kraft eins und dieselbe sein mit der unentstandenen und unbegrenzten Kraft; und sie wird überhaupt in nichts zurückstehen hinter jener ungewordenen und unabänderlichen und unbegrenzten Kraft. Aber wenn sie bloß ihrer Möglichkeit nach in den sechs Kräften verharrt und nicht zum Bilde wird, wird sie eben so vertilgt und vernichtet wie die Kenntnis von der Grammatik oder der Geometrie in der Seele des Menschen. Denn wenn sie sich die Kunst gesellt, wird diese Kenntnis das Licht des Entstandenen, doch wenn sie sich sie nicht gesellt, artet sie in Unfähigkeit aus und in Finsternis. Und so wie zur Zeit, da sie nicht war, wird sie wieder, wenn sie zugleich mit dem Menschen auch selber durch den Tod zu Grunde geht.

Von diesen sechs Kräften und von der siebenten, die bei den sechsen dabei ist, wird das erste Paar, *Geist* und *Verstand, Himmel* und *Erde,* geheißen. Und er, der männliche, blickt von der Höhe herab und sorgt für die Gattin; die weibliche Erde aber nimmt in der Tiefe die vom Himmel herab fallenden, ihr verwandten Früchte auf. *Stimme* und

Natur heißen *Sonne* und *Mond, Überlegung* und *Erwägung, Luft* und Wasser. Allen diesen ist beigemischt und untermengt die große, unbegrenzte Kraft, nämlich Der, so da stand, steht und stehen wird. Doch der Geisteshauch, der alles in sich enthält, ist das Bild der unbegrenzten Kraft, die allein, unvergänglicher Gestalt entsprungen, das All schmückt. Denn nur diese Kraft ist es, die, über das Wasser dahin getragen, und aus unvergänglicher Gestalt entstanden, das All schmückt.

Das Bild aber ist der Geisteshauch, der über das Wasser hinweg zieht. Wenn er nicht zum Bilde wird, geht er mitsamt der Welt zu Grunde, da er bloß in der Möglichkeit verharrt, ohne zur Wirklichkeit zu werden. Aber wenn er zum Bilde wird und von einem unteilbaren Punkte aus entsteht, dann wird das Kleine groß werden und das Große wird zum unendlichen Ewigen werden, zum Unveränderlichen, der dem Werden entrückt ist.

. . . .

Es bildet Gott in der Gebärmutter der Mutter den Menschen. Denn die Gebärmutter ist das Gefilde der Entstehung, und der Strom dieses Gefildes ist der Nabelstrang. Dieser Nabelstrang teilt sich in vier Quellen. Denn zu beiden Seiten des Nabelstranges erstrecken sich zwei Röhren als Schläuche für den Geisteshauch und zwei Adern als Schläuche für das Blut. Doch sobald der Nabelstrang an das Bauchfell des werdenden Kindes anwächst, dann ernähren die zwei Adern, durch welche das Blut nach den sogenannten Pforten der Leber im Strome dahin fließt, das werdende Kind, während die Röhren, die Schläuche für den Geisteshauch, bei dem breiten Knochen die Harnblase von beiden Seiten her umfassen und in die große Röhre münden, die das Rückgrat entlang geht und Aorta heißt. Und derart wandert der Geisteshauch durch die Seitentüren in das Herz, um so die Bewegung des Embryo zu veranlassen. Denn während das Kindlein gebildet wird, nimmt es weder mit dem Munde Nahrung auf, noch auch atmet es mit den Nüstern. Denn da es im Feuchten ist, wäre jeder Atemzug sofort sein Tod. Denn es würde das Feuchte in sich ziehen und zu Grunde gehen. Allein zur Gänze wird es von dem sogenannten Mantel der Schafhaut[1] umhüllt. Aber seine Nahrung erhält es durch den Nabelstrang, und durch die das Rückgrat entlang verlaufende Aorta nimmt es das Wesen des Geisteshauches auf.

. . . .

Dieser Nabel nun teilt sich in vier Quellen, nämlich in die vier Sinne des werdenden Kindes, und zwar in: Gesicht, Gehör, Geruch, Geschmack. Doch das Getast berührt das von den anderen Sinnen Vergegenwärtigte, prüft und erhärtet es.

---

[1] Vgl. S. 207.

Alles Unentstandene nun befindet sich in uns seiner Möglichkeit, nicht seiner Wirklichkeit nach, wie die Kenntnis der Grammatik oder Geometrie. Wenn es sich nun trifft, daß das Wort hinzu kommt und die Belehrung, wird sich auch das Bittere in Süßes wandeln, und nicht Spreu und Holz werden erwachsen sein ... für das Feuer, sondern die vollendete, zum Bilde gewordenen Frucht, die gleich und wesenseins ist mit der ungewordenen, unbegrenzten Kraft. Doch wenn das Gewächs bloß Baum bleibt, ohne Frucht an zu setzen, wird es, da es nicht zum Bilde ward, vertilgt.

Jenes Glückselige, Unvergängliche, in allem Verborgene ist nun aber bloß der Möglichkeit und nicht auch der Wirklichkeit nach Der, so da stand, steht und stehen wird. Er stand oben in der unentstandenen Kraft, steht unten im Flusse der Gewässer, im Bilde geworden, und wird oben stehen bei der glückseligen, unbegrenzten Kraft, sobald er zum Bilde geworden ist. Denn drei sind es, die da stehen. Und ohne die drei stehenden Ewigen empfängt mit nichten seinen Schmuck der Entstandene, über das Wasser dahin Ziehende, nach der Ähnlichkeit neuerlich Gebildete, der vollendet am Himmel Befindliche, der um keinen Gedanken mangelhafter entstanden ist als die unentstandene Kraft. Diese Kraft ist eine, nach oben und unten gesondert, sich selbst gebärend, sich selbst mehrend, sich selbst suchend, sich selbst findend, - sie ist ihre eigene Mutter, ihr eigener Vater, ihre eigene Schwester, ihr eigener Gatte, ihre eigene Tochter, ihr eigener Sohn, Mutter und Vater, eins, sie - die Wurzel des All.

Aller Dinge, die entstehen, Begierde zu entstehen, nimmt vom Feuer ihren Ausgang. Dieserhalb heißt denn auch „Entbrennen" das Verlangen nach veränderlicher Entstehung. Doch das eine Feuer schlägt um in zwei Wandlungen. Beim Manne nämlich schlägt das Blut in Samen, beim Weibe das nämliche Blut in Milch. Und der Wandlung des männlichen entstammt die Zeugung, der Wandlung des Weiblichen die Ernährung für das Gezeugte. Denn das Blut schlägt um in Samen und Milch, und diese Kraft wird Vater und Mutter, Vater des Gewordenen und Zuwachs des Ernährten, befürfnislos, selbstgenugsam. Doch wenn Jener in Same und Milch umschlägt, der seiner Möglichkeit nach in diesen Stoffen darin liegt, und wenn es sich trifft, daß im einflußreichen Orte das Wort hinzu kommt, dann wird er gleichsam vom allerkleinsten Funken seinen Ausgang nehmen und vollends anschwellen und durch Zuwachs die unbegrenzte, unabänderliche Kraft werden, der unabänderliche Ewige, der dem Werden entrückt ist im Schoße des unbegrenzten Ewigen.

Unserem Texte liegt ein Auszug aus der Apophasis, d. h. „Verkündigung", des Simon Magus zu Grunde, in den schon, bevor Hippolytos ihn benützte, allerlei Erläuterungen hinein gearbeitet worden sind. Ich habe dieselben, sowie einige Randglossen, die ebenfalls in die Vorlage des Hippolytos Aufnahme gefunden hatten, entfernt und dadurch den Zusammenhang des ursprünglichen Referates über die rein heidnische Apophasis des Simon, der nur noch durch wenige, nicht all zu störende Lücken unterbrochen wird, wieder hergestellt. Es ist, als läsen wir die Darlegungen eines antiken Philosophen. Weder Erlösergedanke noch Heilslehre finden in diesem eigenartigen Systeme Raum, das uns so knapp überliefert ist, daß es eingehender Erläuterungen bedarf.

Der zentrale Teil der simonianischen Lehre ist die Durchführung der Analogie zwischen dem feurigen Weltenbaume und dem aus dem Nabelstrange in der Gebärmutter heran wachsenden Lebewesen. Denn nicht bloß als Strom, der sich in vier Arme teilt, sondern auch als Baum, der vier Äste hat, muß Simon den Nabelstrang, welcher ganz wie der Weltenbaum der Doketen von oben nach unten herab wächst, betrachtet haben. Ist doch jeder Mensch im Stande, Frucht zu tragen und zur siebenten und höchsten Kraft zu werden, da sein Wesen dem der Weltordnung entspricht. Man hat sich also etwa folgende Beziehungen in schematischer Anordnung vor Augen zu halten:

die verborgene Welt, die sich in den vier Elementen der offenbaren entfaltet,

der Weltenbaum, dessen vier Bestandteile in der Frucht verborgen sind,

der menschliche Körper, der sich in den vier Sinnen des Kopfes entfaltet,

der vierfache Weltenstrom, dessen Ursprung aus der Quelle verborgen ist.

Also entsprechen vier Sinne vier Strömen, vier Bestandteilen des Baumes und vier Elementen der Welt. Diese Vierzahl herrscht eben in allen Paradieseskonstruktionen vor, wie schon in Nr. 1 näher aus einander gesetzt wurde. Hat man sich einmal die durch das obige Schema gegebenen Zuordnungen fest eingeprägt, dann ist das System der Apophasis in seinem streng symmetrischen Aufbaue verständlich, und es lassen sich sogar einige Flüchtigkeiten unseres Exzerptes berichtigen. Den vier Sinnen: Gesicht, Gehör, Geruch, Geschmack ist das Getast als fünfter über geordnet, welcher prüft und bestätigt. Ähnlich muß auch den entsprechenden vier Elementen: Feuer, Luft, Pneuma (Geisteshauch), Wasser, die Erde als fünftes über geordnet sein, durch dessen Beimischung sie alle erst zur Erscheinung kommen. Ferner muß je ein Element in einer Röhre des Nabelstranges entsprochen haben, da ja jede dieser Röhren in einem Sinne entsprechen sollte. Wahrscheinlich hat also das Exzerpt irgend eine Theorie, nach welcher sich Pneuma und

Luft in den Röhrenpaaren, die ihnen zugehören, noch in der Richtung der einzelnen Elemente differenzieren sollten, der Einfachheit halber unterdrückt. Ähnlich dürften auch Milch und Samen als Mischungen aus mehreren Elementen gegolten haben; denn beide entstehen aus dem Blute, das doch wohl Feuer und Wasser enthält und sich eben nach der Seite des Pneumas zum Samen, nach der Seite der Luft aber zur Milch differenziert.

Während also die Doketen die Vier in Hinsicht auf die drei Mondwochen und die Monatsepagomenen in 3 + 1 zerlegten, erweitert Simon die 3 zur 4 und fügt ihr die 1 hinzu, so daß er eigentlich seine Lehre vom Paradiese nach der Formel 4 + 1 gestaltet, wobei ihm die 1 stets die Zusammenfassung der 4 ist. Prinzipiell ist es daher ebenso gut möglich, daß Simon das Schema der Doketen erweiterte, oder daß die Doketen das seine vereinfachten, oder endlich daß beide Formeln, die des Simon und die der Doketen, auf eine gemeinsame Urform zurück gehen, der allerdings die doketische Lehre, wenn auch nicht inhaltlich so doch formal, alsdann näher stünde.

Das nach der Vierzahl gegliederte Gefilde der Entstehung ist aber nicht nur die Gebärmutter sondern in noch eigentlicherem Sinne der Mund; denn in der Gebärmutter entsteht bloß das Lebewesen, das, wenn es ein Mensch ist, unter günstigen Umständen zur höchsten Einsicht gelangen kann, in diesem Menschen selbst aber ist es der Mund, aus dem der Logos hervor geht, das „Wort, das der Seele inne wohnt und sich selbst mehrt", wie Herakleitos sagte. Dieses Wort enthält und ist die wahre, richtige Lehre und erhebt den, der es besitzt, so hoch, daß er sich durch nichts von der höchsten Kraft der Gottheit unterscheidet. Das sinnlich wahrnehmbare Wachstum des Menschen in der Gebärmutter ist nur ein schwaches Abbild von dem übersinnlichen Wachstum des Wortes im Munde des Menschen, der das wahre Gefilde der Entstehung ist. Das Kind ist nur seiner Möglichkeit nach in den Eltern enthalten und wird erst durch den sinnlichen, geheimnisvollen Vorgang der Zeugung zur Wirklichkeit; – das Wort ist nur seiner Möglichkeit nach im Menschen vorhanden: welcher ist der ungleich geheimnisvollere Vorgang, durch den es zur Wirklichkeit wird?

Simon hat sich über dieses Problem volle Rechenschaft gegeben; aber um ihn zu verstehen, müssen wir den analogen sinnlichen Vorgang der Zeugung des Kindes so zu begreifen suchen, wie er in der Lehre des Simon verstanden wurde, bevor wir den schwierigeren, übersinnlichen uns vergegenwärtigen wollen.

Der Ursprung des Kindes findet aus dem feuchten Stoffe in der Gebärmutter statt. Sicherlich sind wir berechtigt, ganz so wie wir bei den Sethianern den Vorgang erläutert fanden, auch für Simons System, entsprechend der Gestalt des großen Siegels von Himmel und Erde, oben lichtes Feuer, unten dunkles Wasser, dazwischen das Pneuma, in jeder Gebärmutter voraus zu setzen. Das Pneuma aber dürfen wir auch bei ihm nicht als Wind denken; vielmehr muß es das Spiegelbild der herrlichen Lichtgestalten in der Höhe sein, das über das dunkle Wasser dahin zieht. Sagt doch Simon ausdrücklich, daß es vom Himmel stammend über das Wasser streiche, daß es aus unvergänglicher Gestalt – eben durch Spiegelung – entstanden sei, daß nur das Pneuma das All schmücke, daß es vordem bei der oberen Kraft stand, dann herab kam und zu der oberen Kraft wieder zurück kehren wird – wie der Lichtstrahl, der von der Wasserfläche zurück geworfen wird – daß es im Flusse der Gewässer verweile, daß seine Vollendung darin liege, aus einer bloßen „Gestalt" zu einem „Bilde" zu werden. Angesichts dieser Ausdrucksweisen bleibt nur zweierlei übrig: man kann entweder ein für allemale darauf verzichten, solchen mystischen Gleichnissen mehr als eine vage Bedeutsamkeit bei zu messen und sich mit verschwommenen Vorstellungen begnügen, oder man erkennt, daß bloß der Gegensatz zwischen wellenbewegtem, trübem, und ruhigem, klar spiegelndem Wasser den Gegensatz zwischen „Gestalt" und „Bild" zu erklären, daß überhaupt nur der Glaube an eine Spiegelung des oberen Lichtes in den unteren Gewässern das Verständnis für die eigenartige Ansicht, die Simon vom Pneuma entwickelt, zu eröffnen vermag, ja daß nur sie zugleich auch die Auffassung des Simon zu den nächst verwandten gnostischen Systemen, zu den Darlegungen der Peraten, Sethianer und Doketen, in eine naheliegende historische Beziehung setzt. Wer immer anschauliche Bilder in seinem Geiste erfassen kann, dem tritt sofort der Anblick einer mäßig bewegten, sonnenbeleuchteten Wasserfläche, eines Sees oder gar des Meeresspiegels, vor Augen. Mannigfache Gestaltungen gleiten über die Fläche hinweg, aber an einzelnen Stellen leuchten in dem bläulichen, dunkeln Grunde helle Lichter auf, Funken, die ein Bild der wieder gespiegelten Sonnenscheibe ins Auge werfen, verschwindend kleine Punkte, von denen ein überirdischer Glanz seinen Ausgang nimmt. Trat nun zu der Erinnerung an einen solchen Anblick im Geiste des Simon noch die vom Anschaulichen und lebendig Erfaßten zum Begriffe fortschreitende, jener völlig dinglich denkenden Epoche durchwegs geläufige Erwägung hinzu, daß das Spiegelbild auf der Wasserfläche nicht ein vergängliches Phantom sondern ein stoffliches Gebilde ist, dann waren jene glitzernden Funken für ihn Symbole der wirklich in der Seele des Menschen blitzartig aufleuchtenden, mit ungeahnter Kraft und Schnelligkeit sich entfaltenden Einsicht in die Geheimnisse der Gottheit, also für die Gnosis; für den Logos, der in dem Munde dessen, von dem er verkündet wird, ja offenbar auch entstanden sein muß. Der Unterschied zwischen dieser Entstehung des Logos im Munde des Menschen und zwischen der Entstehung des Kindes in der Gebärmutter betrifft, abgesehen davon, daß das eine Mal Empfängnis und Geburt aus dem Stoffe der irdischen Elemente, das andere Mal aber aus geistigen Elementen zu Stande kommen, zunächst den *Raum;* denn der Logos ist unendlich, da er die Kraft ist, die nicht einmal um einen Gedanken hinter der ungewordenen und unbegrenzten Kraft zurück steht - dann die *Zeit;* denn während die Geburt des Kindes an eine lange Frist der Schwangerschaft gebunden ist, schwillt der Funke der Erkenntnis in der kleinsten Zeit zum größten Feuer an, dessen Licht die Welt umfaßt, - endlich das *Wesen;* denn aus dem Vergänglichen wird Ewiges, aus dem Nichts das All, aus dem Menschen die Gottheit. Die Zeugung ist so zu sagen das kleine Wunder, das große Wunder aber ist die Erkenntnis. Damit jedoch dieses Wunder sich ereigne, dazu bedarf es des „einflußreichen Ortes" und der „Belehrung". Aber dieser Ort und die Belehrung, die an ihm gespendet wird, gleichen wieder nur äußerlich der Schule und dem Unterrichte in irgend einer Kenntnis oder Wissenschaft; denn die Kenntnisse, welche sich die Seele durch Unterweisung aneignen kann, sind so vergänglich, wie sie selbst, wenn nicht die siebente Kraft zu ihr hinzu tritt, vergänglich ist. Aber der Logos, der im Munde entsteht, ist unvergänglich; denn er gleicht der Kunst, während die erlernten Kenntnisse des Menschen nur Fertigkeiten sind. Die Kunst bedarf der Fertigkeit, aber sie ist ungleich mehr als sie, ja wesentlich von ihnen verschieden; denn während jene vergängliche Finsternis ist, ist sie das Licht des Entstandenen.

Auch der Kosmologie des Simon liegt der Gegensatz zwischen Stoff und Gedanke zu Grunde, auch in ihr ist jedes der ewigen Wesen einerseits sinnlich, anderseits gedanklich. Daß er in der Gebärmutter drei ursprüngliche Prinzipien, genau so wie die Peraten, Sethianer oder Doketen, annehmen mußte, haben wir soeben erkannt; mithin lehrte auch er sicherlich zunächst eine Dreiteilung der Welt. Einer solchen entspricht: „Der, so da stand, steht und stehen wird", der ein dreifaches Wesen ist, wie ja auch Simon an anderen Stellen geradeaus davon redet, daß der Stehenden drei sind. Sie bilden zusammen die siebente Kraft. Dann sind aber diese drei, wenn man die anderen sechs Kräfte zu ihnen hinzu zählt, eigentlich eine Neun, das eine Mal räumlich nach den Richtungen oben-unten, rechts-links, vorn-hinten nach der Sechszahl gegliedert, das andere Mal zeitlich als Dreiheit nach Vergangenheit, Gegenwart und Zukunft. Dabei sind die räumlichen Richtungen Paare, ein jedes aus einem männlichen und einem weiblichen Prinzipe zusammen gesetzt: Himmel und Erde, Sonne und Mond, Wasser und Luft, während die siebente Kraft ungepaart und mannweiblich ist, da sie, oder doch ein Abbild von ihr, jedesmal entsteht, wenn eines der drei anderen Paare sich in sich vereinigt. In welcher Beziehung stehen aber diese neun Ewigen zu den Elementen? Genannt werden als solche unter ihnen drei: Wasser, Luft, Erde. Aber die siebente Kraft gibt sich dadurch, daß sie allen anderen beigemischt und untermengt ist, als Vertreterin des Pneuma zu erkennen, das ja direkt ihr „Bild“ ist. Im Systeme der Sethianer wurde das Pneuma gerade dadurch gekennzeichnet, daß es allen anderen Stoffen beigemengt und untermischt ist. Also muß auch Simon, als er die Elementenlehre mit der von den Ewigen verband, die drei stehenden Ewigen als mannweibliche Kraft, als Pneuma, verstanden, beziehungsweise das Pneuma als stoffliches Abbild dieser überhimmlischen, menschlichen Wahrnehmungsvermögen entrückten Kraft betrachtet haben. Dann liegt es aber auch nahe, an zu nehmen, daß Sonne und Mond ebenfalls Abbilder eines Elementes, u. z. beide zusammen die des nämlichen Elementes sind. Das ganze Altertum war gewohnt, diese Gestirne als die beiden Augen der Gottheit zu betrachten, und dem Gesichtssinn muß im Systeme des Simon, wie wir schon feststellten, das Feuer zugeteilt gewesen sein. Scheinbar bleibt jetzt der Himmel vereinzelt zurück. Aber auch er soll mit der Erde eine Einheit gebildet haben, und da er als festes, auf ihr ruhendes Gewölbe galt, werden Himmel und Erde eben wieder als Paar dem Elemente der Erde entsprochen haben. Man kann sich dieses Verhältnis etwa folgendermaßen verdeutlichen:

Der mannweibliche Ewige: Der so da
stand
steht und
stehen wird, entspricht dem Pneuma

Die Paare der Ewigen zerfallen in:

männliche Ewige und weibliche Ewige, und von ihnen entsprechen:

Himmel und Erde als Paar der Erde
Sonne und Mond als Paar dem Feuer, während
Wasser und Luft jedes für sich das betreffende Element darstellen.

So sind also die vier Elemente einem fünften, sechs Ewige einem dreifachen siebenten, und neun Bestandteile der Welt fünf einfachen Bestandteilen in überaus kunstreicher Weise zugeordnet.

Was soeben als System des Simon Magus entwickelt wurde, erhebet den Anspruch, mehr zu sein als eine kühne Rekonstruktion. Freilich ist das Exzerpt aus der Apophasis, das Hippolytos bietet, ziemlich dürftig, aber kein einziger Zug in ihm blieb, glaube ich, in der gegebenen Darlegung unberücksichtigt, keine noch so kleine Lücke läßt sich erspähen, die unausgefüllt geblieben wäre, aber trotzdem geht keine einzige unserer Ergänzungen über den Stand der Überlieferung hinaus, und das Bild dieser Lehre, das jetzt als ein Ganzes vor uns tritt, trägt die charakteristischen und einheitlichen Züge einer individuellen Schöpfung an sich. Je mehr man diese Eigenart des Systemes des Simon auf sich wirken läßt, je mehr man erkennt, daß es eine so völlig klare und strenge Gliederung besitzt wie keine andere der uns erhaltenen gnostischen Lehren, in desto eigenartigerem Lichte erscheint die übrige Tradition vom Leben, von der Lehre und von der Sekte des Simon.

Von dem Gedankenkreise und den Kultübungen der ersten Simonianer geben uns nur zwei ganz kurze Sätzchen bei Hippolytos Kunde. Sie enthalten Gebetformeln. Die erste, welche offenbar gelegentlich einer Weihe, die der Wiedergeburt des Mysten in der Gottheit gewidmet war, gesprochen werden sollte, lautet: „Vor allen Ewigen zeugt er mich". Hippolytos leitet daraus entrüstet ab, daß Simon sich selber als Gott ausgebe, ein Mißverständnis, das so groß ist, wie wenn man den Christen die Kommunion im selben Sinne vorwerfen wollte. Der zweite, wahrscheinlich auf die Feuer einer mystischen Vermählung mit der Gottheit bezügliche Satz lautet: „Ich und du, wir sind eins; vor mir bist du, nach dir bin ich". Mehr als daß die Simonianer eine sakramentale Weihe der Geburt in Gott und der Vermählung mit Gott hatten, läßt sich aus diesen wenigen Worten nicht folgern; wie sie diese Sakramente vollzogen, wissen wir nicht.

Weitere Spuren der Tätigkeit der Sekte lassen sich dadurch finden, daß man der Überlieferung der Apophasis nachgeht. Was Hippolytos von dieser Schrift des Simon wußte, hatte er aus einem sehr geschickt abgefaßten Exzerpt, das also ein Anhänger dieser Lehre für die Zwecke der Schule verfaßt haben wird. Aber entsprechend jener Tendenz, die wir schon bei den Naassenern und dann wieder bei den Peraten beobachtet haben, und die wohl der ganzen gnostischen Tradition geläufig war, trachtete man schon früh, auch aus dem übrigen Schrifttum das Wichtigste zu dem Systeme des Meisters in Beziehung zu setzen. In erster Linie kam da für die heidnische Lehre des Simon die Bibel der Hellenen, das homerische Epos, in Betracht. Was wir soeben vom Denken des Simon erfaßt haben, läßt schwerlich die Annahme zu, daß er selbst sich einer so geschmacklosen Deutungsart beflissen habe, wie die Schule sie übte. Sonne und Mond kommen unter den Ewigen in seiner Lehre vor; Simon wurde zur Sonne, die Helena Homers zum Monde gemacht und eine Homerdeutung dadurch angebahnt, von der weiter unten noch die Rede sein soll. Aber auch die Schriften des alten Testamentes verflocht man in dieses Gewebe. Die fünf Bücher Mosis mußten den fünf Sinnen entsprechen, der Baum der Erkenntnis war natürich wieder der Feuerbaum, das Pneuma als Spiegelbild wurde in den biblischen Wind, der über das Wasser weht, hinein gelesen, und so ging es weiter. Mit der Apophasis des Simon fand man unter solchen Umständen nicht mehr sein Auslangen. Was an den Rand der verschiedenen Exemplare dieses Buches, die sich in den Händen unserer Sektierer befanden, an abstrusen Beziehungen notiert sein mochte, wurde jetzt in den Text hinein redigiert. So kam eine „große Apophasis" zu Stande. Daß sich dabei die Sekte manchen vermeintlich oder wirklich verwandten anderen gnostischen Sekten näherte, ist begreiflich. Wir vermögen nicht mehr, diese dunkeln Vorgänge ins Licht zu stellen: wie bunt es aber zugegangen sein muß, das beweist die übrige, nicht mehr an die Apophasis anknüpfende, trotz mancher selbständigen Züge, doch offenbar hauptsächlich aus diesen „Weiterbildungen" der simonianischen Gnosis abgeleitete Überlieferung von den Lehren und dem Leben des Simon.

Von der Lehre des „Simon", d. h. eben von der der Simonianer, erfahren wir dabei zunächst, daß die Schüler wirklich alsbald ihren Meister als Gottheit verehrt zu haben scheinen. Sie meinten, für die Samaritaner, seine Landsleute, sei er Gott Vater, für die Juden Gott Sohn, für die Heiden der heilige Geist gewesen. Sie hatten also nicht nur eine, dem alten Systeme ganz fremde Erlöserfigur eingeführt, sondern auch die Völker den drei göttlichen Personen zugeteilt und diese in ähnlicher Weise in dem Messias gefunden, wie andere gnostische Sekten den Jesus mit einem dreifachen Körper ausstatteten. Ähnlich anderen Gnostikern verteilten sich auch die Propheten und die weltschöpferischen Engel, welche die Gesetze dieser Welt bestimmt und das Gute für böse, das Böse für gut erklärt haben, auf die Planeten und andere astrale Gewalten. Wir sehen peratischen Nihilismus auch hier eindringen. Im Zusammenhang damit nahmen sie die Idee von der Wiedergeburt auf, die sie für ein Werk des bösen Einflusses der weltbildenden Engel hielten. Wie jung und wie sekundär dann im Verhältnisse zu dem Systeme der Apophasis die Deutung des trojanischen Krieges ist, geht am klarsten daraus hervor, daß dieselbe die Lehre von den bösen Weltbildnern schon voraus setzt. Beide einander so fremden Gedankengänge wurden etwa in folgender Weise zusammen geschweißt: Simon selbst soll die „große Kraft Gottes" gewesen sein, die homerische Helena aber das Pneuma, das als verirrtes Schaf in der Welt weilt. Bei seinem Herabkommen auf die Erde habe sich Simon in jedem der Himmel in eine andere Gestalt verwandelt, um von dem Herrscher des betreffenden Himmels nicht bemerkt zu werden. Er kam aber herab, um seine „Erwägung", nämlich eben jene Helena, zu befreien, um deren willen die Trojaner kämpften. Aber die Wesen, welche damals kämpften, waren in Wahrheit gar nicht die Trojaner sondern die weltschöpferischen Engel. Diese waren und sind es, die die Helena gefangen halten, die sich in die unterschiedlichsten Gestalten von Menschen und Tieren, Männchen und Weibchen, verwandeln und ihr unzüchtig und widernatürlich beiwohnen (man erinnert sich unwillkürlich der Eva, die durch 130 Jahre nach jüdischer Tradition von den männlichen Dämonen mißbraucht wurde), die sie zur Hure machen, weil sie über sie Gewalt haben und aus dem Blute, das sie ihr abzapfen, Kraft gewinnen. Darum muß Simon die „Hure" Helena aus der Gewalt dieser Trojaner befreien und wieder zum Himmel empor führen. Von dieser Helena erzählt Homer, daß sie mit einer Fackel in der Hand auf einem Turme stand und so den Hellenen die Nachstellungen der Phryger offenbarte. Die Fackel aber ist ein Hinweis auf das Licht von oben. Ebenso bedeutet das hölzerne Pferd bei Homer die Unwissenheit der Völker. Wie die Phryger in ihrer Unwissenheit ihr eigenes Verderben in Gestalt dieses Pferdes in die Stadt zogen, so ziehen sich die Menschen durch ihre Unkenntnis der wahren Lehre den geistigen Tod zu. Auch sei Helena identisch mit Athena, die Paulus meine, wenn er sagt (Eph. VI, 14), man solle sich wappnen mit dem Panzer des Glaubens, mit dem Helme des Retters, ferner sich die Beinschienen anlegen, das Schwert und den Schild ergreifen; denn das seien die Waffen der Athena. Daß manche dieser Sektierer sogar geradezu den Simon im Bilde des Zeus, „seine" Helena aber in dem der Athena verehrten, dürfen wir unter solchen Umständen den Kirchenvätern aufs Wort glauben.

Die meisten Züge der Simonlegende lassen sich aus diesen Entartungen verstehen: denn sie berichtet, Simon habe die Helena als Hure in Tyrus in einem Bordell gefunden, sich mit den dreißig Jüngern des Dositheus, seines Lehrers, in ihren Besitz geteilt (worin man einen Hinweis auf die dreißig Nächte des Mondmonates erblicken mag), er habe sie als Göttin und sich als Gott anbeten lassen. Dieses Paar Simon-Helene, welches vielleicht irgend einem samaritischen Kulte entnommen und dann unter sehr äußerlicher Beziehung zur Lehre der Apophasis von der Gemeinde verehrt wurde, ist selbst noch der Apostelgeschichte fremd, und dies spricht für die späte Entstehung dieser Kombination. In der Apostelgeschichte ist Simon, wie auch sonst, ein Samariter aus Gittion, der zaubern kann und von den Aposteln die Macht des heiligen Geistes erkaufen möchte. Eine spätere Version läßt ihn unter einer Platane disputieren und schließlich, da er gerade widerlegt werden soll, um Zeit zu gewinnen, behaupten, er werde, wenn man ihn an dieser Stelle vergrübe, wieder auferstehen. Das geschieht, und er bleibt tot. Gerade das Gegenteil erzählen dann die Apostelakten über seinen Tod. Nach ihnen soll sich Simon anheischig gemacht haben, zum Himmel empor zu fliegen. Er führte dies auch aus, da er offenbar im Besitze des geheimen Gottesnamens war, durch den sich jeglicher zum Himmel zu erheben vermag. Aber das Gebet der Apostel bewirkte, daß er alsbald herab fiel und dabei in vier Stücke (die Mondviertel?) zerbrach. Die Geschichte erinnert an Judas Ischarioth, der mit Jesus um die Wette zum Himmel fliegen wollte und seine Kenntnis des geheimen Gottesnamens dazu benutzte, um bei dieser Gelegenheit Jesum in der Luft mit seinem Samen zu verunreinigen. Daß allen diesen Nachrichten astrale und mythologische Vorstellungen zu Grunde liegen, ist überaus wahrscheinlich. Aber gewiß sind sie unter einander recht disparat und vielleicht nur durch den Namen Simon, der einen gar schlimmen Klang hatte, verbunden. Wenn zwei Gauner einander nicht ankönnen, weil jeder den anderen durchschaut, denkt sich dieser wie jener: „Ich kenne den Simon, und der Simon kennt mich". Dieses Sprichwort zeigt wohl zur Genüge, wie leicht allerhand Legenden sich an einen solchen Namen ansetzen konnten. Auch einer von den rhodischen Telchinen, die Söhne des Helios und schlimme Zauberer gewesen sein sollen, führte den bedenklichen Namen Simon. Daß der Verfasser des Apophasis, den wir als tiefsinnigen Philosophen und Theosophen kennen und schätzen gelernt haben, in diese Gesellschaft recht schlecht hinein paßt, wollen wir nicht weiter erörtern.

V. NIHILISTISCHE SYSTEME

13. BASILIDES Es war eine Zeit, da nichts war; doch nicht einmal das Nichts war etwas, sondern im schlichten und ungedeutelten Verstande des Wortes war es schlechterdings gar nichts. Auch meine ich, wenn ich sage: ‚es war' nicht, daß es gewesen sei; vielmehr beabsichtige ich damit bloß anzudeuten, worauf ich hinweisen will, wenn ich sage, daß schlechterdings nichts war. Denn das, was unaussprechlich genannt wird, ist nicht schlechterdings unaussprechlich, sondern heißt nur so; aber das, wovon wir reden, ist nicht einmal unaussprechlich. Und dieses nicht Unaussprechliche wird auch nicht unaussprechlich genannt, da es vielmehr höher ist, als jeder genannte Name. Auch für die Weltordnung genügen nicht die Namen, so mannigfaltig ist sie, sondern sie bleiben hinter ihr zurück. Ferner vermag ich auch nicht für alle Dinge bezeichnende Namen zu finden, sondern bin genötigt, mit meinem Geiste ihre Eigenschaften unausgesprochen bei den Namen, mit welchem sie genannt werden, zu denken. Denn, daß es gleiche Namen für verschiedene Dinge gibt, bringt Verwirrung und sachliche Irrtümer bei den Zuhörern hervor. [Steht es nun schon so bei der Bezeichnung der einzelnen irdischen Dinge, so sind die Namen noch um so unzureichender für die Weltordnung als Ganzes und können für das, was über und vor der ganzen Weltordnung ist, überhaupt nicht verwendet werden.]

Da nun nichts war, weder Stoff noch Wesen, noch Wesenloses, noch Einfaches, noch Zusammengesetztes, noch Unfaßbares, noch Unempfundenes, noch Mensch, noch Engel, noch Gott, noch überhaupt etwas Genanntes, durch Wahrnehmung Erkanntes und Gedachtes, da wollte der Gott, der nicht war, gedankenlos, empfindungslos, willenlos, vorsatzlos, leidlos, begierdelos – die Welt machen. Wenn ich aber sage: ‚er wollte', so sage ich das nur zur Andeutung von dem Willenlosen, Gedankenlosen und Empfindungslosen. Unter Welt aber verstehe ich nicht jene, welche in Breite und Unterschiedlichkeit später entstand und sich entfaltete, sondern vielmehr den Samen der Weltordnung.

Der Samen der Weltordnung hatte aber alles in sich, sowie das Senfkorn im kleinsten Raume alles zusammen enthält, die Wurzeln, den Keim, die Zweige, die Blätter und die unzähligen Samenkörner, welche aus dem Gewächse in immer neuen Geschlechtern von Senfpflanzen entstehen werden. So hat der Gott, der nicht war, die Welt gemacht, die nicht ist, aus dem, was nicht ist, indem er fallen ließ und unter legte ein Samenkorn, welches die ganze Samenfülle der Weltordnung in sich enthielt.

Wie das Ei eines schön gefärbten Vogels mit buntem Gefieder, das eines Pfauen oder eines anderen, der vielleicht noch zierlicher und bunter gefärbt ist, nur eines ist, aber in sich viele Vorbilder für vielgestaltige und buntgefärbte und mannigfache Bildungen enthält, so enthält das Samenkorn, das nicht ist; und von dem nicht vorhandenen Gotte herab geworfen wurde, die zugleich vielgestaltige und mannigfache geartete Samenfülle der Weltordnung. Alles also, was man sagen und wieder, was man ungefunden bei Seite lassen kann, wessen Entstehung der künftigen Weltordnung aus dem Samen eingefügt sein soll und was zu verhängten Zeiten eigenartig durch Zuwachs anschwoll, das war von diesem Gotte, den seine Schöpfung weder zu nennen noch im Geiste zu erfassen befähigt wurde, als Schatz in dem Samen verborgen worden, wie wir auch bei dem neugeborenen Kinde die Zähne erst später sehen und das Hinzutreten der Zeugungskraft und des Geistes und aller Fähigkeiten, welche der heranwachsende Mensch von seiner Jugend an binnen Kurzem erhält, ohne sie vorher besessen zu haben.

Da aber aus einem Gotte, der nicht ist, etwas ausgesondert wurde, das nicht ist, entsteht die Frage, wozu diese Ausscheidung stattfand und aus welchem Stoffe sie bestand und ob Gott die Welt bildete, wie die Spinne das Gewebe oder wie ein Sterblicher, wenn er Erz oder Holz oder einen anderen Stoff zur Bearbeitung hernimmt. Aber Gott bildete die Welt weder wie die Spinne das Gewebe, noch wie der Handwerker ein Geräte, sondern er sprach und sie wurde; und das ist es, was Moses sagte: „Es werde Licht; und es ward Licht" (Gen. 13). Doch woher wurde das Licht? Aus dem Nichts. Denn nicht steht geschrieben, woher es wurde, sondern nur, daß es aus der Stimme des Sprechenden wurde. Da aber diese Sprechende nicht war, war auch das Gewordene nicht. Aus nicht Vorhandenem also wurde der Samen der Welt, das Wort (der Logos), von dem es heißt: es werde Licht. Und das ist es, was in den Evangelien (Joh. 19) gesagt ist: „Es war das wahre Licht, welches jeden Menschen erleuchtet bei seinem Herabkommen in die Welt". Er nimmt seinen Ausgang von jenem Samen und wird erleuchtet. Das ist der Samen, der in sich die ganze Samenfülle enthält, der das nicht Seiende ist. Und woher das stammt, was nach meiner Darstellung hernach entstand, danach darfst du nicht forschen. Denn Gott hatte in sich den Sohn und Vorrat aller Samen, die nicht sind, und die von diesem Gotte, der nicht ist, zur Entstehung vorher bestimmt waren.

In diesem Samen war eine dreiteilige Sohnschaft, in allem dem nicht seienden Gotte wesensgleich, gezeugt aus nicht Seiendem. Und von dieser dreifach gesonderten Sohnschaft war ein Teil leicht, einer schwer, der dritte der Reinigung bedürftig. Der leichte Teil nun brach zuerst, als der erste Auswurf des Samens aus dem Nichtseienden erfolgte, durch und erhob sich und stieg empor vom unteren zum oberen mit einer Geschwindigkeit, von welcher der Dichter (Homer Odyssee VII

36) sagt: „Wie eine Feder oder ein Gedanke", und kam zu dem Nichtseienden. Denn nach ihm begehrt jegliches Geschöpf, ein jedes nach seiner Art, wegen seines Übermaßes an Schönheit und Jugendprangen. Der dichtere Teil aber blieb in dem Samen und vermochte, zur Nachbildung bestimmt, nicht empor zu steigen; denn viel mangelhafter als die leichtere Sohnschaft, welche aus Eigenem empor stieg, war diese, welche zurück blieb. Doch beflügelte sich die dichtere Sohnschaft mit dem heiligen Geiste; und die Sohnschaft übt eine Wohltat, indem sie sich mit ihm bekleidet und empfängt eine solche. Denn wie der Flügel eines Vogels an und für sich und getrennt vom Vogel sich weder je erhübe noch senkte, so vermöchte auch der Vogel ohne Flügel weder empor zu steigen noch sich herab zu lassen. Und so verhält sich die Sohnschaft zum heiligen Geiste und der heilige Geist zur Sohnschaft.

Wie ein Vogel von seinen Flügeln, wurde also die Sohnschaft empor gehoben von dem heiligen Geiste; und sie kam in die Nähe der leichten Sohnschaft und des nichtseienden Gottes, der die Welt geschaffen hatte aus Nichtseiendem, aber sie vermochte dieses nicht mit sich zu tragen, da es ihr nicht wesensgleich war und weil sie auch nichts vom Wesen der Sohnschaft an sich hatte. Sondern wie vielmehr reine und trockene Luft gegen das Wesen der Fische und ihnen verderblich ist, so war auch dem heiligen Geiste gegen sein Wesen das unaussprechlicher als das Unaussprechliche über allen Namen gelegene Gefilde der nicht seienden Gottheit sowohl als auch der Sohnschaft. So verließ denn die Sohnschaft den heiligen Geist in jenem säligen, jedem Gedanken und ebenso jeder Schilderung durch die Sprache entrückter Gefilde weder gänzlich einsam, noch getrennt von dieser Sohnschaft. Sondern vielmehr wie die höchst wohlriechende Myrrhe in ein Gefäß getan, darin, auch wenn es noch so sorgfältig entleert wird, doch ihren Geruch zurück läßt, obgleich sie vom Gefäße getrennt ist, das ihren Geruch behält, obgleich es nicht Myrrhe ist, – so verblieb auch der heilige Geist zwar ohne Anteil an der Sohnschaft und gesondert von ihr, hat aber, ähnlich dem Geruche der Myrrhe die Kraft der Sohnschaft in sich. Und das ist es, was gesagt ist: „Wie Myrrhe" auf dem Haupte, die herab fließt in den Bart des Aaron" (Ps. CXXXII, 2), nämlich der Geruch, der von dem heiligen Geiste von oben herab gebracht wurde bis zur Formlosigkeit und zu unseren Regionen, auf welchem die Sohnschaft gleichwie mit den Flügeln des Adlers[1] auf seinem Rücken empor getragen sich zu erheben begann. Denn alles dringt von unten nach oben, vom Schlechteren zum Besseren, und nichts ist so sinnlos von dem, was

[1] Vgl. S. 202, wo das Evangelium gleichsam im Adlerfluge herabkommt, ferner die „Adler" bei den Mithrasverehrern (S. 265) und endlich Deuteron. XXXII, 11 und Exod. XIX 4.

die Oberhand hat, daß es etwa gar herab stiege nach unten. Doch die dritte Sohnschaft, welche der Reinigung bedarf, blieb zurück in dem großen Haufen der Samenfülle, Wohltaten übend und empfangend.

Als nun der erste und zweite Aufstieg der Sohnschaft erfolgt war, verblieb der heilige Geist in der erwähnten Art daselbst als Feste zwischen dem Überweltlichen und der Welt eingeordnet - denn zwischen der Welt und dem Überweltlichen ist in mitten der heilige Geist in der Höhe, ausgestattet mit dem Geruche der Sohnschaft, der in ihm bleibt - und durch diese Feste, welche oberhalb des Himmels ist, brach durch und wurde geboren aus dem Weltsamen und dem Haufen der Samenfülle der große Herrscher, das Haupt der Welt, an Schönheit, Größe und Gewalt jeder Zerstörung entrückt. Denn unaussprechlicher ist er als das Unaussprechliche, mächtiger als das Mächtige, weiser als das Weise und überlegen jeder Tugend, die du nennen magst. Dieser erhub sich, kaum geboren, zur Höhe und schritt vollends nach oben bis zur Feste, in der Meinung, die Feste sei des Emporschreitens und der Erhebung Ende. Und da er meinte, dahinter sei überhaupt nichts mehr, ward er von allem, was unter ihm war, von allem innerhalb der Welt, der Weiseste, Tüchtigste, Hervorragendste, Leuchtendste und in jedem Vorzug allem überlegen, das du nennen magst, außer jener noch in der Samenfülle zurück gebliebenen Sohnschaft; denn er wußte nicht, daß sie weiser sei und mächtiger als er und ihm überlegen.

In der Meinung also, er selbst sei der Herr und Machthaber und weise Baumeister, wandte er sich der Schöpfung der Welt im einzelnen zu. Und zuerst gefiel es ihm, nicht allein zu sein. Und er schuf sich und zeugte sich aus dem, was ihm zur Verfügung stand, einen Sohn, weit mächtiger und weiser als er; denn all das hatte vorher bestimmt der Gott, der nicht ist, als er die Samenfülle herab warf. Beim Anblicke des Sohnes bewunderte ihn der Herrscher und gewann ihn lieb und erstaunte über ihn; denn ganz übergewaltig war seine Schönheit in den Augen des großen Herrschers, und der Herrscher setzte ihn sich zur Rechten. Und das ist die Acht, wo der große Herrscher seinen Sitz hat. Die ganze himmlische Schöpfung im Bereiche des Äthers hat der große, weise Weltschöpfer selbst gemacht; die Kraft dazu aber gab und flößte ihm ein der von ihm entstandene Sohn, der viel weiser war als der Weltschöpfer selbst. Und alles im Ätherbereiche ist voraus bestimmt und geordnet durch die Wirksamkeit des großen Herrschers bis zum Bereiche des Mondes; denn von hier an ist zwischen Äther und Luft geschieden.

Und als nun alle ätherischen Dinge geordnet waren, schritt wieder ein anderer Herrscher aus der Samenfülle hervor, größer als alles, was unter ihm lag, ausgenommen die zurück gelassene Sohnschaft, jedoch viel mangelhafter als der erste Herrscher. Aber auch er ist unaussprechlich. Und sein Ort heißt die Sieben, und von allem, was unter ihm liegt, ist er der Ordner und Schöpfer, der auch selbst wieder sich einen Sohn machte aus der Samenfülle, der selbst wieder besonnener und weiser war als er, ähnlich dem Sohne des ersten Herrschers. Aber das, was in diesem Bereiche ist, ist der Haufen und die Samenfülle selbst, und alles Gewordene wurde gewissermaßen schon im voraus gezeugt von dem, der das Künftige, was, wann und wie es geschehen soll, erwog. Und hierfür ist der Vorsteher und Ersinner und Schöpfer Niemand; denn hierfür genügt jene Überlegung, welche der Nichtseiende, als er sie tat, anstellte.

Da nun die ganze Weltordnung und das Überweltliche vollendet ist und in nichts mangelhaft, so bleibt die dritte Sohnschaft in der Samenfülle zurück, die in dem Samen zurück gelassen wurde, um Wohltaten zu üben und zu empfangen, und es mußte die zurück gelassene Sohnschaft enthüllt werden und wiederkehren nach oben, dort ober den grenzbildenden Geist, zur leichten Sohnschaft, die da abbildete den Nichtseienden, wie geschrieben steht: „Und die Schöpfung selbst stöhnt auf und kreißet angesichts der Enthüllung der Söhne Gottes" (vgl. Röm. VIII, 19). Die Söhne aber sind wir, die geistigen Menschen, hier zurück gelassen, um zu ordnen und zu gestalten und auf zu richten und zu vollenden jene Seelen, deren Wesen sie dazu bestimmt, in diesem unteren Bereiche zu bleiben. „Bis zu Moses von Adam an herrschte die Sünde" (vgl. Röm. V 13, 14), wie es geschrieben steht; denn es herrschte der große Herrscher, dessen Bereich sich erstreckte bis zur Feste, da er meinte, selbst alleiniger Gott zu sein, über dem niemand sei, da alles in verborgenem Schweigen verwahrt wird. Das ist das Geheimnis, das frühen Geschlechtern nicht kund ward.

Es war aber auch für den folgenden Bereich ein König und Herrscher, nämlich für die Sieben. Und die Acht ist unaussprechlich, aussprechlich aber die Sieben. Und das ist der Herrscher der Sieben, der mit Moses sprach und zu ihm sagte: „Ich bin der Gott des Abraham und Isaak und Jakob, und den Namen des Gottes habe ich ihnen nicht offenbart" (denn so soll man die Schriftstelle, Exod. VI 2, 3, schreiben), nämlich den des unaussprechlichen Gottes, des Herrschers der Acht. Und alle Propheten vor dem Retter haben davon gesprochen. Und da wir Kinder des Gottes enthüllt werden mußten, um deretwillen die Schöpfung aufstöhnte und kreißete im Angesichte der Enthüllung, kam die Heilsbotschaft in die Welt und durcheilte alle Herrschaften und Machtbereiche und Herrschersitze und alle genannten Namen[1]. Sie kam aber in Wahrheit, obgleich nichts von oben herab kam und obgleich auch die seelige Sohnschaft nicht wegtrat von jenem undenkbaren, nicht seienden Gotte. Denn so wie indischer Naphtha, wenn er sich auch in weitem Abstande davon zeigt, das Feuer fängt, so dringen auch von unten aus der Formlosigkeit des Haufens die Kräfte bis zur Sohnschaft oben hindurch. Denn es berühren und erfassen die Gedanken die obere Sohnschaft wie der indische Naphtha das Feuer fängt oder wie der Sohn des großen Herrschers der Acht an der jenseits der Grenzfeste gelegenen Seligkeit der Sohnschaft seine Leuchte entzündet. Denn die Macht der Sohnschaft in mitten des Bereiches des heiligen Geistes gibt im Flusse und Fluge die Gedanken der Sohnschaft weiter an den Sohn des großen Herrschers.

Es kam also die Heilsbotschaft, das ist die Erkenntnis des Überweltlichen, die der große Herrscher nicht verstand, zuerst von der Sohnschaft durch Vermittlung des zur Seite des Herrschers harrenden Sohnes zu dem Herrscher, und der Herrscher erfuhr, daß er nicht der Gott des Alls war, sondern gezeugt, und daß oberhalb von ihm sich der hinterlegte Schatz des unaussprechlichen und unnennbaren Nichtseienden und der Sohnschaft befände. Und er wand sich und geriet in Schrecken bei der Erkenntnis seiner früheren Unwissenheit. Das ist es, wenn es heißt: „Anfang der Weisheit ist die Furcht des Herren" (Sprüche I 17). Denn er begann, weise zu werden, unterrichtet von dem neben ihm thronenden Gesalbten, belehrt, war der Nichtseiende ist, wer die Sohnschaft, wer der heilige Geist, wie die Einrichtung des Weltalls ist und wohin sie zurück kehren wird. Das ist die im Geheimnisse erwähnte Weisheit, von der die Schrift sagt: „Nicht in Worten, gelehrt von menschlicher Weisheit, sondern in solchen, gelehrt vom Geiste" (I Kor. II 13). Unterrichtet also und belehrt und in Furcht versetzt, bekannte der Herrscher seine Verfehlung, die er begangen hatte durch seine Überhebung. Und das ist es, wenn es heißt: „Meine Verfehlung habe ich erkannt, meine Übertretung sehe ich ein; von ihr will ich Zeugnis ablegen in Ewigkeit" (vgl. Ps. XXXI 5).

Und als der große Herrscher unterwiesen wurde, wurde auch unterwiesen und belehrt die ganze Schöpfung der Acht, und das Geheimnis wurde den Himmlischen bekannt, und die Heilsbotschaft mußte auch schließlich zur Sieben gelangen, auf daß auch der Herrscher der Sieben vom Heile unterrichtet werde. So entzündete denn der Sohn des großen Herrschers dem Sohne des Herrschers der Sieben die Leuchte, wie er selbst die seine entzündet hatte von oben her an dem Feuer der

[1] Vgl. Ephes. I 21. Gemeint sind die geheimen, mystischen Namen, welche den Herrschern, ihren Sitzen und Machtbereichen zukommen. Ohne deren Kenntnis ist es Niemandem, auch nicht dem Evangelium, möglich, die Gebete dieser Herrscher (Archonten) zu durchziehen.

oberen Sohnschaft; und erleuchtet wurde der Sohn des Herrschers der Sieben, und auch der Herrscher der Sieben geriet in Schrecken, ebenso wie der große Herrscher, und bekannte. Und alsbald wurde auch in der Sieben sämtliche Schöpfung erleuchtet und empfing die Botschaft des Heils.

Aber nachdem dies geschehen war, mußte auch die Formlosigkeit um uns schließlich erleuchtet werden, und es mußte der einer Fehlgeburt ähnlich in der Formlosigkeit zurück gelassenen Sohnschaft das Geheimnis enthüllt werden, das den früheren Geschlechtern nicht kund ward, wie geschrieben steht: „Durch Enthüllung wurde mir kund das Geheimnis" (Ephes. III 3, 5), und „vernommen habe ich unaussprechliche Sprüche, die dem Menschen zu sagen verboten sind" (II Kor. XII 4). So kam denn das Licht, welches von oben her aus der Acht zu dem Sohne der Sieben gekommen war, von der Sieben derab zu Jesus, dem Sohne der Maria, und er wurde erleuchtet durch die Entzündung des Lichtes, das in ihm erstrahlte. Das ist es, wenn es heißt: „Der heilige Geist wird auf dich herab kommen" (Luc. I 35), nämlich der, welcher von der Sohnschaft durch den Grenzbereich des Geistes zur Acht und dann zur Sieben, und dann bis zu Maria herab kam, „und die Macht des Höchsten wird dich beschatten" (ebenda), nämlich die Macht der Sonderung von der oberen Wartburg her, die dem Weltschöpfer gehört und hindurch dringt bis zur Schöpfung, die des Sohnes ist.

Nachdem aber Jesus entstanden war, geschah alles, wie es in den Evangelien geschreiben steht, damit der Anstoß für die Sonderung der mit einander vermischten Arten Jesus sei. Denn da die Weltordnung getrennt ist in die Acht, die das Haupt der ganzen Weltordnung ist, und in die Sieben, die das Haupt der Siebenheit ist, und in diesem Bereich um uns, in dem die Formlosigkeit ist, mußte durch die Sonderung des Jesus das mit einander Vermischte in Arten getrennt werden. Dem entsprechend litt auch nur jener Teil von ihm, der körperlich war und der Formlosigkeit zugehörte, und auch nur dieser kehrte in die Formlosigkeit zurück; aber der Teil, welcher seelisch war und dadurch zur Sieben gehörte, kehrte zur Siebenheit ein, während der an ihm der Wartburg und dem großen Herrscher Verwandte bei dem großen Herrscher blieb. Jedoch bis oben hinauf trug er empor seinen Anteil an dem grenzbildenden heiligen Geiste, und er verblieb auch in dem grenzbildenden Geiste. Doch wurde durch ihn die dritte Sohnschaft gereinigt, die zurück gelassen worden war, um Wohltaten zu üben und zu empfangen, und sie drang schließlich hinauf zu der seeligen Sohnschaft, alles dazwischen durchdringend. Anstoß zur Artsonderung ward nun Jesus, und sein Leiden fand zu keinem anderen Zwecke statt wie zum Behufe der Absonderung des Zusammengeschütteten. Denn auf dieselbe Weise, auf welche Jesus nach den Arten gesondert wurde, muß auch die Artsonderung der Sohnschaft stattfinden, welche zurück gelassen wurde in der Formlosigkeit, um Wohltaten zu üben und solche zu empfangen.

Die ganze Welt aber besteht auf diese Weise so lange, bis die ganze Sohnschaft, die zurück gelassen wurde, um an den Seelen in der Formlosigkeit Wohltaten zu üben und von Gestaltung durchdrungen solche zu empfangen, Gefolgschaft leisten dem Jesus und wieder gereinigt fürder empor steigt. Und sie wird von so leichter Beschaffenheit, daß sie von selbst empor zu steigen vermag, wie die erste. Denn ihre ganze Kraft ist in natürlicher Weise fest verbunden mit dem Lichte, das von oben herab leuchtet.

Wenn nun die ganze Sohnschaft gekommen sein und sich über den Grenzbereich des Geistes erhoben haben wird, dann wird die Schöpfung Erbarmen finden. Denn annoch stöhnt sie und leidet Qualen und harrt der Enthüllung der Söhne Gottes, auf daß sämtliche Menschen der Sohnschaft von hier nach oben gelangen.

Jedoch wenn dies geschehen sein wird, dann wird der Gott in das ganze Weltall die große Unwissenheit einführen, auf daß alles seiner Natur nach verharre und nichts wider seine Natur begehre. Vielmehr werden alle Seelen dieses Bereiches, die so beschaffen sind, daß sie bloß in ihm unsterblich verbleiben, in ihm verharren ohne Kenntnis eines von ihm verschiedenen oder besseren Bereiches, und es wird auch keine Kunde von den oberen Dingen an ein Ohr, noch die Kenntnis in ein Gemüt dringen, auf daß nicht nach Unmöglichem qualvolles Verlangen trügen die unten befindlichen Seelen, Fischen ähnlich, denen es gelüstet, auf den Bergen unter Schafen zu weiden, und denen sie solches Begehren zum Verderben gereichte. Denn alles an seinem Platze Verharrende bleibt unvergänglich; vergänglich aber ist es, sobald es die ihm von der Natur gesteckten Grenzen überspringen und überschreiten will. So wird denn auch der Herrscher der Sieben nichts von dem erkennen, was ober ihm liegt, denn auch ihn wird die große Unwissenheit ergreifen, und desgleichen auch alle unter ihm liegenden Schöpfungen.

Doch auch den großen Herrscher der Acht wird desgleichen die nämliche Unkenntnis erfassen und ebenso alle Schöpfungen unter ihm, auf daß keines nach keinem wider seine Natur begehre und auch nicht leide. Und dermaßen wird die Rückkehr aller nach der Natur in dem Samen und Ursprung gestifteten Dinge nach zugemessenen Zeitläufen erfolgen. Daß aber Jegliches seine eigene Zeit hat, erhärtete der Retter mit seinem Ausspruche: „Noch ist meine Stunde nicht da" (Joh. II 4), ebenso die Magier, welche den Stern sahen (vgl. Matth. II 1 f und S. 112 ff); denn auch er war unter der Entstehung der Sterne und Gezeiten der Rückkehr in dem großen Haufen vorher bedacht.

Denn Gegenstand des ganzen Weltgeschehens ist die Zusammenschüttung der Samenfülle und die Absonderung und Rückkehr des Zusammengeschütteten an die jedem Dinge eigenen Orte.

Bei den Doketen entsprach die Frucht des Baumes dem Nichts. Sie sollte das „Nichts" sein, das Gott zu Finsternis, Dunkel und Wirbel hinzu fügen mußte, als er die Welt bildete. Damit war der Grundgedanke des Basilides gegeben. Entsteht aus der verschwindend kleinen Größe, aus der Frucht, die dem Nichts gleich ist, der Weltenbaum, dann entsteht überhaupt die ganze Welt aus dem Nichts, dann ist das Nichts die unendliche Fülle, aus der die Welt wird.

Basilides beruft sich, um diesen Gedanken zu verdeutlichen, auf das evangelische Gleichnis vom Senfkorne, aus dem ein mächtiger Baum wird. Damit bringt er zum Ausdrucke, daß er an die Gedanken der Doketen anknüpft. Denn so wie für die Doketen der Feigensamen, so ist für das Evangelium und Basilides eben das Senfkorn die „verschwindende Größe". Auch die unzählbare Menge der Samenkörner in einer einzelnen Feige wird bei dem Senfbaume durch die unzählbare Menge seiner Samenkörner ersetzt. Diese ganze Unendlichkeit von Samen, d. h. im Sinne des Basilides von Nichtsein, ist aber schon in dem ersten Samenkorne enthalten. Daher nennt er das Nichts einen Schatz, einen Haufen von Samen, eine Samenfülle, die in dem nichtseienden Gotte verborgen ist.

Ferner vergleicht er die Mannigfaltigkeit von Möglichkeiten, die in dem Nichts schlummert, mit der Mannigfaltigkeit bunter Farben, die in dem Pfaueneie schlummern. Aber der Pfau ist zu dieser Vergleichung nicht zufällig gewählt worden. Man unterschied 365 Farben in seinem Gefieder. Er war also ein kosmologischer Vogel. 365 Himmel hat wohl schon Basilides und nicht erst seine Schule unterschieden. Nun sind in dem Pfauenei weder die Farben vorhanden, noch ein Licht, aus dem sie hervor gehen könnten: trotzdem stellen sie sich ein. Aus Nichtvorhandenem also wird das Licht und die Mannigfaltigkeit der Farben in dem Gefieder des Pfaues, indem es von dem Samen der in seinem Eie liegt, den Ausgang nimmt. Und so wie das Pfauenei der Befruchtung durch den Samen des Pfauhahnes bedarf, bedarf auch die Welt der Befruchtung durch den Samen Gottes. Daraus folgt, daß Gott seinen Samen in die Welt herab fallen lassen mußte; sonst wäre sie ja nicht entstanden. Basilides läßt sich, indem er diesen Samen als Wort Gottes bezeichnet, auch darauf ein, andere Vorstellungen von der Weltschöpfung ausdrücklich ab zu weisen. Gott hat sie nicht wie ein Handwerker gebildet – so wurde nur jener ganz kleine, mißratene Teil geschaffen, den der Weltschöpfer mit seinen Engeln hervor brachte –, er hat sie aber auch nicht fertig aus sich entlassen wie die Spinne ihren Faden aus sich entläßt; vielmehr hat er sie durch Befruchtung ins Leben gesetzt, wie der Vater das Kind zeugt. Da aber nichts Weibliches vorhanden ist, woraus er sie hätte zeugen können, sondern der Haufen der Samenfülle ebenso nichts ist wie der nichtseiende Gott, so muß derselbe, auch wenn dies nicht direkt bezeugt ist, mannweiblich gedacht gewesen sein. Und der Same sollte sicherlich nicht nur als „Erguß" in die Welt kommen, sondern die Schöpfung „stöhnt und kreißt", d. h. doch wohl: sie gebiert. Also etwa so wie das Kind aus dem Leibe der Mutter hervor bricht, wird der „Erguß" als Sohn Gottes die Samenfülle durchbrochen haben, die unten ist. Damit stimmt es sehr gut überein, daß Basilides den ersten „Erguß" geradezu als „Sohnschaft" bezeichnet. Wir müssen eine kosmologische Situation voraus setzen, jener bei den Sethianern besprochenen analog. Das Nichts ist oben und licht, die Samenfülle unten und dunkel. Dazwischen aber muß eine Scheidewand sein.

Ein glücklicher Zufall will es, daß in dem Exzerpte aus dem Systeme des Basilides, welches im Nachfolgenden hierher gesetzt ist und von Hippolytos überliefert wurde, sich wenigstens eine Andeutung über eine solche Scheidewand findet. An der betreffenden Stelle wird die „obere Wartburg" erwähnt. Das ist ein „orphisches" Element in dem Systeme; denn die Orphiker nahmen außerhalb des Welteies eine Wartburg an, in die sich der weltschöpferische Gott nach der Weltschöpfung zurück zieht. Da aber bei Basilides zwar wohl das Ei als kosmologisches Bild beibehalten, eine „Weltschöpfung" durch den nichtseienden Gott aber ausdrücklich abgelehnt wird, dürfte der „oberen Wartburg" eine „untere Wartburg" entsprochen haben, so daß beide „Burgen" offenbar die untere und die obere Kuppe des Welteies darstellen. Die innere Wölbung des Eies muß zwischen dem oberen, lichten und dem unteren, dunklen Teile des Nichts liegen, die Eischale selber muß von dem Samenergusse durchbrochen werden. Statt der „Gebärmutter" der Sethianer haben wir also hier, in allen Teilen ganz analog, an ein „Ei" zu denken, in welches der Samen von außen her eindringt. Leider ist nicht einmal eine Andeutung darüber auf uns gekommen, in welcher Form dieser Same die Eischale durchbricht. Wollen wir die Sethianer hierüber zu Rate ziehen, so dürfen wir bloß an die Schlangenform denken, und die Vergleichung mit den Peraten, deren nihilistische Tendenz dem absoluten Nihilismus des Basilides gewiß äußerst nahe steht, würde dies bestätigen. Aber gewichtiger noch als die Folgerung, welche sich demnach aus den nächstverwandten Lehren der Gnosis ergibt, ist es, daß die Perser ein Weltei annahmen, in welches das böse Prinzip von außen (in Gestalt einer Schlange?) eindringt. Dualistische Voraussetzungen bei Basilides geben sich schon daraus zu erkennen, daß er das Nichts in einen hellen und in einen dunkeln Teil gesondert haben muß.

Freilich wird sich alsbald zeigen, daß die Samenergüsse nicht nur die bösen Weltherrscher sondern vor und nach ihnen auch die guten Prinzipien hervor bringen; aber auch bei den Peraten fanden wir eine gute Schlange neben einer bösen und dürfen daher, wenn auch Basilides selbst vielleicht nicht mehr an der Gestalt der Schlange fest gehalten haben mag, einen starken persischen Einfluß auf seine Lehre in einem ihrer früheren Stadien für erwiesen erachten.

Die weiteren Weltereignisse, von denen Basilides redet, lassen sich am besten an der Hand des nachfolgenden Schemas überblicken:

Weltei.

Erste Hülle: Wartburg.

I. Erguß des Samens. Er durchbricht die Umzirkung der Wartburg.
Es entsteht die dreifache Sohnschaft, u. z.

1. Die erste (1) leichte Sohnschaft, die aus eigener Macht zurück kehrt.

2. Die zweite Sohnschaft, die in zwei Teile zerfällt:
a. in die eigentliche Sohnschaft (2) und
b. in den heiligen Geist (3).
Diese Sohnschaft beflügelt sich mit dem heiligen Geiste, kehrt so zurück, hinterläßt aber dem heiligen Geiste ihren Wohlgeruch. Dieser bildet die „Feste".

3. Die dritte (4), schwere Sohnschaft, die der Reinigung bedarf.

Zweite Hülle: Die „Feste".

II. Erguß des Samens. Er durchbricht auch noch die „Feste" des heiligen Geistes. Es entsteht der

1. Weltherrscher (5). Er bildet die sieben Himmel und wird dadurch zum *Achten.*

Dritte Hülle: Siebenter Himmel.

III. Erguß des Samens. Er durchbricht auch noch den siebenten Himmel. Es entsteht der

2. Weltherrscher (6). Ihm untersteht der Bereich der *Sieben.*

Vierte bis achte Hülle: Sechster bis zweiter Himmel.

IV.-VIII. Erguß des Samens. Er durchbricht auch noch alle anderen dazwischen liegenden Himmel. Es entstehen der

3.-7. Weltherrscher (7-11). Der siebente Weltherrscher thront über dem ersten Himmel.

Neunte Hülle: Erster Himmel.

IX. Erguß des Samens. Er durchbricht auch noch den ersten Himmel. Ihm entstammt die

Heilsbotschaft, d. i. Jesus (12).

Der unverkürzte Gedankengang des Basilides mag vielleicht komplizierte gewesen sein; die Grundlinien desselben können aber schwerlich ein anderes Schema als das gegebene voraus gesetzt haben. Auch reicht dasselbe für alle Details des uns Überlieferten aus. Demnach hat Basilides 9 Samenergüsse angenommen und ihnen 9 Hüllen im Welteie zugeordnet. Die Verwandtschaft dieser Konstruktion mit dem Weltbilde, welches in der Mithrasliturgie voraus gesetzt wird, ist auffallend. Dort ist der außerhimmlische Raum, über welchem Mithras gleichsam in seiner „Wartburg" thront, das Zehnte, während von der Erde aus gerechnet ihm 9 Hüllen voran gehen, die der Myste durchbrechen muß, nämlich die Luftregion, sieben Planetenregionen und die Polarregion. In beiden Fällen deutet die Neun natürlich wieder auf die Mondwoche, da auch Basilides eine periodische Wiederkehr, eine Sonderung und Zusammenschüttung der Samenfülle lehrte, die nur an dem Leitfaden der Analogie mit dem Periodenwechsel des Mondes, bei dem der Gegensatz zwischen Licht und Finsternis so deutlich zu Tage tritt, entwickelt werden konnte. Ein astrales, auf den Lauf der Planeten in der himmlischen Rennbahn bezügliches, schon alter, hellenischer Mysterienlehre geläufiges Bild ist es auch, daß die Weltherrscher ihre Fackeln einander in ähnlicher Weise entzünden wie die Läufer im Stadion, welche ihre Geschicklichkeit dadurch an den Tag legen, daß sie das Licht einander mittelst der Fackeln im Laufe weiter geben.

Die Einzelheiten der Lehre des Basilides, namentlich die durch Jesus erfolgende Aussonderung der Samenfülle, die unmittelbar an die anziehende, abstoßende und sichtende Tätigkeit des Meersperbers bei den Peraten erinnert, erläutere ich nicht weiter, da sie als einfache Folgerungen aus dem dargelegten Aufbaue in sich verständlich sind. Dagegen bedarf noch die „große Unwissenheit", welche sich schließlich auf die der Sohnschaft entäußerten Bereiche der Sieben und der Acht herab senkt, der Aufklärung. Man hat in diesem Gedanken einen Anklang an indische Lehren sehen wollen, aber mit Unrecht. Befindet sich die Fülle bei der nichtseienden Gottheit und ist die Sohnschaft, die Trägerin aller Erkenntnis, in das Nichts zurück gekehrt dann kann aus rein systematischen Gründen nur mehr die Unwissenheit in der Welt bleiben. Und dadurch, daß sie sich ausbreitet und alles erfaßt, tritt ja lediglich derjenige Zustand wieder ein, der war, da die Welt noch nicht geworden war. Ausdrücklich erklärte doch Basilides, der nichtseiende Gott habe sich „gedankenlos, empfindungslos, willenlos, vorsatzlos, leidlos, begierdelos" angeschickt, die Welt zu schaffen. Also entsteht die Welt eben aus dem Zustande der Unwissenheit, in den sie nachher wieder versinkt. Sonst wäre das Weltgeschehen nicht, wie Basilides lehrte, periodisch. Basilides hätte also nicht nur seine Lehre von der „großen Unwissenheit" am Ende, sondern auch seine Lehre von der Herrschaft der großen Unwissenheit vor dem Beginne des Weltgeschehens von den Indern entnehmen müssen, wenn anders wirklich sein Nichts irgend etwas mit dem indischen Nirwana gemein hätte. Aber schon dadurch, daß das Nirwana das Ende des Weltgeschehens bedeuten soll, während bei Basilides die Welt periodisch entsteht und vergeht, ist ein so wesentlicher Unterschied zwischen beiden Lehren gegeben, daß von einer Entlehnung aus indischer Gedankenwelt bei Basilides wohl nicht gesprochen werden muß. Seine Begriffe lassen sich restlos aus den Voraussetzungen, welche die Peraten einerseits und die Doketen anderseits vorgebildet hatten, verstehen.

14. SCHULE DES BASILIDES

Von dem ungeborenen Vater wurde geboren im Anfange der Geist. Von ihm wurde der Logos geboren.
Von dem Logos die Besonnenheit.
Von der Besonnenheit die Weisheit und Macht.
Von der Weisheit und Macht, Kräfte und Fürsten und Engel.
Von ihnen, die die ersten ihrer Art waren, wurde der erste Himmel gebildet. Aus ihnen abgeleitet entstanden andere Kräfte und Fürsten und Engel.
Und sie bildeten einen anderen, dem ersten ähnlichen Himmel.
Und auf ähnliche Weise von ihnen abgeleitet entstanden andere Abbilder derer, die über ihnen waren.
Und sie bildeten einen dritten Himmel.
Und von dem dritten aus entstand in gleicher Weise durch Herabstei gen ein vierter.
Und nach derselben Art entstand immer einer aus dem anderen, zusammen mit ihm entsprechenden Kräften und Fürsten und Engeln.
Und im ganzen sind 365 Himmel.
Deshalb hat auch das Jahr 365 Tage, entsprechend der Zahl der Himmel.

Und der große Herr über alle diese Himmel ist Abraxas, da sein Name den Zahlenwert 365 hat, so daß der Zahlenwert seines Namens das All umfaßt[1].

Diejenigen Engel aber, welche den letzten Himmel einnehmen, nämlich den, der von uns erblickt wird, haben alles in dieser Weltordnung eingerichtet und die Erde unter sich aufgeteilt, und die Völker, die auf ihr wohnen.

Der Fürst dieser Engel ist aber der, den man für den Gott der Juden hält. Und da dieser Fürst seinen Menschen, nämlich den Juden, die übrigen Völker unterwerfen wollte, haben alle übrigen Fürsten ihm Widerstand geleistet und gegen ihn gehandelt.
Und deshalb haben auch die übrigen Völker sich gegen dieses Volk gewehrt.

Der ungeborene und ungenannte Vater aber, der den Untergang der Juden sah, sandte seinen erstgeborenen Geist – und der ist es, der der Gesalbte heißt – auf daß er befreie, die an ihn glauben, von der Macht derer, die die Welt gebildet haben.

Und den Völkern erschien er auf der Erde als Mensch; und er wirkte Wunder.
Auch hat nicht er gelitten, sondern ein gewisser Simon aus Kyrene[2], der an seiner Statt gepeinigt, sein Kreuz trug.

---

[1] Vgl. S. 259.
[2] Vgl. Matth. XXVII 32, Mark. XV 21, Luk. X 1, XXIII 26.

Und dieser wurde in Folge der Unwissenheit und des Irrtumes gekreuzigt, verwandelt in die Gestalt des Gesalbten, damit man ihn für Jesum halte.
Jesus selbst aber nahm die Gestalt des Simon an und stand lachend daneben.
Denn da er eine unkörperliche Macht und der Geist des ungeborenen Vaters war, konnte er sich verwandeln, wie er wollte.
Und so stieg er auf zu dem, der ihn entsandt hatte.
Und er verlachte die, welche ihn nicht zu halten vermochten, da sie alle ihn nicht sehen konnten.

Und die, welche dies wissen, sind befreit von der Herrschaft der Fürsten, die diese Welt gebildet haben.
Und sie sollen nicht den bekennen, der gekreuzigt worden ist, sondern den, der in der Gestalt eines Menschen kam und von dem man meinte, er sei gekreuzigt worden; den, der Jesus genannt und vom Vater gesandt war, um durch diese Einrichtung die Werke der Weltbildner zu zerstören.
Wenn also einer den Gekreuzigten bekennt, dann ist er noch immer Sklave und untersteht der Macht jener, welche die Körper bildeten.
Aber wer ihn verneint, der ist von diesen befreit und erkennt die Einrichtung des ungeborenen Vaters.
Doch nur die Seelen, dieser Bekenner werden gerettet; denn der Körper ist seiner Natur nach dem Untergange geweiht.

Die Prophezeihungen aber nahmen eben von diesen Fürsten, welche die Welt gebildet hatten, ihren Ausgang.
Das Gesetz aber wurde von ihrem Fürsten jenem Propheten gegeben, welcher das Volk aus dem Ägypterlande führte.
Er befahl den Juden, den Bilderdienst zu verachten und den Namen Gottes zu ehren.

Es hat aber jeder Himmel seinen eigenen Namen und jeder Engel und Herrscher über ihm und jede Macht in ihm.
Und auch die Welt selbst hat einen Namen und der Retter, der in sie herab gestiegen ist, heißt Kaulakau.
Und wer diese Namen erlernt hat und alle Engel kennt und ihre Mächte weiß, der wird selbst unsichtbar und unfaßbar für alle Engel und Mächte, genau so wie jener Kaulakau.

Und wie der Sohn von niemandem erkannt wird, so braucht auch der Wissende von niemandem erkannt zu werden.
Denn da er alles weiß, kann er auch alles durchschreiten und ist für alle unsichtbar und unerkennbar.
„Du erkenne alle, dich erkenne keiner."

Deshalb sind auch die, welche diese Beschaffenheit besitzen, bereit zur Verneinung und können auch wegen der Namen, die sie wissen, nicht leiden, da sie allen Dingen ähnlich sind.
Und nicht alle vermögen dies zu wissen, sondern „einer von tausend und zwei von zehntausend."
Und noch sind diese Wissenden nicht Juden, aber schon nicht mehr Christen.

Und diese Geheimnisse dürfen nicht ausgesprochen werden, sondern sie sind in Schweigen verborgen zu halten.

Ähnlich wie die Lehre des Simon wurde auch die des Basilides alsbald durch die erweiternde Tätigkeit seiner Schüler getrübt, ihrer Eigenart beraubt und verwandten gnostischen Systemen angenähert. Solchen Ursprung haben wir für die zweite Lehre an zu nehmen, welche ebenfalls unter dem Namen des Basilides bei Epiphanius und Irenäus überliefert ist.

Daß Basilides selbst schon 365 Himmel gelehrt und den Namen Abraxas auf sie bezogen habe, halte ich, da er das Pfauenei, in dem die 365 Farben des Pfauengefieders vorgebildet sein sollten, zur Vergleichung mit dem Welteie heran zog, nicht für ausgeschlossen. Die 365 Himmel wären eben gruppenweise seinen sieben Haupthimmeln und den 9 Hüllen zu geordnet gewesen. Aber die ausgesprochen judenfeindliche Tendenz, die den Weltherrscher Abraxas zum Jehowah der Juden macht, scheint doch schon eine Weiterbildung der Keime zu sein, die allerdings schon bei Basilides vorgebildet waren. Ein deutlicher Versuch aber, der Gemeinde des Simon (Magus) nahe zu treten, läßt sich in der mystischen Vertauschung des Simon (von Kyrene) mit Jesus erkennen, welche sich diese Basilidianer zu recht gelegt haben. Daß hierbei weniger der Ort, aus dem dieser Magier stammen soll, als der Name Simon selber in Betracht kommt, sieht man daraus, daß auch der Simon dieser Schule ein Zauberer sein mußte. Nur durch Zaubermacht konnte Jesus zu Simon, Simon zu Jesus werden. Gezaubert wurde aber bei allen diesen Sekten vornehmlich durch das Aussprechen mystischer Namen. Schon gelegentlich unserer Bemerkungen über Simon Magus haben wir die Vermutung nicht unterdrücken können, daß er sich durch die Kenntnis des geheimes Gottesnamens in die Luft erhob. Hier, bei den Basilidianern, könnte in der Tat eben so gut von Judas Ischarioth die Rede sein wie von Simon. Judas war für manche Gnostiker ein Sprößling des Kain (über diesen vgl. Nr. 9, S. 283) und also selber Messias. Auch kann Jesus dadurch, daß er sich in Simon verwandelt, „nicht mehr gehalten werden“, d. h. die Weltbildner können nicht mehr seine Himmelfahrt hindern. Also hat, wenn nicht alles trügt, auch die Schule des Basilides eine Himmelfahrt in ihrer Art, vielleicht sogar einen Weltflug im Stile der Konkurrenz Judas-Jesus, gekannt. Der große Gottesname, der so ungeheuere Macht verlieh, wird eben Abraxas gelautet und durch alle 365 Himmel geführt haben. Ein anderer mystischer Name dieser Art ist Kaulakau. Die Naassener haben ihm in späterer Zeit, als auch ihre Gemeinden schon derlei Einflüssen unterlagen, ebenfalls verehrt. Er ist hebräisch und stammt aus Jesaias XXVIII, 13, wo die Worte: „Gebot an Gebot, Maß an Maß; hier ein wenig, dort ein wenig“ im Bibeltexte mit „kaulakau saulasau ziezer“ beginnen. Daraus also machte man drei mystische Namen: Kaulakau, Saulasau, Ziezer. Der erste von ihnen wird an unserer Stelle für die Basilidianer bezeugt. Namen dieser Herkunft gab es in ungezählten Mengen. Besonders in Ägypten blühte das Zauberwesen in solcher Form und artete dort immer mehr zu einem bunten Systeme willkürlich durch einander geworfener, schwer aussprechbarer und meist völlig sinnloser Namen aus. Daß 365 solcher Namen und wohl noch mehr wirklich nur „einer von tausend“ behalten konnte und hoffentlich auch nur „zwei von zehntausend“ auswendig lernen wollten, darf man zur Ehre jener Zeiten immerhin glauben. Dem hohen Fluge der Gedanken, der dem Basilides eigen war, vermochte seine Schule, wie wir aus diesen ihren traurigen Leistungen sehen, nicht mehr zu folgen.

15. KARPOKRATES

In der Höhe ist der eine Ursprung und der Vater des Alls, unerkennbar, unnennbar, willens, Gleichheit unter den Dingen zu stiften. Die Welt jedoch, und was in ihr ist, stammt von Engeln, welche weit hinter dem unverkennbaren Vater zurück stehen.
Dadurch, daß sie der höchsten Macht abtrünnig wurden, bildeten sie die Welt.

Und Jesus, unser Herr, war ein Sohn des Joseph, nicht anders als alle Menschen aus dem Samen von Mann und Weib entstanden, doch von den gewöhnlichen Menschen durch Weisheit, Tugend und Gerechtigkeit unterschieden.

In seinen Körper wurde das Gesalbte mit der Erinnerung an das, was er in der Höhe, als er im Umkreise des unerkennbaren Vaters war, gesehen hatte, von eben diesem Vater entsandt, mit dem Auftrage, den Jesus zu veranlassen, er möge die weltbildenden Engel fliehen, alle Dinge der Weltordnung durchschreiten und hernach, in allen befreit, das ihm Gleichwertige in Liebe umfassend, zu ihm zurück kehren.

So kam es, daß Jesus, aufgezogen in den jüdischen Vorschriften, dieselben verachtete, und eben hierdurch jene Macht erhielt, durch die er im Stande war, im sieghaften Widerstreite gegen die Macht der weltbildenden Herrscher die Leiden auf zu heben, die zur Bestrafung der Menschen dienen.

Und eine Seele, welche im Stande ist, die weltbildenden Herrscher ebenso zu verachten wie Christus, und wie er die Macht zu gleichen Taten erhalten, und falls sie noch größerer Verachtung fähig ist, noch größerer Macht gewürdigt werden und Jesus selbst übertreffen.

Denn Gut und Böse gibt es nur in der Meinung der Menschen; denn keines Menschen Leben führt zur Befriedigung, es sei denn, daß alles, was ihm entgegen steht, ausgestochen ist.

Deshalb droht notwendig der Seele die Verpflanzung, wenn sie nicht schon im ersten Verkehre dieses Lebens allen Verlockungen nachgibt. Denn die Verbrechen sind ein Tribut an das Leben.

Und so oft muß die Seele in den Körper zurück kehren, so oft sie etwas ungetan gelassen hat, durch dessen Unterlassung sie in ihrer Freiheit behindert wurde.

Und deshalb hat Jesus im Gleichnisse gesagt:
„Wenn du mit deinem Widersacher unterwegs bist, dann sieh zu, daß du von ihm befreit werdest, auf daß er dich nicht dem Richter ausfolge, und der Richter dem Diener, und dieser dich in den Körper einschließe. Wahrlich, ich sage dir, du verlässest diesen Ort nicht, bis daß du nicht den letzten Groschen zurück gegeben hast."[1]

---

[1] Luk. XII 58, Matth. V 25, 26.

Und der Widersacher ist einer der Herrscher, die in der Welt sind; er heißt Verleumder und ist dazu geschaffen, die unter gegangenen Seelen aus der Welt zu dem Fürsten zu führen.
Und dieser ist der erste unter den Weltbildnern, und er gibt solche Seelen einem anderen Engel, der sein Diener ist, auf daß er sie in neue Körper einschließe; denn der Körper ist ein Kerker.
Und das ist es, was er sagt: „Du verlässest diesen Ort nicht, bis daß du nicht den letzten Groschen zurück gegeben hast."

Keiner vermag der Macht der Engel, welche diese Welt gebildet haben, zu entgehen, und jeder wird von ihnen in neue Körper verpflanzt; es sei denn, daß er das Maß seiner Verfehlungen erfüllt hat.

Und wenn nichts mehr davon fehlt, dann zieht die Seele befreit zu jenem Gotte, der über den weltbildenden Engeln ist; und derart werden alle Seelen gerettet.

Wenn aber einige dem zuvor kommen und schon in einer Verkörperung in alle Verfehlungen aufgehen, dann kommen sie nicht nochmals in einen Körper; sondern da sie alle Verfehlungen erfüllt haben, werden sie von der Verkörperung befreit.

Die Karpokratianer zogen mit beispielloser Kühnheit aus der nihilistischen Richtung der gnostischen Spekulation die praktische Konsequenzen. An Jesus interessierte diese Häretiker nur, daß er dem jüdischen Gesetze, dem Gesetze der weltbildenden, bösen Engel, zuwider handelte. Wer dies noch rückhaltsloser tut als er, ist auch noch größer als Jesus. Denn die Macht dieser Engel ist groß, ihre Bosheit aber besteht darin, daß sie die menschliche Seele an der Rückkehr zur guten Urgottheit hindern und sie vielmehr nach jedem Sterben wieder in einen neuen Körper verpflanzen. Der Körper aber ist ein Kerker für die Seelen; darin stimmen die Karpokratianer mit alter orphischer Mysterienlehre überein. Freilich begründen sie den Zwang zum Aufenthalte in diesem Körper völlig anders. Nicht die begangenen, sondern die unterlassenen Sünden geben den bösen Engeln die Macht, die Seele wieder in neue Körper zu verpflanzen. Sünde nämlich im Sinne dieser Welt, das heißt Zuwiderhandeln gegen das Gesetz der bösen Engel, ist erst das wahre Verdienst im Sinne jener Welt. Und bevor nicht eine jede Seele die nötigen Verdienste sich erworben, das heißt ein bestimmtes Maß von Sünden im Sinne dieser Welt begangen hat, wird sie nicht frei und würdig, in jene Welt ein zu gehen. Daher das satanische Gebot: Sündige nach Kräften, vielleicht kommst du schon in diesem Leben mit deinem Pensum ans Ende! Gib allen Verlockungen nach, vielleicht wirst du schon in diesem Leben dadurch „befriedigt“ werden!

In diesen Grundsätzen liegt die Logik hellen Wahnwitzes, liegt ein völliges Scheitern und ein Wille zur Selbstzerfleischung, der seines Gleichen sucht. Die Geste dieser Sektierer entbehrt nicht eines gewissen prächtig-düsteren Zuges, einer Weihe, die nur über den ganz großen Taten der Verzweiflung schwebt. Kein Pessimismus kann so erschütternd auch noch das Letzte zerfressen wie diese Gier nach Sünde, nach „Befriedigung“. Und während schon der bloße Gedanke, der in diesem Systeme zur Tat drängt, in seiner Ungeheuerlichkeit Schauder erregt, haben die Karpokratianer und verwandte Sekten ihn auch wirklich ausgeführt. Manche modernen Forscher huschen zaghaften Schrittes an dieser Nachtseite der Gnosis vorbei oder trachten gar, sie zu beschönigen. Gerechter und würdiger ist es, ihr ruhig ins Auge zu blicken und das unendliche Seelenleid schiffbrüchiger Erkenntnis darin zu lesen.

Einen Karpokrates hat es kaum je gegeben. Der Name lautet wohl richtig Harpokrates (vgl. Nr. 1, S. 8) und bezeichnet nicht ein Schulhaupt, sondern eine, namentlich in Ägypten verehrte Gottheit, die dem Priapos der Hellenen verwandt ist und ein Dämon männlicher Zeugungskraft war. Sein Symbol ist der Phallos. Die Gottheit des Basilides, die den Samen ergießt, könnte in manchen Kreisen geradezu als Harpokrates gegolten haben. War das Ei ihr Erzeugnis, mußte ein Hahn sein

Erzeuger sein. Und Abraxas ist hahnenköpfig. So wird er auf zahlreichen gnostischen Gemmen und Amuletten abgebildet. Gnostisch ist daher auch eine uns erhaltene eigentümliche Büste, welche einen hahnenköpfigen Gott darstellt, dessen Schnabel ein Phallos ist (über das „Aufpicken" der zerstreuten Samenkörner vgl. den Nachweis verwandter mystischer Motive in Nr. 1, S. 191ff). Offenbar soll dies auf den Logos hindeuten, der der Samen der Welt ist. Auf dem Sockel der Büste steht daher ganz richtig geschrieben: „Retter der Weltordnung". Dieser Gottheit gleich den Samen vergeuden, ihn der Macht der weltschöpferischen Engel dadurch entziehen: das ist Sünde im Sinne dieser Welt, aber höchstes Verdienst für die Ewigkeit.

Wie weit die Sekten der Harpokratianer zurück reicht, wissen wir nicht. Auch hat ihre mörderische Lebensauffassung sicherlich nicht an der Wiege der Gnosis gestanden. Trotzdem versteht Epiphanius, der zu diesen Stücken überaus ausführlich ist, vielleicht auch in der Absicht, die Gnosis von ihrer dunkelsten Seite her dar zu stellen, unter „Gnostikern" gerade Sekten dieser Art und nennt vornehmlich die Nikolaiten, die späteren Basilidianer und die Simonianer in solchem Zusammenhange. Sie hatten zahlreiche Schriften, darunter auch ein „Evangelium der Eva", worin Folgendes geschrieben stand: „Auf einem hohen Berge stand ich und sah einen Riesen und einen Zwerg. Und ich hörte es wie die Stimme des Donners und nahte, um zu hören. Und sie sprach zu mir und sagte: Ich bin du, und du bist ich. Und wo du bist, bin ich; und in alle Dinge bin ich zerstreut. Und aus ihnen sammelst du mich, so du willst. Und wenn du mich sammelst, sammelst du dich". Das Zerstreute aber, das gesammelt werden soll, ist der männliche Samen und die weibliche Blutung. In einem anderen Buche, das „die großen Fragen der Maria" betitelt war, wurde geschildert, wie sich der Gesalbte der Maria enthüllte, als er sie auf einen Berg mitgenommen hatte. „Dort betete er und entließ aus seiner Weiche ein Weib und begann, sich mit ihr zu begatten; dann nahm er, was abfloß, zeigte es der Maria und sagte zu ihr, so müsse man handeln, um zu ‚leben'. Da entsetzte sich Maria und fiel zu Boden. Er aber erweckte sie und sprach zu ihr: Kleingläubige, was zweifelst du?" Eine andere Schrift dieser „Gnostiker" hieß „Das Buch Noria" und führte ihren Namen von Noria, dem Weibe des Noah, deren Name „Feuer" bedeutet in der Sprache der Syrer, und die daher der Pyrrha, dem Weibe des Deukalion, bei den Hellenen entspricht. „Sie wollte mit Noah zusammen in der Arche Aufnahme finden, aber der Fürst und der Schöpfer der Welt gestattete es ihr nicht, da er sie samt allen übrigen Menschen in der Sintflut vernichten wollte. Daher setzte sie sich wider seinen Willen nicht einmal, sondern zweimal und dreimal in die Arche und steckte sie in Brand. So kam es, daß der Bau der Arche des

Noah viele Jahre dauerte, weil dieselbe mehrmals von ihr in Brand gesteckt wurde. Denn Noah war den Fürsten gehorsam, Noria aber enthüllte die oberen Gewalten, die den Fürsten entgegen sind. Und sie zeigte ferner, daß das der oberen Mutter von dem Fürsten dieser Welt und den übrigen Göttern, Engeln und Dämonen seiner Umgebung Geraubte aus der Macht der Körperlichkeit befreit und in der Gestalt der männlichen und weiblichen Absonderung gesammelt werden müsse". Hier tritt also Noria in derselben Funktion auf wie Eva, Maria oder Sophia und die anderen „Huren", welche in mehr durchgeistigter Bedeutung in vielen der bisher besprochenen gnostischen Systeme eine wichtige Rolle spielten.

Von dem Leben in solchen „Gemeinden", von ihren Kultübungen und ihren Schriften, berichtet Epiphanius auch noch Folgendes:

„Die Weiber haben sie gemeinsam. Und wenn einer aus ihrer Sekte zu ihnen zu Gaste kommt, erkennen sich Männer und Weiber wechselseitig daran, daß sie die zur Begrüßung dargebotene Hand unterhalb der Handfläche durch leichtes Streicheln kitzeln. Sobald sie einander erkannt haben, wenden sie sich sofort der Bewirtung zu. Auch wenn sie arm sind, lassen sie reichlich Fleischspeisen auftragen und Wein. Haben sie gezecht und sich gesättigt, so geben sie sich der Lust hin. Der Mann tritt von seiner Frau weg und spricht zu ihr: Steh auf und tu deinem Bruder Liebes. Nachdem sie sich begattet haben, nehmen Mann und Weib den vom Manne erflossenen Samen auf die Hände und beten, indem sie die Hände zum Himmel erheben, zum Vater des Alls: Diesen Leib Christi bringen wir dir zum Geschenke dar. Dann essen sie davon und sagen: Das ist der Leib Christi und das ist das Paschamahl, um deswillen unsere Körper leiden und das Leiden Christi zu bekennen gezwungen werden. Und auch wenn die monatliche Blutung des Weibes eintritt, verzehren sie dieses Blut und sagen dabei: Das ist das Blut Christi. Deshalb lesen sie auch in ihren geheimen Büchern: Ich sah einen Baum, der zwölf Früchte im Jahre trägt, und er (Gott? vielleicht aber sollte auch der Baum selber eine Stimme haben) sprach zu mir: das ist das Holz des Lebens. Das deuten sie auf die monatliche Reinigung des Weibes. Aber obgleich sie sich mit einander begatten, verbieten sie die Zeugung von Kindern. Wird aber doch ein Weib bei der Begattung schwanger, dann treiben sie das Kind ab, sobald es ihnen gut dünkt, nehmen die Frühgeburt und zerstampfen sie in einem Mörser mit einer Keule, tun Honig, Pfeffer, Myrrhe und andere Spezereien hinzu, um sich nicht zu erbrechen, nehmen mit den Fingern von der Speise und beten: Nicht hat uns der Fürst getäuscht; vielmehr sammeln wir den Erguß unseres Bruders. Auch pflegen sie sich die Hände mit Samen zu beschmieren und am ganzen Körper nackend zu beten, um durch diese

Veranstaltung Gott gegenüber völlige Offenheit zu erzielen. Männer und Weiber pflegen ihre Körper Tag und Nacht, salben sich, baden, schmausen, zechen und unterhalten sich mit Geschlechtsverkehr und Trunkenheit. Denn der Fürst, der diese Welt gemacht hat, will die Nüchternheit, und deshalb muß man den Körper dazu stählen, daß er im Stande ist, zu seiner Zeit die Frucht zu tragen".

Eine verwandte, besonders in Ägypten heimische Sekte waren die Phibioniten. Sie veranstalteten Orgien, bei denen sie die Weiber einander weiter gaben. Dabei sprach der Empfänger zu dem Weibe: Vereine dich mit mir, auf daß ich dich vor den Herrscher bringe. Danach sprach er dann den Namen eines der 365 Engel aus, welche in den 365 Himmeln herrschen. Wer dies 365 mal der Reihe nach getan hatte, sagte: Ich bin der Gesalbte; denn ich bin durch die 365 Namen der Herrscher herab gestiegen. Andere Gnostiker wieder oblagen der Päderastie, andere der Onanie aus den nämlichen theoretischen Gründen. Andere wieder befaßten sich nur mit „Jungfrauen". Darunter verstanden sie aber solche Weiber, deren Geschlechtsteil noch nie mit männlichem Samen in Berührung gekommen war, da sie noch stets denselben mit dem Munde auf zu fangen verstanden hatten.

Daß diese Scheußlichkeiten für ausschweifende Menschen ein Anlaß werden konnte, sich der gnostischen Bewegung an zu schließen und ihr den Stempel der eigenen Gemeinheit auf zu drücken, bedarf keiner Erörterung. Wohl wenige von den Vielen, die heutigen Tages eine „Umwertung aller Werte", ein „Sich ausleben Lassen" und ähnliche wohlfeile Schlagworte verkünden, dürften eine Ahnung haben, wie schroff und rücksichtslos ganz nahe verwandte moralische Experimente von den „Gnostikern" in abscheulichen Taten verwirklicht wurden und wie trostlos niedrig das Ende war, zu dem sie führten.

VI. DIE SCHULE DES VALENTINOS

16. DIE VALENTINIANER

a) LEHRGEBÄUDE

A. DIE EREIGNISSE INNERHALB DER FÜLLE

1. DIE DREISSIG EWIGEN INNERHALB DER FÜLLE

In unsichtbaren und namenlosen Höhlen gibt es einen vollendeten Ewigen von je her.

Er heißt URANFANG, URVATER UND URGRUND.

Unfaßbar und unsichtbar, ewig und unentstanden, weilt er in höchster Ruhe und Stille in unendlichen Ewigkeiten.

Bei ihm ist der GEDANKE, der auch GNADE und SCHWEIGEN heißt. Und es gedachte der URGRUND, aus sich zu entsenden den Anfang Aller, den er gleichsam als Samen zu entsenden und niederzulegen gedachte in die Gebärmutter des SCHWEIGENS, das bei ihm war. Und das SCHWEIGEN nahm diesen Samen auf und wurde schwanger und gebar den GEIST, der dem, der ihn entsandt hatte, glich und allein die Größe des Vaters faßte. Dieser GEIST heißt auch EINGEBORENER und VATER und ANFANG DES ALL. Mit ihm zusammen wurde die WAHRHEIT hervorgebracht. Und das ist die erste urentstandene Vierheit, die Wurzel des All: nämlich der URGRUND und das SCHWEIGEN, dann der GEIST und die WAHRHEIT.

Doch als der EINGEBORENE erkannte, von wannen er hervor gebracht war, brachte auch er das WORT und das LEBEN hervor, den Vater aller, die nach ihm sein sollten, und den Anfang und die Gestaltung der ganzen Fülle. Von WORT und LEBEN wurden durch Vereinigung MENSCH und KIRCHE hervor gebracht. Und das ist die urentstandene, durch vier Namen bezeichnete Acht, derer jeder männlich ist und weiblich zugleich, die Wurzel und die Grundlage des All: URGRUND, GEIST, WORT, MENSCH. Denn der URVATER vereinigte sich durch Verbindung mit seinem GEDANKEN, der EINGEBORENE, das ist der GEIST, mit der WAHRHEIT, das WORT mit dem LEBEN, der MENSCH mit der KIRCHE.

Diese zur Ehrung des VATERS hervor gebrachten Ewigen wollten den VATER auch aus Eigenem ehren und brachten durch Vereinigungen Sprößlinge hervor. WORT und LEBEN brachten nach dem MENSCHEN und der KIRCHE andere zehn Ewige hervor: den UNERGRÜNDLICHEN, die MISCHUNG, den NIEALTERNDEN, die EINIGUNG, den SELBSTENTSPROSSTEN, die FREUDE, den UNBEWEGTEN, die VERMENGUNG, den EINGEBORENEN, die SELIGE.

Das sind die zehn Ewigen, die von WORT und LEBEN hervor gebracht wurden. Doch auch der MENSCH brachte mit der KIRCHE zwölf Ewige hervor: den TRÖSTER und den GLAUBEN, den VÄTERLICHEN und die HOFFNUNG, den MÜTTERLICHEN und die LIEBE, den STETSBEDACHTEN und das VERSTÄNDNIS, den KIRCHLICHEN und die GLÜCKSELIGKEIT, den ERSEHNTEN und die WEISHEIT.

Das sind die dreißig verschwiegenen und unerkannten Ewigen, das ist die unsichtbare, geistige Fülle, dreigeteilt in Achtheit, Zehnheit und Zwölfheit. Deshalb hat der RETTER durch dreißig Jahre nichts in der Öffentlichkeit getan, um zu bewähren das Geheimnis dieser Ewigen.

Auch das Gleichnis von den Arbeitern, die in den Weinberg entsandt sind, weist deutlich auf diese dreißig Ewigen hin. Denn die einen Arbeiter (Matth. XX, 2) werden zur ersten, die anderen zur dritten, andere zur sechsten, andere zur neunten, andere zur elften Stunde entsandt; eins, drei, sechs, neun und elf gibt aber zusammen dreißig. Mit diesen Stunden sind also die Ewigen gemeint.

Und das sind die großen, bewundernswerten und verborgenen Geheimnisse. Und was immer in den heiligen Schriften geschrieben steht, bezieht sich auf diese Geheimnisse.

2. DAS LEIDEN DER ERSTEN WEISHEIT

Der URVATER dieser Ewigen wurde allein von dem aus ihm entstandenen Sohne, nämlich von dem EINGEBORENEN, das ist von dem GEISTE, erkannt. Für die anderen insgesamt war er unsichtbar und unfaßbar; denn nur der GEIST freute sich, da er den VATER sah. Und seine unermeßliche Größe erfassend jubelte er.

Und er gedachte, auch den übrigen Ewigen die Größe des VATERS mit zu teilen, wie groß, mächtig, anfanglos, unfaßbar und unbegreiflich der VATER zu schauen sei.

Das SCHWEIGEN aber hielt ihn nach dem Willen des VATERS zurück, da sie wollte, daß in Allen Wunsch und Sehnsucht nach der Kenntnis von dem URVATER erwache.

Aber auch die übrigen Ewigen sehnten sich in gleicher Weise insgeheim, den zu sehen, der den Samen zu ihrer Entstehung entsandt hatte, und die anfanglose Wurzel zu erkunden.

Aber die allerletzte und jüngste Ewige aus der Zwölfheit, welche MENSCH und KIRCHE hervor gebracht hatten, nämlich die WEISHEIT, trat weitaus hervor. Und sie litt Leiden, fern der Vereinigung des mit ihr verbundenen ERSEHNTEN. Denn was seinen Anfang genommen hatte bei dem GEISTE und der WAHRHEIT, nämlich das Streben nach der Erkenntnis des VATERS, das erfloß jetzt zu der ewigen WAHRHEIT: ein Antrieb zur Liebe, jedoch auch zum Wagnisse, da sie nichts mit dem vollendeten VATER gemein hatte, wie der Geist.

Und ihr Leiden war die Suche nach dem VATER; denn sie wollte seine Größe erfassen. Da sie dies aber nicht vermochte, geriet sie in Unglück und schwere Kämpfe wegen der Größe des URGRUNDES und der Unerforschlichkeit des VATERS und ihrer Liebe zu ihm.

Und in ein unmögliches und undurchführbares Beginnen verstrickt, gebar sie das formlose Wesen, wie eben ein Weib aus sich selbst es zu gebären vermag. Als sie dieses gewahr ward, ward, sie zuerst ob der Unvollendetheit des Erzeugnisses betrübt. Dann aber fürchtete sie, ihm könnte etwa gar selbst das Sein nicht vollständig zukommen. Erschreckt und verwirrt darüber forschte sie nach der Ursache dieses Ereignisses und danach, wie sie das Geborene verbergen könne. Aus ihrem Nachdenken aber beschloß sie, um zu kehren; und sie versuchte, zu dem VATER zurück zu eilen; und sie wagte es eine Zeit lang, bis sie die Kräfte verließen, so daß sie bittflehend sich an den VATER wandte. Und mit ihr baten die übrigen Ewigen und zu allermeist der GEIST.

Damals erhielt das Wesen seinen ersten Anfang von der Unwissenheit, der Trauer, der Furcht und dem Schrecken. Der VATER aber sandte wegen der Bitten des EINGEBORENEN herab zu ihr den BEGRENZER in seinem Ebenbilde, unvermählt, unweiblich. Denn der VATER ist in Verbindung mit dem SCHWEIGEN bald übermännlich, bald überweiblich. Dieser BEGRENZER heißt auch PFAHL[1] und TÄUFER und ERNTER und GRENZSTECKER und GELEITER.

Durch ihn wurde die WEISHEIT gereinigt und gefestigt und mit ihrem Gatten vereint. Und sie wurde in die Fülle aufgenommen, woselbst sie verblieb. Ihre ERWÄGUNG aber ließ sie von sich getrennt zurück mit deren Leidensschicksale. Und dieselbe wurde von dem BEGRENZER begrenzt und gepfählt und wurde das geistige Wesen, das einen natürlichen Trieb zum Ewigen hat. Aber es ist ohne Gestalt und ohne Wissen, weil es nichts behält; und es heißt deshalb die kraftlose und weibliche Frucht[2].

3. DIE ENTSTEHUNG DES ERSTEN UND DES ZWEITEN GESALBTEN

Nachdem die kraftlose weibliche Frucht außerhalb der Fülle der Ewigen abgesondert war, verließ ihre Mutter (nämlich die wieder in die Fülle zurück gekehrte WEISHEIT) ihre eigene Vereinigung und brachte eine andere, eingeborene Vereinigung nach der Voraussicht des VATERS hervor, auf daß keiner der Ewigen ihr ähnlich je leide, nämlich den Gesalbten und das heilige PNEUMA zur Festigung und Bestärkung der Fülle, von denen die Ewigen wieder in Ordnung gebracht wurden.

---

[1] So übersetze ich das Wort stauros nach seiner Grundbedeutung. Erst die Christen verstanden es als Kreuz. Die Todesstrafe der „Pfählung" (im Sinne der Christen „Kreuzigung") bestand darin, daß der Verbrecher an den Pfahl gebunden wurde, daß man ihm die Gliedmaßen zerschlug und daß man ihn dann so den Strahlen der glühenden Sonne aussetzte.

[2] Vgl. die Samenfülle bei Basilides (Nr. 13), die Frucht des Feuerbaumes bei Simon Magus (S. 314ff.), die Frucht des Feigenbaumes bei den Doketen (S. 287ff.), endlich die goldenen Früchte des Himmelsbaumes, auf welche die peratische Lehre (S. 276ff.) zurück greift. Wie bei den Doketen dem Feigenbaume der Dornbusch steht auch hier der kraftlosen, weiblichen Frucht später (S. 341) eine vollendete, männliche gegenüber.

Denn der Gesalbte lehrte sie die Beschaffenheit der Vereinigung und daß es sein Genüge habe, wenn sie den Begriff des Ungewordenen erkennten. Und er erklärte ihnen die Erkenntnis des Vaters und daß er unfaßbar und unbegreifbar ist, und daß man ihn weder sehen kann, noch hören, es sei denn, daß er durch den Eingeborenen erkannt wird. Und die Ursache des ewigen Verharrens ist für alle Übrigen das Allerunbegreiflichste an dem Vater; was sie aber an dem Entstehen und Geformtwerden begreifen, das begreifen sie durch den Sohn. Und das hat der soeben hervor gebrachte Gesalbte unter ihnen gewirkt.

Das eine heilige Pneuma aber lehrte sie alle in gleicher Weise Dank sagen und führte die wahre Ruhe herbei. Und dermaßen an Form und Meinung gegen einander ausgeglichen, wurden die Ewigen Alle Geister, und Alle Worte und Alle Menschen und Alle Gesalbte. Und die weiblichen unter ihnen wurden in gleicher Weise Alle Wahrheiten und Alle Leben und Alle Pneumata und Alle Kirchen.

Das auf diese Art befestigte All, das zu vollkommener Ruhe gelangt war pries nun in höchster Freude den Urvater und nahm an der großen Begeisterung teil. Und wegen dieser großen Wohltat vereinigten sich aus einem Willen und einem Gedanken alle Ewigen in der ganzen Fülle, und mit ihnen eines Sinnes der Gesalbte und das Pneuma, nachdem ihr Vater sein Siegel auf sie gedrückt hatte, und jeder von den Ewigen trug das Schönste und Strahlendste, das er in sich hatte, bei und brachte es zum gemeinsamen Geschenke dar; und sie verflochten diese Gaben harmonisch mit einander und vereinigten sie sorgsam. Und sie brachten hervor ein Erzeugnis zu Ehre und Preis des Urgrundes: die vollendete Schönheit und den Stern der Fülle, die vollkommene Frucht[1], den Jesus. Er heißt auch der Retter und der Gesalbte und das Wort nach seinem Vater. Und er heißt Aller, weil er von allen entstanden ist.
Und zu seiner Ehrung brachten sie ihnen selbst gleichartige Engel als seine Speerträger hervor.

Das sind die Ereignisse, die sich innerhalb der Fülle abspielten, die Schicksale des in das Leiden verflochtenen Ewigen, der beinahe zu Grunde gegangen wäre in Folge der Menge des Stoffes, als er bei der Suche nach dem Vater ins Unglück geriet. Und das ist die Verfestigung des Begrenzers und des Pfahles und des Täufers und des Ernters und des Grenzsteckers und des Geleiters, die aus dem Kampfe hervor ging. Und das ist die Enstehung des ersten Gesalbten zusamt dem heiligen Pneuma, die aus dem Verzeihen ihres Vaters nach der Entstehung der Ewigen zu Stande kam, und die Herstellung des zweiten Gesalbten, der auch Retter heißt, aus den zusammen gefügten Beiträgen der Ewigen.

[1] Vgl. S. 340.

B. DIE EREIGNISSE AUSSERHALB DER FÜLLE

1. DAS LEIDEN DER ZWEITEN WEISHEIT

Die ERWÄGUNG der oberen WEISHEIT, welche auch ACHAMOTH heißt, wurde losgelöst zusamt ihrem Leiden von der Fülle. Und sie mußte durch den Zwang der Notwendigkeit im Schatten und an nichtigen Orten aufwallen; denn außerhalb des Lichtes und der Fülle war sie gestaltlos und kenntnislos, gleichsam ein Auswurf, weil sie nichts zu behalten vermochte.

Ihrer erbarmte sich der GESALBTE in der Höhe. Und ausgespannt über den Pfahl gestaltete er aus eigener Kraft die Gestalt, die nur im Wesen, nicht aber in der Erkenntnis besteht. Und dann kehrte er zurück, indem er seine Macht an sich zog.

Und er ließ diese Gestaltung des Pfahles zurück, auf daß die ERWÄGUNG ihres Leidensschicksales inne werde, das aus ihrer Trennung von der Fülle erfolgte, und daß auch sie das von ihr Verschiedene anstrebe im Besitze der ihr von dem GESALBTEN und dem heiligen PNEUMA zurück gelassenen Witterung[1] des Unvergänglichen.

Deshalb heißt auch diese ERWÄGUNG sowohl WEISHEIT nach ihrer Mutter als auch heiliges PNEUMA nach dem PNEUMA des GESALBTEN.

Gestaltet und bewußt geworden suchte diese ERWÄGUNG, als sie des WORTES, das ihr unsichtbar beigewohnt hatte, das heißt des GESALBTEN, so rasch wieder entäußert war, nach der Auffindung desjenigen Lichtes zu streben, das sie verlassen hatte, ohne daß sie dies jedoch vermochte, da sie von dem BEGRENZER behindert wurde.

Und damals hinderte der BEGRENZER ihr Drängen nach vorwärts, indem er sprach: IAO[2]. Von hier leitet der Name Iao seinen Ursprung her, und den Begrenzer vermochte die Erwägung nicht zu durchdringen. Denn verflochten war sie in ihr Leidensschicksal und vereinsamt außen zurück gelassen, und verfallen an jede Art des vielgestaltig bunten Leidens.

Und sie litt die Trauer, daß sie das Licht nicht erfassen konnte, und sie litt die Furcht, wie das Licht könne sie auch das Leben verlassen, und sie litt den Zweifel, da sie von nichts etwas wußte.

Und sie hatte nicht wie ihre Mutter, die erste WEISHEIT, die Ewige, bloß Veränderungen zu erleiden, sondern die Gegensätzlichkeit[3].

---

[1] Gemeint ist eine Spur des Wohlgeruches des Pneuma.

[2] Vgl. S. 258, wo das Aussprechen dieses Namens ebenfalls den Stillstand im Aufruhre des Kosmos herbei führt.

[3] Die Elemente sind einander paarweise entgegen gesetzt, Feuer und Wasser, Erde und Luft. Da aus den Gemütszuständen der ERWÄGUNG die Urstoffe (Elemente) entstehen, muß sie also gegensätzliche Zustände erleiden.

Außerdem widerfuhr ihr noch eine andere Art der Bekehrung zu dem, der ihr das Leben gegeben hatte: sie wurde die Sammlung und das Wesen des Stoffes, aus dem diese Weltordnung besteht.

Denn aus der Bekehrung des Weltalls und des Weltbildners hat alle Seele ihren Ursprung genommen. Aus der Furcht und der Trauer hat alles Übrige seinen Anfang; denn aus den Tränen der ERWÄGUNG sind die Meere und Quellen der Ströme und alles Flüssige geworden, aus ihrem Lachen ist alles Leuchtende geworden und aus ihrer Trauer und ihrem Erschrecken entstanden alle körperlichen Grundstoffe dieser Welt.

Denn bald weinte die ERWÄGUNG und trauerte, weil sie allein in der Finsternis und Leere zurück gelassen war, bald wieder wurde sie froh und lachte, wenn sie des Lichtes, das sie verlassen hatte, gewahr wurde, bald wieder fürchtete sie sich und sorgte sich und war unwissend[1].

Ein großes Leiden entstand der ERWÄGUNG hieraus, und in jämmerlicher Weise litt sie, da ihr Schicksal mit dem Körperlichen verstrickt war.

2. VORBEREITUNG DER WELTSCHÖPFUNG DURCH DEN RETTER

Als die Mutter der Dinge alle Leiden durchschritten und sich mit Mühe über dieselben erhoben hatte, wandte sie sich bittflehend an das Licht, das sie zurück gelassen hatte, nämlich an den Gesalbten. Und er zögerte, da er in die Fülle zurück gekehrt war, zum zweiten Male hinab zu steigen, und sandte ihr den TRÖSTER, nämlich den Retter.

Und er gab ihm alle Macht des Vaters, und übergab alles seiner Gewalt. Und den ewigen trug er auf, in dem TRÖSTER alles Sichtbare und Unsichtbare, alle Kronen, Gottheiten und Herrschaften zu begründen[2]. Und er sandte ihn zu der ERWÄGUNG mit seinen Altersgenossen, den Engeln.

ACHAMOTH scheute sich vor ihm und legte zuerst einen Schleier an vor Scham. Dann aber, als sie ihn im ganzen Reichtume seiner Früchte erblickte, eilte sie auf ihn zu. Und sie empfing von seinem Erscheinen Kraft.

Und der TRÖSTER gestaltete sie zu einer Gestalt nach der Erkenntnis, und er bewirkte die Heilung ihrer Leiden, indem er dieselben von ihr trennte, ohne jedoch dieselben zu vernachlässigen. Denn so wie die Leiden der ersten ACHAMOTH konnte er die dieser nicht verschwinden machen, da sie schon Bestand und Kraft hatten. Aber er schied sie von ihr und tat sie zusammen und ließ sie sich festigen. Und sie, die aus kör-

---

[1] Vgl. den naassenischen Psalm S. 37.

[2] Der TRÖSTER wird also in ähnlicher Weise mit höchster Gabenfülle ausgestattet wie S. 341 Jesus.

perlosen Leiden bestanden, verwandelte er in körperlosen Stoff. Und so gab er ihnen Beschaffenheit und Wesenhaftigkeit, so daß sie sich zusammen ballten und Körper erhielten zur Bildung zweier Wesenheiten: der Schlechtigkeit des Leidens und des Duldens der Bekehrung.

Derart betätigte sich der RETTER bei der Weltschöpfung, indem er sie ermöglichte. Die ACHAMOTH aber war von dem Leiden befreit. Und in ihrer Freude sammelte sie den Anblick der Lichter, die in ihr waren, nämlich der Engel, die den TRÖSTER begleiteten. Und sie empfing von denselben und gebar Früchte nach deren Ebenbilde: eine geistige Geburt nach dem Ebenbilde der Speerträger ihres RETTERS.

Und da drei Arten des Stofflichen sie umgaben: nämlich die eine aus dem Leiden entstammte, die der Stoff selbst war, die zweite aus der Bekehrung entstammte, die die Seele war, die dritte, von der sie schwanger ging, die das Pneuma war, so wandte sie sich zu der Gestaltung dieser Stoffe. Aber das Pneumatische (Geistige) vermochte sie nicht zu gestalten; denn es war von derselben Beschaffenheit wie sie selbst. So wandte sie sich denn zur Gestaltung ihrer seelischen Wesenheit, die aus ihrer Bekehrung entstanden war, und von dem RETTER brachte sie dessen Lehren hervor.

3. DIE WELTSCHÖPFUNG

Zuerst gestaltete die ACHAMOTH aus ihrem seelischen Wesen den Vater und den König Aller, nämlich aller, die ihr wesensgleich sind, das heißt aller Seelischen, die auf der rechten Seite sind, und Aller, die aus dem Leiden stammen und aus dem Stoffe, die auf der linken Seite sind. Und von ihm wurde alles unvermerkt auf den Antrieb der Mutter geformt; und darum heißt er auch der MUTTERVATER, der VATERLOSE, der WELTSCHÖPFER und der VATER. Und zwar heißt er rechter Hand, das heißt im Bereiche des Seelischen, „Vater"; aber linker Hand, das heißt im Bereiche des Stofflichen, heißt er „Weltschöpfer", und in beiden Bereichen zusamt „König". Denn die ERWÄGUNG wollte das All zur Ehrung der Ewigen schaffen, und darum bildete sie Abbilder von ihnen; noch richtiger aber ist es, daß eigentlich der RETTER all dies durch sie schaffen ließ.

Und in dem Bilde des unsichtbaren VATERS verewigte sie sich selbst, ohne daß es der WELTSCHÖPFER merkte, der selbst das Abbild des eingeborenen Sohnes war, so wie die nach ihnen entstandenen Erzengel und Engel den Ewigen glichen.

Und der WELTSCHÖPFER wurde VATER und GOTT aller Dinge außerhalb der Fülle und Schöpfer des Seelischen und Stofflichen. Er schied diese beiden, zusammen geschütteten Wesenheiten und erzeugte aus Körperlosem Körperliches. So schuf er das Himmlische und das Irdische und wurde der Schöpfer des Seelischen und des Stofflichen, des Rechten und des Linken, des Leichten und des Schweren, des empor Strebenden und des herab Sinkenden.

Sieben Himmel richtete er ein, oberhalb welcher er selber ist. Und deshalb ist er die Siebenheit und seiner Mutter ACHAMOTH ist die Achtheit, in Beibehaltung der Zahl des Urentstehens und der ersten Achtheit in der Fülle. Die sieben Himmel aber sind geistige Gebilde, nämlich Engel; und der WELTSCHÖPFER ist selbst ein gottähnlicher Engel, wie auch das Paradies, das oberhalb des dritten Himmels ist, ebenfalls die Gewalt eines Engels ist, von dem Adam, der sich darin aufhielt, etwas erhalten hat.

Dies nun meinte der Weltschöpfer alles aus sich selbst zu zu bereiten; er tat es aber über Antreiben der ACHAMOTH, so daß er den Himmel bildete, ohne den Himmel zu kennen, und den Menschen bildete, ohne den Menschen zu kennen, und die Erde wies, ohne die Erde zu verstehen. Und alles, dessen Gestalten er schuf, kannte er nicht, auch nicht die Mutter selbst, vielmehr glaubte er allein Alles zu sein. Und diese Meinung erregte in ihm seine Mutter, die ihn derart anregen wollte, Haupt und Anfang seiner Wesenheit, Herr der ganzen Dinglichkeit zu sein. Und sie heißt MUTTER und ACHTHEIT und WEISHEIT und ERDE und JERUSALEM und heiliges PNEUMA, und mit ihrem männlichen Namen TOT. Sie besitzt den Platz in der Mitte und ist oberhalb des WELTSCHÖPFERS, jedoch unterhalb und außerhalb der Fülle, bis daß die Vollendung gekommen sein wird.

4. ANTEIL DER STOFFE AN DER WELTSCHÖPFUNG

Da das stoffliche Wesen aus drei Leidenszuständen besteht, aus Furcht und Trauer und Zweifel, fand der Weltschöpfer aus dem Zweifel seine Entstehung, während aus der Trauer das Seelische seinen Bestand erhielt, und aus der Furcht das Übrige seine Entstehung herleitet, wie zum Beispiele die Seelen der wilden und unvernünftigen Tiere, und auch der Menschen.

Und deshalb war auch der Weltschöpfer zu schwach, Geistiges zu erkennen, so daß er sich für den einzigen Gott hielt und durch die Propheten sagen ließ: „Ich bin der Gott, und außer mir gibt es keinen" (Jesaias XLV 5, 6; XLVI 9). Aus der Trauer entstand aber auch das Geistige in der Schlechtigkeit, aus dem der VERLEUMDER seinen Ursprung nahm, der auch WELTHERRSCHER heißt, und das Dämonische und die bösen Engel, und alles geistige Zustandekommen der Schlechtigkeit.

Und der WELTSCHÖPFER ist zwar der Sohn der MUTTER aller dieser, aber der WELTHERRSCHER ist das Erzeugnis des WELTSCHÖPFERS. Und der WELTHERRSCHER erkennt, was über ihm ist; denn er ist das Geistige der

Schlechtigkeit, der WELTSCHÖPFER aber weiß es nicht; denn er ist bloß von seelischer Beschaffenheit.

Ihre MUTTER jedoch wohnt in dem überhimmlischen Orte, das ist in dem Orte der Mitte, der WELTSCHÖPFER jedoch in dem himmlischen Orte, das ist in der Siebenheit, der WELTHERRSCHER endlich in unserer Weltordnung.

Aus dem Erschrecken und dem Zweifel nämlich entstanden auch die Grundstoffe der Weltordnung, also Körperhaftes aus Körperlosem; die Erde aus dem Erstarren des Schreckens, das Wasser aus dem Flusse der Tränen, die vor Angst entströmten, die Luft aus dem Gerinnen der Trauer, das Feuer aber wohnt ihnen allen inne zu Tod und Verderben, wie auch die Unwissenheit in allen diesen drei Leidenszuständen verborgen ist.

5. DIE BILDUNG DES MENSCHEN

Als der WELTSCHÖPFER die Weltordnung schuf, bildete er auch den irdenen Menschen, aber nicht von dieser trockenen Erde, sondern aus der unsichtbaren Wesenheit, indem er von dem hingegossenen, flüssigen Stoffe nahm und ihm das Seelische einhauchte.

Und das ist der Mensch, der im Bilde und in der Ähnlichkeit zu Stande kam, nämlich im Bilde, da er stofflich ist, der Gottheit nur gleichend, doch nicht ihr wesensgleich – in der Ähnlichkeit aber da er seelisch ist, da das Pneuma des Lebens seine Wesenheit ausmacht und aus einer geistigen Quelle stammt. Hernach warf er ihm den häutigen Mantel um, nämlich den Körper des Fleisches.

Aber die Geburt der ACHAMOTH, die sich nach der Betrachtung der Engel, die den RETTER umgaben, gebar, und die wesensgleich der MUTTER war, nämlich geistig, kannte der Weltschöpfer selber nicht. Und unvermerkt legte er, ohne dies selbst zu wissen, in den Menschen die Gabe, daß aus dem, was von ihm in die von ihm gebildete Seele gesäet war und in diesen stofflichen Körper, indem es in ihm als Schwängerung ausreifte und dabei vermehrt wurde, die Fähigkeit zur Aufnahme des vollendeten WORTES erwuchs.

So blieb dem WELTSCHÖPFER der geistige Mensch, der in Folge der geheimen Kraft und Vorsorge der WEISHEIT zugleich mit seinem Hauche in dem irdenen Menschen gesäet wurde, verborgen. Denn so wie der WELTSCHÖPFER von seiner Mutter nichts wußte, ebenso wenig wußte er auch von ihrem Samen, obgleich dieser Same die KIRCHE war, nämlich ein Abbild der KIRCHE, die oben ist. Und dieser geistige Mensch ist in den Menschen, auf daß sie die Seele von dem Weltschöpfer haben, den Körper von dem Lehme, das Fleischliche von dem Stoffe, den geistigen Menschen aber von ihrer Mutter ACHAMOTH.

6. DIE BESTIMMUNG DES MENSCHEN

Von den drei Zuständen ist der stoffliche der linke und muß notwendig zu Grunde gehen, da er keinen Hauch der Unvergänglichkeit auf zu nehmen vermag. Der seelische ist rechts und steht in der Mitte zwischen dem geistigen und dem stofflichen, weshalb er sich dorthin wendet, wohin er den Einschlag erhält. Der geistige ist entsandt, um hier, mit dem seelischen verbunden, gestaltet zu werden und mit ihm zusammen auf zu wachsen und ihn zu bekehren. Und deshalb heißt er das Salz und das Licht der Weltordnung (Matt. V., 13. 14); denn er ist notwendig, um die Seele zur Erkenntnis zu erziehen.

Und daraus ist auch die Weltordnung zubereitet worden, und der Retter ist auch zu diesem Seelischen gekommen, da es in seiner Macht steht, dasselbe zu retten. Denn was er retten wollte, dessen Ursprünge hat er in sich aufgenommen: von der ACHAMOTH hat der GESALBTE das Geistige, von dem WELTSCHÖPFER das Seelische angezogen und von der Welteinrichtung umgab er sich mit dem Körper, der ein seelisches Wesen hat und zubereitet ist mit verborgener Kunst, so daß er unsichtbar und unberührbar, aber leidensfähig ist, obgleich er nicht das mindeste Stoffliche an sich hat. Denn nicht vermag der Stoff die Rettung in sich auf zu nehmen.

Die Vollendung aber wird eintreten, sobald alles Geistige durch Gestaltung und Erkenntnis vollendet ist, nämlich alle geistigen Menschen die vollkommene Kenntnis von GOTT und der ACHAMOTH besitzen und eingeweiht sind in diese Geheimnisse. Denn im Seelischen wurden unterwiesen die seelischen Menschen, die durch Werke und bloßen Glauben bewährt sind, aber nicht die vollendete Erkenntnis besitzen, welche allein die KIRCHE den Ihren verleiht.

Und deshalb bedürfen wir der guten Tat, da anders die Rettung nicht möglich ist, obgleich die geistigen Menschen nicht vermöge ihrer Handlungen sondern vermöge ihrer Veranlagung geistig sind, so daß sie als solche überall und auf jede Art gerettet werden. Denn so wie das Irdene unmöglich an der Rettung teilnehmen kann, so kann auch das Geistige unmöglich die Vernichtung empfangen, in welche Handlungen immer es verstrickt werden mag. Denn so wie das Gold, das in den Schmutz geworfen ist, seine Schönheit nicht verliert, sondern seine eigentümliche Beschaffenheit bewahrt, da der Schmutz dem Golde nichts an zu haben vermag, so nehmen auch die geistigen Menschen, in welche stofflichen Schicksale immer sie auch verflochten werden mögen, durch dieselben keinen Schaden und verlieren nicht ihre geistige Beschaffenheit.

7. DIE ERLÖSUNG DES WELTSCHÖPFERS

Sobald aber der gesamte Samen gereift sein wird, tritt ACHAMOTH, ihre Mutter, vom Orte der Mitte hinweg und gelangt in den Bereich der Fülle. Und sie empfängt ihren Bräutigam, den RETTER, den, der aus den Gaben Aller geworden ist, auf daß eine Vereinigung entstehe des RETTERS und der WEISHEIT, der ACHAMOTH. Und dies ist der Bräutigam und die Braut. Und die ganze Fülle ist das Brautgemach. Und dem entsprechend legen auch die geistigen Menschen ihre Seelen ab und werden zu gedanklichen Pneumata. Unvermerkt und unsichtbar treten sie ein in die Fülle, gewissermaßen als Bräute der Engel, die den RETTER umgeben.

Und auch der WELTSCHÖPFER tritt selbst an den Ort seiner Mutter, der WEISHEIT, das ist an den Ort der Mitte. Die Seelen der Gerechten erholen sich ebenfalls an dem Orte der Mitte; denn nichts Seelisches kann in die Fülle eintreten.

Und sobald dies geschehen ist, ergreift das Feuer, das in der Welt verborgen ist, in seinem Aufflammen und Aufleuchten den gesamten geschaffenen Stoff und verzehrt ihn, so daß er nicht mehr vorhanden ist.

Der Weltschöpfer aber erkennt hiervon nichts, bevor der Retter herab gekommen ist, nämlich der Retter, der durch Maria eintritt. Denn wie das Wasser durch eine Röhre eintritt, so ist auch dieser Retter, von Allen gebildet, aus der Fülle bei der Taufe herab gekommen in der Gestalt einer Taube. Und in ihm entstand der geistige Samen der Achamoth.

Unser Herr ist aus vier Dingen zusammen gesetzt, und er bewahrt das Abbild des Uranfanges und der ersten Vierheit: nämlich aus dem Geistigen, das von der ACHAMOTH ist, und aus dem Seelischen, das vom WELTSCHÖPFER ist, und aus der Einrichtung der Welt, die hergestellt wurde durch eine geheime Kunst, und aus dem Retter, der herab gekommen ist in Gestalt einer Taube.

8. JESUS UND DIE PROPHETEN

Und der RETTER verharrte ohne Leiden; denn er konnte nicht leiden, da er unbegreiflich und unsichtbar war. Und deshalb wurde er entrückt, als jener Jesus, in den er eingepflanzt war, zu Pilatus geführt wurde.

Aber auch der Samen von der Mutter litt nicht in ihm; denn auch dieses geistige Gebilde war ohne Leiden und unsichtbar, selbst für den WELTSCHÖPFER.

Gelitten hat vielmehr nur der seelische GESALBTE und derjenige, welcher auf geheimnisvolle Weise gebildet war aus der Einrichtung der Welt, damit durch ihn seine Mutter das Bild der oberen Gewalten offenbare, nämlich jenes GESALBTEN, der ausgespannt war auf dem Pfahle und der da gestaltete die Achamoth in der Gestaltung ihres Wesens; denn alle diese Gestaltungen sind Abbilder jener Vorbilder.

Jene Seelen aber, welche den Samen der ACHAMOTH erhielten, wurden besser als die übrigen. Und deshalb wurden sie auch mehr als die anderen geliebt von dem WELTSCHÖPFER, ohne daß er jedoch die Ursache wußte, da er vielmehr meinte, diese Seelen seien durch ihr eigenes Verdienst so beschaffen. Und deshalb befehligte er sie in die Körper der Propheten und Priester und Könige; und viel wurde von diesem Samen gesagt und von den Propheten geoffenbart, was aus einer höheren Erkenntnis entsprungen ist. Denn viel hat die Mutter über die überirdischen Dinge durch sie verkünden lassen, und auch durch die Seelen, die von ihnen abstammen. Und demnach teile man die Propheten dahin ein, daß die einen von der Mutter etwas mitgeteilt haben, die anderen von dem Samen etwas mitgeteilt haben, die dritten von dem WELTSCHÖPFER etwas mitgeteilt haben.

Und auch in JESUS unterschied man so, daß er etwas von dem RETTER mitgeteilt hat, daß er aber auch von der Mutter etwas mitgeteilt hat, und daß er von dem Weltschöpfer etwas mitgeteilt hat.

Der WELTSCHÖPFER aber, der nicht wußte, was über ihm war, ward in Bewegung versetzt durch diese Worte, verachtete aber ihren Sinn und meinte, daß eine andere Ursache dieselben verschuldet habe.

9. DIE VOLLENDUNG DER WELTSCHÖPFUNG

Bald hielt er das prophetische Pneuma, das einen ihm eigenen Antrieb zur Bewegung in sich hat, für die Ursache der Prophetie, bald den Menschen oder seine Verflechtung mit dem Wesen. Und so blieb er unwissend bis zur Herabkunft des Herrn.

Als aber der RETTER kam, erfuhr er von ihm alles. Und mit Bereitwilligkeit trat er vor ihm in aller seiner Macht zurück. Und auf ihn bezieht sich, was in dem Evangelium von dem Hauptmanne gesagt ist, der zu dem RETTER sprach: „Denn ich habe unter mir zu einem Befehle Soldaten und Diener, und was ich ihnen auftrage, das tun sie“ (Matth. VIII, 9; Luk. VII, 8).

Und dieser WELTSCHÖPFER wird auch die Schöpfung im gegebenen Augenblicke vollenden, insbesondere auf das Betreiben der KIRCHE, aber auch wegen seiner Kenntnis des ihm in Aussicht gestellten Lohnes, wenn er an den Ort seiner Mutter zurück kehrt.

Es gibt jedoch drei Arten von Menschen: den irdenen, seelischen, geistigen, wie auch entstanden: Kain, Abel, Seth.

Und von ihnen entstammen die drei Beschaffenheiten, nicht jede einzeln, sondern jede als Art.

Und das Irdene ward vergänglich, und das Seelische ruht, wenn es den besseren Teil erwähnt, in dem Orte der Mitte aus, während es, wenn es den schlechteren erwählt, ebenfalls hinaus geht zu dem ihm Verwandten, – das Geistige jedoch, das die ACHAMOTH mitunter auch jetzt noch in gerechten Seelen säet, wird hier gebildet und auferzogen, weil es unmündig hinaus geschickt wurde.

Und hernach wird es der Vollendung für wert erachtet und gleichsam als Braut den Engeln des RETTERS zurück gegeben, während die Seelen dieser Menschen in dem Orte der Mitte unter dem Zwange der Notwendigkeit zusammen mit dem Schöpfer ausruhen bis zur Vollendung.

Und die seelischen Menschen sind ihrer Beschaffenheit nach bald gut, bald böse.

Und die guten sind im Stande, den Samen zu empfangen, die ihrer Beschaffenheit nach Bösen jedoch vermögen niemals den Samen zu empfangen.

Diese Lehre haben die Propheten verkündet und der Herr hat sie gelehrt und die Apostel haben sie überliefert. Wer sie erkannt hat, ist erhaben über alle Anderen.

Und die heiligen Schriften stehen mit ihr in Übereinstimmung, und ebenso die Gleichnisse des Herrn und die Aussprüche der Apostel, auf daß diese Lehre nicht ohne Zeugnis bleibe.

b) SCHRIFTDEUTUNG

A. ZU DEN EREIGNISSEN INNERHALB DER FÜLLE

1. VON DEN EWIGEN

Nirgends sind diese Geheimnisse offenkundig gesagt; denn nicht alle Menschen sind im Stande, sie zu erfassen. Aber in verborgener Weise hat sie der RETTER durch Gleichnisse für diejenigen angedeutet, die dieselben zu verstehen vermögen; denn die dreißig Ewigen werden angedeutet durch die dreißig Jahre, in denen der RETTER nichts öffentlich tat, und durch das Gleichnis von den Arbeitern im Weinberge (Matth. XX 2). Auch Paulus nannte diese Ewigen wiederholt aufs Deutlichste, indem er auch ihre Reihenfolge bewahrte, so oft er sagte: „Durch alle Geschlechter der Ewigen des Ewigen" (Eph. III 21). Und auch bei dem Abendmahle wird gesagt: „Durch die Ewigen der Ewigen", was auf jene Ewigen hinweist. Und wo immer „ewig" oder „Ewige" gesagt wird, bezieht es sich auf jene.

Die Hervorbringung der Zwölfheit der Ewigen wird dadurch angedeutet, daß der RETTER sich in seinem zwölften Jahre mit den Schriftgelehrten unterhielt (Luk. II 42), ferner durch die Berufung der Apostel (Luk. VI 13); denn zwölf Apostel gibt es. Und daß auch der übrigen Ewigen achtzehn sind, ist dadurch gesagt, daß er achtzehn Monate hindurch nach seiner Auferstehung mit den Schülern Umgang pflog. Auch die zwei ersten Buchstaben seines Namens beweisen es, nämlich das Iota und das Eta, daß achtzehn Ewige entstanden[1]. Und die zehn Ewigen werden in gleicher Weise durch das Iota, das seinen Namen eröffnet, angedeutet. Und deshalb sagte der RETTER: „Ein Jota und ein Strichlein werden vorüber gehen, bis daß alles wird geschehen sein" (Matth. V 18).

Und das Schicksal des zwölften Ewigen ist angedeutet durch den Abfall des Judas, der als zwölfter der Apostel den Verrat übte. Ferner ist es angedeutet dadurch, daß Jesus im zwölften Monate litt; denn ein Jahr hindurch hat er nach seiner Taufe verkündet. Auch durch das Weib mit dem Blutflusse wird es klärlich angedeutet. Denn zwölf Jahre hatte sie gelitten, bis sie durch das Erscheinen des RETTERS geheilt wurde, indem sie den Saum seines Gewandes berührte. Und deshalb sagte der Retter: „Wer hat mich berührt?" (Mark. V ff). Und damit lehrte er seine Schüler das Geheimnis, das sich unter den Ewigen zugetragen hatte, und die Heilung des leidenden Ewigen. Denn durch das Weib, das zwölf Jahre gelitten hat, wird jene Kraft bezeichnet, welche sich aus-

---

[1] Siehe das Zahlenalphabet auf S. 372. Das I (Iota) hat den Zahlenwert 10, das H (Eta) den Zahlenwert 8; die zwei ersten Buchstaben des Namens Jesu, nämlich I und H, deuten also auf die Zahl 18 hin.

dehnte und die, wenn sie nicht sein Gewand, das heißt die Vierheit der ersten WAHRHEIT, die durch den Saum angedeutet wird, berührt hätte, in der Unendlichkeit des von ihr hervor gebrachten Wesens zerflossen und in sie aufgegangen wäre. Aber sie kam zum Stillstande, und ihrem Leiden geschah Einhalt; denn die Macht, die von dem Retter ausging, war der BEGRENZER. Und der tat Einhalt ihrem Leiden und begrenzte es.

2. VON DEN GESALBTEN

Daß der RETTER, der aus allem hervor ging, das All ist, sagt die Schrift mit den Worten: „Jedes Männliche, das den Mutterleib öffnet (Luk. II 23 nach Exod. XIII 2); denn das All war der RETTER, als er den Mutterleib des Gedankens des leidenden Ewigen öffnete. Und als der leidende Ewige in die Fülle zurück kehrte, wurde dieser Gedanke außerhalb der Fülle abgesondert, und er heißt die zweite Achtheit. Und von Paulus wurde offenbar deshalb gesagt: „Und er selbst ist Alles" (Kol. III 21), und dann wieder: „Alles ist bei ihm und aus ihm ist Alles" (Röm. XI 36), und wieder: „In ihm wohnt die ganze Fülle der Gottheit" (Kol. II 9), und endlich: „Dermaßen wurde das All in dem GESALBTEN durch Gott wiederholt" (Eph. I 10).

Und der BEGRENZER hat zwei Kräfte: die befestigende und die trennende. Und sofern er befestigt, bringt er zum Stehen und ist der Pfahl, soferne er aber trennt und sondert, ist er der GRENZSTECKER. Der RETTER hat diese seine Wirksamkeit folgender maßen bezeichnet. Zuerst die befestigende mit den Worten: „Wer nicht seinen Pfahl trägt und mir folgt, kann nicht mein Schüler sein" (Luk. XIV 27). Und: „Nimm deinen Pfahl und folge mir" (Mark. X 21). Aber die trennende mit den Worten: „Ich bin nicht gekommen, zu bringen den Frieden, sondern das Schwerdt" (Matth. X 31). Und dasselbe deutete auch Johannes an mit den Worten: „Die Worfel ist in seiner Hand zur Reinigung der Tenne, und das Getreide wird er in seine Scheune bringen, aber das Unkraut in unauslöschlichem Feuer verbrennen" (Luk. III 17). Hierdurch wird die Macht des Begrenzers bezeichnet. Denn die Worfel ist jener Pfahl, welcher eben so alles Stoffliche aufzehrt wie das Feuer das Unkraut, und die Geretteten reinigt wie die Worfel das Getreide. Auch der Apostel Paulus gedenkt dieses Pfahles mit den Worten: „Das Wort des Pfahles ist Torheit für die, so zu Grunde gehen, aber die Kraft Gottes für die Geretteten" (I Kor. I 18). Und wieder: „Nicht möge ich mich in irgend etwas rühmen, es sei denn in dem Pfahle Jesu; denn durch ihn ist die Welt an mich und ich bin an die Welt gepfählet" (Gall. VI 14).

B. ZU DEN EREIGNISSEN AUSSERHALB DER FÜLLE

1. VON DER ERLÖSUNG

Von den Dingen außerhalb der Fülle ist Folgendes in den heiligen Schriften erwähnt:

Der Retter ist in den letzten Zeiten des Bestehens dieser Welt zu dem Zwecke zum Leiden gekommen, auf daß er das Leiden, das dem letzten der Ewigen zustieß, offenbare und durch sein Ende das Ende des Geschehens im Reiche der Ewigen andeute.

Jene zwölfjährige Jungfrau (Luk. VIII 41), die Tochter des Vorstandes der Gebethäuser, welche der Herr, indem er zu ihr trat, von der Toten auferweckte, ist ein Abbild der ACHAMOTH, welche der ausgespannte GESALBTE gestaltet hat, und die er geführt hat zur Erkenntnis des in ihr zurück gelassenen Lichtes. Weil aber der RETTER sich selber offen bart hat ihr, die außerhalb der Fülle das Schicksal des Auswurfes hatte, sagte Paulus in seinen Briefen an die Korinther: „Das Äußerste von Allen hat sich auch mir gezeigt, gleich wie dem Auswurfe" (Kor. XV 8).

Die Herabkunft des RETTERS aber zusamt seinen Altersgenossen zu der ACHAMOTH hat derselbe Apostel in demselben Briefe geoffenbart mit den Worten: „Das Weib muß auf seinem Haupte einen Schleier haben von wegen der Engel" (I Kor. XI 10). Und daß die ACHAMOTH, als der RETTER zu ihr kam, aus Scham sich mit einem Schleier verhüllte, hat Moses offenbart, indem er den Schleier über sein Antlitz breitete.

Und ihre Leidensschicksale, die sie gelitten hat, hat der RETTER offenbart durch die Gestalt des Pfahles und mit den Worten: „Mein Gott, weshalb hast du mich verlassen" (Matth. XXVII 46). Damit hat er offenbart, daß die Weisheit zurück gelassen wurde von dem Lichte und daß sie behindert wurde von dem BEGRENZER in ihrem Streben nach vorwärts. Und ihre Trauer ist offenbart in den Worten: „Meine Seele ist zu Tode betrübt" (Matth. XXVI 38). Und ihre Furcht ist offenbart in den Worten: „Vater, wenn es möglich ist, möge dieser Kelch an mir vorüber gehen" (Matth. XXVI 39). Und ihre Ratlosigkeit ist ebenso offenbart mit den Worten: „Und ich weiß nicht, was ich sagen soll" (Joh. XII 27).

2. VON DER WEISHEIT

Und daß die WEISHEIT umher irrte außerhalb der Fülle und daß sie gestaltet wurde von dem GESALBTEN und daß sie aufgohr unter dem Einflusse des RETTERS, das wurde offenbart in der Erzählung (Luk. XV 4 ff), daß er selbst gekommen sei zu dem verirrten Schafe; denn das Schaf bezeichnet die irrende Mutter aller Dinge[1], aus der gesäet wurde die

---

[1] Vgl., daß auch die Simonianer ihre Helena (Sophia) als irrendes Schaf auffaßten, S. 313.

Kirche. Das Irren aber ist der Aufenthalt der Mutter in den Leidensschicksalen außerhalb der Fülle, aus denen die Entstehung des Stoffes erfolgte.

Das Weib aber, das sein Haus auskehrte und eine Drachme fand (Luk. XV 8 ff), ist die obere Weisheit, die ihre Erwägung zurück gelassen hat und hernach, nachdem alles durch die Gegenwart des Retters gereinigt worden ist, sie wieder findet, weshalb sie auch wieder zu den Ewigen innerhalb der Fülle zurück kehrt.

Der Simeon aber, „der den Gesalbten in seine Arme schloß und ihn begrüßte und zu ihm sprach: Jetzt lässest du deinen Sklaven, o Herr, nach deinem Ausspruche in Frieden" (Luk. II 28 ff), ist das Abbild des Weltschöpfers, der bei der Herabkunft des Retters seine Versetzung erfuhr und Dank abstattet dem Urgrund.

Und Anna (Luk. II 36), die gemäß der Prophetie, die in dem Evangelium verkündet wurde, sieben Jahre mit ihrem Manne zusammen lebte, die ganze übrige Zeit hindurch aber Witwe blieb, bis sie den Retter sah und erkannte und über ihn mit Allen sprach, ist offenbar die Achamoth, die nach kurzer Zeit den Retter sah mit seinen Altersgenossen, und welche die ganze übrige Zeit verharrte, um ihn erst wieder auf zu nehmen, wenn er dereinst zurück kehren wird, um sie zurück zu führen in ihre Vereinigung.

Und ihr Name ist offenbart von dem Retter durch seinen Ausspruch: „Und es wurde gerichtet die Weisheit von ihren Kindern" (Luk. VII 35), und von Paulus mit den Worten: „Die Weisheit nennen wir unter den Vollendeten" (I Kor. II 6). Und die Vereinigung in der Fülle hat Paulus an einer Stelle offenbart, an der er von der (ehelichen) Vereinigung in diesem Leben schrieb: „Dieses Geheimnis ist groß; doch dies sage ich in Hinblick auf den Gesalbten und die Kirche" (Eph. V 32).

3. VON DEN MENSCHEN

Drei Arten Menschen gibt es: Den stofflichen, der durch die Frage offenbart ist: „Soll ich dir folgen? Nicht hat der Sohn des Menschen, wo er sein Haupt hinlegen könnte" (Luk. IX 57 f), den seelischen, der offenbart ist mit den Worten: „Ich will dir folgen; doch gestatte mir vorher, daß ich den Leuten in meinem Hause Auftrag gebe" und „Niemand, der seine Hände auf den Pflug legt und nach rückwärts blickt, ist geeignet für die Königsherrschaft der Himmel" (Luk. IX 61 f); denn er ist in der Mitte – und auch jener, der sich zur Seite der Gerechtigkeit bekennt, hernach aber nicht Gefolgschaft leisten will, sondern von den Reichtümern verführt unvollendet bleibt, gehört zu den seelischen Menschen – und den geistigen Menschen, der offenbart ist mit den Worten: „Lasset die Toten ihre Toten begraben" (Luk. IX 60), du aber zieh hin und verkünde das Königreich Gottes! Bei Zacharias aber sagte er zu dem Zöllner: „Steig eilends herab; denn heute will ich in deinem Hause weilen“ (Luk. XIX 5). Denn das bezieht sich auf den geistigen Menschen.

Und das Gleichnis vom Sauerteige, den das Weib verborgen hat in drei Maße Mehl, bezeichnet die drei Arten Menschen. Denn das Weib ist die Weisheit, die drei Maße Mehl sind die drei Arten Menschen, der geistige, der seelische, der irdene. Der Sauerteig aber bezeichnet den Retter selbst.

Und Paulus hat ausdrücklich von dem irdenen, seelischen und geistigen Menschen gesprochen: „Wie der Irdene so sind die Irdenen“ (I Kor. XV 48). Und anderswo: „Der seelische Mensch empfängt nicht aus dem Pneuma“ (I Kor. II 14). Und anderswo: „Der Geistige erfaßt alle“ (I Kor. II 15), und darin bezieht sich das „Aber der Seelische empfängt nicht das Pneuma“ auf den Weltschöpfer, der als seelisches Wesen nicht erkannte, daß die Mutter geistig war, und der auch ihren Samen nicht erkannte, und eben so wenig die Ewigen in der Fülle.

Daß aber der Retter, als er sah, was er retten wollte, dem Geschauten seinen Anfang gab, hat Paulus offenbart mit den Worten: „Und es war der Beginn des Anfanges heilig und das Gemenge“ (Röm. XI 16). Mit dem Beginne des Anfangs ist der geistige Mensch gemeint. Das Gemenge aber sind wir, das heißt die seelische Kirche, deren Gemenge der Gesalbte nahm und in sich aufrichtete; denn er war der Sauerteig.

C. AUSLEGUNG DER EINLEITUNG DES EVANGELIUM JOHANNIS
JOH. 1-8

Im Anfange war der Logos, und der Logos war bei Gott, und Gott war der Logos.
Dieser war im Anfange bei Gott.
Alles war durch ihn, und ohne ihn ward nichts, was geworden ist.
In ihm war das Leben, und das Leben war das Licht der Menschen.
Und das Licht scheint in der Finsternis, und die Finsternis hat es nicht erfaßt.

Er war das wahrhafte Licht, das, zur Welt gekommen, jeden Menschen erleuchtet.
Es war in der Welt und die Welt ist durch ihn geworden; aber die Welt erkannte ihn nicht.
Er kam in das Seine, und die Seinen nahmen ihn nicht auf.
Wie viele ihn aber aufnahmen, denen gab er Macht, Kinder Gottes zu werden, die an seinen Namen glauben,
die nicht aus Geblüt, noch aus Fleisches Willen, noch aus Mannes Willen sondern aus Gott gezeugt wurden.

Und der Logos ward Fleisch und schlug seinen Wohnsitz auf in uns. Und wir sahen seine Herrlichkeit, ein Abbild der Herrlichkeit des Eingeborenen von dem Vater her, voll Gnade und Wahrheit, dieweil zwar das Gesetz durch Moses gegeben ward, voll Gnade und Wahrheit, aber
durch Jesum, den Gesalbten, geworden ist.
Gott hat Keiner je gesehen;
aber der eingeborene Sohn, der in des Vaters Schoß ist, der hat ihn kund gemacht.[1]

---

[1] Diese „strophische" Gliederung der Einleitung in das Evangelium Johannis, in welcher die historischen Glossen der Verse 5-8 weggelassen und v. 15, 16 durch v. 17, 18 ersetzt sind, hat D. H. Müller ‚Das Johannes-Evangelium' im Lichte der Strophentheorie (Wr. Sitzungsberichte, philos. hist. Klasse Bd. 161. 8, Wien 1909, S. 2 ff.) gegeben und mit folgenden Worten erläutert: „In der ersten Strophe (v. 1-5) wird das Wort, der Logos, geschildert, der bei Gott war und in den sich Gott verwandelt hat. Die Quelle und der Ursprung alles Seins waren in ihm. Aus dem Wort entwickelte sich das Leben und dieses wurde das Licht der Menschen. Das Licht scheint in der Finsternis, die Finsternis hat es nicht aufgenommen, d. h. sie hat sich von ihm nicht durchdringen lassen. - Eingeschaltet wird hier die erste Glosse (v. 6-8) über Johannes den Täufer, der nicht das Licht war, sondern als Zeuge des Lichts gekommen war. - Die zweite Strophe (v. 9-13) schildert das Licht. Die erste Zeile greift auf die letzte Zeile der ersten Strophe sowie der ersten Glosse zurück und führt den Gedanken vom Lichte in der Finsternis (d. h. der Welt) weiter aus. Nur diejenigen, welche das Lied erkennen, sind Kinder Gottes geworden durch Gott, nicht durch das Fleisch. - Die dritte Strophe (v. 14, 17 und 18) läßt die Zwischenstufen (Leben und Licht) weg und sagt kurz:

Und auch Johannes, der Schüler des Retters, hat die erste Achtheit offenbart mit seinen Aussprüchen. Denn er wollte die ganze Entstehung verkünden, wie der Vater das All hervor gebracht hat. Und deshalb spricht er von dem aus Gott zuerst entstandenen Anfange, den er den Eingeborenen Sohn und Gott nennt, in dem der Vater das All samenhaft hervor gebracht hat. Von ihm wurde der Logos [Wort] hervor gebracht, und in ihm wieder ist die ganze Wesenheit der Ewigen, die das Wort hernach gestaltet hat. Da er also von der ersten Entstehung redet, beginnt seine Lehre ganz richtig mit dem Anfange, das ist mit Gott, und mit dem Worte, indem er sagt: „Im Anfange war das Wort, und das Wort war bei Gott, und Gott war das Wort; dieses war im Anfange bei Gott". Zuerst unterscheidet er dreierlei: den Gott, den Anfang und das Wort, hernach aber vereinigt er sie, um die Hervorbringung an zu deuten, nämlich die des Sohnes und des Wortes, und zugleich auch ihre gegenseitige Vereinigung im Vater. Denn im Vater und von dem Vater war der Anfang, und von dem Anfang stammt das Wort. Richtig also sagt er: „Im Anfange war das Wort", denn es war in dem Sohn. „Und das Wort war bei Gott", denn auch der Anfang war bei ihm, und „Gott war" in Folge dessen „das Wort". Und der aus Gott entstandene ist Gott: „Dieser war im Anfange bei Gott".

Er offenbarte aber auch die Reihenfolge der Hervorbringung mit den Worten: „Alles bestand durch ihn, und ohne ihn ward nichts"; denn die Gestalt und die Entstehung aller Ewigen nach ihm hat das Wort verursacht.

Und was in ihm entstanden ist, ist das Leben. Und die hieraufbezügliche Vereinigung hat er offenbart mit den Worten: „Alles ward durch ihn" aber „in ihm war das Leben". Denn das Leben, das in ihm entstanden ist, ist ihm näher als das, was durch ihn gebildet worden ist; denn es ist mit ihm zusammen und trägt mit ihm Früchte. Denn dadurch, daß es bei ihm war, „war das Leben das Licht der Menschen". Und dadurch, daß er den Menschen erwähnt, deutet er zugleich auch die Kirche an, damit durch den einen Namen die Gemeinsamkeit der Vereinigung angedeutet werde; denn aus dem Wort und dem Leben entsteht der Mensch und die Kirche.

Das Leben aber nennt er das Licht der Menschen; denn sie werden durch dasselbe erleuchtet. Und dies Erleuchten ist ein Gestaltet-

---

‚das Wort ward Fleisch'. Die erste Zeile greift so auf den Logos in der ersten Zeile der Strophe 1 (Responsion) und auf das Fleisch in der letzten Zeile der zweiten Strophe zurück (Verkettung) und baut auf diese Art den ganzen Gedankeninhalt des Prologs zusammen. In der Tat klingt die Strophe in die Worte ‚der einzige Sohn' aus. – Die zweite Glosse (v. 15, 16) setzt die erste fort und bildet den Übergang zur weiteren historischen Erzählung." Vgl. auch den „strophisch" gegliederten Hymnus auf S. 250f.

werden und ein Empfang von Offenbarungen. Und das sagt auch Paulus mit den Worten: „Alles Offenbarte ist Licht" (Eph. V. 13). Weil jedoch das LEBEN offenbart und gezeugt hat den MENSCHEN und die KIRCHE, wird es Licht genannt.

Deutlich hat Johannes mit diesen Worten sowohl alles Andere gezeigt als auch die zweite Vierheit: das WORT und das LEBEN, den MENSCHEN und die KIRCHE.

Aber auch die erste Vierheit hat er angedeutet, indem er von dem RETTER sagte, daß alles außerhalb der Fülle durch ihn gestaltet werde, und daß er die Frucht der ganzen Fülle sei. Denn auch als das Licht bezeichnete er ihn, „das scheint in der Finsternis, das aber die Finsternis nicht erfaßt hat", da alles, was durch die Formung des Leidens entstanden ist, von dem Geformten nicht verstanden wurde. Auch SOHN und WAHRHEIT und LEBEN und FLEISCH nennt er das Entstandene, und er sagt, daß wir seine Herrlichkeit gesehen haben, die die Herrlichkeit des Entstandenen war, und daß sie glich der Herrlichkeit des Eingeborenen, die vom Vater ihm war gegeben worden, voll von GNADE und WAHRHEIT. Er sagt dies folgender maßen: „Und das Wort ward Fleisch und schlug seinen Wohnsitz auf in uns. Und wir sahen seine Herrlichkeit, ein Abbild der Herrlichkeit des Eingeborenen von dem Vater her, voll Gnade und Wahrheit". Deutlich also hat er die erste Vierheit geoffenbart, indem er erwähnte: den VATER und die GNADE, den EINGEBORENEN und die WAHRHEIT.

So hat Johannes über die erste Achtheit, die die MUTTER aller Ewigen ist, gesprochen. Den VATER hat er erwähnt und die GNADE, den EINGEBORENEN und die WAHRHEIT, das WORT und das LEBEN, den MENSCHEN und die KIRCHE.

Wenn heutigen Tages jemandem die Aufgabe gestellt würde, ein System zu konstruieren, das von jedem der bisher betrachteten etwas, von keinem aber alles enthält, und das sie unter einander möglichst harmonisch ausgleichen soll, so würde wohl ein dem valentinianischen äußerst verwandtes Gebilde heraus kommen. Der ziemlich ausführliche und logisch übersichtlich geordnete Auszug, den uns Irenaios erhalten hat, läßt sich am besten verstehen, wenn man eben voraus setzt, daß diese Lehre eine ausgleichende und vermittelnde Stellung zwischen den verschiedenen gnostischen Schulen einnehmen wollte. Die Lehre des Valentinos selber war einfacher, dem in Nr. 4 mitgeteilten ophitischen Systeme, das ja schon alle wesentlichen Züge, namentlich aber das Leiden der Sophia enthält, noch ähnlicher. Sie ist uns nicht vollständig und nicht zuverlässig überliefert. Aber was wir von ihr wissen, deutet nicht darauf hin, daß sie hervor stechende Eigentümlichkeiten besaß. Denn der zahlensymbolische Charakter ihres Aufbaues, der dann besonders bei Markos, einem Schüler des Valentinos, ins Einzelne ausgeführt wurde (vgl. Nr. 17), war ja eigentlich allen gnostischen Systemen eigen. Daß die Kirchenväter diesen Einschlag als pythagoreisch bezeichneten, ist begreiflich, da Pythagoras dem ganzen Altertume als Vater der Zahlenmystik galt. Die Weiterbildung, die uns vorliegt, zeigt sich ebenfalls von einer strengen Symmetrie in den Zahlenverhältnissen zwischen den göttlichen Personen beherrscht. Sie kann aber nicht weit hinter der Zeit des Valentinos liegen, da sie noch nicht zu großer Kompliziertheit gediehen ist. Später freilich artete diese Architektonik immer mehr in eine aberwitzige Verschnörkelung aus. Jeder Ewige wurde nach zahlensymbolischen Prinzipien gespalten, jeder Vorgang wurde dann zwischen den vermehrten Gestalten mit unwesentlichen Änderungen bis zum Überdrusse wiederholt. Man ordnete den Weltherrschern, Engeln und Dämonen Schätze, Türen, Schlösser, Siegel, Geheimnisse zu und ließ die Gläubigen mystische, meist völlig sinnlose Namen auswendig lernen, die ihnen die Türen öffnen, die Siegel lösen, die Schlösser erschließen, die Geheimnisse offenbaren und die Schätze zu eigen machen sollen. Auch ließ man sie dabei Amulette verwenden, auf denen geheimnisvolle Zeichen eingegraben waren, mittels welcher die gefährlichen überirdischen Gewalten gebannt werden sollten. Schriften, in denen solch krause „Systematik“ entwickelt wird, sind namentlich in koptischer Sprache mehrfach auf uns gekommen. Das belangreichste, aber dort schon endlos weitschweifige, wirre und schemenhafte Buch dieser Art ist die sogenannte „Pistis Sophia“, welche die Leidensschicksale der aus der Fülle in die Finsternis verschlagenen Weisheit umständlich schildert. Auch Stücke der „Bücher Jeû“ und einer unbetitelten Apokalypse, zweier ebenfalls recht abstruser Machwerke, hat man aufgefunden. Der Wert, welchen solche Überreste gnostischer Originalwerke, obgleich sie erst aus späten Zeiten stammen, namentlich für den Religionsforscher besitzen, darf uns nicht verführen, die zunehmende Äußerlichkeit der religiösen Auffassung, die Leere und Öde der betreffenden Erzeugnisse zu entschuldigen. Proben aus diesen Werken hierher zu stellen, konnte ich mich eben wegen des recht eigentlichen Mangels an innerem Werte, der sie in so trauriger Weise auszeichnet, nicht entschließen.

Das valentinianische System selber ist klar. Besondere Beachtung verdient die Zahl der Ewigen, die es annimmt. Es sind ihrer dreißig, in sichtlicher Beziehung zu den Monatstagen. Der letzte, dreißigste Ewige, die Weisheit, gerät in die Finsternis. Das entspricht dem Neumonde. Sie läßt einen Auswurf zurück, die zweite Weisheit, der die Welt entstammt. Das ist der überzählige Tag des Monats, der einen 31. als Schalttag nötig macht. Die zweite Weisheit kehrt ebenfalls in die Fülle ein. Das ist die Angliederung des 31. Tages an den erweiterten Monat. Also entspricht das Weltgeschehen auch hier den Monatsepagomenen, nur nach einem chronologischen Zyklus, welcher die Ausgleichung des Mondwechsels mit einem zwölf Monate währenden Sonnenjahre zum Gegenstande hat, also einen dreißigtägigen Monat voraus setzt. Sonst ist an Einzelheiten wenig zu erläutern. Das meiste ergibt sich durch Vergleichung mit dem ophitischen Systeme der Nr. 4 von selbst. Anschauliche Bilder sind bloß in den Namen und Titeln angedeutet (Samen, Schatz, Stern der Fülle, unreife und reife, kraftlose, vollendete Frucht u. dgl.); die konkreten, an sie anknüpfenden Züge aber sind alle schon zu blutleeren Abstraktionen verflüchtigt. Unter den Namen der Ewigen fällt besonders die Kirche auf. Das Wort hat nicht die uns heute geläufige Bedeutung. Vielmehr verstanden die Valentinianer darunter etwa das, was in unseren deutschen Worten: „Berufenheit“, „Auserwähltheit“ liegt. Die Kirche ist für sie nicht eine Gemeinde sondern eine Eigenschaft, welche den Mitgliedern der Gemeinde aus dem Besitze der Heilslehre erwächst. Wertvoll endlich ist auch die uns im Zusammenhang mit der Lehre der Valentinianer überlieferte Schriftdeutung. Aus ihr sieht man, daß sie sich namentlich mit dem neuen Testamente aus einander zu setzen strebten, während die übrigen Systeme meist das alte zitierten. Auch dies deutet darauf hin, daß die Valentinianer ein sich dem orthodoxen Christentume in manchen Stücken annähernder Zweig der Gnosis sind.

17. MARKOS Aus unsichtbaren und unnennbaren Gefilden stieg die Vierheit zu mir hernieder in der Gestalt eines Weibes, da ihre männliche Gestalt die Welt nicht zu ertragen vermocht hätte, und kündete mir, wer sie ist und wie das All entstand, Geheimnisse, die vordem keinem Gotte und keinem Menschen enthüllt werden. Und sie sprach zu mir:

Im Anfange, da der undenkbare und unwesenhafte Vater, der Mann ist und Weib, kreißte, wollte er, daß das Unaussprechliche geboren und das Unsichtbare gestaltet werde. Daher öffnete er den Mund und entsandte ein Wort, ihm selbst gleich, das neben ihn trat und ihm zeigte, was er war, da er sich als die Gestalt des Unsichtbaren darstellte.

Die Aussprache des Namens geschah folgender maßen:

Er sprach das erste Wort seines Namens, das Anfang (*APXH*) lautete. Es bestand aus vier Elementen. Dann schloß er das zweite an, das ebenfalls aus vier Elementen bestand. Darauf sprach er das dritte Wort, das aus zehn Elementen und das vierte, das aus zwölfen bestand. So erfolgte die Aussprache des ganzen Namens mit vier Worten und dreißig Elementen.

Jedes dieser dreißig Elemente hat seine eigenen Buchstaben und seinen eigenen Schriftzug und seine eigene Aussprache, seine Gestalten und Abbilder. Denn die Namen dieser Elemente sind gebräuchliche und aussprechbare Zeichen für die verborgenen und unaussprechlichen Ewigen, Worte, Wurzeln, Samenkörner, Erfülltheiten und Früchte. Und keines dieser Elemente ist; ja es erkennt nicht einmal die Aussprache seines Nachbarelementes, sondern tönt so, als ob es selbst das All im Tone darstellen könnte, da es meint, selbst das Ganze zu bezeichnen. Denn obgleich jedes dieser Elemente nur ein Teil des Ganzen ist, hält es doch seinen Ton für das All und hört nicht auf, ihn ertönen zu lassen. Und davon läßt es nicht eher ab, als bis der Ton bei dem letzten Elemente des letzten Wortes angelangt ist.

Aber beim ersten wie beim letzten Elemente des ganzen Namens geschah es, daß jedes dieser Elemente seine Stimme ertönen ließ, deren Schall hinaus trat nach dem Bilde der früheren Elemente und neue Elemente zeugte, aus denen die später folgenden gebildet wurden und die voran gegangenen bestanden. Denn der Buchstabe, dessen Schall dem in die Tiefe klingenden Schalle des ganzen Namens in dieser Richtung folgte, wurde von demjenigen Worte des ganzen Namens, zu dem er gehörte, in der Höhe aufgenommen und sein Anklang zur Erfüllung des Ganzen verwendet, während der Schall selbst in die Tiefe stürmte, gleichsam in die Ferne verschlagen.

Das ganze Wort nun, dessen einzelne Buchstaben in Folge ihrer Aussprache in die Tiefe dringen, bestand aus dreißig solchen Buchstaben und jeder einzelne dieser dreißig Buchstaben bestand aus anderen Buchstaben, mit denen der Name des Buchstabens bezeichnet wird. Und diese neuerlichen Buchstaben werden wieder mit Namen benannt, die aus ferneren Buchstaben bestehen, und so immer weiter, so daß eine unendliche Fülle von Buchstaben, deren Namen wieder mit Buchstaben geschrieben sind, entsteht. So führt zum Beispiele das Element *Δ* den Namen Delta *(ΔΕΛΤΑ)* und besteht also aus fünf Buchstaben, nämlich *Δ, Ε, Λ, Τ, Α,* von denen jeder wieder seinen eigenen Namen hat, der neue Buchstaben ergibt, so daß eine unendliche Menge von Buchstaben einem solchen Elemente entspricht. Wenn aber schon ein einziges Element derart immer neue Buchstaben gebiert, aus denen wieder andere entstehen ohne Unterlaß: siehe den Abgrund der Fülle, welche in dem aus dreißig solchen Elementen bestehenden Namen des Urvaters verborgen ist.

Aber wenn alle diese Elemente, deren jedes seinen eigenen Schall für sich weitertönt, da ein einzelnes nicht den ganzen Namen aus zu sprechen vermag, und deren jedes auch erst nach dem ihm in der Aussprache des ganzen Namens voran gegangenen zu tönen begann, den nämlichen Ton tönen wird wie der andere, dann wird das All wieder in sich zurück kehren, und der Ton, der dann ertönt, wird da lauten: Amen.

Und ferner sprach die Vierheit zu mir:
Siehe, ich will dir die Wahrheit selber zeigen. Denn aus ihrer überirdischen Behausung habe ich sie herab geführt, daß du sie nackt siehst und ihre Schönheit erkennst, jedoch auch ihre Worte vernimmst und ihren Verstand bewunderst.

Siehe, ihr Haupt: *ΑΩ,*
ihren Hals: *ΒΨ,*
ihre Schultern: *ΓΧ,*
ihre Brüste: *ΔΦ,*
ihre Taille: *ΕΥ,*
ihren Bauch: *ΖΤ,*
ihre Scham: *ΗΣ,*
ihre Schenkel: *ΘΡ,*
ihre Knie: *ΙΠ,*
ihre Schienbeine: *ΚΟ,*
ihren Knöchel: *ΛΞ,*
ihre Füße: *ΜΝ.*

Das ist der Körper der Wahrheit, das die Form ihres Namens, das der Schriftzug ihrer Buchstaben: Und sie heißt auch MENSCH. Sie ist die Quelle eines jeden Wortes und der Ursprung einer jeden Stimme, alles Unaussprechlichen Ausspruch und des verschwiegenen Schweigens Mund. Doch du erwecke alle himmlische Kraft deines Verstandes und vernimm das selbstgesagte, vom Vater ihr verliehene Wort aus dem Munde der Wahrheit.

Als dies die Vierheit gesagt hatte, blickte mich die Wahrheit an, öffnete ihren Mund und sprach das Wort, und das Wort wurde zum Namen und dieser Name war der, den wir kennen und bekennen: Jesus Christus *(ΙΗΣΟΥΣ ΧΡΙΣΤΟΣ)*. Und als sie ihn genannt hatte, verstummte sie sofort. Indes ich aber meinte, sie werde noch mehr sagen wollen, trat wieder die Vierheit vor und sprach:

Für so bedeutungslos hältst du das Wort, das du aus dem Munde der Wahrheit vernahmst? Nicht so! Denn was du weißt und längst zu besitzen meinst, das ist der Name, dessen bloßen Klang du kennst, dessen Bedeutung dir aber verschlossen ist. Denn Jesus ist ein bedeutungsvoller Name, der aus sechs Buchstaben besteht, die von allen Berufenen angerufen werden. Christus aber ist ein Name von anderer Beschaffenheit und Form, der nur von jenen ihm verwandten Geistern erkannt wird, deren Größe bei ihm weilt durch alle Zeit.

Darum vernimm denn: Jene vierundzwanzig Buchstaben des Alphabetes, die du ja kennst, sind Ausflüsse, welche die drei Kräfte, die das All umfassen, und die Zahl der Elemente in der Höhe abbilden. Denn die neun tonlosen Buchstaben *(Β Γ Δ Θ Κ Π Σ Τ Φ)* gehören dem VATER und der WAHRHEIT zu, weil sie tonlos sind, nämlich unaussprechbar und unverkündbar. Die halbtönenden *(Λ Μ Ν Ρ Ζ Ξ Χ Ψ)*, acht an der Zahl, beziehe auf WORT und LEBEN, weil sie zwischen den tonlosen und tönenden stehen und von jenen ihr Abfließen aus der Höhe, von diesen ihr Empordringen aus der Tiefe entgegen nehmen. Endlich die tönenden, deren sieben sind
(Α Ε Η Ι Ο Υ Ω), deuten auf den MENSCHEN und die KIRCHE, da durch den Mensch die Stimme hervor drang und das All gestaltete. Denn der Schall der Stimme gab den Dingen ihre Gestalt. Derart gehört zu dem WORTE und dem LEBEN die Sieben, zu dem MENSCHEN und der KIRCHE die Acht, zu dem VATER und der WAHRHEIT die Neun.

Zu jener Zahl nun, welche im Rückstande blieb, kam der, welcher seines Sitzes im Vater entäußert ist, entsandt von dem, von dem er gesondert ward, um zu verbessern, was geschehen war, auf daß die Einheit der Erfülltheiten in dem Guten weile und in jedem ihrer Teile die Kraft aller als Frucht hervor bringe. Und so ward die Sieben mit der Neun zur Acht ausgeglichen und die drei Plätze des Oberen, Mittleren und Unteren wurden ein jeder zur Acht.

Und diese drei mit einander vereinigt, ergaben die Zahl vierundzwanzig. Und die drei Paare der Kräfte, welche das All umfassen und deren also sechs sind, geben, selbst nach dem geheimen Verhältnisse der Vierzahl vereinfacht, jene Zahl, welche dem Unaussprechlichen entspricht. Getragen werden sie jedoch von den sechs Buchstaben des Namens Jesus *(ΙΗΣΟΥΣ)*, welche Abbilder und Gleichnisse jener unsichtbaren Mächte sind, während man, wenn man diese sechs Buchstaben zu den vierundzwanzig Buchstaben des Alphabetes hinzu zählt, die Zahl dreißig, entsprechend den Elementen des vom Urvater bei der Weltschöpfung ausgesprochenen Namens, erhält.

Dieser Jesus hat jedoch folgende geheime Entstehung; von der ersten Vierheit, der Mutter des All, entsprach als Tochter die zweite Vierheit bei der Aussprache des göttlichen Namens durch den Urvater, und es entstand die Acht, aus welcher die Zehn hervor ging. Derart entstand Achtzehn. Die Zehn nun trat zur Acht und diese ergab mit ihr vervielfältigt die Achtzig, und diese wieder mit der Zehn vervielfältigt die Achthundert, dergestalt, daß die Gesamtzahl der Zahlen, welche aus der Acht und der Zehn hervor gingen, folgende waren: Acht, Achtzig, Achthundert. Achthundertachtundachtzig ist aber der Zahlenwert der Buchstaben von Jesus (*ΙΗΣΟΥΣ* u. z. 10+8+200+70+400+200=888). Und dem entsprechend enthält auch das Alphabet der Hellenen acht Einer, acht Zehner, acht Hunderter. Das ist auch der Grund, weshalb Jesus das *A* und das *Ω* heißt.

Geschaffen wurde aber Jesus folgender maßen: Die Kräfte, welche aus der zweiten Vierheit erflossen, schufen den auf der Erde erschienenen Jesus und den Platz des Logos (WORTES) nahm der Engel Gabriel ein, den des LEBENS der heilige Geist (Pneuma), den des Menschen die höchste Kraft, den der KIRCHE die Jungfrau. So wurde der MENSCH gebildet, der durch Maria die Welt betrat. Als er jedoch zum Wasser (des Jordan) kam, senkte sich auf ihn in Gestalt einer Taube jener herab, der zur Höhe empor gestiegen die Zwölfzahl erfüllte, er, in dem der Samen derer enthalten ist, die mit ihm herab stiegen und hinauf stiegen. Diese Kraft, welche herab kam, war der Same des VATERS, der den VATER, den SOHN, die durch beide erkannte, unnennbare Kraft des SCHWEIGENS und sämtliche Ewige enthielt. Und sie ist das Pneuma in ihm, welches durch den Mund des SOHNES ertönt, der sich als Sohn des MENSCHEN bekennt und den VATER offenbart und herab kam auf Jesus, um sich mit ihm zu vereinen.

Und der RETTER dieser Welt bannte den Tod und erkannte den VATER.

Jesus ist also der Name des Menschen in dieser Welt, der als Gleichnis und Bildnis desjenigen MENSCHEN zu verstehen ist, der in ihm herab kommen sollte, den Jesus in sich aufnahm und besaß, und der eins war mit dem MENSCHEN, eins mit dem VATER, eins mit dem LOGOS, eins mit dem UNAUSSPRECHLICHEN, eins mit dem SCHWEIGEN, eins mit der WAHRHEIT, eins mit der KIRCHE und eins mit dem LEBEN.

Und ferner sprach die Vierheit zu mir über die Entstehung der vierundzwanzig Buchstaben Folgendes:

In der Alleinheit war die Einheit enthalten und aus ihnen entstanden die Eins und das Eine. So waren ihrer vier; denn zwei mal zwei ist vier. Und ferner ergaben die zwei zu den vier hinzu gefügt, die Zahl sechs, diese sechs aber vervierfacht die Zahl vierundzwanzig. Und die Namen der ersten Vierheit, heilig von Heiligen ersonnen und unaussprechlich, erkennt nur der SOHN, während der VATER weiß, was sie sind.

Jene Namen aber, welche unter Schweigen gläubig genannt werden, sind: Unaussprechlicher und Schweigen, Vater und Wahrheit. Die Gesamtzahl dieser Vierheit besteht aus vierundzwanzig Buchstaben. Denn der Unaussprechliche *(ΑΡΡΗΤΟΣ)* hat sieben, das Schweigen *(ΣΕΙΓΗ)* fünf, der Vater *(ΠΑΤΗΡ)* fünf, und die Wahrheit *(ΑΛΗΘΕΙΑ)* wieder sieben Buchstaben (und 7+5+5+7 ist 24).

Ebenso ergibt auch die zweite Vierheit die nämliche Zahl der Buchstaben, und zwar Wort *(ΛΟΓΟΣ)* und Leben *(ΖΩΗ)* Mensch *(ΑΝΘΡΩΠΟΣ)* und Kirche *(ΕΚΚΛΗΣΙΑ*; denn es ist 5+3=8 und 8+8+8=24). Und der unaussprechliche Name von Sohn *(ΥΙΟΣ)* hat zwölf Buchstaben *(Υ-ΙΩΤΑ-ΟΥ-ΣΙΓΜΑ)* aber der des Gesalbten *(ΧΡΕΙΣΤΟΣ)* vierundzwanzig Buchstaben. Und zwar besteht sein Name selbst *(ΧΡΕΙΣΤΟΣ)* aus acht Buchstaben, sein unaussprechlicher Name jedoch aus vierundzwanzig; denn *ΧΕΙ* hat drei Buchstaben, *ΡΩ* zwei, *ΕΙ* zwei, *ΙΩΤΑ* vier, *ΣΙΓΜΑ* fünf, *ΤΑΥ* drei, *ΟΥ* zwei, *ΣΑΝ* endlich drei. Derart ist in dem Namen des Gesalbten sein unaussprechlicher Name von vierundzwanzig Buchstaben enthalten.

Nur wegen dieser seiner Beziehung zum Alphabete sagt auch der Gesalbte von sich: ich bin das *Α* und *Ω*. Denn auf ihn kam die Taube herab, als er gesalbt wurde, und der Zahlenwert der Buchstaben, welche den Namen dieses Vogels bilden, die 801, das heißt nämlich, wieder in Buchstaben geschrieben, *ΩΑ*.

Und ferner sprach die Vierheit zu mir über die Seele der Welt und des Menschen Folgendes:

Die Sechs, welche in den Buchstaben des Namens Jesus *(ΙΗΣΟΥΣ)* zum Ausdrucke kommt, bedient sich der Größe der Sieben, um des selbstgefaßten Entschlusses Frucht durch sie zu offenbaren. Und durch ihre Kraft und ihr Wissen schuf und beseelte sie vermittelst des von ihr ausgehenden Einflusses die Welt, deren gesamte Beseeltheit, soweit sie zu sehen ist, nichts Anderes ist als eine Nachahmung der sieben Kräfte, deren Tugenden in jener Siebenheit enthalten sind. Und sie bedient sich dieser Einrichtung, als wäre sie von ihr errichtet, während die Sieben ihren Dienst leisten als Nachahmungen des Unnachahmlichen, das im Gedanken ihrer Mutter, nämlich der Sechs, enthalten ist.

Und der erste Himmel tönt	das Alpha
der nach ihm	das Ei,
der dritte	das Eta,
der vierte und mittlere unter den sieben die Kraft	des Iota,
der fünfte	das Oy,
der sechste	das Y,
der siebente und vierte nach dem mittleren	das große O.

Alle diese Kräfte tönen und preisen, zur Einheit verbunden, den, von dem sie hervor gebracht werden, und die Herrlichkeit dieses Tönens dringt zu dem Urvater. Und als der Schall dieser Verherrlichung zur Erde herab drang, wurde er der Bildner und Schöpfer aller irdischen Dinge.

Dies beweisen die neugeborenen Kinder, deren Seele, sobald sie aus dem Mutterleibe hervor kommen, den Ton jedes einzelnen dieser Buchstaben in ihrem Schrei hervor bringt. Denn so wie jene sieben Kräfte den Logos verherrlichen, so tut auch die Seele, welche im Kinde schreit.

Und deshalb hat auch David gesagt: „Aus dem Munde der Kinder und Säuglinge schufst du dir dein Loblied“ (Ps. VIII 3), und dann wieder: „Und die Himmel verkünden die Herrlichkeit Gottes“ (Ps. XVIII 2).

Und wenn die Seele in Nöten ist, ruft sie bloß das große O, damit jene Seele in der Höhe das Leiden der ihr Verwandten erfahre und ihr einen Helfer sende.

Und ferner sprach die Vierheit zu mir:
Ich will dir auch aus einander setzen, wie die Welt nach dem Vorbilde der unsichtbaren Dinge von dem Weltschöpfer, ohne daß er es selbst wußte, auf Veranlassung seiner Mutter gebildet wurde.

Zuerst nämlich wurden die vier Elemente Feuer, Wasser, Erde, Luft, als Abbilder der ersten oberen Vierheit ausgesondert, ihre gegensätzlichen Fähigkeiten aber, wie zum Beispiel warm und kalt beim Feuer, naß und trocken beim Wasser, ergaben ein genaues Abbild der Achtheit.

Die ferneren Kräfte der Zehnheit sind so zu rechnen: sieben kreisende Körper, welche Kreisel heißen, dann der Umkreis, der sie umfaßt, welcher der achte Himmel genannt wird, endlich Sonne und Mond. Diese zehn Körper sind Abbilder der unsichtbaren Zehnheit, welche dem WORTE und dem LEBEN zugehört.

Die Zwölfheit endlich wird durch den sogenannten Tierkreis dargestellt. Denn die zwölf Tierkreisbilder veranschaulichen überaus deutlich die Zwölfheit, die Tochter des MENSCHEN und der KIRCHE.

Und da der überaus raschen Drehung des Weltalls die des obersten Himmels, der, da er in Folge seiner Hohlheit schwer ist, jene rasche Drehung mit seiner Langsamkeit ausgleicht, in entgegengesetzter Richtung eingegliedert ist, so ist der Himmel ein Abbild des BEGRENZERS, der die Mutter aller dieser, welche dreißig Namen führt, umfaßt, während der Mond hinwieder in dreißig Tagen den Himmel umwandert, um hierdurch die Zahl der Ewigen zum Ausdrucke zu bringen, und die Sonne in zwölf Monaten ihren Kreislauf zum Anfangspunkte abschließt und zurück legt, da auch die einzelnen Tage jeder mit zwölf Stunden bemessen sind, um jene Zwölfheit zum Ausdrucke zu bringen.

Ferner besteht auch der Umfang des Tierkreises aus dreihundertsechzig Graden, so daß jedes Tierkreiszeichen dreißig Grade umfaßt. Dermaßen also ist durch diesen Kreis ein Bild der Berührung gegeben, welche von der Zwölf gegen die Dreißig beobachtet wird.

Deshalb ist auch die Erde in zwölf Regionen eingeteilt, so daß jede dieser Regionen einer der zwölf himmlischen Kräfte entspricht, die zu ihn herab gesandt, von ihr aufgenommen wird und nach dem Ebenbilde jener Kraft, die sie als ihren Ausfluß herab geschickt hat, ihr Kinder gebiert zum Ausdrucke der oberen Zwölfheit.

Außerdem aber wollte der Weltschöpfer auch das Unbegrenzte und Ewige und Grenzenlose und Zeitlose der oberen Achtheit nachahmen. Und da er ihr Vertrauen und ihre Ewigkeit nicht nach zu ahmen vermochte, weil er ja selbst die Frucht des Rückstandes war, setzte er Zeiten, Perioden und langjährige Zahlen an die Stelle jener Ewigkeit, in der Meinung, durch die Dauer der Zeit jenes unsichtbare Wesen nachahmen zu können. Und an dieser Stelle verließ ihn die Wahrheit und er verfiel der Lüge, so daß, wenn die Zeiten erfüllt sind, sein Werk der Auflösung entgegen geht.

Fast alle gnostischen Systeme haben vom „Worte" Gottes gesprochen und darin das geheime Wesen der Gottheit offenbart gedacht. Simon hat sogar den Mund, in dem das Wort gebildet wird, als das eigentliche „Gefilde der Entstehung" dem uneigentlichen „Gefilde der Entstehung", nämlich der Gebärmutter, gegenüber gestellt. Ein solcher Gedanke ist entweder ein müßiger, vager Einfall, oder er muß in alle seine Konsequenzen hinein durchgeführt werden. Da aber die Gnostiker dem göttlichen Worte allerhöchste Bedeutung zuerkannten, konnten sie es gar nicht vermeiden, auch diese Konsequenzen zu ziehen. Wahrscheinlich waren dieselben durchaus nicht nur dem Markos bekannt, sondern vielmehr allen Gnostikern überaus geläufig. Da sie aber zugleich als Geheimlehre galten, wurden sie nicht überliefert oder nur in Andeutungen weiter gegeben, so daß es also ein unglücklicher Zufall sein dürfte, daß uns von Markos gerade nur der auf den Logos der Gottheit bezügliche Teil seiner Lehre überliefert ist. Immerhin aber sind wir hierdurch wenigstens im Stande, an der Hand dieser Darlegungen den eigentlichen Kern der gnostischen Logoslehre zu erfassen. Die Konsequenzen aus dem Gedanken nämlich, daß die Welt das Wort Gottes, der Mund das Gefilde der Entstehung ist, sind etwa folgende:

Soll die Welt dem Worte, die Entstehung der Welt der Entstehung des Wortes, diese wieder der Entstehung des Kindes, entsprechen, dann müssen auch die einzelnen Bestandteile der Welt den einzelnen Bestandteilen des Wortes und des Kindes analog sein. Bestandteile der Welt sind nun die Elemente, Bestandteile des Wortes die Buchstaben, Bestandteile des Kindes seine Glieder. Also müssen Elemente, Buchstaben und Glieder des menschlichen Körpers zu einander in mystischer Beziehung stehen. Unterstützt wurde dieser Gedankengang dadurch, daß das Wort für Buchstabe und Element in hellenischer Sprache dasselbe (stoicheion) ist, daß ferner das Alphabet 24 Buchstaben enthielt, die zu je 6 den 4 Elementen zugeteilt werden konnten, daß ferner im Weltall der Tierkreis auf einer 12-Zahl von Sternbildern beruhte, denen man die 24 Buchstaben paarweise zuordnen konnte, so daß man schließlich auch den menschlichen Körper, wie die Einteilung des Körpers der Wahrheit bei Markos beweist, in 12 Abschnitte zerlegte und als Mikrokosmos zu den Buchstaben ebenso in Beziehung setzte, wie dies bei dem Makrokosmos vermittelst der Tierkreiszeichen geschehen war. Ferner erwog man, daß alle Geschehnisse in der Welt und alles Gedachte durch Worte ausgedrückt werden könne, daß also die Worte den Dingen und den Gedanken völlig angemessen sind, und folgerte hieraus, daß die Zerlegung der Worte in Buchstaben der Zerlegung der Dinge und Gedanken in die Elemente entsprechen müsse. Hatten aber schon vorher die Zahlen, welche in der Gliederung des Jahres, des Monats, des

Tierkreises, des Alphabetes zu Tage traten, bedeutsam geschienen, so eröffnete sich jetzt die Möglichkeit, vermittelst der Zusammensetzung des Namens aus Buchstaben jedem einzelnen Dinge einen seinem Namen entsprechenden Zahlenwert zu zu ordnen. Das ergab sich nämlich einerseits dadurch, daß jeder Namen an sich aus einer bestimmten Anzahl von Buchstaben besteht - daher die Symbolik der Buchstabenanzahl, auf die wir schon wiederholt in mystischen Namen hin zu weisen hatten (vgl. z. B. Nr. 7, S. 78 ff) - und anderseits dadurch, daß man seit den ältesten Zeiten gewohnt war, jedem Buchstaben des Alphabetes einen Zahlenwert zu zu ordnen. Dies tat man im Sinne der auf Seite 201 gegebenen Tabelle:

Man erhält z. B., wenn man den Zahlenwert des Wortes Abraxas (vgl. S. 79) ausrechnen will:

$$\begin{array}{rr} A = & 1 \\ B = & 2 \\ P = & 100 \\ A = & 1 \\ \Xi = & 60 \\ A = & 1 \\ \Sigma = & 200 \\ \hline & 365 \end{array}$$

Ebenso ist das Wort Amen, in welches nach Markos das Weltgeschehen in den Buchstaben ausklingen soll, folgender maßen zu berechnen:

$$\begin{array}{rr} A = & 1 \\ M = & 40 \\ H = & 8 \\ N = & 50 \\ \hline & 99 \end{array}$$

Ähnlich erhielt man:

$$\begin{array}{rr} I = & 10 \\ H = & 8 \\ \Sigma = & 200 \\ O = & 70 \\ Y = & 400 \\ \Sigma = & 200 \\ \hline & 888 \end{array}$$

Oder für die „Taube", deren Name *ΠΕΡΙΣΤΕΡΑ* lautet:

Π = 80
Ε = 5
Ρ = 100
Ι = 10
Σ = 200
Τ = 300
Ε = 5
Ρ = 100
Α = 1

801

Die nachfolgende Tabelle (S. 201) macht diese Zuordnung ersichtlich. Ich habe in ihr sowohl die hellenischen Buchstaben mit ihren Namen und Lautwerten als auch die entsprechenden Zahlenwerte notiert. Dabei enthält dieser Überblick noch drei Zeichen, welche später in der hellenischen Schrift zwar nicht mehr als Buchstaben, trotzdem aber noch immer als Zahlenzeichen verwendet wurden, nämlich ϛ (Stigma), ϟ (Koppa) und ϡ (Sampi).

Dabei kann die Zahl 801 wieder mittelst Buchstaben angeschrieben werden da 800 gleich *Ω*, 1 aber gleich *Α* ist. Man erhält daher *ΩΑ* als Symbol, welches die Umkehrung des Jesu zugeteilten *ΑΩ* ist. Da das System des Markos ohnedies fast nur in der Darlegung solcher mystischer Zahlenverhältnisse besteht, welche man zur Bestätigung der Lehre vorbrachte, gebe ich keine weiteren Beispiele, sondern verweise auf jene, welche Markos selbst vorbringt, und die nach dem obigen Schlüssel wohl nunmehr leicht verständlich sind. Eine Eigenart der Rechnungen des Markos liegt nur darin, daß er zwischen „aussprechlichen" und „unaussprechlichen" Namen unterscheidet. Der „aussprechliche" Namen ist das betreffende Wort selbst, z. B. *ΙΗΣΟΥΣ*, der „unaussprechliche" ergibt sich aber aus ihm, indem man die Namen der einzelnen, in ihm enthaltenen Buchstaben der Reihe nach ausschreibt. Daher hat der „aussprechliche" Name *ΙΗΣΟΥΣ* sechs Buchstaben, der „unaussprechliche" hingegen

ΙΩΤΑ	4
ΗΤΑ	3
ΣΙΓΜΑ	5
Ο	1
ΥΨΙΛΟΝ	6
ΣΙΓΜΑ	5
	365

d. h. im ganzen 24 Buchstaben.

Auch die ungeheuerliche Buchstabenmenge, welche sich aus dem 30 Buchstaben umfassenden Worte der Gottheit entwickeln und in Amen ausklingen soll, geht aus dem „aussprechlichen" Worte dadurch hervor, daß es in ein „aussprechliches" verwandelt wird, das sofort wieder als „aussprechliches" gelten und wieder „unaussprechlich" angeschrieben werden soll - ein Vorgang, der sich natürlich unendlich oft wiederholen läßt.

Der pythagoreische Einschlag im Systeme des Markos, ohne welchen eine so entwickelte Zahlensymbolik in der Tat gar nicht denkbar ist, gibt sich insbesondere darin zu erkennen, daß die „Vierheit", deren Name hellenisch Tetraktys lautet, alle diese Weisheiten dem Markos enthüllt. Die Vierheit ist nämlich einer der Grundbegriffe der pythagoreischen Zahlenspekulation und verdankt ihre Bedeutung der Beobachtung, daß die ersten vier Zahlen 1, 2, 3, 4, zusammen 10 ergeben, daß also aus ihnen die „vollkommene" Zahl hervor geht. Die 10 wurde jedoch deshalb als vollkommen angesehen, weil jede Zahl über zehn nach dem dekadischen Systeme, das, wie die Pythagoreer meinten, den Sprachen aller Völker zu Grunde liegt, aus den Zahlen unter zehn zusammen gesetzt werden. Vergleicht man nun, indem man neuerlich erwägt, daß das „Wort" im „Gefilde der Entstehung" zu Stande kommt, hiermit die durchwegs von uns beobachtete, merkwürdige Erscheinung, daß alle Theorien über dieses „Gefilde der Entstehung" lehren, daß in ihm die Vierzahl vorherrsche, so erkennt man, wie tief und harmonisch Zahlenmystik, Logoslehre und „Paradies" schon seit den ältesten Zeiten - vielleicht auch ganz unabhängig von Pythagoras - mit einander verknüpft gewesen sein müssen.

Buchstabe,	Name,	Lautwert,	Zahlenwert
Α	alpha	a	1
Β	beta	b	2
Γ	gamma	g	3
Δ	delta	d	4
Ε	e psilon, auch ei	kurzes e	5
ϛ	[nur Zahlzeichen]		6
Ζ	zeta	ds	7
Η	eta	langes e	8
Θ	theta	engl. th	9
Ι	iota	i	10
Κ	kappa	k	20
Λ	lambda	l	30
Μ	my	m	40
Ν	ny	n	50
Ξ	xi	x	60
Ο	o mikron, auch oy	o	70
Π	pi	p	80
ϙ	[nur Zahlzeichen]		90
Ρ	rho	r	100
Σ	sigma, auch san	s	200
Τ	tau	t	300
Υ	y psilon	ü	400
Φ	phi	ph, f	500
Χ	chi	ch	600
Ψ	psi	ps	700
Ω	o mega	langes o	800
ϡ	[nur Zahlzeichen]		900

VII. AUS DEN APOPKRYPHEN APOSTELGESCHICHTEN

18. ERINNERUNGEN DES HEILIGEN JOHANNES AN JESUM

Meine Brüder!

Nichts Fremdartiges oder Sonderbares widerfuhr euch, daß ihr den Herrn unter verschiedenen Gestalten erblicket, wo doch auch wir, die er sich zu seinen Sendboten erwählt hatte, vielfach geprüft wurden. Aber wenn ich euch derlei mitteile, so gestatte ich euch nicht, was ich gesehen und was ich gehört habe, auf zu schreiben und weiter zu sagen. Aber auch so muß ich es euerem Verständnisse anpassen, und nur so weit als jeder von euch zu folgen vermag, kann ich euch mitteilen, was ihr euch hernach zu eigen machen könnt, damit ihr seine Herrlichkeit schauet, wie er war, jetzt ist, und sein wird.

Als er den Petros und Andreas, die unsere Brüder sind, erwählte, kam er zu mir und meinem Bruder Jakobos und sprach:

Ich bedarf euer, kommt zu mir!

Und mein Bruder, der dies vernahm, sprach:

Johannes! Dieser Knabe am Strande, der uns ruft, was will er?

Und ich sprach: Welcher Knabe?

Er erwiderte: Der uns winkt.

Da antwortete ich: Da wir schon lange auf dem Wasser sind und nicht geschlafen haben, siehst du schlecht, mein Bruder Jakobos. Oder bemerkst du wirklich nicht, daß dort ein wohlgestalteter, schöner Mann mit freundlichem Antlitze steht?

Den sehe ich nicht, antwortete er. Aber laßt uns nahe kommen und sehen, was er will.

So ließen wir den Kahn schweigend hingleiten und sahen, daß er uns gleich zu Hilfe kam, als wir denselben fest machten.

Als wir aber die Sitte, in der Absicht, ihm zu folgen, verließen, schien er mir eine Glatze zu haben; doch sein Kinn trug einen dichten Bart. Dem Jakobos aber schien er erst ein Jüngling zu sein mit einem Bartflaume. So waren wir beide im Zweifel, was dieses Gesicht bedeuten soll. Dann folgten wir ihm und wußten uns alsbald wieder nicht die Sache zu recht zu legen. Denn diesmal widerfuhr mir etwas noch Sonderbareres. Ich versuchte ihn nämlich in seiner eigentümlichen Wesenheit zu schauen, bemerkte aber, daß er nie mit den Wimpern zuckte, sondern die Augenlider stets offen hielt.

Auch erschien er mir oft als mißgestalteter Zwerg, dann wieder als einer, der zum Himmel aufblickt.

Auch hatte er noch eine fernere, wunderbare Eigenschaft. Wenn er ruhte, pflegte er mich an seine Brust zu nehmen, und ich hing innig an ihm. Und da war seine Brust beim Betasten mitunter weich und zart, mitunter aber hart wie Felsenzacken.

Ein andermal nahm er mich, den Jakobos und den Petros auf den Berg mit, wo er zu beten pflegte, und wir sahen dort ein Licht, daß ein Mensch, der sich der vergänglichen Sprache bedient, gar nicht ausdrücken kann, wie strahlend es war.

Ein andermal brachte er ebenfalls uns drei auf den Berg und sprach: Kommet mit mir! Wir gingen wieder mit ihm und sahen ihn in einem Abstande von uns beten. Da er mich aber liebte, so wagte ich heimlich, daß er es nicht sehe, ihm zu nahen und den Blick auf ihn gerichtet, mich hinter ihn zu stellen. Und ich erblickte ihn, überhaupt nicht mit Kleidern angetan, entkleidet alles dessen, was von uns erblickt wird, und überhaupt nicht als Menschen.

Und seine Füße waren weißer als Schnee, so daß sogar die Erde ringsum von seinen Füßen erhellt wurde. Sein Haupt aber stieß an den Himmel, so daß ich voll Angst aufschrie. Er aber wandte sich um und schien plötzlich ein Zwerg. Und er kam mir über und zog mir das Kinn empor und sprach: Johannes, werde nicht ungläubig! Sei gläubig und mach dich nicht überflüssig. Und ich antwortete ihm: Herr, was habe ich denn getan?

Aber ich sage euch, Brüder, an dieser Stelle, an der er mein Kinn genommen hatte, krankte ich dreißig Tage, so daß ich zu ihm sprach: Herr, wenn schon ein Streich, den du im Scherze gibst, solche Schmerzen verursacht, wie wäre es da, wenn du mich mit Ruten züchtigest! Und er sprach: Bei dir steht es, nicht zu erproben, was keiner erproben soll.

Wieder war es, daß wir, seine Schüler, insgesamt in Genezareth in einem Hause schliefen, und daß ich allein unter seinem Gewande hervor lugte, um zu beobachten, was er tue. – Da vernahm ich, wie er zuerst sagte: Johannes, schlaf! Und ich stellte mich, als schliefe ich und sah einen anderen Schläfer, den ich zu meinem Herren sagen hörte: Jesus, die du erwähltest, glauben dir noch nicht. Und mein Herr entgegnete ihm: So ist es; denn sie sind Menschen.

Eine andere Erscheinung steht mir vor Augen, Brüder. Einmal wollte ich mich überzeugen, daß er einen festen und stofflichen Körper besitze, und stieß an ihn. Aber wie ich ihn berührte, war es unstofflich und körperlos, und gleichsam überhaupt nicht vorhanden.

Eingeladen von einem der Pharisäer ging er hin, und wir kamen mit ihm. Und jedem von uns wurde ein Brot vorgesetzt von denen, die uns gerufen hatten. Und er selbst nahm auch eines. Und jeder brach vom kurzen Ende ein Stück ab, aber unsere Brote blieben ganz, so daß, die uns gerufen hatten, sich verwunderten.

Oft ging ich mit ihm und wollte sehen, ob seine Spur auf der Erde sich zeige; denn ich sah, daß er über der Erde schwebte. Doch sah ich nie eine Spur.

Und das, meine Brüder sage ich euch zur Anleitung des Glaubens an ihn. Denn seine großen und wunderbaren Taten sollten heute verschwiegen bleiben; denn sie sind Geheimnisse und vielleicht weder geeignet, gesagt, noch gehört zu werden.

Bevor er jedoch von den gesetzlosen und von der gesetzlosen Schlange zum Gesetze angehaltenen Juden ergriffen wurde, versammelte er uns all und sprach:

Bevor ich ihnen übergeben werde, lasset uns den Vater preisen und so der Zukunft entgegen gehen.

Er befahl uns, einen Kreis zu schließen, ließ uns einander die Hände reichen, trat in unsere Mitte und sprach:

Antwortet mir immer Amen!

Und er begann, den Sang[1] zu singen mit den Worten:

Ehre dir, Vater!

Und wir umschlossen ihn im Kreise und antworteten:

– Amen!
Ehre dir, Logos! – Amen!
Ehre dir, Gnade! – Amen!
Ehre dir, Pneuma! – Amen!

Ehre dir, Heiliger! – Amen!
Ehre dir, Ehre! – Amen!
Wir danken dir, Licht,
in dem kein Schatten ist! – Amen!
Gerettet werden will ich
und retten will ich! – Amen!
Gelöst werden will ich
und lösen will ich! – Amen!
Verwundeten werden will ich
und verwunden will ich! – Amen!
Geboren werden will ich
und gebären will ich! – Amen!
Essen will ich
und verzehrt werden will ich! – Amen!

[1] In der Übersetzung dieses sehr mangelhaft überlieferten Gedichtes habe ich einige, unvollständig erhaltene oder meines Erachtens den Zusammenhang störende Verse entfallen lassen.

Hören will ich
und gehört werden will ich! – Amen!
Gedacht werden will ich,
selber ganz Geist! – Amen!
Gereinigt werden will ich
und reinigen will ich! – Amen!
Beweint will ich sein:
schlaget mich alle! – Amen![1]
Die Gnade tanzt:
tanzet alle mit mir! – Amen!
Eine einzige Achtheit
jubelt mit uns! – Amen!
Die ganze Zehnzahl
tanzet mit uns! – Amen![2]
Die Zwölfzahl oben
tanzet mit uns! – Amen!
Das ganze Weltall
tanzet mit uns! – Amen!
Was nicht tanzt,
weiß nicht, was geschieht! – Amen!
Fliehen will ich
und bleiben will ich! – Amen!
Schmücken will ich
und geschmückt werden will ich! – Amen!
Vereint werden will ich
und vereinen will ich! – Amen!
Ich habe kein Haus
und habe Häuser! – Amen!
Ich habe keinen Ort
und habe Örter! – Amen!
Ich habe keinen Tempel
und habe Tempel! – Amen!
Licht bin ich dir,
der du mich schauest! – Amen!
Spiegel bin ich dir,
der du mich sinnest! – Amen!
Tor bin ich dir,
der du an mich pochest! – Amen!

[1] Diese zwei Zeilen habe ich umgestellt; sie gehen in den Texten der „Achtheit" unten voran und durchbrechen dort den Zusammenhang. [2] Diese zwei Zeilen habe ich eingefügt, da offenbar das ganze Pleroma mit Jesus tanzen soll.

Pfad bin ich dir,
der du mich wandelst! – Amen!
Lauschend meinem Gesang
sieh dich selbst in mir reden! – Amen!
Sieh im Tun
meine Geheimnisse schweigend! – Amen!
Der du tanzest,
sinne, was ich tue!
Daß es dein Leiden ist,
das ich erleiden soll, Mensch!
Denn nicht könnte ich
sehn, was du leidest,
wenn ich nicht zu dir
vom Vater als Logos entsandt wäre.
Der du siehst, was ich leide:
du sahst mich, als litte ich!
Es erblickend standest du nicht,
sondern bewegtest dich ganz!
Wer ich bin, wirst du sehen,
sobald ich weg bin;
der ich scheine, bin ich nicht:
sobald du nur kommst, wirst du's sehen.
Wenn du zu leiden weißt,
hast du das Leiden nicht mehr.
Was du nicht weißt,
das werde ich dich lehren.
Dein Gott bin ich,
nicht der des Verräters.
Wiegen will ich mich
mit den heiligen Seelen um mich.
Erkenne das Wort der Weisheit.
Sage mir nochmals:
Ehre dir, Vater! – Amen!
Ehre dir, heiliger Geist! – Amen!
Ich habe getanzt:
doch du erwäge alles
und sprich erwägend:
Ehre dir, Vater! – Amen!

Und diesen Tanz, ihr Lieben, tanzend, kam der Herr mit uns hinaus. Und wir flohen wie Verirrte oder Verscheuchte, ein jeder wo anders hin. Ich sah ihn leiden und blieb nicht bei seinem Leiden, sondern floh auf den Ölberg, weinend über das Vorgefallene. Und als er auf dem Kreuze ausrief: „Nimm auf!“, in der sechsten Stunde des Tages, da wurde es finster auf der ganzen Erde.

Und er Herr stand in mitten der Höhle vor mir und erleuchtete sie und sprach: Johannes! Für die Menge unten in Jerusalem werde ich gekreuzigt und mit Lanzen gestochen und mit Stäben, und trinke Essig und Galle. Dir aber sage ich, und was ich sage, vernimm: ich habe dir versprochen, auf diesen Berg herauf zu kommen, auf daß du hörest, was der Schüler von dem Lehrer lernen muß, der Mensch von Gott.

Und mit diesen Worten zeigte er mir ein Kreuz, aus Licht gezimmert, und um dieses Kreuz herum eine große Menge, die durch einander flutete in wechselnder Gestalt. Und sie hatte eine einzige Gestalt und ein gleiches Aussehen. Ober dem Kreuze aber sah ich den Herrn ohne Gestalt, vielmehr bloß als eine Stimme, jedoch nicht als jene, die wir gewohnt waren, sondern als eine Stimme, süß und glückverheißend, eine wahre Gottesstimme, die zu mir sprach:

Johannes! Einer muß das von mir hören; denn ich brauche einen, der es hören soll. Dieses Kreuz des Lichtes wird von mir um euretwillen bald Wort genannt, bald Geist, bald Jesus, bald Gesalbter, bald Türe, bald Weg, bald Brot, bald Samen, bald Auferstehung, bald Sohn, bald Vater, bald Geisteshauch, bald Leben, bald Wahrheit, bald Glaube, bald Gnade[1]. Und diese Namen hat es um der Menschen willen; jedoch in Wirklichkeit ist es die an und für sich gedachte und uns verkündete Begrenzung aller Dinge, und für das Verfestigte die zuverlässige Befreiung aus allen Fesseln, und der Einklang der Weisheit. Denn an dem Einklange der Weisheit sind beteiligt rechte und linke Kräfte, Gewalten, Herrschaften, Dämonen, Mächte, Drohungen, Erzürnungen, Verläumder, Satanes[2] und die unterste Wurzel, aus welcher die Wesenheit des Entstandenen herstammt[3].

Dieses Kreuz (Pfahl) nun, welches alles vermittelst des Logos verfestigte und die Dinge der Entstehung von den unteren Dingen trennte, hernach aber ins All empor quoll, ist nicht jenes hölzerne

---

[1] Hier sind 16 Begriffe (Wort, Geist, Jesus, Gesalbter, Türe, Weg, Brot, Samen, Auferstehung, Sohn, Vater, Geisteshauch, Leben, Wahrheit, Glaube, Gnade) von einem einheitlichen Urwesen als dem 17ten ausgesagt, das in 3 Teile (Begrenzung der Dinge, Befreiung des Verfestigten, Einklang der Weisheit) zerfällt. Hierzu vergleiche man S. 379, wo 8 Begriffe ($8 = \frac{1}{2}\ 16$) von dem Urwesen als 9tem ausgesagt werden.

[2] Wieder sind hier 9 Wesenheiten aufgezählt, welche aus der „untersten Wurzel“ als 10ter entspringen (da die rechten und linken Kräfte wohl einfach als Kräfte schlechthin zu zählen sind).

[3] Man erhält demnach im Ganzen 16 Namen, 3 Seiten des Urwesens und 9 Wesenheiten, die daran teil haben, – also 28 Begriffsbestimmungen des Unaussprechlichen, den Tagen eines Mondmonats entsprechend.

Kreuz, das du sehen wirst, wenn du von hier hinab steigst. Auch bin ich, den du jetzt nicht siehest, sondern dessen Stimme du bloß vernimmst, nicht der, welcher auf dem Kreuze ist; für den, der ich nicht bin, ward ich gehalten, ohne der zu sein, der ich für die Vielen war. Vielmehr ist, was sie von mir sagen werden, niedrig und mein nicht würdig. Und wenn schon der Ort der Erholung weder gesehen noch beschrieben wird: um wie viel weniger wird man mich, seinen Herren, zu schauen vermögen.

Die gleichförmige Menge um das Kreuz herum ist die untere Wesenheit des Menschen. Und sie siehst du in dem Kreuze, wenngleich auch nicht in einheitlicher Gestalt; und keineswegs wurde sie gänzlich von dem herabkommenden Logos zusammen gefaßt. Wenn jedoch die Wesenheit des Menschen und die herab kommende Menge von dem Logos völlig erfaßt sein wird, überzeugt durch die Macht meiner Stimme, wie du sie jetzt vernimmst, dann werde ich nicht mehr sein, der ich jetzt bin. Denn bis du dich nicht mein eigen nennst, bin ich nicht, was ich bin. Doch wenn du mich vernimmst, verharre, sobald du mich vernommen hast, wie ich selbst; und ich werde sein, der ich war, sobald du wie ich selbst bei mir bist. Denn dies steht bei dir. Die Vielen jedoch und vor allem die, so außerhalb des Geheimnisses stehen. Verachte und erkenne mich vielmehr, wie ich ganz und gar bei dem Vater bin und wie der Vater bei mir ist.

Nichts von dem also, was sie von mir sagen werden, habe ich gelitten. Aber auch jenes Leiden, das ich dir und den anderen im Tanze gezeigt habe, will ich als Geheimnis bezeichnet hören. Denn wer ich bin, wenn du schauest, das hab ich dir ja gezeigt. Wer ich aber wirklich bin, das weiß ich allein und kein Anderer. Laß mich denn das Meine bewahren und begnüge dich, das Deine durch mich zu schauen. Mich aber in Wahrheit schauen, das ist, wie ich dir sagte, unmöglich. Du vernimmst, daß ich litt; aber ich litt nicht. Und du vernimmst, daß ich nicht litt; aber ich litt doch! Gegeißelt wurde ich und kein Schlag traf mich; gehenkt, war ich nicht aufgehangen. Das Blut, das aus mir floß, floß wieder nicht; und überhaupt: was jene von mir sagen, trifft nicht zu, und was sie nicht sagen, das habe ich erlitten. Was das aber ist, will ich dir im Rätsel andeuten: denn ich weiß, daß du es verstehen wirst. Denk mich also als des Wortes Lobpreisung, des Wortes Geißelung, des Wortes Blut, des Wortes Wunde, des Wortes Zusammenhang, des Wortes Leiden, des Wortes Verfestigung, des Wortes Tod[1]. Und durch diese Umgren-

[1] Hier haben wir 8 Begriffe (Lobpreisung, Geißelung, Blut, Wunde, Zusammenhang, Leiden, Verfestigung, Tod), durch welche das Wesen des Wortes oder vielmehr des „Menschen" als neuntes bestimmt wird. Ähnlich sahen wir oben S. 253 den „Menschen" achtfach gegliedert, nach 8 Begriffen, welche sein Wesen ausmachten.

zungen beschreibe ich den Menschen. Sinne nun dem Worte nach, dann wirst du auch seinen Herrn verstehen, und den MENSCHEN zu dritt, und was er gelitten hat. –

Und nachdem er dies zu mir gesprochen hatte und anderes, was ich nicht nach seinem Willen zu sagen weiß, verschwand er, ohne daß ihn einer aus den Haufen erblickt hätte. Und als ich hinab kam, verlachte ich alle jene, die zu mir sprachen, was sie von ihm sprechen, indem ich nur diese eine Überzeugung in mir befestigte, daß der Herr alles symbolisch vollführt hat, und in angemessener Weise zur Bekehrung und Rettung der Menschen.

Lasset uns denn, meine Brüder, uns, die wir die Gnade und die Liebe des Herren zu uns gesehen haben, seiner Erbarmung teilhaftig, ihn anbeten, und zwar weder mit den Händen, noch mit dem Munde, noch mit der Zunge, noch überhaupt mit einem körperlichen Behelfe, sondern in der Tiefe unseres Gemütes. Und wir wollen beachten, daß er auch im Gefängnisse und in den Grabkammern, in Fesseln und im Kerker, in Schimpf und Schmach, auf dem Meere und auf dem Festlande, bei Geißelungen, Urteilssprüchen, Nachstellungen, Hinterlisten und Racheakten um unseretwillen uns zur Seite ist; und indem er überhaupt bei uns allen, die wir leiden, zugegen ist, Brüder, leidet er mit uns. Nicht duldet es ihn, wenn ihn unser einer anruft, uns zu überhören, sondern da er überall ist, hört er uns alle; so auch jetzt mich und die Drusine, er der Gott der Verschlossenen, der uns durch seine Heiterkeit Rettung bringt.

Glaubt mir daher, ihr Lieben, daß ich euch nicht die Verehrung eines Menschen verkünde, sondern die eines unwandelbaren, unüberwindbaren Gottes, eines Gottes, der höher ist als alle Macht und alle Kraft sämtlicher Engel und Schöpfungen und Ewigen, und älter als sie und stärker. Hierin verharrend und hierauf bauend, wird eure Seele unvernichtbar bleiben.

Und nachdem Johannes dies den Brüdern mitgeteilt hatte, stieg er empor zu dem Lustgarten des Andronikos. Und Drusine folgte von ferne her seiner Fußspur.

Diese Erzählungen sind durchwegs auf valentinianischen Gedanken aufgebaut und wollen dieselben in symbolischer Weise versinnlichen.

Die Valentinianer lehrten, der Leib des Gesalbten sei aus dem Stoffe, der Seele und dem Geiste in wunderbarer Weise durch eine geheimnisvolle Kunst zusammen gesetzt gewesen und habe daher gelitten und doch nicht gelitten. Nichts Anderes aber als eben die legendäre Verdeutlichung dieser eigenartigen Beschaffenheit des Körpers Jesu bezwecken die Erzählungen unseres „Evangeliums“, die um so passender dem heiligen Johannes in den Mund gelegt sind, als ja gerade die Valentinianer sich eingehend mit der Interpretation der johanneischen Schriften befaßt haben. Zeigt sich also Jesus bald als Knabe, bald als Geist, bald als Riese, bald als Zwerg, bald stofflich, bald übersinnlich, bald einfach, bald doppelt, bald verschieden von Johannes, bald rätselhaft mit ihm verschmolzen, so sind alle diese gegensätzlichen Zustände in seiner Erscheinung nur Äußerungen des gegensätzlichen Wesens, welches ihm eben nach der Lehre der Valentinianer zukam.

Auch die Kreuzesvision auf dem Ölberge ist valentinianisch, das Kreuz (der Pfahl) der Begrenzer, dessen Wesen darin besteht, daß er die Weisheit hinderte, sich in die Finsternis zu verlieren. Johannes schaut in der Ölbergvision das Wesen dieses dem Verständnisse der Menge entrückten Ausflusses der Ewigen, dessen Unerkennbarkeit und Unfaßlichkeit für den Verfasser des „Evangeliums“ der Anlaß wird, in recht durchsichtigen, aber sehr dunkel klingenden Antithesen gegensätzliche Bestimmungen davon aus zu sagen.

In dem Tanzliede, das wohl als Kern des Mysteriums gelten soll, waltet kein anderer Geist. Es verhält sich zur Ölbergvision wie ein Text zu seiner Erläuterung. Fast alle Wendungen, die in ihm vorkommen, wiederholt die Stimme Jesu auf dem Ölberge in ausführlicherem, deutlicherem Zusammenhange. Der Tanz ist der Reigen der Gestirne und der Sphären. Achtheit, Zehnheit (die ich ergänzte) und Zwölfheit entsprechen den 8, 10 und 12 Ewigen der Valentinianer, welche in ihrer Gesamtheit die Fülle ausmachen. Die „Häuser“ sind die himmlischen Behausungen der Planetengottheiten, ihre Standorte bei den einzelnen Tierkreiszeichen. Sie sind „Häuser“ aber natürlich nicht wirkliche Häuser, „Tempel“ und doch nicht Tempel, und Jesus, der von einem derselben zum anderen wandert, hat „Örter“ aber keinen „Ort“. Der ganze „Sang“ ist in diesem astralen Teile im Wesen ein mystischer Sternenreigen, christlichen Verhältnissen wohl nur äußerlich angepaßt und vielleicht von uralten heidnischen Vorbildern abhängig.

Uns ist zu wenig von der Symbolik der Valentinianer überliefert, als daß wir alle Einzelheiten in unserem Evangelium erschöpfend deuten könnten. Jedenfalls hatten auch manche, zuerst ganz unauffällige Wendungen ihre versteckten Feinheiten. Zu den 30 Tagen, die Johannes an seinem Backenstreiche krankte, gab es gewiß eine kunstreiche Interpretation, ebenso zu dem Mantel unter dem er hervor lugte, er der einzige Wachende unter den übrigen Schläfern.

Gegen den Schluß seiner Erzählungen zieht der heilige Johannes selber seine Folgerungen aus dem Mitgeteilten, die in dem, die ganze Tendenz dieser Schrift klar legenden Satze auslaufen: „daß der Herr alles symbolisch getan hat und in angemessener Weise zur Bekehrung und Rettung der Menschen".

ERSTE TAT

Zu jener Zeit waren wir Sendboten insgesamt in Jerusalem, jener Simon, den man Petros nannte, und sein Bruder Andreas, Jakobos, der Sohn des Zebedaios, und sein Bruder Johannes, Philippos und Bartholomaios, Thomas und Matthaios, der Zöllner, Jakobos, der Sohn des Alphaios und Simon aus Kanaan und Judas, der Sohn des Jakobos.

Und wir verlosten unter einander die Regionen der Welt, auf daß jeder in die Region und zu dem Volke, welches er erlose und zu dem der Herr ihn entsende, wandere. Und Judas-Thomas, der auch Zwilling heißt, erloste Indien. Aber er wollte nicht hinziehen, sondern sagte, er könne um der Schwäche seines Fleisches willen sich nicht auf den Weg machen, und sprach: Wie soll ich, ein Hebräer, zu den Indern ziehen und ihnen die Wahrheit verkünden?

Und als er dies erwog und aussprach, erschien ihm der Retter des Nachts und sprach zu ihm:
Thomas, fürchte dich nicht! Ziehe nach Indien und verkünde dort die Lehre! Denn meine Gnade ist mit dir.
Thomas aber gehorchte nicht, sondern sprach:
Entsende mich, wohin immer du willst; aber nach Indien breche ich nicht auf.

Und als er dies sagte und dachte, traf es sich, daß dort ein Handelsmann, der aus Indien gekommen war, sich aufhielt, mit Namen Abbanes, entsandt von dem Könige Gundaphoros mit dem Auftrage, einen Zimmermann käuflich zu erwerben und zu ihm zu bringen. Der Herr aber sah ihn mittags auf dem Markte wandeln und sprach zu ihm: Du willst einen Zimmermann kaufen?
Und jener erwiderte: Jawohl!
Und der Herr sprach zu ihm: Ich habe einen Zimmermann zum Diener und will ihn verkaufen.
Mit diesen Worten zeigte er ihm den Thomas von ferne her, und er wurde einig mit ihm auf den Preis von drei Pfund ungeprägten Silbers, und er schrieb den Kaufvertrag mit den Worten:
Ich, Jesus, Sohn Josephs, des Zimmermanns, bekenne, verkauft zu haben meinen Knecht Judas-Thomas, zubenannt der Zwilling, dir Abbanes, dem Handelsmanne des Königs der Inder Gundaphoros.

Und als der Kauf abgeschlossen war, nahm der Herr den Judas-Thomas und führte ihn zu dem Handelsmanne Abbanes. Und als ihn Abbanes sah, sprach er zu ihm:
Dieser Mann hier, ist der dein Herr?
Und der Sendbote antwortete und sprach:
Er ist mein Herr.
Und jener entgegnete: Von ihm habe ich dich gekauft.

Und der Sendbote schwieg.

Am folgenden Morgen sprach der Sendbote im Gebete inbrünstig zum Herrn:

Wohin du willst, Herr, ziehe ich. Dein Wille geschehe!

Er kam jedoch zu dem Handelsmanne Abbanes, ohne überhaupt etwas mit sich zu bringen, ausgenommen seinen eigenen Wert. Denn diesen hatte ihm der Herr gegeben mit den Worten:

Mit dir sei dein Wert zusamt meiner Gnade, wohin immer du ziehst.

Den Abbanes traf der Sendbote an, wie dieser gerade seine Geräte zum Schiffe hinab trug. Und so begann er denn, ihm hierbei zu helfen. Als sie aber einstiegen waren und Platz genommen hatten, erforschte Abbanes den Sendboten mit den Worten:

Welche Beschäftigung verstehst du?

Und er sprach: Aus Holz kann ich Pflüge und Joche und Wagen und Schiffe und Schiffsruder und Webstühle und Räder, aus Stein Pfeiler und Tempel und Königshallen bauen.

Da sprach Abbanes, der Handelsmann, zu ihm: Gerade einen solchen Handwerksmann brauchen wir.

So traten sie denn die Fahrt an. Sie hatten günstigen Wind und die Reise ging nach Wunsch von statten, bis daß sie nach Andrapolis, der Stadt eines Königs, kamen.

Sie stiegen aus dem Schiffe und betraten die Stadt. Und siehe: Flötenspiel und Getön von Wasserpfeifen und Trompetengeschmetter empfing sie. Da forscht der Sendbote nach der Ursache mit den Worten:

Was ist das für ein Fest in dieser Stadt hier?

Und die Leute dort antworteten:

Auch dich haben die Götter hergeführt, daß du dich ergetzest in dieser Stadt. Denn unser König hat nur eine Tochter und gibt sie jetzt einem Manne zur Ehe. Hochzeitsfreude und Festesjubel ist das, was du da heute siehst. Denn der König hat durch Herolde verkünden lassen allüberall, daß alle zur Hochzeit kommen sollen, die Reichen und die Armen, die Knechte und die Freien, die Fremden und die Bürger. Doch wenn einer die Einladung verschmäht und nicht zur Hochzeit kommt, soll er dem Könige dafür Rechenschaft schuldig sein.

Abbanes hörte dies und sprach zu dem Sendboten: Laß denn auch uns hingehen, auf daß wir den König nicht verletzen, da wir ja völlig fremd sind. Und der Sendbote sprach: Gehen wir denn.

Nachdem sie also in der Herberge eingekehrt waren und sich ein wenig ausgeruht hatten, gingen sie zur Hochzeit. Und als der Sendbote alle an der Tafel liegen sah, legte er sich auch hin in die Mitte. Da blickten alle zu ihm hin als zu einem Fremden, der aus einem fernen Lande gekommen ist. Der Handelsmann Abbanes aber legte sich, da er

ja der Herr war, an einem anderen Orte zur Tafel.
Als sie nun speisten und zechten, rührte der Sendbote nichts an. Daher sagten seine Nachbarn:
Was kannst du hierher, wenn du weder issest noch trinkest?
Er aber antwortete ihnen und sprach:
Um größerer Dinge als der Speise oder des Getränkes halber kam ich her; vielmehr zu dem Zwecke, des Königs Willen zu erfüllen. Denn die Herolde verkünden den Auftrag des Königs, und wer die Herolde nicht hört, soll Rechenschaft schuldig sein vor dem Throne des Königs.

Als sie nun speisten und zechten und Kränze und Myrrhensalben herein getragen wurden, nahm jeder von der Salbe, und der eine salbte sein Antlitz, der andere den Bart und andere wieder andere Stellen ihres Körpers. Der Sendbote aber salbte den Scheitel seines Hauptes und träufte von der Salbe auch in seine Ohren, führte sie auch an seine Zähne und rieb die Gegend des Herzens sorgfältig damit ein. Und den ihm dargereichten, aus Myrthen und anderen Blüten gewundenen Kranz nahm er und setzte ihn sich auf das Haupt. Dann nahm er einen Kalmusstengel in seine Hand und hielt ihn so. Die Flötenspielerin jedoch, die in ihrer Hand die Doppelflöte hielt, umschritt alle und blies. Als sie aber an den Ort kam, wo der Sendbote war, stand sie ober ihm stille und blies zu seinem Haupte eine lange Zeit. Denn diese Flötenspielerin war ihrer Herkunft nach eine Hebräerin.
Da jedoch der Sendbote zur Erde blickte, streckte einer der Weinschenken seine Hand aus und stieß ihn an. Da erhub der Sendbote seine Augen, heftete sie auf den, der ihn gestoßen hatte, und sprach:
Mein Gott wird dir im künftigen Leben dieses Unrecht verzeihen; aber in dieser Welt wird er seine Wunder zeigen, und alsbald werde ich diese Hand, die mich stieß, von Hunden zerrissen sehen.

Und nach diesen Worten begann er die Saiten zu schlagen und folgendes Lied zu singen:

Das Mädchen ist des Lichtes Tochter,
auf der da ruht und welcher inne wohnt
der fröhliche Abglanz der Könige;
und erquickend ist ihr Anblick.

Denn in strahlender Schöne leuchtet sie,
deren Kleider Frühlingsblumen gleichen:
und ein Dufthauch des Wohlgeruches
strömet von ihnen aus.

Und in dem Scheitel[1 (s S 386)] thornt der König,
nährt mit seinem Himmelsbrote seine Beisitzer;
auf ihrem Scheitel ruht die Wahrheit,
Freude zeigt sich zu ihren Füßen.

Ihr Mund ist geöffnet,
und so ziemt es ihr,
ihre Zähne sind zweiunddreißig weiß gekleidete Diener,
die sie in Gesängen preisen.
Ihre Zunge gleicht dem Vorhange der Türe,
der sich dem Eintretenden öffnet;
ihr Nacken erhebt sich wie Stufen,
die der erste Bildner gebildet hat.
Ihre zwei Hände deuten und weisen
Herolden gleich auf den Reigen der seligen Ewigen;
ihre Finger zeigen hin
auf die Tore der Himmelsstadt.
Das Haus ihres Brautgemaches ist glänzend
und erfüllt vom Dufte der Erlösung;
in ihm ist die Wahrheit als Teppich gebreitet,
und seine Pforten sind mit Treue geschmückt.
Sieben Brautführer umringen sie,
die sie selbst sich erwählt hat;
sieben Brautführer hat sie,
die mit ihr den Reigen aufführen.
Zwölf sind es, die ihr dienen
und die ihr unterworfen sind;
sie richten den Blick auf den Bräutigam hin,
um durch seinen Anblick erleuchtet zu werden.
Und für die Ewigkeit werden sie mit ihm sein
in jener ewigen Freude;
und sie werden bei jener Hochzeit sein,
zu der sich die Großen versammeln.
Und sie werden bei jenem Mahle weilen,
dessen die Ewigen gewürdigt werden;
und sie werden bekleidet werden mit königlicher Gewandung
und werden sich umtun strahlende Kleider.

---

[1] Gemeint ist der Scheitel des Himmels, auf dem der König ebenso thront wie auf dem Scheitel der himmlischen Braut die Wahrheit. Zu dieser wie zu der voran gehenden Strophe ist zu vergleichen, daß auch die Juden in ihrer Kabbala an den Vers (V 2) des hohen Liedes: „Denn mein Haupt ist voll des Taues, meine Locken (sind voll) der Tropfen der Nacht" eine Lehre von der kosmischen Frisur anknüpften. Danach sind die unendlich zahlreichen Haare der heiligen Frisur Quellen der Emanation aus dem kosmischen Hirne. Ja das Manna der Wüste wurde als Tau dieses Gehirnes aufgefaßt. Daß der König mit seinem Himmelsbrote seine Beisitzer nährt, würde wohl, wenn man solche Voraussetzungen für unseren Hymnus annehmen will, nunmehr in dem hier gegebenen, eigenartigen Zusammenhange mit dem Scheitel der Wahrheit verständlich werden.

Und in Freude und Frohlocken
werden die Gäste und Gastgeber sein;
und sie werden preisen
ihn, den ewigen Vater,
Dessen fröhliches Licht sie empfangen haben,
und in dessen - ihres Herrn - Anschauung sie erleuchtet wurden;
dessen unvergängliche Speisen sie genossen haben,
die immer bei ihnen bleibt,
Und von dessen Wein sie getrunken haben,
der ihnen keinen Durst erweckt und keine Begierde;
und sie preisen samt den seligen Geisteshauche
den Vater der Wahrheit und die Mutter der Weisheit.

Und als er gesungen und dieses Lied beendet hatte, blickten alle dort Anwesenden auf ihn. Und er schwieg. Und sie sahen sein Äußeres verändert, und was er gesagt hatte, verstanden sie nicht. Denn er war ja ein Hebräer und seine Worte waren hebräisch gewesen. Allein die Flötenspielerin vernahm alles. Denn sie war ihrer Herkunft nach ebenfalls eine Hebräerin. Und indem sie von ihm wegtrat, spielte sie den Anderen auf, schaute aber des öfteren zu ihm weg und blickte auf ihn. Denn gar sehr liebte sie ihn als einen vom gleichen Stamme wie sie. Auch war er von anmutigerer Erscheinung als alle, die sich dort befanden. Und als die Flötenspielerin damit zu Ende war, allen auf zu spielen, setzte sie sich ihm gegenüber nieder, schaute auf ihn und faßte ihn ins Auge. Er aber schaute überhaupt auf niemand und achtete Keines; vielmehr hatte er seine Augen bloß zur Erde gewandt, darauf achtend, wann er von hier erlöst würde.

Unterdessen ging jener Weinschenk, der ihn angestoßen hatte, zur Quelle hinaus, um Wasser zu holen. Doch traf es sich, daß dort ein Löwe war. Und der tötete ihn und ließ ihn an jenem Orte liegen, nachdem er ihn in Stücke zerrissen hatte. Hunde aber ergriffen alsbald seine Glieder, und unter ihnen ein schwarzer Hund seine rechte Hand, die er im Maule haltend an den Ort des Gelages schleppte.

Bei diesem Anblicke packte alle Entsetzen, und sie frugen, wer denn aus ihrer Mitte abhanden gekommen sei. Als es aber offenbar wurde, daß es die Hand des Weinschenken sei, der den Sendboten gestoßen hatte, zerbrach die Flötenspielerin ihre Flöten und warf sie weg, kam zu den Füßen des Sendboten, ließ sich dort nieder und sprach:

Dieser Mensch ist entweder Gott oder ein Sendbote Gottes. Denn ich habe gehört, wie er auf Hebräisch zu dem Weinschenken sprach: Alsbald werde ich die Hand, die mich stieß, von Hunden zerrissen sehen. Und das sahet ihr jetzt erfüllt. Denn wie er sagte, so ging es aus.

Und Einige glaubten ihr, Andere aber nicht. Der König jedoch, der dies vernommen hatte, kam herzu und sprach zu dem Sendboten: Steh auf und komm mit mir und bete für meine Tochter. Denn sie ist mein einziges Kind, und heute verheirate ich sie.

Doch der Sendbote wollte nicht mit ihm von dannen gehen; denn noch war ihm der Herr nicht dortselbst enthüllt worden. Aber der König brachte ihn wider seinen Willen in das Brautgemach, auf daß er für das Brautpaar bete. So stand denn der Sendbote und begann zu beten und sprach:

Mein Herr und mein Gott!
Du Weggenosse deiner Knechte,
du Führer und Lehrer derer, die an ihn glauben,
du Zuflucht und Erholung der Bedrückten,

D*u* Hoffnung der Armen und Befreiung der Gefangenen,
du Arzt der in Krankheit verfallenen Seelen und Retter jeglicher Kreatur, *du* Lebensspender des Weltalls und der in ihm waltenden Seelen,
du weißt das Künftige, der du es auch um unseret willen vollendest.

D*u* Herr, der du enthülltest die verborgenen Geheimnisse
und Sprüche aufdecktest, die man nicht künden darf,
du bist der Wachstum spendende Herr des guten Baumes
und durch deine Hände gelangen alle guten Werke zur Ausführung.

D*u* bist der Herr, der in allem ist
und der alles durchschreitet,
und allen seinen Taten einwohnt
und durch ihre Wirkungen offenbart wird,

Jesus Christus, der Sohn der Heiterkeit und der vollkommene Retter, Christus, Sohn des lebendigen Gottes,
eine Macht, die unfehlbar den Feind überwindet,
eine Stimme, welche die Fürsten vernehmen, da sie all ihre Machtbefugnis erschüttert.

Der Gesandte bist du, der von der Höhe entstammt ist und bis in die Unterwelt hinab stieg,
der du die Tore geöffnet und von dort herauf geführt hast,
all die, welche vor langen Zeiten dort eingeschlossen worden waren in der Schatzkammer der Finsternis,
und denen du den Weg gezeigt hast, der zu der Höhe empor führt.

Ich bitte dich, Herr Jesus,
und lege Fürbitte ein bei dir für diese jungen Leute,
auf daß du ihnen zu Hilfe kommest und ihnen beistehest
und tuest, was ihnen von Nutzen ist.

Und er legte ihnen seine Hände auf und sprach: Der Herr wird mit euch sein.

Dann verließ er sie an diesem Orte und ging hinweg.

Der König aber verlangte, die Brautführer möchten das Brautgemach verlassen. Und als alle hinaus gegangen und die Türen verschlossen waren, da hob der Bräutigam den Vorhang des Brautbettes in die Höhe, um sich der Braut zu nahen, und erblickte den Herrn Jesus in der Gestalt des Judas-Thomas, der sich mit der Braut unterhielt, also in der des nämlichen Sendboten, der sie soeben gesegnet hatte und von ihnen hinweg gegangen war, und er sprach zu ihm:

Wie? Bist du nicht vor allen hinaus gegangen? Wie kommt es, daß man dich hier findet?

Und der Herr sprach zu ihm: Ich bin nicht Judas-Thomas, ich bin sein Bruder. Und der Herr setzte sich auf das Lager und befahl ihnen, sich ebenfalls auf die Stühle zu setzen und begann und sprach zu ihnen also:

Gedenket, meine Kinder, was euch mein Bruder gesagt und wem er euch ans Herz gelegt hat. Und wisset dies, daß ihr, wenn ihr ablasset von dieser schmutzigen Gemeinschaft, reine, heilige Tempel sein werdet, ledig aller geheimen und offenbaren Schläge und Wehen, und das Leben wird euch weder Sorgen machen, noch die Kinder, deren Ende der Tod ist. Und wenn ihr viele Kinder erzeuget, werdet ihr ihretwillen Räuber und habsüchtig, schindet Waisen und bereichert euch an Witwen und ladet durch solche Taten die schwersten Strafen auf euch. Auch sind die meisten Kinder nichts nutz, von bösen Geistern besessen, die einen offensichtlich, die andern unvermerkt; denn entweder sind sie mondsüchtig, oder bresthaft, oder stumm, oder taub, oder gelähmt, oder töricht. Doch auch wenn sie gesund sind, sind sie entweder faul oder vollführen nutzlose oder gar schändliche Taten. Entweder werden sie beim Ehebruche ertappt oder bei einem Morde oder einem Diebstahl oder bei der Hurerei. Und von all dem werdet ihr in Mitleidenschaft gezogen werden. Doch wenn ihr mir folgt und eure Seele für Gott rein bewahrt, dann erhaltet ihr lebendige Kinder, welche von allen jenen Fehlern nicht berührt werden; sorglos werdet ihr sein und ein ungestörtes Leben führen, ohne Trauer und Sorgen. Und ihr werdet jene wahre, unvergängliche Hochzeit abhalten und Brautleute bei ihr sein, die in jenes Brautgemach eintreten, das voll ist von Licht und Unsterblichkeit.

Als dies die jungen Leute hörten, glaubten sie dem Herrn und gaben sich ihm zu eigen und enthielten sich der schmutzigen Begierde, und blieben also die Nacht über an dem Orte. Der Herr aber verschwand vor ihrem Angesichte mit den Worten: Die Gnade des Herrn wird mit euch sein.

Als der Morgen anbrach, kam der König, ließ den Tisch füllen und dem Bräutigam und der Braut vorsetzen. Doch fand er sie einander

gegenüber sitzend, und fand die Braut mit unbedecktem Antlitze, und der Bräutigam war gar fröhlich. Und die Mutter trat zur Braut und sprach:
Weshalb, mein Kind, sitzest du so da, so ganz ohne dich zu schämen, als ob du schon lange Zeit mit deinem Manne zusammen gelebt hättest?
Und der Vater sprach: Wegen deiner großen Liebe zu deinem Manne bedeckst du dich nicht?
Und die Braut antwortete und sprach:

In Wahrheit, Vater, meine Liebe ist groß
und ich flehe zu meinem Herrn,
daß in mir verharren möge die Liebe,
die ich in dieser Nacht erkannt habe,
und daß ich davon Ursach gebe jenem Manne,
den ich heute früh erkannt habe.

U*nd* deshalb bedecke ich mich auch nicht mehr,
weil der Spiegel der Scham von mir hinweg gekommen ist,
und ich scheue mich nicht und empfinde keine Scham,
weil das Treiben der Scheu und Scham von mir weit hinweg genommen ist.
U*nd ich* gerate nicht in Furcht,
weil die Furcht nicht bei mir geblieben ist,
und ich bin voll Heiterkeit und Freude,
weil der Tag der Freude nicht zerstört wurde.

U*nd ich habe* diesen meinen Mann gering geschätzt und diese Hochzeit,
welche vor meinen Augen dahin gegangen sind,
weil ich in einer anderen Hochzeit vermählt wurde,

U*nd ich habe* mich nicht mit diesem vergänglichen Manne begattet,
welches Geilheit und Bitternis der Seele zur Folge hat,
weil ich mit dem wahren Manne vermählt wurde.

Und während die Braut noch mehr der Art sagte, antwortete der Bräutigam und sprach:

Herr, ich danke

D*ir, der du* von dem fremden Mann verkündet
und in uns befunden wurdest,

der du mich dem Verderben entrückt
und in mir das Leben gesäet hast,
der du mich von dieser schwer zu heilenden Krankheit befreit
und in mich die in Ewigkeit verharrende weise Gesundheit verpflanzt hast,
der du dich mir gezeigt
und mir alle Umstände, die mich umgeben, enthüllt hast,

Der du mich von dem Falle befreit
und mich zu dem Bessern empor geführt hast,
der du mich dem Irdischen entfremdet
und des Unsterblichen und ewig Währenden gewürdigt hast;
der du dich selber erniedrigt hast bis zu mir und meiner Nichtigkeit,
um mit deiner Herrlichkeit, zu mir tretend, mich dir zu vereinen;
der du mir wiesest, mich selber zu suchen und zu erkennen, wer ich war,
um wieder der zu werden, der ich war –
D*ir, den ich* nicht kannte,
indeß du selbst nach mir suchtest,
den ich nicht verstand,
indeß du mich erfreutest;
den ich nicht wahrnahm,
und dessen ich jetzt nicht vergessen kann;
dessen Liebe in mir lohet,
obgleich ich ihn nicht geziemend zu nennen weiß,
Während, was ich von ihm zu sagen vermag, kurz ist und gar dürftig, und keinen Vergleich aushält mit seiner Herrlichkeit,
obwohl er nicht zürnt, daß ich mich erkühne, vor ihm zu sprechen, was ich nicht weiß,
da ich ja auch dies nur sage um willen meiner Liebe zu ihm.

Als der König vom Bräutigam und der Braut dies hörte, zerriß er sein Gewand und sprach zu denen, die in seiner Nähe ihn umstanden: Gehet eilends hinaus und durchziehet die ganze Stadt und ergreifet und bringet her jenen Menschen, jenen Zauberer, der zum Unheil in diese Stadt gekommen ist; denn mit meinen eigenen Händen habe ich ihn in dies mein Haus geführt, und ich selbst war es, der zu ihm gesagt hat, er solle beten für diese meine höchst unglückliche Tochter. Aber wer ihn findet und herbringt, dem gebe ich alles, was immer er von mir verlangt.

So gingen sie denn hinaus und zogen einher auf der Suche nach ihm. Doch sie fanden ihn nicht. Denn er war zu Schiff. Sie kamen auch in die Herberge, wo er eingekehrt war, und fanden dort die Flötenspielerin, weinend und trauernd, da er sie nicht mitgenommen hatte. Als sie ihr jedoch aus einander setzten, was sich mit den jungen Leuten zugetragen habe, freute sie sich gar sehr über diese Nachricht, tat ihre Trauer ab und sprach:
Jetzt habe auch ich die Ruhe gefunden.

Und sie stand auf und ging zu den Brautleuten hin und blieb mit ihnen zusammen geraume Zeit, bis daß sie auch den König bekehrten. Und es sammelten sich dort viele Brüder, bis daß sie vernahmen, Thomas sei in die Städte Indiens gekommen und lehre dort. Da brachen sie auf und stießen zu ihm.

ZWEITE TAT [1]

Als darauf Thomas mit Abbanes in die Städte Indiens, welche von dem Könige Gundaphoros beherrscht wurden, gekommen war, erklärte er sich vor dem Könige bereit, ihm einen Palast zu bauen. Geld und alles Erforderliche wurde reichlich herbei geschafft, der Sendbote aber verteilte alles Empfangene an die Armen. Als nach einiger Zeit der König sich nach dem Fortgange des Baues erkundigte und die Antwort erhielt, der Palast sei fertig bis auf das Dach, sandte er abermals Gold und Silber in Überfluß. Aber auch dieses wurde von dem Sendboten unter die Armen verteilt. Wie nun der König wieder in die Stadt kam und sich nach dem von Judas-Thomas erbauten Palaste erkundigte, erfuhr er, der Sendbote habe an den Bau keine Hand angelegt; dagegen ziehe er in Städten und Dörfer umher, verteile Almosen, lehre einen neuen Gott, heile Kranke, treibe Dämonen aus und tue andere Wunderdinge.

Auf diese Kunde hin geriet der König in heftigen Zorn und ließ den Abbanes und den Sendboten vor sich kommen. Judas-Thomas erwiderte auf Befragen, der Palast sei fertig. Der König könne ihn aber erst nach seinem Tode erschauen. Da befahl Gundaphoros, beide ins Gefängnis zu werfen und sann über eine besonders grausame Todesstrafe für sie nach. Endlich beschloß er, sie zuerst schinden und dann verbrennen zu lassen.

In derselben Nacht wurde der Bruder des Königs, Namens Gad, todkrank. Vor seinem Tode bestärkte er noch den Gundaphoros in dem Entschlusse, an dem Magier Rache zu nehmen. Doch als er gestorben

[1] Hier gebe ich nur den Inhalt in seinen wesentlichen Zügen an.

war, trugen Engel seine Seele gegen Himmel, zeigten ihm die Stätten und Wohnungen daselbst und frugen ihn, welche Wohnung er sich erwählen möchte. Gad wählte den von Thomas seinem Bruder erbauten Palast. Als er jedoch erfuhr, wem derselbe gehöre, verlangte er von den Engeln die Erlaubnis, ins Erdenleben zurück zu kehren, um dem Bruder den Palast ab zu kaufen.

Eben wollen man dem Leichname das Grabgewand anziehen, als die Seele zurück kehrte. Sobald dies dem Könige gemeldet wurde, eilte er zu dem wieder belebten Bruder und erfuhr durch diesen von dem Palaste, den der hebräische Sklave ihm im Himmel erbaut habe. Den Wunsch des Bruders, ihm diesen Palast zu verkaufen, mußte er als unerfüllbar erklären; doch verfiel er darauf, daß der Baumeister ja noch lebe und ihm einen anderen, weit schöneren, bauen könne.

Hierauf entließ der König Gundaphoros den Judas-Thomas aus dem Gefängnisse und begehrte seine Fürbitte, damit er dereinst würdig befunden werde, den himmlischen Palast zu bewohnen. Ebenso wandte sich Gad mit der Bitte an ihn, daß ihm dereinst das von den Engeln Gezeigte beschieden werden möge. Judas-Thomas wandte sich im Gebete an den Herrn Jesus und bat ihn, den König und dessen Bruder in seine Herde auf zu nehmen. Und als er ihnen nach entsprechender Vorbereitung das erste „Siegel“ gespendet hatte, vernahmen sie die Stimme des Herren, der ihnen zurief: Friede sei mit euch! Als sie jedoch das zweite, bestätigende „Siegel“ erhalten hatten, erschien ihnen der Herr selbst in der Gestalt eines Jünglings mit einer brennenden Leuchte, deren Glanz alle anderen Lichter verdunkelte, und verschwand alsbald.

Doch in der Nacht erschien dem Thomas der Herr und befahl ihm, sich am folgenden Tage auf den Weg nach Osten zu begeben und zwei Meilen weit zu wandern. Dort werde er seine Herrlichkeit schauen.

DRITTE TAT

Und der Sendbote zog dorthin, wohin zu ziehen ihm der Herr befohlen hatte. Und als er in die Nähe des zweiten Meilensteines gekommen war und ein wenig vom Wege abbog, sah er den Leichnam eines wohlgestalteten Jünglings liegen und sprach:

Herr, hast du mich nicht deshalb veranlaßt, hierher zu kommen, damit ich diese Versuchung sehe? Also geschehe dein Wille, wie du wünschest.

Und er begann zu beten und sprach:

Herr, Richter der Lebendigen und Toten,
der Lebendigen, die da stehen,
und der Toten, die da liegen;
du Herrscher und Vater aller,

Du Vater der Seelen,
doch nicht jener, die in den Leibern sind,
sondern derer, die sie verlassen haben,
wo hingegen du über die Seelen,
die sich noch in der Befleckung befinden,
Herrscher bist und Richter –

Komm in dieser Stunde,
in der ich dich rufe,
und zeige deine Herrlichkeit
an dem, der hier liegt!

Und als er dies gesagt hatte, kam ein großer Drache aus einer Höhle hervor, stieß mit seinem Haupte auf den Boden und ringelte seinen Schweif auf der Erde, erhob seine gewaltige Stimme gegen den Sendboten und sprach: Künden will ich von dir, aus welchem Grunde ich ihn getötet habe, da du ja dazu hierher gekommen bist, mich meiner Taten zu überführen.
Und der Sendbote sprach: Rede denn!
Darauf der Drache: Ein Weib ist der Grund, das sich in diesem Gefilde aufhielt. Sie durchschritt dasselbe um meinetwillen, und ich sah sie und liebte sie und folgte ihr und bewachte sie. Und ich fand diesen Jüngling, wie er mit ihr koste, ihr beiwohnte und viel Schändlichkeit mit ihr vollführte. Und mir kann es recht sein, daß dies vor dir offenbar wird; denn ich weiß, daß du der Zwilling Christi bist, der unser Geschlecht immerdar überführt.
Doch da ich den Tag des Herren nicht entweihen wollte, habe ich den Jüngling nicht zur nämlichen Stunde getötet, sondern ich bewachte ihn, bis daß es Abend ward, stach ihn dann und tötete ihn so, eigentlich zumeist deshalb, weil er am Tage des Herrn gewagt hatte, derlei zu tuen.

Der Sendbote aber sprach prüfend zu ihm: Sage mir, aus welchem Samen und aus welchem Geschlechte du stammst.
Und er antwortete ihm:

Ich bin ein Sprößling des Geschlechtes der Kriechtiere,
ein schädlicher Sproß des Schädlichen.
Ich bin der Sohn dessen, der schädigte und geschlagen hat
die vier Brüder, die hintreten, [stehen und stehen bleiben].
Ich bin der Sohn dessen, der auf dem Thron des Verderbens sitzt,
der das Eigentum nimmt von denen, die leihen.

Ich bin der Sohn eines Abtrünnigen,
der den Weltkreis umgürtet.
Ich bin ein Blutsverwandter dessen, der außerhalb des Ozeans weilt,
dessen Schwanz in seinem eigenen Munde liegt.

Ich bins, der durch die Scheidewand in das Paradies drang,
und mit der Eva redete, was mein Vater mir zu reden auftrug.
Ich bins, der den Kain entflammte und anfeuerte, daß er den eigenen Bruder töte,
und durch mich wuchsen Distel und Dornen auf Erden.
Ich bins, der die Engel aus der Höhe herabgestürzt,
und sie durch die Begierde nach Weibern gefesselt hat.
Ich bins, der das Herz Pharaos verhärtete, daß er die Kinder Israels tötete
und sie in hartem Dienstjoch knechtete.

Ich bins, der die Menge in der Wüste verführte,
als sie das Kalb machten.
Ich bins, der den Herodes anfeuerte und den Kaiphas entflammte,
durch das falsche Zeugnis von Pilatus,
Ich bins, der den Judas entflammte und erkaufte,
Christum zu verraten.
Ich bins, der den Abgrund des Tartarus bewohnt und inne hat;
der Sohn Gottes aber schädigte mich wider meinen Willen
und erwählte die Seinen aus meiner Gewalt.
Ich bins ein Blutverwandter dessen, der von Osten kommen wird,
dem auch Macht verliehen ist, zu tun, was er will, auf Erden.

Und als dies jener Drache gesagt und die ganze Schar es vernommen hatte, erhub der Sendbote seine Stimme zur Höhe und sprach: Laß ab, Schamloser, weiter zu lästern, da du schon ganz abgestorben bist. Denn das Ende des Verderbens ist schon da. Und wage nicht, zu sagen, was du vollführt hast durch die, so dir untertan worden sind. Vielmehr befehle ich dir im Namen jenes Jesus, der bis jetzt gegen euch im Kampfe liegt um der ihm zugehörigen Menschen willen, daß du dein Gift, welches du in diesen Mann geworfen hast, aussaugest und aus ihm in dich hinein ziehest.

Und der Drache sprach: Noch ist der Augenblick meines Endes nicht da, wie du meinst. Was zwingst du mich, zu nehmen, was ich in diesen da warf, und zu sterben vor der Zeit? Wird doch auch mein Vater erst, sobald er, aus der Tiefe empor gezogen, was er in die Schöpfung warf, aussaugt, sein Ende finden.

Aber der Sendbote entgegnete ihm: So zeig denn das Wesen deines Vaters. Und der Drache kam und tat seinen Rachen an die Wunde des Jünglings und sog die Galle aus ihm. Und in kurzem ward die Farbe des Jünglings, die vorher dunkelrot war, hell. Der Drache aber schwoll an. Doch als der Drache die ganze Galle in sich eingezogen hatte, sprach der junge Mann auf, lief zu den Füßen des Sendboten und fiel nieder. Der Drache jedoch schwoll immer mehr und barst, und das ganze Gift und die Galle floß aus. Aber an dem Orte, an dem das Gift sich entleert hatte, entstand ein großer Schlund, der jenen Drachen verschlang.

Der Sendbote jedoch sprach zu dem Könige und dessen Bruder: Nehmt Handwerker, füllet die Grube aus, legt Grundsteine und bauet über ihnen Häuser, damit es eine Behausung werde für Fremdlinge.

Die Taten des heiligen Thomas" sind eine umfangreiche Schrift, welche erst mit dem Martyrium und Tode des heiligen Thomas endet. Sie ist durchwegs gnostisch gefärbt, wenngleich sie auch fast in allen ihren Teilen sich eine christliche Überarbeitung hat gefallen lassen müssen. Insbesondere aber zeichnet sie sich dadurch aus, daß in den Zusammenhang der Wunder, von denen sie berichtet, bei passenden Gelegenheiten rein gnostische Hymnen und Gebete eingeschaltet sind. Auch der „Hymnus an die Seele", der den Gegenstand der Nr. 2 bildete, stammt aus den Thomasakten. Hier gebe ich die erste und dritte Tat vollständig, die zweite, des Zusammenhanges wegen, nur im Auszuge.

Die Tendenz der Akten ist streng asketisch. Schon die erste Tat predigt geschlechtliche Enthaltsamkeit und Abkehr von der Sinnenlust. Man erinnere sich der Naassener, welche sogar die Kastration empfahlen, oder des Simon Magus, dem die Sinne zum Vergänglichen gehörten. Die Diktion der Schrift ist ungleich schlichter als die des Johannes-„Evangeliums". Sie bemüht sich, eine gewisse Deutlichkeit an den Tag zu legen, welche dort, preziös vermieden wird. Daher ist auch die symbolische Bedeutung dieser Wundergeschichten großenteils schon durch den Wortlaut gegeben. Anderseits freilich unterlaufen dem Erzähler manche Ungeschicklichkeiten, die mitunter ans Lächerliche streiten, wie z. B. die Erscheinung Jesus im Ehebette. Ebenso ist der Zorn des Königs Gundaphoros über die üblen Zweideutigkeiten, mit denen ihn Thomas traktiert, nicht unbegreiflich. Der Erzähler hat es eben doch nicht verstanden, seine Symbolik restlos und angemessen in Handlung auf zu lösen.

Der Höhepunkt der Komposition in der ersten Tat ist das Gastmahl. Natürlich ist hier alles symbolisch zu verstehen und jede Einzelheit darauf berechnet, den Hymnus, den Thomas singt, zur rechten Geltung zu bringen. Der irdische König in jener Stadt ist nur ein Gleichnis für den himmlischen König, der auch nach dem christlichen Gleichnisse der kanonischen Evangelien (Matth. XXII 2 - 14; vgl. Luk. XIV 16 - 24) alle Welt zu dem von ihm angerichteten Hochzeitmahle einlädt. Thomas deutet das sehr vernehmlich mit den Worten an: „Denn die Herolde verkünden den Auftrag des Königs; wer die Herolde nicht hört, soll Rechenschaft schuldig sein vor dem Throne des Königs". Ebenso ist die Tochter, die er vermählen will, ein Gleichnis für die Weisheit-Sophia. Die Beschreibung ihrer Schönheit bezieht sich auf die Teile des Weltalls. Die sieben Brautführer und Brautführerinnen entsprechen ihrer Zahl nach den Planeten, die zwölf Diener den Tierkreiszeichen, zugleich aber auch der Zwölfheit in der Fülle, von welcher die Valentinianer lehrten. Auch gibt das Gedicht in der Form einer Verheißung sogleich die Deutung seiner eigenen Symbolik. Die Zwölf, welche der Braut dienen, nämlich die Tochter des Königs umgeben, an deren Hochzeit Thomas teilnimmt, werden auch an der himmlischen Hochzeit teilnehmen, wenn die Braut, nämlich die Weisheit, in die Fülle als in ihr Brautgemach einkehren wird. Zur wahren Lehre bekehrt werden sie den zwölf Ewigen entsprechen und die Herrlichkeit des Urvaters erschauen.

Die Bedeutung der Flötenspielerin und des Weinschenken, die in der erhaltenen Fassung doch nur Nebenfiguren sind, läßt sich kaum mehr ermitteln. Vielleicht sollte irgend einmal die Flötenspielerin nicht der im Hymnus beschriebenen, jungfräulichen Sophia, sondern ihrem Gegenstücke, der durch den Sendboten in Vertretung des Gesalbten bekehrten Hure Sophia entsprechen. Ob aber der Weinschenke jemals zu dem Symbolinhalte der Erzählung eine nähere Beziehung gehabt hat, vermag ich nicht zu durchblicken.

In der dritten Tat klingen alte, allen Völkern geläufige Motive, allerdings schon in recht verballhornter Form an. Der Drache bewacht ein Weib und tötet oder verzaubert den Jüngling, der es befreien will. Endlich aber kommt Einer, der ihn zu besiegen vermag, und alle Getöteten oder Verzauberten wieder aufweckt. Wer kennte nicht Hunderte von Märchen dieser Art? Aber die einfache Handlung ist hier zum Wunder umgebildet und mit symbolischen Zügen durchflochten. Der Drache ist zum bösen Prinzipe in der Weltordnung geworden, ein Hymnus auf seine Herkunft wird ihm gleichsam als Schwanengesang in den Rachen gelegt. Seine Bosheit wird recht grell gemalt, um seine Ohnmacht dem guten Prinzipe gegenüber besonders anschaulich hervor zu heben.

Dabei sind aber doch auch typisch gnostische Züge verwendet. Der Drache rühmt sich, aus dem Geschlechte dessen zu stammen, der „schädigte und geschlagen hat die vier Brüder, die hintreten, stehen und stehen bleiben". Das ist ein deutlicher Anklang an die Lehre des Simon Magus. Wahrscheinlich ist die Stelle verderbt und hat ursprünglich gesprochen von den „vier Brüdern dessen, der stand, steht und stehen wird", nämlich von den vier Elementen. Ferner wird auch noch zwischen dem Drachen, den Thomas tötet, und dem Urweltdrachen eine merkwürdige Analogie aufgestellt. So wie der Drache an dem eigenen Gifte zu Grunde geht, das er in den Körper des Jünglings geworfen hat, so soll auch sein Vater, der Urweltdrache, an dem eigenen Gifte zu Grunde gehen, das er in die Welt geworfen hat. Er soll aus der Tiefe (des Urmeeres?) in die Höhe gezogen und gezwungen werden, sein eigenes Gift, mit dem er die Welt verpestet hat, aus ihn in sich zu saugen. Durch diese Wendung erhält im Sinne unserer Gnostiker die Tat des heiligen Thomas wirklich evangelischen Charakter, da sie die Aussicht darauf eröffnet, daß die Welt von der Schlechtigkeit, die in ihr waltet, befreit werden wird.

NACHWEIS DER QUELLEN

Bei dem gegenwärtigen Stande der Forschung können die gnostischen Originaltexte auf dem Wege einer bloßen Übersetzung durchaus nicht in erschöpfender oder auch nur befriedigender Weise für weitere Kreise wieder gegeben werden.

Abgesehen von den Hindernissen, welche sich jeder Übersetzung, namentlich aber einer solchen aus der hellenischen Sprache entgegen zu stellen pflegen, tritt hier in erster Linie noch die Schwierigkeit hinzu, daß sich die Gnostiker einer, in jedem Systeme wechselnden, nur in den Hauptzügen gleichbleibenden, sich jedoch immer mehr und mehr verästelnden Terminologie bedienten, für deren einzelne Kunstworte dem modernen Denken vielfach passende Ausdrücke, ja in Folge der inzwischen völlig veränderten kulturellen Voraussetzungen und Denkrichtungen sogar selbst oft die Möglichkeiten des Verständisses fehlen, die erst wieder auf historischem Wege mühsam gewonnen werden müssen. Außerdem liebten sie dunkle mehrdeutige Redewendungen, Wortspiele und symbolische Andeutungen. Unsere Nachrichten von den einzelnen Systemen sind in verschiedener Sprache überliefert, welche bald den Einfluß semitischer Syntax (vgl. z. B. No. 3), bald den klassischer Vorbilder (No. 6) verspüren läßt. Hierzu kommt, daß sich diese Nachrichten selbst wieder in der Mehrzahl der Fälle zu den ursprünglichen Lehrmeinungen der betreffenden Lehrer oder Sekten etwa so verhalten, wie eine vermittels eines buckeligen Spiegels gesehene, mit einem faltenreichen Schleier umhüllte und nicht gerade von Künstlerhand hergestellte Nachbildung zu der originalen Büste. Irgend einmal hat es eine gnostische Sekte gegeben; irgend jemand hat von ihr verschiedene Nachrichten, vielleicht aus persönlicher Berührung, vielleicht aus Schriften, welche diese Sekte benützte, erhalten. Daraus gestaltete sich seine Kenntnis von dem betreffenden religiös-philosophischen Systeme, das er in verkürzter oder redigierter Form nieder schrieb. Sammlungen solcher Niederschriften, in die selbst unterwegs mancherlei hinein gearbeitet worden ist, haben unsere Gewährsmänner benützt. Aber sie haben sie nicht einfach abgeschrieben, sondern exzerpiert, hin und wieder eigene Bemerkungen dazwischen geflochten und manches verkürzt oder umgestellt. Vieles – gewiß oft Wichtiges – übergangen oder verstümmelt: in solchem und oft noch in schlimmerem Zustande sind die meisten Berichte über die gnostischen Systeme auf uns gekommen. Andere Quellen wieder sind in Zauberpapyri überliefert, überladen mit ungehörigen Einschüben, Zauberformeln und wüstem Volksaberglauben, ihrer früheren Form entkleidet und zu allem Überflusse erbärmlich schlecht geschrieben. Dies zeigt, daß solche

Texte, so wie sie sind, für eine Übersetzung, die dem Zwecke dienen will, das Interesse weiterer Kreise an gnostischer Spekulation zu befriedigen, überhaupt nicht reif sind. Sie müssen vorher bearbeitet werden. Solche Bearbeitungen liegen zum Teile schon vor, so für die Naassenerpredigt (No. 4 C) von R. Reitzenstein, für Abraxas und die Mithrasliturgie von A. Dieterich, - aber eben nur zu einem so geringen Teile. Das Ideal wäre es also, ab zu warten, bis schließlich in ähnlicher Weise alle Hauptstellen der Überlieferung für die einzelnen gnostischen Systeme in solcher, die Rekonstruktion älterer Textbestände anstrebender Art behandelt wären, um dann erst an deren Übersetzung heran zu treten. Aber die Wirklichkeit verhält sich zu diesem Ideale nicht sehr günstig. Die wissenschaftlich belangreichsten Arbeiten über das Gesamtgebiet der Gnosis und einzelne Teile desselben werden begreiflicher Weise gerade von theologischer Seite geleistet und streben mehr das Verständnis der Beziehungen zwischen den einzelnen gnostischen Systemen, als die Klärung des Bestandes der Überlieferung an; andere wieder treten mit ihren Gedanken und Interessen von heute auch an die Gnosis heran und scheuen, wo sie zu übersetzen versuchten, selbst nicht vor der Verwendung modern philosophischer und theosophischer Kunstausdrücke zurück.

Unter solchen Umständen blieb, wenn anders die gnostischen Texte überhaupt zum Sprechen gebracht werden sollten, nichts übrig, als selber den Versuch einer möglichst einheitlichen Bearbeitung (und nicht bloßen Übersetzung) zu mindest aller wichtigeren Hauptstellen der Überlieferung für die einzelnen gnostischen Systeme zu machen. Hierbei ließ ich mich vor allem von der Überzeugung leiten, daß die Texte in solcher Bearbeitung mindestens von allen jenen Zufälligkeiten befreit werden müssen, welche sie in der Hand des letzten Tradenten erfahren haben. Die Selbstverständlichkeit, daß Hippolytos, Irenaios und ähnliche Quellenschriften an allen Hauptstellen über die betreffenden gnostischen Systeme Exzerpte bringen, ihre Zusammenstellungen auch als solche fortwährend kennzeichnen und überaus häufig mit Hinweisen hierauf und mit kleinen, eigenen Bemerkungen durchbrochen, ist meines Wissens allgemein anerkannt. Also war es nicht minder selbstverständlich, daß zu allererst solche Zusätze weggelassen werden mußten, daß die *oratio obliqua* in die *oratio directa* zu übertragen war, daß es an den Übergangsstellen galt, aus den verbindenden Worten noch die Meinung des Originales heraus zu hören. Daß der so rekonstruierte Text nicht schon die Vorlage selber ist, da der Tradent ja auch Verkürzungen, Umstellungen und Weglassungen vorgenommen hat, ist ebenfalls klar. Man wird aber im Allgemeinen, wie ich glaube, doch recht verwundert sein, zu sehen, wie einheitlich und deutlich gegliedert diese Berichte sich immerhin darbieten. Im Sinne des oben für die Undeutlichkeiten der Textüberlieferung gebrauchten Gleichnisse könnte man sagen, daß auf diesem Wege wenigstens die verschleierte Nachahmung der ursprünglichen Büste selber sichtbar werde, und zwar befreit von den Störungen, die aus der Unebenheit des Spiegels sich ergaben, in dem wir sie zuerst erblickten. In gewissen Fällen aber meinte ich, auch noch weiter gehen und einige der Hüllen, die sich über diese Nachahmung der ursprünglichen Büste gebreitet haben, entfernen zu können. Dies gilt besonders von dem Systeme des Simon Magus, ferner für das der Naassener, wo Reitzensteins Vorarbeit zu Grunde liegt. Der Eindruck, der sich so von den einzelnen gnostischen Systemen, damit aber auch von der Gnosis im Ganzen, Jedem, der die so bearbeiteten Dokumente liest, darbietet, dürfte allerdings – ich möchte dies ausdrücklich betonen – von dem gewohnten wesentlich abweichen. Dies beruht vielleicht zum größten Teile darauf, daß ich in meiner Übersetzung jeden Anschluß an moderne Gedankenrichtungen mit Sorgfalt vermied und vor allem Kunstausdrücke von schon prägnanter und mit einer Schar historisch pointierter Auslegungen belasteter Bedeutung grundsätzlich ausschloß, ferner auf der hervorragenden Stellung, die ich dem Hippolytos zuerkannte (aus ihm stammen die No. 3, 4, 9–13, 17) und in der Einleitung ausführlicher begründete, dann auf der sonst nicht so weitgehend geübten Heranziehung jüdischer (No. 1) und heidnischer Urkunden (No. 6–8), endlich aber auch darauf, daß eben, sobald Auge und Geist nicht fortwährend über die äußerlichen Störungen der Überlieferung stolpern, auch das Einzelne sich besser würdigen läßt und durch den jetzt deutlicheren Zusammenhang mit den anderen nunmehr in gleicher Übersichtlichkeit vorliegenden Stücke selbst in neuem Lichte erscheint. Sollte der Forscher dem gegenüber das Bedürfnis nach der Herausgabe der betreffenden, entsprechend rekonstruierten Texte zusammen mit dem in solchen Fällen umfangreichen Apparate, in verschiedenen Druckarten, mit Klammern, Nachweisen und Vermerken, erst recht lebhaft in sich erwachen fühlen, so wäre mir dies ein besonders erwünschtes Nebenergebnis; nur hoffe ich zugleich, daß man es mir deshalb doch nicht verübeln werde, wenn ich solchem Bedürfnisse in dem vorliegenden Buch weder nachkommen konnte noch wollte. Denn mit Rücksicht auf das Publikum war gerade alles wissenschaftliche Rüstzeug möglichst ferne zu halten. Ich glaube darauf Anspruch erheben zu dürfen, daß dieser Umstand von der einsichtigen Kritik gewürdigt werde. Aus ihm leitet sich her, daß ich, wo immer ich auch durch kleine Zusätze, Weglassungen oder selbst bewußte Abweichungen zum Verständnisse des Lesers entgegen kam, jeden Hinweis hierauf (einige besondere, teils in den Anmerkungen zur betreffenden Stelle oder hier in den folgenden Quellennachweisen hervor gehobene Fälle ausgenommen) grundsätzlich unterließ. Wer die Texte vergleicht, wird mit leichter Mühe an der Hand der unten gegebenen Nachweise die spärlichen Abweichungen feststellen können und dabei bemerken, daß sie nie dem Geiste der Überlieferung Gewalt antun, nie in den wesentlichen Bestand eingreifen, stets aber durch sachgemäße Erläuterung dem Verständnisse dienen wollen.

1. DAS BUCH VON DER SCHÖPFUNG DES KINDES

Midrasch jezirah hawwlad bei Jellinek. Kleine Midraschim I 153 ff.

Die Übersetzung, mit der man jetzt auch die von A. Wünsche, Aus Israels Lehrhallen III, 213 - 218, vergleichen kann, stellte mir Herr D. Michael Berkowicz zur Verfügung, wofür ich ihm auch an dieser Stelle verbindlichst danke. Einige Bibelzitate, die nach traditionell-jüdischer Art zur Begründung des Textes in denselben eingeflochten sind, ihm aber für unser Gefühl störend durchbrechen, habe ich weggelassen. Am Schlusse kommen noch folgende, späterer Auslegung angehörende Worte: *(Die Seele entgegnet dem Todesengel:) Aber es sind doch vier Welten, die der Heilige, gelobt sei er, dem Elias gezeigt hat; denn es heißt: ‚Geh hinaus und tritt an den Berg' usw.* (I. Könige XIX, 11 - 13.) *Es sagte der Heilige, gelobt sei er, zu Elias: Was sind diese vier? Er antwortete: Herr der Welt, ich weiß es nicht. Da sagte der Heilige, gelobt sei er: Das sind die vier Welten, die der Mensch durchwandelt. ‚Ein großer, starker Wind', das ist diese Welt, die gleich ist einem Winde. ‚Nach dem Winde ein Erdbeben bedeutet, daß nach dieser Welt der Tag des Todes ist, der den ganzen Körper des Menschen beben macht. ‚Und nach dem Erdbeben Feuer' bedeutet, daß auf den Todestag das Gericht des Gehinnom (Hölle) folgt, das Feuer ist. ‚Nach dem Feuer eine stille, sanfte Stimme', das heißt, daß nach dem Feuer des Gehinnom der Tag des großen Gerichtes kommt, der ein sanftes Säuseln ist. (Also hat der Sterbende Hoffnung auf ewige Seligkeit.)*

2. DER HYMNUS VON DER SEELE

Acta S. Thomae c. 108 - 113 in Acta Apostolorum apocrypha ed. Lipsius et Bonnet, II, 2 (1903), p. 219 - 224; syrisch heraus gegeben von A.A. Bevan, the Hymn of the Soul (in Texts and Studies V, 3) Cambridge 1897.

Der Rhythmus des syrsichen Textes besteht aus meist sechssilbigen (selten 5- oder 7silbigen) Zeilen und ist durch zahlreiche Textverderbnisse, welche auch vielfach den Sinn (vgl. Nöldeke ZDMG XXV 677) verdunkeln, gestört. Mit einer prosaischen Übersetzung wird man diesem Meisterwerke religiöser Dichtung gewiß nicht gerecht. Eine Wiedergabe in Strophen zu je fünf Hexametern versuchte F. C. Burkitt, Urchristentum im Orient, Tübingen 1907, S. 153 - 156. Damit aber der Leser auch den nüchternen Wortlaut einer genauen Übertragung mit meiner freien Nachdichtung vergleichen könne, stelle ich die Übersetzung von R. A. Lipsius (Die apokryphen Apostelgeschichten und Apostellegenden, Braunschweig 1883, 1. Band, S. 292 – 296) hierher:

Als ich ein Kind war und in meinem Königreich, in meines Vaters Hause wohnte, zufrieden mit dem Reichtum und dem Überflusse meiner Ernährer, da rüsteten meine Eltern mich aus und entsandten mich aus dem Osten, meiner Heimat, und sie nahmen von dem Reichtum unseres Schatzes im Überflusse, und banden mir auf eine reiche und doch leichte Last, die ich selbst zu tragen vermochte, Gold von Beth' Ellaje, Silber von dem großen Gazak, Rubine von Indien und Achate von Beth Kūshān, und statteten mich aus mit den eisenzerschneidenden Diamanten. Und sie nahmen hinweg von mir mein glänzendes Kleid, das sie in ihrer Liebe mir gemacht hatten, und die purpurne Toga, welche abgemessen und gewoben war nach meiner Gestalt. Und sie schlossen einen Vertrag mit mir, und schrieben ihn in mein Herz, daß er nicht vergessen werden sollte. „Wenn du hinabgehst nach Ägypten und die Eine Perle holst, welche mitten in der von der lautzischenden Schlange umringten See sich befindet, so sollst du wieder anziehen dein glänzendes Kleid und deine Toga, deren du dich erfreust [?], und mit deinem Bruder, der uns an Ansehen der Nächste ist, sollst du Erbe sein in unserem Königreich". Und ich verließ den Osten und kam herab, begleitet von zwei Boten, denn der Weg war gefahrvoll und schwierig und ich war zum Reisen noch sehr jung. Ich gelangte durch das Gebiet von Maishān, den Sammelplatz der Kaufleute des Ostens und erreichte das Land von Babel und trat ein in die Mauern von Sarbūg. Ich kam herab nach Ägypten und meine Begleiter verließen mich. Ich kam gerade auf die Schlange zu, ich hielt mich auf rings um ihre Wohnung, abwartend, bis sie einschlafen würde und ich meine Perle von ihr nehmen könnte. Und als ich einsam und allein, den Mitgenossen meines Aufenthaltes fremd war, da sah ich einen meines Stammes, einen freigeborenen Mann, einen Orientalen, einen schönen liebenswürdigen Jüngling, einen Sohn der Salbe und er kam und schloß sich mir an und ich machte ihn zu meinem intimen Freund, zum Gesellschafter, mit dem ich meinen Handel teilte. Ich warnte ihn vor den Ägyptern und vor der Gemeinschaft mit dem Unreinen, und ich bekleidete mich mit ihren Kleidern, damit man nicht Verdacht schöpfe möchte gegen mich, weil ich von Ferne her gekommen war, um die Perle zu holen, und die Schlange gegen mich erwecken möchte. Aber auf die eine oder andere Weise fand man heraus, daß ich nicht ihr Landsmann war, und sie machten sich an mich mit ihren Listen, und gaben mir ihre Speise zu essen. Ich vergaß, daß ich ein Königssohn war und diente ihren Königen, und ich vergaß die Perle, um deretwillen meine Eltern mich gesandt hatten, und unter der Last ihres Druckes [?] lag ich in tiefem Schlafe. Aber alles was mir widerfuhr, merkten meine Eltern und waren betrübt um mich, und ein Befehl ging aus in unserem Königreich, daß Jeder zu unserm Throne kommen sollte, Könige und Fürsten von Parthien, und alle Vornehmen des Ostens. Und sie ersannen einen Plan zu meinem Besten, damit ich nicht in Ägypten bleiben möchte, und sie schrieben mir einen Brief, und jeder Vornehme setzte seinen Namen darunter: „Von deinem Vater, dem König der Könige, und deiner Mutter, der Herrscherin des Ostens, und deinem Bruder, unserm Zweiten, dir unserm Sohn in Ägypten Gruß! Wach' auf und erhebe dich von deinem Schlafe, und höre auf die Worte unseres Briefes. Bedenke, daß du ein Sohn von Königen bist. Sieh, in wessen Sklaverei du geraten bist. Erinnere dich der Perle, um deretwillen du nach Ägypten gesendet worden bist. Denke an dein Kleid und erinnere dich der glänzenden Toga, welche du tragen und mit welcher du geschmückt werden sollst, da dein Name verlesen ist in der Liste der Braven, und daß du mit deinem Bruder, unsérem Vizekönig, in unserem Königreiche sein sollst." Mein Brief ist ein Brief, den der König gesiegelt mit seiner rechten Hand vor den Bösen, den Kindern von Babel, und den wilden Dämonen von Sarbûg. Er flog wie ein Adler, der König aller Vögel, er flog und kam zu mir herab und wurde ganz Sprache. Bei seiner Stimme und seinem lauten Rauschen [?] erwachte ich und erhob mich von meinem Schlafe. Ich hob ihn auf und küßte ihn und erbrach sein Siegel und las ihn, und die Worte meines Briefes stimmten überein mit dem was in mein Herz eingeprägt war. Ich erinnerte mich, daß ich ein Sohn königlicher Eltern war und meine vornehme Geburt behauptete ihre Natur. Ich erinnerte mich der Perle, um deretwillen ich nach Ägypten gesandt war und ich begann, die lautzischende Schlange zu bezaubern. Ich wiegte sie in Schlaf und lullte sie in Schlummer, denn ich nannte den Namen meines Vaters über sie und den Namen unseres Zweiten, und den Namen meiner Mutter, der Königin des Ostens, und ich nahm die Perle weg und wendete mich, um heimzukehren zu meines Vaters Hause. Und ihr schmutziges und unreines Gewand streifte ich ab und ließ es zurück in ihrem Sande, und ich nahm stracks meinen Weg, um zum Lichte unserer Heimat, des Ostens, zu gelangen. Und meinen Brief, meinen Wecker, fand ich vor mir auf meinem Wege; und wie er mich mit seiner Stimme erweckt hatte, so leitete er mich mit seinem Lichte, da die herrliche Seide durch ihren Schein [?] mir vorleuchtete, und mit seiner Stimme und mit seiner Leitung ermutigte er mich ferner zur Eile, und mit seiner Liebe zog er mich an. Ich ging weiter und kam bei Sarbūg vorbei, ich ließ Babel zu meiner linken Hand, und ich kam zu dem großen Maishān, dem Hafen der Kaufleute, welcher an der Seeküste liegt. Und mein lichtes Kleid, welches ich abgelegt hatte, und die mit demselben zusammengefaltete Toga hatten meine Eltern ..... dorthin gesandt durch ihre Schatzmeister, die in ihrer Treue damit betraut waren. Und da ich mich seiner Gestalt nicht erinnerte - denn in meiner Kindheit hatte ich es in meines Vaters Hause zurückgelassen - so schien mir plötzlich das Gewand, als ich es nur gegenüber sah, gleich einem Spiegel meiner selbst zu werden. Ich sah es ganz in mir und ich hatte mich ganz in ihm gegenüber, denn wir waren zwei, von einander unterschieden, und doch wieder nur Eins, in gleicher Gestalt. Und auch die Schatzmeister, die mir es brachten, sah ich gleicherweise als zwei und doch wieder als Einen, in gleicher Gestalt, denn ein Zeichen des Königs war auf ihnen geschrieben, von dessen Händen mir durch sie mein Pfand und mein Reichtum, mein geschmücktes Kleid zurückgestellt war, welches geziert war mit glänzenden Farben, mit Gold und Beryllen, Rubinen, Achaten und Sardonyxen von verschiedener Farbe. Und es war kunstfertig gewebt in seiner Höhe, und mit Diamantsteinen waren all seine Nähte befestigt, und das Bild des Königs der Könige war überall ganz darauf gemalt, und seine Farben schillerten wie der Saphirstein. Und ich sah auch, daß überall auf ihm die Regungen der Gnosis im Gange waren und ich sah ferner, daß es sich anschickte zum Sprechen. Ich hörte den Klang seiner Töne, welche es hervorbrachte mit seinem .....: „Ich bin das Tätige in den Taten, was sie vor meinem Vater auferzogen haben, und ich nahm an mir selbst wahr, daß meine Statur entsprechend seinen Arbeiten wuchs". Und in seinen königlichen Bewegungen ergoß es sich über mich, und an der Hand seiner Geber trieb es mich an, es zu nehmen. Und auch mich drängt seine Liebe, eiligst ihm entgegenzukommen und es zu empfangen, und ich streckte mich vor und ergriff es. Mit der Schönheit seiner Farben schmückte ich mich und ich hüllte mich ganz in meine Toga von glänzenden Farben. Ich bekleidete mich selbst damit und kam empor zu dem Tore der Begrüßung und Huldigung. Ich beugte mein Haupt, und verehrte den Glanz meines Vaters, der es mir gesandt hatte, denn ich hatte ausgerichtet seine Befehle, und auch er hatte gegeben, was er verheißen hatte. Und an dem Tore seiner Fürsten machte ich mich unter seine Großen, denn er freute sich über mich und nahm mich auf, und ich war mit ihm in seinem Königtum, und mit der Stimme ..... priesen ihn alle seine Knechte. Und er versprach, daß ich auch zum Tore des Königs der Könige mit ihm gehen und mit meinem

Opfer und meiner Perle zugleich mit ihm vor unserm König erscheinen sollte.

3. DIE GNOSIS DES „JUSTINOS“

Hipp. ref. omn. haer. ed. Duncker et Schneidewin (Göttingen 1859) V, 26, p. 218, 63 - 27, p. 230, 91.

S. 26 Z. 2 v. u. riet ich: „vereint mit dem Guten“; im Texte steht p. 224, 64 *κρατηθεὶς τῷ ἀγαθῷ*. S. 27 Z. 4 v. u. = p. 226, 95 ist der Text lückenhaft. Ich las: *ὁ δὲ τρίτος <ἄγγελος τῆς Ἐδέμ, ὃς> διὰ τὴν ψυχὴν ἀπὸ τῆς Ἐδὲμ οἰκούσην εἰς τὸν Μωυσέα κτλ.* - S. 28 Z. 17 - 10 v. o. wich ich absichtlich vom Texte ab. Dieser läßt hier alle mütterlichen Engel die Veränderung der Namen verschulden, während p. 230, 91 wohl richtiger, weil allgemeiner und prägnanter, alle Erscheinungen dieser Art allein dem Nahaš zugeschrieben werden. Hier findet sich auch das Motiv, daß er das Gehör verschließt. - S. 29 Z. 10 v. u. beruht meine Angabe, „daß der Adler zu Ganymedes kam und Kinder aus ihm zeugte“ auf einer Ergänzung, zu der ich zu bemerken habe, daß es heißt:

p. 228, 51 *ὅτι κύκνος ἐπὶ τὴν Λήδαν ἦλθε καὶ ἐτεκνοποίησεν ἐξ αὐτῆς*
53 *ὅτι ὁ ἀετὸς ἦλθεν ἐτὶ τὸν Γανυμήδεν <καὶ ἐτεκνοποίησεν ἐξ αὐτοῦ>*
55 *ὅτι ὁ χρυσὸς ἦλθεν ἐπὶ τὴν Δανάην καὶ ἐπαιδοποίησεν ἐξ αὐτῆς*

Die in < > gegebene Ergänzung wird durch diese Zusammenstellung wohl schon rein optisch wahrscheinlich. Nun soll der Adler Nahaš, Ganymedes der Adam sein. Ein mannweiblicher Adam ist nicht nur jüdischer, sondern auch gnostischer Überlieferung durchaus geläufig. Nach Genes. rab. VIII, 1 erschuf Gott den Menschen androgyn (Lehre des R. Jeremjah) und doppelgesichtig (Lehre des R. Samuel, Sohn Nachmans). Ferner bezeugte unser Text, p. 224, 87, daß Nahaš mit Adam geschlechtlich verkehrte, bei der Doppelgeschlechtigkeit Adams wohl kaum ohne Folgen. Da nun Adler und Ganymedes Nahaš und Adam sein sollen, wird es wohl irgend einen entlegenen Mythos gegeben haben, der auch von Kindern des Ganymedes zu berichten wußte. Die betreffende Bemerkung des „Justinos“-Textes wäre dann wegen ihrer Absonderlichkeit unterwegs unterdrückt worden.

4. DIE NAASSENER

a) NAASSENISCHER PSALM. Hipp. ref. V, 10, p. 174, 36-176, 59. Vergl. die Bearbeitung durch Hermann Usener, Altgriechischer Versbau (Bonn 1887), S. 94f.

Ich las: v. 3 *τρίτατον ψυχὴ δὲ φανέν, ἐργαζομένη κόσμον* | *μετὰ ταῦτ' ἐλαφρὸν μορφήν* || v. 5 *θανάτου* || v. 7 *εἰς ἔρεβον ἐρριμμένη* || v. 8 *ποτὲ δὲ κλαίει χαίρει* | *ποτὲ δὲ χαίρει θνήσκει* | *ποτὲ δὲ θνήσκει*

κρίνεται | *ποτὲ δὲ κρίνεται γίνεται* || v. 11 *μελέα κακοῦ* || v. 24 *τελέσας*.
b) SYSTEMATISCHER LEHRINHALT. Hipp. ref. V, 6, p. 132, 69 - 70 (wörtlich nach der naassenischen Quellenschrift), 60 - 73 (erläuternde Worte des Hippolytos, verkürzt), 63 - 65 (wörtlich nach der naassenischen Quellenschrift); zu S. 39, Z. 7 ff. vergl. Kap. 9, p. 170, 71 ff., Kap. 6 gegen Ende und die Kosmologie des naassenischen Psalmes. S. 40, Z. 15 v. u. ff. = V, 9, p. 170, 75 - 174, 29.

S. 41 Z. 22 v. o. lese ich hinter *διά τῆς Βαβυλωνος μέσης* <*οἱ εἰσπορευόμενοι εἰς*> *τὸ οἰκεῖον* (nämlich das Paradies). Danach schiebe ich p. 132, 72-134, 77 in systemgerechter Erweiterung ein, um erst dann in der früheren Stelle fort zu fahren.
c) AUS DER SCHRIFT „VOM MENSCHEN“ Das voran geschickte Kultlied: Hipp. ref. V, 9, p. 168, 42 51. Der es erläuternde Haupttext: Hipp. ref. V, 7, p. 134, 90 - 9, p. 166, 21 unter zu Grunde Legung der Bearbeitung von R. Reitzenstein, Poimandres S. 83 - 97. Das Schlußlied: Hipp. ref. V, 9, p. 168, 52 - 170, 56.

Im Texte Reitzensteins las ich: § 9 *οὐδὲ γὰρ ἐστὶν ἐν* <*τῷ*> *ναῷ πρὸ τῆς εἰσόδου, οὐ δὲ ἕστηκε κτλ.* § 13 *ἐξυπνισμένους καὶ ἐγρηγορότας μνηστῆρας*. § 29 las ich nach R. Eislers Konjektur: *ᾠὸν διασφυζόλενον*. - Den Schlußsatz des Haupttextes entnahm ich aus § 22, da diese Worte bloß hier sinngemäß an das *συρίκτας* anschließen.

5. DIE OPHITEN

Irenaei libri V adv. Haereses ed. Harvey (Cambridge 1857) I, 28, p. 226 - 241.

Der hellenische Text ist nur sehr unvollständig, kann aber doch hin und wieder zur Ergänzung und Berichtigung des ebenfalls mangelhaften lateinischen benützt werden. P. 228 *sua autem voluntate habentem humectationem luminis* verstand ich nicht. P. 239 *dicant discipuli - animalium dicunt* vermochte ich ebenfalls nicht zu verstehen. Vielleicht liegt ein Verschulden des Schreibers vor, der von einem *dicunt* oder *dicant* zum anderen abirrte und dazwischen etwas ausließ.

6. POIMANDRES

R. Reitzenstein, Poimandres, S. 328 - 338. Dort die Überschrift: „Des dreimal größten Hermes Poimandres.“

p. 329, 6/7 *ἐκ δὲ φωτὸς λόγος*. Der Zusammenhang schließt den Gedanken an das Licht aus. Vielmehr muß vom Feuer die Rede gewesen sein. | 13 *ἀπὸ* lies *ἄνευ* || 331, 2 <*ἡ δὲ ἄλογος φύσις*> | 19 *ἐπὶ τοῦ* lies *ἐπὶ γῆς* || 335. 18 *καὶ* lies *κόσμον*. || 338, 11 *ἀνατεταμένας*.

7. ABRAXAS

A. Dieterich, Abraxas (Studien zur Religionsgeschichte des späteren Altertums in: Festschrift, Hermann Usener dargebracht, Leipzig 1891) S.

16-20.

18 *λέγει* - 21 *κάτεστιν* Glosse | 32 *πρώτοι φανέντες* (vgl. 10) | 39 *καὶ ἐτάγη* wohl Zusatz | 43 *ἢ φρένες* Glosse | 116 *βοσβεαδι,* ich las *βοσβεαδιδ;* vgl. S. 79 | 134 *αβωρχβραωχ χραμμαωθ προαρβαθω Ιαω,* es sollen aber nach der ausdrücklichen Angabe des Textes 27 Buchstaben sein, weshalb ich die drei hier hervorgehobenen, nach Analogie anderer Schreibungen desselben Namens wahrscheinlich irrtümlich herein gekommenen Buchstaben wegließ und den Namen von 27 Buchstaben wieder her zu stellen versuchte. - Da mir Dieterichs Text bei der Korrektur nicht vorlag, sind einige Zaubernamen leider ungenau wieder gegeben und ich wiederhole daher alle nach dem Originale:
(I:) 4 *αχεβυκρωμ* | 5 *ααα ηηη ωωω* | 8 *ιι ααα ωωω Σαβαωθ αρβαθ Ιαω ξαγουρη* | (II:) 11 *αραγα, αδωναι, βασημμ, Ιαω* | (1:) 13 *αραι* | (2:) 16 *λαιλαμ* | 16/17 *ανοκ βιαθιαρβαρβιρσιλατνυρβουφρουμτρωμ* | (3:) 24 *αβρασαξ* | (5:) 27 *μενεφωιφωθ* | (III 1:) 35 *βεσσεν βεριθεν βεριο* | (2:) 41 *εσχακλεω ... ωη αἰεὶ ὢν βεθελλε* | (3:) 45 *σεμεσιλαμψ* | (4:) 47/48 *βαατητοφωθ ζωθαξαθωζ* | (5:) 55/56 *θοριοβριτιταμμαωρραγγαδωιωδαγγαρρωαμματιτιρβοιροθ* | (6:) 73 *ανοχ βιαθιαρβαρβερβιρσιλατουρβουφρουμτρωμ* | (IV8:) 85 *ιλιλλου ιλιλλου ιλιλλου ιθωρ ... φωχωφωβωχ* | (V 9:) 93/94 *δανουπ χατορ βερβαλιβαρβιθι* | (VI 10:) 110 *δανουπ χρατορ βερβαλιβαλβιθ Ιαω.*

8. MITHRAS

A. Dieterich, Eine Mithrasliturgie, Leipzig 1903. Text und Übersetzung S. 1 - 21. Die klein gedruckte Einleitung nach der Wiedergabe des Papyrus bei C. Wessely, Denkschriften der k. k. Akademie der Wissenschaften zu Wien, phil.-hist. Cl. XXXVI. Band (1888), griechische Zauberpapyrus von Paris und London S. 56.

Meine Übersetzung beruht auf einer gegenüber Dieterich völlig selbstständigen Bearbeitung des Papyrustextes, der ich mich unterzogen habe. Diesselbe fußt im Wesen darauf, daß ich in den einleitenden Worten des ersten Gebetes der Liturgie 6 Arten mystischer Laute entsprechend den 6 ersten Anrufungen erkannte und also herstellen konnte:

γένεσις <γενέσεως> τῆς <ἐν> ἐμοὶ γενέσεως πρώτη	*αεηιουω*
ἀρχὴ <ἀρχῆς> τῆς <ἐν> ἐμοὶ ἀρχῆς πρώτη	*πππ*
πνεύμα πνεύματυς τοῦ ἐν ἐμοὶ πνεύματος πρῶτον	*οοο*
πῦρ <πυρὸς> τοῦ ἐν ἐμοὶ πυρὸς πρῶτον	*φ*
ὕδωρ ὕδατος τοῦ ἐν ἐμοὶ ὕδατος πρῶτον	*ρ*
γεώδης οὐσία <γεώδους οὐσίας> τῆς ἐν ἐμοὶ γεώδους οὐσίας πρώτη	*μμμ*

Dann mußte aber auch z. B. gelesen, bezw. ergänzt werden:

<διὰ τὴν θνητὴν γένεσιν>
τὴν ἀθάνατον ἀρχὴν
τῷ ἀθανάτῳ πνεύματι,
<τῷ ἀθανάτῳ πυρί>,
τῷ ἀθανάτῳ ὕδατι,
τῇ στερεωτάτῃ <γεώδει οὐσίᾳ>

und es ergab sich hierzu die Umrahmung:

ἵνα μετὰ τὴν ἐνεστῶσαν καὶ σφόδρα κατεπείγουσάν με χρείαν ἐποπτεύσω

(dazwischen die obigen 6 Zeilen)

ἵνα πνεύσῃ ἐν ἐμοὶ τὸ ἱερὸν πνεῦμα,
ἵνα θαυμάσω τὸ ἱερὸν πῦρ,
ἵνα θεάσω τὸ ἄβυσσον ὕδωρ,
<ἵνα γεύσω τῆς χοϊκῆς μίξεως>,
ἵνα ἀκούσῃ μοῦ ὁ ζωογόνος καὶ περικεχυμένος αἰθήρ.

Hier deutet also nicht nur der inhaltliche Aufbau sondern auch der gleichlautende (*ἵνα*) Zeilenanfang auf Strophengliederung hin, deren Beachtung ein heuristisches Prinzip für die Emendation des Textes an die Hand gibt. Strophische Gebilde habe ich noch nachgewiesen S. 69, 184, 219, 221, 222, 225, 226. Meine Abweichungen von Dieterichs Texte und von der Überlieferung im Einzelnen an zu geben und die in meiner Bearbeitung durchgeführte Gliederung des Textes Schritt für Schritt zu begründen, ist hier nicht der Ort. Ich hoffe, daß mir bald die von Karl Preisendanz veranstaltete Neuausgabe der papyri magici die sichere textliche Grundlage darbieten wird, um an geeigneter Stelle die durch Obiges nur in einigen Umrissen angedeutete Auffassung von der strophischen Gliederung dieser „Mithrasliturgie" aus einander zu setzen.

9. DIE PERATEN

Hipp. ref. V 12 p, 176, 71 - 80; V 17 p 196, 91 - 19; V 16 p. 188, 85 - 190, 92; V 15 p. 188, 63 - 73; V 12 p. 178, 84 - 10; V 17 p. 196, 19 - 198, 48 (hierin vgl. zu p. 198, 33 Arch. f. Gesch. d. Philos. XXII 212 Anm. 39); V 16 p. 190, 92 - 194, 85.

10. DIE SETHIANER

Hipp. ref. V 19 p. 198, 57 - 206, 79.

p. 204, 30 lag ich *ὁρμὴ <τὴν μήτραν> ἐγκύμονα,*

11. DIE DOKETEN

Hipp. ref. VIII 8 p. 414, 28 - 422, 74.

12. SIMON MAGUS

Hipp. ref. VI 9 p. 238, 94 - 17 p. 250, 17.

Die meiner Übersetzung unterlegte Gestalt des Textes, aus dem ich insbesondere spätere Einführungen zu tilgen und die ursprüngliche, m.

E. noch deutlich erkennbare, rein heidnische Grundschrift her zu stellen bemüht war, werde ich in einem der nächsten Hefte des Archivs für Geschichte der Philosophie ausführlich begründen. An dieser Stelle würden selbst Andeutungen zu weit führen.

13. BASILIDES

Hipp. ref. VII 20 p. 356, 69 - 26 p. 373, 63; 27 p. 378, 13 - 40; 26 p. 374, 63 - 371, 1; p. 378, 33 - 35.

Ich las p. 362, 75 *ἀναφέρεται ὀρνίθιον* statt *ἀναφέρει τὸ πτερόν*. Die Stelle p. 370, 6 ist m. E. verderbt und durch Auslassungen entstellt. Meine Übersetzung würde etwa folgenden Text voraus setzen: *ἅπτει μὲν γαὶ καὶ λαμβάνει τὰ νοήματα <τῆς ἄνω υἱότητος> κατὰ τὸν <αὐτὸν τρόπον οἷον ὁ> ναφθὰς ὁ ἰνδικὸς <τοῦ πυρός, ἢ> οἷον ἀνάπτει τὸ φῶς ὁ <υἱός> τοῦ μεγάλου τῆς ὀγδοάδος ἄρχοντος ἀπὸ τῆς μετὰ τὸ μεθόριον μακαρίας υἱότητος.*

14. SCHULE DES BASILIDES

Iren. I 19, 1 - 4 p. 198 - 203; vgl. Hipp. VII 26 p. 372, 39 - 374, 47. Der Text ist ein sehr verkürztes, summarisches Exzerpt.

15. KARPOKRATES

Iren. I 20, 1 - 2 p. 204 - 209; hellenischer und lateinischer Paralleltext, vgl. die Nachweise der von mir benutzten Parallelstellen Hippolytos, Tertullianus usw.) in der zitierten Ausgabe des Irenaios.

16. DIE VALENTINIANER

a **A:** Iren. I 1 - 5 p. 8 - 24; **B:** 7 - 15 p. 36 - 67.
b **B:** 5 - 6 p. 24 - 31; **B:** 16 - 17 p. 68 - 75; **C:** 18 p. 75 - 80.

Die Titel stammen ebenso wie die Einteilung in Abschnitte von mir. Neben dem hellenischen habe ich häufig auch den lateinischen Paralleltext benutzt. Stellenweise folgte ich auch abweichenden, von Irenaios erwähnten, mir sachlich verwandter dünkenden Versionen. Irenaios hat hier offenbar bloß ein verkürztes Exzerpt aus einer umfangreichen und sehr systematisch und übersichtlich gearbeiteten Quellenschrift gegeben.

17. MARKOS

Hipp. ref. V 42 p. 302, 17 - 304, 35; 43 p. 306, 50 - 52; 304, 35 - 40; 43 p. 306, 54 - 308, 78; 42 p. 304, 41 - 46; 44 p. 308, 82 - 46 p. 316, 43; 50 p. 326, 23 - 51 p. 330, 64; 49 p. 322, 93 - 326, 22; 48 p. 318, 64 - 322, 92; 53 p. 338, 23 - 54 p. 344, 64. Vgl. Iren. I 8, 1 - 14 p. 128 - 152; Epiphan. Haer. XXXIV 4ff.

Von den bei Irenaios, Hippolytos und Epiphanios gegebenen Auszügen aus dem Systeme des Markos habe ich nur das aufgenommen, was ohne all zu besondere Voraussetzungen verständlich und interessant ist. Meine Wiedergabe ist hier besonders frei, und mit erläuternden und erklärenden Zusätzen war ich, da die zahlensymbolischen Gedankengänge dieser Häresie dem modernen Leser ohnedies fremdartig genug vorkommen dürften, minder sparsam als sonst. Auch habe ich die indirekte Berichterstattung unserer Gewährsmänner in die Form persönlicher Mitteilung des Markos, in der er seine „Vision" doch wohl literarisch festhielt, zurück übertragen.

p. 326, 19, ist die Summe der Buchstaben der einzelnen Buchstabennamen nicht, wie der Text irrtümlich will, 30, sondern 24.

18. ERINNERUNGEN DES HEILIGEN JOHANNES AN JESUM Acta S. Johannis c. 88 - 105 in Acta apost. apocr. II 1 (1898) p. 194 - 203. Der Text ist äußerst mangelhaft überliefert.

19. TATEN DES HEILIGEN THOMAS IN INDIEN

1. Tat: Acta S. Thomae c. 1 - 16 in Acta apost. apocr. II 2 (1903) p. 94 - 124. Zu dem Liede auf die Braut (Sophia) vgl. R. A. Lipsius, Die apokryphen Apostelgeschichten und Apostellegenden (Braunschweig 1883) I 301 - 311. 2. Tat: Zu meinem Auszuge vgl. Lipsius a. a. O. S. 252 - 254. 3. Tat: c. 30 - 33 p. 147 - 150.

Vgl. die Übersetzung des Hymnus des Drachen bei Lipsius a. a. O. S. 321 f. Zu den „vier stehenden Brüdern" verwies Lipsius auf den *ἑστώς, στάς, στησόμενος* des simonianischen Systemes.